Direito Penal

Parte Geral

Eric Hilgendorf

Brian Valerius

DIREITO PENAL

PARTE GERAL

Tradução da 2ª edição alemã e comentários de
adaptação para o direito brasileiro
por Orlandino Gleizer

Marcial Pons

MADRI | BARCELONA | BUENOS AIRES | SÃO PAULO

Direito Penal. Parte Geral
Eric Hilgendorf e Brian Valerius

Título original
Strafrecht. Allgemeiner Teil

Tradução da 2ª edição alemã e comentários de adaptação para o direito brasileiro
Orlandino Gleizer

Editoração eletrônica
Ida Gouveia / HBLYZ / Oficina das Letras®

CIP-Brasil. Catalogação na Publicação
Sindicato Nacional dos Editores de Livros, RJ

H543d
Hilgendorf, Eric
Direito penal : parte geral / Eric Hilgendorf, Brian Valerius ; tradução Orlandino Gleizer. - 1. ed. - São Paulo: Marcial Pons, 2019.

Tradução de: Strafrecht. Allgemeiner Teil
Inclui bibliografia e índice
ISBN 9788566722642

1. Direito penal. I. Valerius, Brian. II. Gleizer, Orlandino. III. Título.

19-54844 CDU: 343.2

www.marcialpons.com.br

Impresso no Brasil

PRÓLOGO

Graças à boa recepção deste manual podemos apresentar agora a sua segunda edição. Além da habitual revisão fundamental de conteúdo e da inclusão das novidades da jurisprudência e da literatura, nós agora remetemos o leitor, antes do início de todos os capítulos, às recentes e clássicas decisões dos tribunais que são relevantes para os exames jurídicos e a alguns artigos científicos que permitirão ao estudante aprofundar-se, por conta própria, no tema. Além disso, nós também inserimos outros exemplos de casos e esquemas de análise do delito. Esses complementos também servem, assim como antes, ao objetivo que perseguimos com esse livro, o de apresentar a parte geral do direito penal de forma concisa, clara e didática. Este manual de direito penal é, portanto, dirigido principalmente a estudantes dos primeiros semestres e deve facilitar-lhes o ingresso no mundo do direito penal. Mas serve, da mesma forma, à preparação, de véspera, para o Primeiro Exame de Estado na Alemanha,[1] porque permite uma revisão compacta e sumária dos conteúdos examinados.

Maximilian Bunte, *Benjamin Ehrhardt* e *Sandra Nöth*, todos eles da Universidade de Bayreuth,[2] nos ajudaram, energicamente, com a revisão dos manuscritos. Em relação a Würzburg,[3] devemos menção, sobretudo, a *Jochen Feldle*. Também nessa oportunidade, gostaríamos de agradecer-lhe de coração

1. N.T.: O Primeiro Exame de Estado (Erste Juristische Staatsprüfung) na Alemanha é organizado pelos Ministérios da Justiça dos diversos estados da federação e realizado ao término do curso superior. O futuro jurista alemão é avaliado de forma unificada por meio desse exame, que é requisito para todas as carreiras jurídicas, como a de advogado, juiz ou promotor.
2. N.T.: Onde leciona o Professor Dr. Brian Valerius.
3. N.T.: Onde leciona o Professor Dr. Dr. Eric Hilgendorf.

pelas suas propostas de muito valor e suas sugestões de melhoria, que muito nos ajudaram.

Todas as sugestões e críticas construtivas dos leitores, especialmente dos estudantes dos primeiros semestres, são muito bem-vindas a qualquer momento! Vocês nos encontram pelos e-mails:

hilgendorf@jura.uni-wuerzburg.de e brian.valerius@uni-bayreuth.de

Würzburg/Bayreuth, maio de 2015.

ERIC HILGENDORF e BRIAN VALERIUS

APRESENTAÇÃO DA TRADUÇÃO

Este livro dos Profs. Drs. Eric Hilgendorf e Brian Valerius, que agora chega às mãos dos estudantes e profissionais do direito brasileiros, é, na Alemanha, exemplo de um simples e didático manual de direito penal. O livro cumpre a fundamental função de aplicar a teoria na prática, ensinando os alunos e operadores do direito a resolver os problemas com que a vida os confronta diariamente a partir do imenso e, por vezes, complexo universo teórico do direito penal. Essa função dos livros de ciência jurídica parece estar esquecida entre nós. Mas este livro não é apenas simples e didático, é também completo. Todos os principais tópicos da disciplina direito penal, parte geral, são abordados com profundidade e detalhe, contendo valiosas referências literárias e jurisprudenciais ao leitor brasileiro, que os mais curiosos poderão usar de guia para incursões particulares. É por isso que acredito que este livro vem em excelente hora e, com as adaptações ao direito brasileiro, convirá tanto ao ensino do direito penal em nossas faculdades jurídicas como servirá de referência aos práticos e de consulta aos acadêmicos pós-graduados.

Nesta oportunidade, também entendo necessário ressaltar ao leitor que, tendo em vista se tratar de uma tradução (adaptada), este livro confere com seu original publicado em 2015 na Alemanha e, portanto, não considera a legislação alemã ulterior à publicação do original.

Por fim, gostaria apenas de incluir aqui meus sinceros agradecimentos aos autores, Prof. Dr. Dr. Eric Hilgendorf e Prof. Dr. Brian Valerius, pela oportunidade de traduzir seu manual e pela confiança que depositaram em meu trabalho. Ao Prof. Dr. Dr. Eric Hilgendorf também agradeço pelo especial apoio para que este projeto pudesse ser realizado. Também agradeço ao meu professor e amigo Prof. Dr. Luís Greco pela indicação e imensurável contribuição para esta tarefa e ao meu querido amigo Lucas Montenegro pela cirúrgica leitura desta tradução.

Espero que este livro seja recebido da forma como merece por meus conterrâneos e como sinal de meu imutável compromisso com a melhoria do ensino jurídico brasileiro.

Berlim, janeiro de 2018.

Orlandino Gleizer

BIOGRAFIAS

Prof. Dr. Dr. Eric Hilgendorf

Nascido em 1960 em Stuttgart, Alemanha, terminou o segundo grau em Ansbach em 1980. Estudou Filosofia, História Moderna, Ciências Religiosas e Ciências Jurídicas na Universidade de Tübingen. Graduou-se nas áreas de Filosofia e História com trabalho sobre a "Evolução histórica da liberdade de expressão parlamentar na Alemanha" (*Entwicklungsgeschichte der parlamentarischen Redefreiheit in Deutschland*, Peter Lang, Frankfurt a.M. *et alii,* 1991). Em 1990, obteve o título de Doutor em Filosofia, com a tese "Argumentação na ciência jurídica: da recepção da filosofia analítica e da teoria crítica na investigação fundamental da ciência jurídica" (*Argumentation in der Jurisprudenz: Zur Rezeption von analytischer Philosophie und kritischer Theorie in der Grundlagenforschung der Jurisprudenz*, Duncker & Humboldt, Berlin, 1991). Em 1992, obteve o título de Doutor em Direito, com sua tese "Responsabilidade jurídico-penal pelo produto na 'sociedade de riscos'" (*Strafrechtliche Produzentenhaftung in der 'Risikogesellschaft'*, Duncker & Humboldt, Berlin, 1993). Em 1997, obteve sua *venia legendi* na Universidade de Tübingen para as áreas de direito penal, direito processual penal e filosofia do direito, com sua tese de habilitação "Da delimitação entre proposições sobre fatos e juízos de valor no direito penal" (*Zur Abgrenzung von Tatsachenaussagen und Werturteilen im Strafrecht*, Duncker & Humboldt, Berlin, 1998). Após a habilitação como professor, foi Professor Titular de Direito Penal na Universidade de Kontanz; desde 2001, leciona na Universidade Julius-Maximilians de Würzburg, como Professor Catedrático de Direito Penal, Direito Processual Penal, Teoria do Direito, Direito da Informação e Informática Jurídica. De 2010 a 2012, foi decano da Faculdade de Direito da Universidade de Würzburg. Seus principais âmbitos de pesquisa são a dogmática jurídico-penal geral, o direito penal da medicina, o direito penal biológico, o direito penal econômico e o direito penal da técnica. A isso se soma seu compromisso com a investigação sobre os fundamentos do direito (direito comparado, filosofia do direito, teoria do direito, bioética, história do pensamento jurídico e história do direito penal).

Prof. Dr. Brian Valerius

Nasceu em 1974, em Bad Kreuznach, na Alemanha. Após terminar o segundo grau em Nördlingen (1993), estudou ciências jurídicas na Universidade Julius-Maximilian de Würzburg (1994-1999). Foi aprovado no Primeiro Exame de Estado em 1999 e, no segundo, em 2002. De 2002 a 2009, foi assistente científico na cátedra do Prof. Hilgendorf. Em 2004, obteve o título de Doutor em Ciências Jurídicas (Universidade de Würzburg), com sua tese "Investigações das autoridades de persecução penal nos serviços de comunicação de internet" (*Ermittlungen der Strafverfolgungsbehörden in den Kommunikationsdiensten des Internet*, Logos Verlag, Berlin, 2004, 250 pp). Em 2009, obteve sua *venia legendi* em Direito Penal e Processual Penal, Direito Europeu e Internacional, e Direito Penal Econômico, com sua tese de habilitação "Cultura e direito penal: a consideração das ideias valorativas culturais na dogmática jurídico-penal alemã" (*Kultur und Strafrecht: Die Berücksichtigung kultureller Wertvorstellungen in der deutschen Strafrechtsdogmatik*, Duncker & Humboldt, 2011, 424 pp.). Desde 2011, é Professor Catedrático de Direito Penal, Processual Penal e Direito Penal da Medicina na Universidade de Bayreuth. Desde então, seus temas principais de pesquisa são as questões internacionais e interculturais do direito penal material e do direito processual penal.

Orlandino Gleizer

Nascido em 1989, no estado do Rio de Janeiro, graduou-se bacharel em direito pela Pontifícia Universidade Católica do Rio de Janeiro (PUC-RJ) em 2012. Desde então, atua como advogado criminal no Brasil. Em 2015, obteve o título de Mestre em Direito pela Universidade Estadual do Rio de Janeiro (UERJ), com a dissertação "Sobre um possível papel do *compliance* criminal na aferição da culpabilidade penal das pessoas jurídicas". Mudou-se para a Alemanha em 2015, para cursar LL.M. em Direito na Universidade de Augsburg, para o qual apresentou a dissertação de mestrado "Diferentes problemas do monitoramento de telecomunicações" (*Verschiedene Streitpunkte der Telekommunikationsüberwachung*). Desde 2016, é assistente científico na cátedra do Prof. Eric Hilgendorf na Universidade Julius Maximiliam de Würzburg. Em 2017, iniciou seu doutorado em direito na Universidade Humboldt de Berlim, sob orientação do Prof. Dr. Luís Greco. Seus principais âmbitos de pesquisa são a dogmática da parte geral do direito penal, o direito penal econômico e o direito processual penal.

PREFÁCIO

A tradução para o português do manual de *Direito Penal, Parte Geral*, dos catedráticos Eric Hilgendorf (Würzburg) e Brian Valerius (Bayreuth), que nos proporciona Orlandino Gleizer, assistente científico do prof. Hilgendorf e meu doutorando, é muito bem-vinda. No presente prefácio, dedicarei algumas palavras ao livro, em seguida aos dois autores, por último, ao tradutor.

O leitor tem em mãos um *livro* acessível, despretensioso, escrito para um público de estudantes em busca de um primeiro contato com a matéria, e que informa com precisão sobre o estado da arte das principais discussões em torno da Parte Geral do Direito Penal alemão. Um dos maiores méritos do trabalho é a concisão com que ele dá conta de todo o conteúdo da teoria do delito, desde o tipo até a culpabilidade, passando pelo delito culposo, omissivo, e pelos indigestos temas do concurso de agentes, da tentativa e do concurso de delitos.

A minha experiência didática em quase duas décadas na Alemanha convenceu-me de que o método de aprendizagem do direito alemão de que muitas vezes nos valemos nós mesmos e que também sugerimos a nossos estudantes, consistente na leitura de um voluminoso tratado de direito penal estrangeiro (de preferência o de Roxin, que se encontra traduzido, ainda que em edição superada, para o espanhol), não é o mais promissor. O estudante alemão, antes de deparar-se com uma obra de tamanha dimensão e profundidade, familiariza-se com livros como o presente, que se restringem a linhas mestras e que o colocam em condições de, em um segundo ou terceiro momento, digerir obras mais pretensiosas. O presente livro tem, assim, potencial para tornar-se peça-chave na difusão do raciocínio jurídico germânico sobre a Parte Geral do Direito Penal, permitindo aos interessados um primeiro contato com esse universo conceitual.

Gostaria de destacar um aspecto adicional. Uma preocupação constante do presente livro é a de preparar quem o leia para a aplicação do conhecimento teórico nele contido na resolução de casos. O estudo do direito alemão apenas começa com a teoria; seu verdadeiro objetivo está em colocar o estudante em condição de resolver casos, de aplicar as teorias aprendidas para dar respostas a problemas concretos, em geral formulados a partir de situações reais julgadas pelos tribunais superiores alemães.

Volto-me, agora, aos *autores*. O prof. *Eric Hilgendorf* doutorou-se em filosofia (1990) com a dissertação "Argumentação na ciência jurídica: da recepção da filosofia analítica e da teoria crítica na investigação fundamental da ciência jurídica" (Argumentation in der Jurisprudenz: Zur Rezeption von analytischer Philosophie und kritischer Theorie in der Grundlagenforschung der Jurisprudenz, 1991). Além disso, doutorou-se em direito (1992) com dissertação sobre a "Responsabilidade jurídico-penal do produtor na 'sociedade de riscos'" (Strafrechtliche Produzentenhaftung in der 'Risikogesellschaft', 1993). Habilitou-se (1997), na Universidade de Tübingen, com a tese "Da delimitação entre proposições sobre fatos e juízos de valor no direito penal" (Zur Abgrenzung von Tatsachenaussagen und Werturteilen im Strafrecht, 1998). Tornou-se Professor Titular de Direito Penal na Universidade de Konstaz em 1997 e Professor Catedrático na Universidade Julius-Maximilians de Würzburg em 2001, onde detém desde então a cátedra de Direito Penal, Direito Processual Penal, Teoria do Direito, Direito da Informação e Informática Jurídica. Entre os muitos temas de seu interesse, eu destacaria a responsabilidade penal pelo produto, o direito penal da medicina (aviso o leitor que um pequeno livro introdutório também se encontra, em tradução de Gleizer, no prelo), o direito penal econômico e a digitalização no direito em geral e no direito penal em particular.

O Prof. *Brian Valerius* doutorou-se em Ciências Jurídicas na Universidade Julius-Maximilian de Würzburg em 2004, com dissertação sobre as "Investigações das autoridades de persecução penal nos serviços de comunicação de internet" (Ermittlungen der Strafverfolgungsbehörden in den Kommunikationsdiensten des Internet, 2004), escrita sob a orientação de Hilgendorf, em cuja cátedra trabalhava como assistente. Em seguida, habilitou-se com trabalho sobre "Cultura e direito penal" (Kultur und Strafrecht, 2011), em que estuda os desafios enfrentados por uma sociedade multicultural como a alemã. Valerius compartilha com o seu professor o interesse pelas implicações da digitalização para o direito penal.

Não poderia deixar de dedicar algumas palavras ao *tradutor*, *Orlandino Gleizer*, mestre pela UERJ, doutorando na Universidade Humboldt de Berlim, sob minha orientação, e assistente científico junto à Cátedra do Prof. Hilgendorf, em Würzburg. Orlandino Gleizer cujo trabalho de LL.M. em Augsburg, sob a interceptação de telecomunicação, foi aprovado com a nota máxima e está em vias de tradução para o português, é, além de comprometido e talentoso, um amigo. Ele não se restringiu a traduzir o conteúdo do livro para o português, mas acrescentou notas e apartados para tornar o resultado final mais facilmente compreensível para o leitor brasileiro.

Penso que ele pode orgulhar-se de seu trabalho, cujo resultado final fala por si.

Nada mais me resta do que desejar ao leitor uma boa e fecunda leitura!

Berlim, 2 de outubro de 2018.

Luís Greco

SUMÁRIO

ABREVIATURAS, SIGLAS E PALAVRAS ESTRANGEIRAS

Abs. – *Absatz* (parágrafo ou subparágrafo)

AG – Amtsgericht (juízo de 1º grau, cf. §§ 22 e ss. GVG)

AO – Abgabenordnung (Código Tributário alemão)

Art. – Artigo

AT – Allgemeiner Teil (Parte Geral)

BAK – Blutalkoholkonzentration (concentração de álcool no sangue)

BGB – Bürgerliches Gesetzbuch (Código Civil alemão)

BGH – Bundesgerichtshof (Corte de Justiça Federal alemã, competente para a interpretação da lei federal)

BGHSt – Sammlung der Entscheidungen des Bundesgerichtshofs in Strafsachen (Repertório oficial de jurisprudência do BGH em matéria penal)

BGHZ – Sammlung der Entscheidungen des Bundesgerichtshofs in Zivilsachen (Repertório oficial de jurisprudência do BGH em matéria cível)

BT – Besonderer Teil (Parte Especial)

BtMG – Betäubungsmittelgesetz (Lei de Entorpecentes alemã)

BVerfG – Bundesverfassungsgericht (Tribunal Constitucional Federal alemão)

BVerfGE – Sammlung von Entscheidungen des Bundesverfassungsgerichts (Repertório oficial de jurisprudência do BVerfG)

Cap. – Capítulo
CC – Código Civil brasileiro
CEDH – Convenção Européia de Direitos Humanos
CF – Constituição Federal brasileira
CP – Código Penal brasileiro
CPP – Código de Processo Penal brasileiro
Einl. – Einleitung (introdução)
FS – Festschrift (coletânea de artigos em homenagem)
GA – Goltdammer's Archiv für Strafrecht (revista jurídica)
GG – Grundgesetz (Constituição Federal alemã)
GmbH – Gesellschaft mit beschränkter Haftung (sociedade com responsabilidade limitada)
GVG – Gerichtsverfassungsgesetz (Lei de Organização Judiciária alemã)
HGB – Handelsgesetzbuch (Código Comercial alemão)
InsO – Insolvenzordnung (Lei de Insolvência alemã)
JA – Juristische Arbeitsblätter (revista jurídica)
JGG – Jugendgerichtsgesetz (Lei do Tribunal Juvenil alemã)
JR – Juristische Rundschau (revista jurídica)
Jura – Juristische Ausbildung (revista jurídica)
KG – Kommanditgesellschaft (sociedade em comandita)
LG – Landgericht (juízo estadual na Alemanha, cf. §§ 59 ss. GVG)
Lit. – littera (alínea)
LPartG – Lebenspartnerschaftsgesetz (Lei alemã de União Civil homossexual alemã)
Ls. – Leitsatz (ementa da decisão)
MDR – Monatsschrift für Deutsches Recht (revista jurídica)
NJW – Neue Juristische Wochenschrift (revista jurídica)
nm. – número marginal
Nr. – número
nr. – nota de rodapé
NStZ – Neue Zeitschrift für Strafrecht (revista jurídica)
NStZ-RR – Neue Zeitschrift für Strafrecht – Recthsprechungsreport (revista jurídica)
N.T. – Nota do Tradutor

oHG – offene Handelsgesellschaft (sociedade comercial "aberta")

OLG – Oberlandsgericht (corte de justiça estadual na Alemanha, cf. §§ 115 ss. GVG)

Orgs. – Organizadores

OWiG – Gesetz über Ordnungswidrigkeiten (Lei de Contravenções Penais alemã)

p. – página

pp. – páginas

RGSt – Entscheidungen des Reichsgerichts in Strafsachen (Repertório oficial de jurisprudência da Corte Imperial de Justiça, de 1879 a 1945)

s. – e seguinte

ss. – e seguintes

Satz – Frase da norma

StGB – Strafgesetzbuch (Código Penal alemão)

StPO – Strafprozessordnung (Código de Processo Penal alemão)

StV – Strafverteidiger (revista jurídica)

StVG – Straßenverkehrsgesetz (Código de Trânsito alemão)

StVO – Straßenverkehrs-Ordnung (Decreto de Trânsito alemão)

StVollzG – Strafvollzugsgesetz (Lei de Execução Penal alemã)

TPG – Transplantationsgesetz (Lei de Transplante de Órgãos alemã)

UrhG – Urheberrechtsgesetz (Lei de Direitos Autorais alemã)

var. – variante

vol. – volume

WStG – Wehrstrafgesetz (Código Penal Militar alemão)

ZRP – Zeitschrift für Rechtspolitik (revista jurídica)

ZStW – Zeitschrift für die gesamte Strafrechtswissenschaft (revista jurídica)

§ 1. Introdução

A. Direito Penal e Código Penal

Em um sentido amplo, o direito penal engloba o direito penal material e o direito processual penal. O *direito penal material* regula os pressupostos e as consequências jurídicas de um fato penal, determinando quais são as implicações jurídico-penais de determinados comportamentos socialmente danosos. Por exemplo, o § 303 StGB (Código Penal alemão) estipula que a danificação ou destruição de uma coisa alheia (pressupostos) é sancionada com pena de prisão de até dois anos ou multa (consequências jurídicas). A pretensão de exigir a imposição de pena àquele que praticou tal comportamento, no entanto, não é conferida ao lesado (por exemplo, ao proprietário da coisa danificada ou destruída). Essa pretensão punitiva incumbe ao Estado, a quem cabe, em princípio, a tarefa de averiguar a existência desse direito e de buscar efetivá-lo – dentre outras razões, para evitar a justiça com as próprias mãos. A maneira pela qual o Estado é autorizado a perseguir esse interesse é, por sua vez, regulada pelo direito penal formal, também chamado de *direito processual penal*. 1

Os dispositivos penais de ordem jurídico-material se encontram, principalmente, no Código Penal (em alemão, *Strafgesetzbuch* – adiante *StGB*[*]), que, em regra, é o único objeto dos exames jurídicos e dos trabalhos acadêmicos em matéria penal durante a faculdade de direito. No entanto, várias outras leis contêm normas penais, que se diferenciam das normas de outras naturezas, na maioria das vezes, apenas por meio da combinação de trechos como "com pena ou multa" ou por virem precedidas do título "Dos crimes e das penas". Como exemplo dessas leis, podem-se citar o 2

[*] N.T.: A decisão por manter nessa tradução a referência ao StGB objetiva deixar clara a referência à lei alemã, evitando assim a confusão com o Código Penal brasileiro, ao qual se fará referência ao longo do livro por meio da sigla CP.

Código de Trânsito alemão (*Straßenverkehrsgesetz* – adiante StVG), a Lei de Direitos Autorais alemã (*Urhberrechtsgesetz* – adiante UrhG), o Código Tributário alemão (*Abgabenordnung* – adiante AO) e a Lei de Entorpecentes alemã (Betäubungsmittelgesetz – adiante BtMG).[+]

3 Os tipos penais do StGB são também descritos como direito penal nuclear [*Kernstrafrecht*] em contraposição ao chamado direito penal extravagante ou acessório [*Nebenstrafrecht*] (prescrições penais que aparecem em outras leis).[1] O conceito "direito penal acessório" não pode, no entanto, nos conduzir à falsa ideia de que delitos não regulados no Código Penal não são extremamente importantes, na prática, para a composição do todo do direito penal. Isso se aplica, dentre outros, para o motorista que dirige sem habilitação, de acordo com o § 21 do StVG, assim como para o sonegador de impostos, de acordo com o § 370 do AO.

4 O direito processual penal é, essencialmente, regulado pelo Código de Processo Penal (em alemão, *Strafprozessordnung* – adiante StPO). Outras disposições se encontram na Lei de Organização Judiciária alemã (*Gerichtsverfassungsgesetz* – GVG) e – no caso de procedimentos contra crianças e adolescentes, ou seja, pessoas entre 14 e 21 anos de idade – no Estatuto da Criança e do Adolescente (em alemão, *Jugendgerichtsgesetz* – adiante JG). Além disso, a Convenção (Europeia) de Proteção dos Direitos do Homem e das Liberdades Fundamentais (CEDH) recebe cada vez mais atenção para suas disposições processuais.

5 O Código Penal (StGB) é dividido entre uma Parte Geral (*Allgemeiner Teil* – §§ 1/79b StGB) e uma Parte Especial (*Besonderer Teil* – §§ 80-358 StGB). A *Parte Especial* contém tipos penais que descrevem condutas puníveis, como homicídio (§ 212 StGB), lesão corporal (§ 223 StGB), furto (§ 242 StGB) e dano (§ 303 StGB).[2] Já a *parte geral* estabelece normas aplicáveis a todos os delitos da Parte Especial que, por esse motivo, são reguladas na primeira parte do Código Penal. Por isso, a "parte geral" vem, por assim dizer – como o primeiro livro do Código Civil alemão (BGB), que também carrega esse nome – "antes dos parênteses".[*] Ela estabelece, por exemplo, quando um comportamento

[+] *Nota de adaptação*: A mesma observação vale para o ordenamento jurídico brasileiro, no qual diversos diplomas legais específicos – *e.g.*, a Lei de Combate ao Crime Organizado (12.850/2013), a Lei de Combate ao Tráfico de Entorpecentes (11.343/2006), a Lei de Combate à Lavagem de Capitais (9.603/1998), etc. – também criminalizam condutas.

1. *Kindhäuser* AT § 1 nm. 2; com tratamento geral a respeito da organização sistemática do direito penal, *Baumann/Weber/Mitsch* § 4.

2. Para a Parte Especial, consultar os manuais de *Haft/Hilgendorf* (*Strafrecht BT I*) assim como de *Haft* (*Strafrecht BT II*), que se apresentam como sucessão um do outro; de forma abrangente, *AWHH*.

[*] N.T.: No original, o autor utiliza a expressão "vor die Klammer gezogen", em referência ao que se chama de técnica de parênteses (*Klammertechnick*) na confecção

típico – ou seja, aquele que preenche os pressupostos dos tipos penais como os previstos na Parte Especial do Código Penal – é justificado e, por isso, não punível (como o tiro fatal em situação de legítima defesa). Além disso, é também na parte geral que, dentre outras coisas, se estabelece a partir de que momento a tentativa de um fato delituoso já passa a ser punível (como o soco que erra o alvo) ou ainda em quais circunstâncias outros concorrentes no delito podem ser punidos (como o vendedor da arma utilizada no homicídio ou o motorista do carro de fuga em um assalto). Essas normas da parte geral são o objeto do presente manual.

B. Teorias e fins da pena

Literatura para aprofundamento: Heger, Die Rolle des Opfers im Strafverfahren, JA 2007, 244; *Hörnle*, Straftheorien, 2011; *Momsen/Rackow*, Die Straftheorien, JA 2004, 336.

I. Fundamentos

Caso o Estado realize sua pretensão punitiva, estará, necessariamente, intervindo nos direitos fundamentais de seus cidadãos. A intervenção mais considerável se manifesta no momento em que ele executa uma pena de prisão, que significa a suspensão da liberdade de locomoção do condenado. Não é à toa que o direito penal é chamado de "a arma mais letal do Estado".[3] 6

O StGB prevê, como possíveis consequências jurídicas para um comportamento punível, penas principais e acessórias (Haupt-, Nebenstrafen) e consequências acessórias (Nebenfolgen). Dentre as *penas principais*, incluem-se a pena restritiva de liberdade (temporária ou perpétua; §§ 38, 39 StGB), a pena de multa (§ 40 ss. StGB), a pena para jovens (Jugendstrafe; para crianças e adolescentes: JGG) e a pena de arresto (Strafarrest; para militares; WStG). 7

Por sua vez, a única *pena acessória* prevista no StGB é a proibição de dirigir (§ 44 StGB), utilizada com frequência na prática. O BVerfG, em decisão de 20.3.2002,[4] declarou nula a redação concreta do dispositivo da chamada pena de perda do patrimônio [*Vermögensstrafe*[*]], outra modalidade de pena acessória inicialmente inserida no § 43a StGB, considerando-a 8

de leis. O termo faz alusão a uma regra algébrica. Na álgebra, aquilo que vem junto aos parênteses – por exemplo, o "a" em a(b+c) – se aplica ao resultado da equação interna aos parênteses como um todo e, por isso, o legislador, ao formular a ordem das normas, coloca aquelas de aplicações gerais antes das específicas, em relação às quais têm aplicação.

3. BVerfGE 32, 98 (109); 39, 1 (45); *Jescheck/Weigend* § 1 I. 1.

4. BVerGE 105, 135.

[*] N.T.: A pena de perda do patrimônio [*Vermögensstrafe*] significava a perda do patrimônio inteiro do apenado.

incompatível com o mandado de determinação da lei penal – previsto na Constituição Federal Alemã (GG) no art. 103 Abs. 2 (→ nm. 34 s.).

9 As *consequências acessórias* de uma condenação podem ser a perda da capacidade de exercer cargos públicos ou a perda dos direitos políticos ativos e passivos (§ 45 StGB).

10 Como toda intervenção em direitos fundamentais, essas medidas necessitam de uma legitimação, tarefa desempenhada pelas *teorias da pena*. As *teorias absolutas da pena* buscam essa legitimação nos ideais de retribuição, expiação e restauração da justiça. Elas são descritas como absolutas porque se limitam, essencialmente, a uma reação à conduta do autor e à vontade de "compensar" o injusto praticado e a culpa realizada. Essas teorias simplesmente negligenciam a questão a respeito de quais consequências a pena pretende produzir para os autores ou para a sociedade.[5]

11 Já as *teorias relativas da pena* não enxergam na função da pena tão somente uma compensação (repressiva) ao injusto e à culpabilidade. Ao contrário, para elas a penalização se encontraria a serviço de propósitos sociais, como a intimidação (preventiva) ou a ressocialização, e serviria, por isso, à tarefa de prevenir o cometimento futuro de delitos.[6] Desses propósitos sociais originam-se suas diferentes vertentes:

– uma primeira diferença diz respeito ao círculo de destinatários. A teoria da *prevenção geral* tem em vista o efeito da pena sobre a sociedade, enquanto a da *prevenção especial* coloca a influência da pena sobre o autor do delito em primeiro plano.

– uma segunda diferença está no fato de se a pena pretende, de forma *positiva*, gerar uma atitude de respeito ao direito e reforçar a confiança na ordem jurídica ou se, de forma *negativa*, deve dissuadir as pessoas da prática de outros comportamentos socialmente danosos.[7]

12 Por meio da combinação das possíveis diferenças umas com as outras, é possível estabelecer um esquema

– das ideias da *prevenção geral negativa ou positiva* de um lado (dissuasão da coletividade ou fortalecimento da confiança social na ordem jurídica) assim como

– da *prevenção especial negativa ou positiva* de outro (inocuização ou ressocialização do autor).[8]

5. *Jäger* AT nm. 5 s.; *Rengier* AT § 3 nm. 10; *Wessels/Beulke/Satzger* nm. 12; com profundidade, *Stratenwerth/Kuhlen* § 1 nm. 4 ss.

6. *Jäger* AT nm. 6; *Rengier* AT § 3 nm. 14; *Wessels/Beulke/Satzger* nm. 12; com profundidade, *Stratenwerth/Kuhlen* § 1 nm. 16 ss.

7. *Jäger* AT nm. 6; *Wessels/Beulke/Satzger* nm. 12.

8. *Jäger* AT nm. 6; *Rengier* AT § 3 nm. 15 ss.; *Wessels/Beulke/Satzger* nm. 12.

As chamadas *teorias unificadoras*, por fim, associam as teorias absolutas com as relativas em uma só abordagem. Elas enxergam o fundamento da pena tanto na expiação e restauração do equilíbrio da justiça como na perseguição de propósitos sociais.[9] Todavia, embora essas abordagens reúnam todos os fortes argumentos de cada uma das diferentes teorias, elas não deixam de reunir todos os seus pontos fracos. 13

De acordo com o § 46 StGB, a culpabilidade do autor é a "base para a fixação da pena. Os efeitos da pena para a vida futura do autor na sociedade devem ser considerados". Os *efeitos* da pena sobre a coletividade, ou seja, aquelas consequências práticas para a sociedade e para o autor específico do delito, podem ser empiricamente pesquisados pela criminologia. Os efeitos da pena devem ser diferenciados, no entanto, de sua *legitimação* por meio das específicas teorias da pena. A justificação argumentativa da pena se encontra no âmbito de análise da ética (ou da filosofia do direito) assim como no da política jurídica. 14

II. Evolução

As teorias *absolutas* da pena apelavam originalmente para a vontade de Deus (*ius talionis*: "olho por olho, dente por dente"). O *ius talionis* (ou também lei de talião) já apresenta, de uma certa forma, uma função limitadora da penalização, no sentindo de que nenhuma pena pode ser aplicada de forma arbitrária. O defensor mais famoso de uma teoria absoluta da pena foi *Immanuel Kant* (1724-1804): 15

> "Portanto, tantos quantos sejam os assassinos, que causaram a morte, ou também que a ordenaram, ou que contribuíram para ela, tantos são também os que têm que sofrê-la; isso é o que quer a justiça como ideia de um poder judicial segundo leis universais fundadas *a priori*."[10]

Kant ilustra seu pensamento com seu conhecido "*exemplo da ilha*": 16

> "Mesmo que a sociedade civil, com o consentimento de todos os seus membros, se dissolvesse (se, por exemplo, o povo que mora em uma ilha decidisse desassociar-se e espalhar-se pelo mundo), o último assassino encontrado no cárcere ainda assim teria que, antes disso, ser executado, a fim de que todos recebessem aquilo que merecem por seus atos, e a culpa pelo sangue não aderisse ao povo como um todo, que se omitiu

9. BVerfGE 45, 187 (253s.) com outras referências; *Jäger* AT nm. 7; *Kindhäuser AT § 2 nm. 16 s.; Stratenwerth/Kuhlen § 1 nm. 35.*

10. *Kant* Metaphysik der Sitten, in: Weischedel (Orgs.), Werkausgabe, vl. VIII, 15. ed., 2009, p. 456 [tradução livre para o português].

> em demandar essa punição; porque este pode ser considerado partícipe dessa violação pública à justiça."[11]

17 São inúmeros os pontos críticos dessa concepção de *Kant*. A começar, sem dúvida, pela referência a um *a priori*, ou seja, leis morais que vigem independentemente de seu estabelecimento pelo homem, cuja existência não foi fundamentada por *Kant*, mas somente afirmada. Sua justificação da pena permanece especulativa. Além disso, sua proposta conduz a resultados parcialmente muito severos e perceptivelmente desumanos: ela endossa, dentre outras coisas, a pena de morte.

18 Com *Georg Wilhelm Friedrich Hegel* (1770-1831) começou-se um movimento de distanciamento da radical ideia da lei de talião. A pena seria, para ele, uma "negação" do delito, portanto uma "negação da negação":[12]

> "A superação do delito é, neste sentido, a retribuição de mesmo valor, sendo ela, conceitualmente, a vulneração da vulneração e, existencialmente, tendo sua extensão determinada, qualitativa e quantitativa, pelo delito, cuja negação como existência já configura uma existência como tal."[13]

19 No entanto, *Hegel* também defendeu uma teoria absoluta da pena, negando expressamente a existência de um propósito social. Assim, para ele, a aplicação de uma pena por considerações preventivas seria – da maneira como as teorias relativas da pena defendem – comparável ao que se faz quando

> "(...) se ergue um pau contra um cachorro; de modo que o ser humano não será tratado segundo sua honra e liberdade, senão como um cachorro."[14]

20 *Hegel* é acusado, assim como *Kant*, de fundar suas teorias sobre questionáveis hipóteses metafísicas. Isso se aplica sobretudo à sua tentativa de estruturar o fundamento da pena em um sistema filosófico altamente especulativo. Além disso, sua linguagem metafórica é frequentemente imprecisa.

21 *Paul Johann Anselm von Feuerbach* (1775-1883) defendeu, ao contrário, uma *teoria da coação psicológica* orientada por fatos empíricos, segundo a qual a ameaça de pena deveria dissuadir potenciais autores de

11. *Kant* Metaphysik der Sitten, in: Weischedel (Orgs.), Werkausgabe, vl. VIII, 15. ed. 2009, p. 455 [tradução livre para o português].

12. MüKoStGB/*Joecks*, Einl. nm. 52; *Kindhäuser* AT § 2 nm. 10; *Roxin* AT I § 3 nm. 4.

13. *Hegel* Werke, vl. 7: Grundlinien der Philosophie des Rechts, 8. ed 2004, § 101.

14. *Hegel* Werke, vl. 7: Grundlinien der Philosophie des Rechts, 8. ed 2004, suplemento ao § 99.

delitos da execução do fato. Ele endossa, com isso, uma variante da teoria preventivo-geral negativa.[15] De fato, apenas nos últimos anos do século XIX é que as concepções preventivo-gerais passariam a se sobrepor aos modelos absolutos de legitimação da pena, que eram dominantes até então.

Por meio de *Franz von Liszt* (1851-1919), iniciou-se uma aproximação com as ciências empíricas, especialmente com as ciências da natureza. Ele defendeu, por sua vez, uma teoria da pena preventivo-especial.[16] ("Pena é *prevenção por meio de repressão*"). Todas as teorias absolutas da pena foram taxadas de anticientíficas. As teorias preventivo-especiais foram proeminentes na Alemanha, sobretudo durante a República de Weimar, até as teorias absolutas da pena voltarem à pauta durante o período nazista. 22

Desde então, as *teorias unificadoras* passaram a se impor, e os modelos preventivos a ganhar importância. Representativo, aqui, é o que afirma *Roxin*: 23

> "A pena serve aos propósitos da prevenção geral e especial. Seu limite máximo é dado pelo grau da culpabilidade, o qual pode, no entanto, em seu limite mínimo, ser desconsiderado na medida em que necessidades preventivo-especiais o façam necessário e exigências mínimas preventivo-gerais não o impeçam."[17]

A atenção aos anseios preventivo-especiais da pena também se reflete no § 2 Satz 1 da Lei de Execuções Penais alemã (*Strafvollzugsgesetzes* – adiante StVollzG), em vigor desde 1977:

> "Durante a execução da pena privativa de liberdade, o detento deve se tornar capaz de, futuramente, conduzir uma vida socialmente responsável e sem crimes (objetivo da execução penal)."

C. Princípios fundamentais do direito penal

Decisões selecionadas: BVerfGE 25, 269 (prolongamento legal, com efeito retroativo, do prazo prescricional do homicídio qualificado); 92, 1 (decisão sobre os protestos sentados [*Sitzblockaden*] a respeito da interpretação do conceito de violência no delito de constrangimento ilegal); 120, 224 (constitucionalidade da penalização do incesto entre irmãos);

15. *Jäger* AT nm. 6; *Rengier* AT § 3 nm. 15; *Roxin* AT I § 3 nm. 22 s.; *Stratenwerth/Kuhlen* § 1 nm. 23.

16. A respeito, ver *Kindhäuser* AT § 2 nm. 12; *Rengier* AT § 3 nm. 18; *Roxin* AT I § 3 nm. 12.

17. *Roxin* AT I § 3 nm. 59.

126, 170 (constitucionalidade do tipo penal de infidelidade patrimonial); BGHSt NJW 2014, 3459 (constitucionalidade do § 89a StGB: preparação de uma conduta violenta com sérios riscos ao Estado*).

Literatura para aprofundamento: Walter, Einführung in das Strafrecht, JA 2013, 727.

24 O direito penal alemão é obediente a determinados princípios, que fundamentam toda a aplicação de leis penais e que, por isso, devem ser de conhecimento dos estudantes. Estes princípios facilitam não somente a compreensão de várias controvérsias, mas também oferecem argumentos essenciais a favor ou contra determinadas interpretações de um dispositivo penal.

I. Princípio da legalidade (*nullum crimen, nulla poena sine lege*)

25 O princípio da legalidade (*nullum crimen, nulla poena sine lege*: "não há crime nem pena sem lei") deve ser visto como o *princípio central do direito penal*. Sua importância pode ser constatada tanto pela sua inclusão na Constituição (art. 103 Abs. 2 GG) como pela sua inclusão, literalmente idêntica, em uma posição de destaque no Código Penal alemão (§ 1 StGB).+

26

> **§ 1 StGB – Não há pena sem lei**
>
> Uma conduta só pode ser apenada quando sua penalização tiver sido determinada antes que ela tenha sido praticada.

27 Nenhum Estado de Direito pode renunciar ao princípio da legalidade: a todo cidadão deve ser garantida a possibilidade de reconhecer, previamente, quais de suas condutas são puníveis. O Estado não pode suprimir, de maneira arbitrária, a liberdade de seus cidadãos em razão de um comportamento não proibido pela lei (penal). Desde o Iluminismo europeu no século XVIII, esses fundamentos são constantemente reivindicados. Eles também fazem parte do famoso programa de reforma penal de *Cesare Beccaria* (1738-1794), "Dos delitos e das penas" (1764).

* N.T.: Esse é o tipo penal que criminaliza, a grosso modo, a preparação de atos terroristas, mas o legislador alemão, em regra, não utiliza o termo "terrorismo", e sim o que consta no texto, que é legalmente definido.

+ *Nota de adaptação*: No ordenamento jurídico brasileiro, o princípio da legalidade se encontra positivado na Constituição da República (art. 5º, XXXIX e XL), além de também contar com posição de destaque no Código Penal (art. 1º).

O princípio da legalidade é dividido em quatro *subprincípios*. Depreende-se dele, em primeiro lugar, a necessidade de uma *lei escrita*. Uma conduta delituosa ou uma pena que não estejam previstas em uma lei escrita violam a *proibição* de que o *direito consuetudinário* justifique ou agrave uma pena: "(*nullum crimen, nulla poena) sine lege scripta*".[18] Por isso, é problemático, por exemplo, que em *prejuízo do autor*, que não era culpável ao tempo da ação, se simule uma culpabilidade com recurso aos princípios da *actio libera in causa* (→ § 6 nm. 17 e 19).[*] A proibição do direito consuetudinário se dirige ao aplicador do direito, em especial aos membros do Ministério Público e aos tribunais. 28

Entretanto, o princípio da legalidade só serve para proteger o cidadão de prejuízos não previstos em lei. Recorrer a regras de costume – por exemplo, à justificativa do consentimento, não prevista em lei – é permitido quando *em benefício* do cidadão.[19] 29

A *proibição de analogia* (*sine lege stricta*), outro dos subprincípios, também se dirige aos aplicadores do direito. As leis penais não podem ser interpretadas para além de seus sentidos literais. Diferentemente do que ocorre no direito civil ou no direito administrativo/constitucional, no direito penal é vedada a aplicação de uma norma a casos, embora até semelhantes, não regulados de forma precisa. Dessa forma, o teor literal de um preceito penal estabelece os limites máximos para sua interpretação (→ nm. 44).[20] A subtração de energia elétrica, por exemplo, não pode ser abrangida pelo tipo penal de furto, já que eletricidade não é corpórea e, por isso, não é "coisa" para efeitos do § 242 StGB [delito de furto].[*] Uma aplicação analógica do § 242 StGB ao caso de "furto de energia" violaria a proibição de analogia, por isso, fez-se necessária a inclusão do § 248c no StGB para cobrir essa lacuna de responsabilização penal.[+] 30

A proibição de analogia também só se aplica à interpretação *prejudicial ao autor*,[21] não àquela que se dá em seu benefício. Por isso, as teorias da culpabilidade limitada, dos casos de erro quanto a *circunstâncias* 31

18. *Jäger* AT nm. 10; *Kindhäuser* AT § 3 nm. 3; *Stratenwerth/Kuhlen* § 3 nm. 26.

[*] N.T.: É importante notar que, no direito penal alemão, não há norma semelhante à do nosso art. 28, II CP, que afasta a embriaguez como excludente de culpabilidade.

19. *Rengier* AT § 4 nm. 15; *Stratenwerth/Kuhlen* § 3 mn. 27 s.; *Wessels/Beulke/Satzger* nm. 46.

20. BVerfGE 92, 1 (12); *Jäger* AT nm. 11; *Rengier* AT § 4 nm. 31.

[*] N.T.: § 242 StGB, em tradução livre: "aquele que subtrai *coisa alheia móvel* (...) é punível com pena restritiva de liberdade de até cinco anos ou com pena de multa".

[+] Nota de adaptação: O Código Penal brasileiro possui dispositivo análogo (art. 155 § 3º CP).

21. *Jäger* AT nm. 11; *Kindhäuser* AT § 3 nm. 6; *Rengier* AT § 4 nm. 34; *Wessels/Beulke/Satzger* nm. 54.

justificadoras (erro de tipo permissivo), aplicam o disposto no § 16 Abs. 1 Satz 1 StGB* de forma analógica, para excluir o injusto doloso ou a culpabilidade dolosa e não ter que aplicar ao autor a regra do erro de proibição do § 17 StGB (→ § 8 nm. 47s.).+

32 Já a *proibição de retroatividade* (*sine lege praevia*) deve ser observada, da mesma forma, tanto por quem aplica o direito quanto por quem o cria, ou seja, o legislador. Portanto, não é permitido ao legislador estabelecer retroativamente uma pena ou elevar uma já existente querendo que esta (nova ou, desde então, maior) pena alcance condutas já praticadas, para, por exemplo, sanar lacunas de punibilidade tidas por injustas.[22] Menos ainda, podem os membros do Ministério Público e os tribunais, na função de aplicadores do direito, fazer valer, em prejuízo do autor, uma lei promulgada após um fato já concluído; os detalhes são determinados pelos § 2 e 8 StGB (→ § 2 nm. 20 ss.). No entanto, o subprincípio da proibição de retroatividade se aplica somente a normas penais materiais. As alterações de normas de direito processual podem ter efeito retroativo, mesmo quando em prejuízo do réu.[23]

33 A proibição de retroatividade só se aplica, no entanto, à *determinação legal* da punibilidade. A opinião majoritária defende não haver violação desse subprincípio quando a jurisprudência modifica sua interpretação até então vigente, em prejuízo do réu, por exemplo, reduzindo o limite de concentração de álcool no sangue para a consideração de incapacidade absoluta* (irrefutável) para direção de veículo de 1,3% para 1,1% – de acordo com a interpretação conferida aos §§ 315c Abs. 1 Nr. 1 lit. a e 316 StGB.[24] Nesse caso, a jurisprudência não se baseou em uma mudança do teor legal, mas em uma interpretação modificável (dentro dos limites do sentido literal) de um elemento do tipo penal – que permaneceu imodificado.

34 De acordo com o princípio da *determinação da norma penal* (*sine lege certa*), quarto subprincípio do princípio da legalidade, a lei penal deve descrever, de forma suficientemente concreta, a conduta proibida. Esse

* N.T.: O § 16 Abs. 1 Satz 1 StGB é semelhante ao nosso art. 20 *caput* CP, mas o direito alemão não conhece norma similar ao nosso art. 20 § 1º CP. Para mais detalhes, cf. *infra* § 8 nm. 70.

+ Nota de adaptação: A respeito do tratamento desse problema pelo ordenamento jurídico brasileiro, ver *aproximações ao direito brasileiro* do § 8.

22. *Jäger* AT nm. 12; *Wessels/Beukel/Satzger* nm. 48s.

23. Ver BVerfGE 25, 269 (286 ss.) sobre o prolongamento legal, com efeito retroativo, do prazo prescricional do homicídio qualificado; *Rengier* AT § 4 nm. 20 ss.

* N.T.: A lei alemã só fala em uma genérica "incapacidade para conduzir o veículo de forma segura", deixando a concretização desse elemento típico quanto ao nível alcoólico proibido a critério da jurisprudência.

24. Comentam sobre a decisão publicada em BGHSt 37, 89: *Jäger* AT nm. 12; *Rengier* AT § 4 nm. 17 s.; *Wessels/Beulke/Satzger* nm. 1.

preceito se dirige ao legislador e exige que o cidadão tenha possibilidade, como destinatário da norma, de deduzir da lei aquilo que lhe está sendo proibido sob ameaça de pena. Isso não impede que o legislador recorra a cláusulas gerais e a conceitos que demandem uma complementação valorativa. No entanto, o alcance e o âmbito de proteção da norma penal em questão têm que ser suficientemente reconhecíveis.[25] É fato que o BVerfG evita declarar a inconstitucionalidade de uma norma por conta de uma violação ao princípio da legalidade.[26] Atualmente, discute-se, a respeito do tipo penal de "Stalking" do § 238 StGB, se a última variante da Abs. 1 Nr. 5 ("uma outra conduta comparável"), à luz da ausência de comparabilidade com as demais variantes descritas anteriormente em Abs. 1 Nr. 1 a Nr. 4, cumpre o preceito de determinação aplicável às normas penais.[27]

De fato, não é uma tarefa fácil, muitas vezes, formular um dispositivo **35** penal que se ajuste à descrição de uma enorme gama de variações fáticas possíveis dignas de pena para uma determinada norma. Nesse caso, o princípio da determinação torna-se um imperativo/mandado de *interpretação restritiva da lei*. Se a interpretação de uma lei não cumpre essa exigência, o dispositivo penal até permanece compatível com o art. 103 Abs. 2 GG, mas não a sua concreta aplicação que extrapole os limites da interpretação. Por exemplo, o BVerfG entendeu incompatível com o princípio da legalidade a tentativa de subsumir ao elemento "violência", do tipo penal de coação, um comportamento – por exemplo, nos casos de chamados protestos sentados, em que pessoas bloqueavam a passagem de veículos em ruas – no qual "a violência consiste apenas na presença corporal, e o efeito da coação sobre os compelidos tem apenas uma natureza psíquica".[28] No entanto, esses limites para a interpretação da norma no caso concreto não têm qualquer efeito em relação à constitucionalidade geral do § 240 StGB.

II. Princípio da culpabilidade (*nulla poena sine culpa*)

O *princípio da culpabilidade* (*nulla poena sine culpa*: "não há **36** pena sem culpabilidade": → § 6 nm. 1) é um pilar central de sustentação do direito penal alemão. A pena, segundo esse princípio, só pode ser imposta caso o autor possa ser pessoalmente censurado pela realização do

25. BVerfGE 92, 1 (12); *Rengier* AT § 4 nm. 26 s.; *Wessels/Beulke/Satzger* nm. 47.

26. Ver, por exemplo, BVerfGE 26, 41 a respeito da determinação penal em relação à "grave desordem" proscrita no § 360 Abs. 1 Nr. 11 Var. 2 StGB (o BVerfG decidiu que o tipo penal que criminalizava a criação de grave desordem atendia ao postulado de determinação penal, ou seja, descrevia suficientemente a conduta proibida) ou, recentemente, BVerfGE 126, 170 a respeito da constitucionalidade do tipo penal de infidelidade patrimonial [*Untreue*], conforme o § 266 StGB.

27. Para críticas, ver, por todos, apenas BGHSt 54, 189 (193 s.).

28. BVerfGE 92, 1 (18).

fato.[29] No entanto, quanto à sua concretização, o conceito de culpabilidade permanece controvertido. É certo que algumas medidas de segurança, como a internação em uma clínica psiquiátrica ou de desintoxicação, a perda do direito de dirigir e a proibição do exercício de profissão, até podem ser impostas sem que o autor tenha se comportado de forma culpável, a fim de neutralizar um especial *perigo do autor*.[30] Mas, sem um comportamento culpável, não é possível lhe aplicar uma pena de multa ou de restrição de liberdade. Como o diz o BVerfG, de forma representativa:

> "A punição penal, ou semelhante à penal, por um fato, sem culpabilidade do autor, é contrária ao Estado de Direito e viola, ao afetado, o seu direito fundamental previsto no Art. 2 Abs. 1 GG [direito ao livre desenvolvimento da personalidade]."[31]

37 Apenas seres humanos, ou seja, pessoas naturais, podem atuar culpavelmente. Pessoas jurídicas, por sua vez, como sociedades pessoais (por exemplo, a sociedade comercial aberta e a sociedade em comandita) ou de capital (por exemplo, as sociedades limitadas ou as sociedades por ações) não atuam com culpabilidade. De acordo com a opinião ainda majoritária, não é possível fundamentar uma pena a uma empresa no direito penal alemão; ou seja, ainda não existe um "direito penal da empresa".[32] No direito penal anglo-americano, ao contrário, esses delitos se encontram sob a rubrica da "strict liability".

III. Princípio da dúvida (*in dubio pro reo*)

38 O *princípio da dúvida* (*in dubio pro reo*: "a dúvida favorece o réu") tem importância, sobretudo, no direito processual. De acordo com ele, o juiz não pode condenar o réu caso haja uma mínima dúvida com relação à sua culpabilidade.[33]

39 Durante a resolução de casos, os estudantes tendem a, frequentemente, diante de (evitáveis) imprecisões dos fatos apresentados no caso, fazer uso do princípio da dúvida. No entanto, só se deve recorrer ao *in dubio pro reo* quando os acontecimentos forem, explicitamente, declarados imprecisos ou não possíveis de serem esclarecidos. Nesses casos, deve-se sempre optar pela melhor alternativa para o acusado (→ § 14 nm. 3 ss.).

29. *Heinrich* AT nm. 525; *Kühl* AT § 10 nm. 2; *Wessels/Beulke/Satzger* nm. 400.
30. *Wessels/Beulke/Satzger* nm. 396.
31. BVerfGE 20, 323 (331).
32. *Rengier* AT § 24 nm. 3.
33. *Wessels/Beulke/Satzger* nm. 802; mais detalhes em *Baumann/Weber/Mitsch* § 9 nm. 104 s.

IV. Princípio da *ultima ratio*

Especialmente o legislador tem a obrigação de atentar para o fato de que o direito penal deve ser sempre a *ultima ratio* ("o último meio") para resolver um problema social, já que, por intervir na liberdade dos cidadãos, é a arma mais afiada à disposição do Estado (→ § 1 nm. 6). Advém do *princípio da proporcionalidade*, que está na base de justificação de qualquer ação do Estado, a obrigação de que só se faça uso da ferramenta penal quando todas as outras possibilidades – particularmente, as regras do direito civil e do direito administrativo (em caso de multas administrativas) – tenham sido esgotadas e não sejam promissoras.[34] Consequentemente, o direito penal é "empregado não em razão da mera proibição de um determinado comportamento, mas quando este é especialmente danoso para a sociedade e inconciliável com uma convivência ordenada, sendo, por isso, urgente evitá-lo".[35] O direito penal se distingue, portanto, por seu caráter fragmentário, uma vez que ele só sanciona condutas que sejam gravemente danosas para a sociedade.[36] No entanto, assiste ao legislador uma inegável margem de discricionariedade, ao eleger, de modo vinculante, os comportamentos proibidos e passíveis de pena.[37] 40

Considerando isso, o BVerfG decidiu pela constitucionalidade da criminalização do incesto entre irmãos.[38] Essa decisão é extremamente criticada, pelo fato de que não haveria bem jurídico a ser tutelado pela norma do § 173 Abs. 2 Satz 2 StGB.[39] Segundo a *teoria do bem jurídico*, dominante na literatura penal, o direito penal serviria à proteção de bens jurídicos, de modo que uma norma não é legítima caso não proteja um deles.[40] De uma certa forma, o BVerfG rechaçou a teoria do bem jurídico limitadora do direito penal, mas, ao buscar justificativa para a punição do *incesto entre irmãos*, fez menção a um conjunto de diferentes bens jurídicos, particularmente "à preservação da ordem familiar em relação a efeitos danosos do incesto, à proteção do parceiro 'inferior' em um relacionamento incestuoso, assim como, de forma complementar, à evitabilidade de graves doenças genéticas nos descentes de relações incestuosas".[41] Ainda se discute se essas 41

34. BVefGE 39, 1 (47); *Kindhäuser* AT § 2 nm. 8; *Krey/Esser* nm. 18; *Rengier* AT § 3 nm. 5; *Wessels/Beulke/Satzger* nm. 9.
35. BVerfGE 120, 224 (240).
36. *Kindhäuser* AT § 2 nm. 6; *Rengier* AT § 3 nm. 7; *Wessels/Beulke/Satzger* nm. 9.
37. BVerfGE 120, 224 (240) com outras referências.
38. BVerfGE 120, 224 (238 ss.).
39. No lugar de muitos, ver *Ellbogen* ZRP 2006, 190 (192); *Roxin* StV 2009, 544 (550); *Zabel* JR 2008, 453 (457).
40. Ver apenas NK-StGB/*Hassemer/Neumann* comentário prévio ao § 1 nm. 108; *Kindhäuser* AT § 2 nm. 6; *Roxin* AT I § 2.
41. BVerfGE 120, 224 (243).

justificativas são aceitáveis. Por um lado, argumenta-se que o tipo penal do § 173 Abs. 2 Satz 2 StGB ameaça de pena um comportamento tão somente imoral. O direito penal, como *ultima ratio*, não serviria à proteção de meros comportamentos imorais.[42] Por outro lado, objeta-se que é o Estado quem, por meio de sua atividade legislativa, cria os bens jurídicos – ou seja, "interesses juridicamente protegidos" – e, por isso, teria o poder de tornar vigente a proteção de interesses que proviessem "meramente da moral". Todo dispositivo jurídico-penal em vigência possuiria, consequentemente, um bem jurídico protegido. Comportamentos proibidos pelo direito penal nunca seriam, por assim dizer, "meras imoralidades". Segundo o BVerfG, dever-se-ia, ao contrário, medir o direito penal também segundo o princípio da proporcionalidade.[43] Na verdade, essa crítica se dirige muito mais aos exageros e mal-entendidos da teoria do bem jurídico do que de fato ao que essa teoria defende, e que, com seu confiável capital argumentativo, segue sendo imprescindível para uma política criminal racional.

V. Princípio do direito penal do fato

42 O direito penal pode, teoricamente, ser concebido tanto como um "direito penal do fato", quanto como um "direito penal do autor". Em um Estado de Direito, o direito penal toma a forma de leis que descrevem, precisamente, condutas proibidas e, por isso, acaba por se classificar como "*direito penal do fato*". A pena é, portanto, sempre uma resposta a um fato e não contém julgamentos gerais a respeito da personalidade ou do caráter do autor. Assim, diferentemente do que se defende no modelo chamado de *direito penal do autor*, não são as más convicções do autor, como tais, que devem ser punidas, mas apenas aquelas que se manifestam em um fato (→ § 10 nm. 3).[44] No entanto, é bem controverso quais seriam os pressupostos a serem verificados nessa tal manifestação e se, para isso, bastariam condutas em si neutras e insuspeitas.[45]

D. Regras de interpretação

Decisões selecionadas: BGHSt 53, 122 (utilização de serviço de transporte sem bilhete válido como delito de utilização clandestina de serviço, conforme o § 265 Abs. 1 Var. 3 StGB); BGH NJW 2014, 951 (o conceito de "vender" [Absetzen] como elementar do crime de receptação do § 259 Abs. 1 StGB).

42. *Krey/Esser* nm. 12; *Roxin* AT I § 2 nm. 17; *Wessels/Beulke/Satzger* nm. 9.
43. *Hilgendorf* Neue Kriminalpolitik 2010, 125.
44. *Jescheck /Weigend* § 7 III 1; *Stratenwerth/Kuhlen* § 2 nm. 27 ss.
45. A esse respeito, ver, p.ex., BGH NJW 2014, 3459 (3465 s.), em relação à constitucionalidade do § 89a StGB (preparação de uma conduta violenta com sérios riscos ao Estado).

Literatura para aprofundamento: Steinberg, Angewandte juristische Methodenlehre für Anfänger, nm. 113 ss.; *Kudlich/ Christensen*, Die Kanones der Auslegung als Hilfsmittel für die Entscheidung von Bedeutungskonflikten, JA 2004, 74; *Staake,* Das Ziel der Auslegung, Jura 2011, 177.

A atividade do jurista consiste principalmente em desenvolver uma solução jurídica para um caso concreto. A primeira coisa que se deve fazer, ao subsumir as circunstâncias de um caso concreto à lei abstrata, é precisar o âmbito de aplicação da norma pertinente por meio de um processo de interpretação. Essa tarefa é auxiliada pelas quatro *regras de interpretação "canônicas"*: a *gramatical*, a *histórica*, a *sistemática* e a *objetivo-teleológica*.[46] **43**

O ponto de partida de qualquer interpretação é dado pelo teor literal da norma. Esse teor literal demarca ainda as fronteiras de uma *interpretação gramatical* possível. Caso determinada interpretação extrapole o sentido jurídico ou coloquial do termo, tal analogia será ilegítima e incompatível com o princípio da legalidade (→ nm. 30). Ao se interpretar gramaticalmente uma norma, deve-se ainda ter em conta que um mesmo conceito pode apresentar um sentido diferente quando em outras normas – mesmo após o emprego das demais regras de interpretação.[47] Isso é o que se chama de relatividade dos conceitos jurídicos.[48] **44**

A *interpretação histórica* recorre à história do surgimento da norma e à vontade histórica do legislador, na forma como essa vontade se apresenta nos materiais legislativos (por exemplo, nos documentos [*Drucksachen*] das câmaras legislativas, que, na Alemanha, são o *Bundestag* e o *Bundesrat*).[49] No entanto, o método de interpretação histórico não tem grande importância nas provas das faculdades de direito, por conta da ausência de fontes disponíveis durante o exame. **45**

Além do mais, a posição de uma norma na lei também tem importância durante o processo de interpretação. A *interpretação sistemática* tem por objetivo, a partir de um exame comparativo ou interativo da norma em questão com as demais que a circundam, extrair conclusões a respeito do alcance da norma a ser interpretada – com considerações a respeito, por exemplo, de se tais normas são parágrafos, incisos, ou alíneas da mesma norma ou dispositivos e capítulos contíguos em relação a ela. Caso o teor **46**

46. *Jescheck /Weigend* § 17 IV 1; *Kindhäuser* AT § 3 nm. 7; *Stratenwerth/Kuhlen* § 3 nm. 36 ff; *Wessels/Beulke/Satzger* nm. 57.

47. *Rengier* AT § 5 nm. 13; de forma detalhada, *Baumman/Weber/Mitsch* § 9 nm. 74 ss.

48. *Heinrich* AT nm. 142; *Rengier* AT § 5 nm. 13.

49. *Rengier* AT § 5 nm. 10.

literal da norma permita mais de uma interpretação, deve-se dar preferência àquela que melhor se adeque ao sistema legal como um todo.[50]

47 Por fim, a *interpretação teleológica* se refere ao sentido e propósito de uma norma. No direito penal, a referência que se faz é, especialmente, ao bem jurídico protegido, tratando-se aqui, sem dúvida, do cânone de interpretação mais importante dentre os quatro, tanto na prática quanto nos exames jurídicos.[51] Além do mais, é discutível se o método de interpretação histórico tem preferência sobre o teleológico, ou seja, se esse esquema metódico deve ser organizado de modo a dar preferência – como defende a teoria subjetiva – à vontade originária do legislador ou – como defende a teoria objetiva – ao sentido e ao propósito da lei percebidos ao tempo da interpretação da norma.[52]

48 Em uma decisão recente, na qual o BGH recorre a todos esses métodos de interpretação, levantou-se a questão a respeito de se quem utiliza um meio de transporte público sem um bilhete válido, embora sem ter de se esquivar de qualquer procedimento de segurança, "utiliza clandestinamente o transporte..." no sentido do § 265a Abs. 1 Var. 3 StGB. A literatura dominante contesta essa interpretação especialmente pelo fato de não se poder falar em "uso clandestino" [*erschleichen*][*] diante da ausência de qualquer manipulação de medidas de controle.[53] O BGH, no entanto, entendeu que *andar sem bilhete válido* é considerado "uso clandestino" punível e, para tanto, é suficiente que "o autor utilize irregularmente um meio de transporte e, ao mesmo tempo, crie aparência de que preenche os pressupostos necessários, conforme as condições comerciais, do prestador de serviços":[54]

– O *teor literal* não se oporia a isso, uma vez que "o conceito de 'utilização clandestina' conteria apenas a causação de um resultado por meios injustos, desleais ou imorais". Seria necessário, em todo caso, um

50. *Otto* AT § 2 nm. 47; *Rengier* AT § 5 nm. 13.
51. *Rengier* AT § 5 nm. 14 e 22.
52. Assim, *Rengier* AT § 5 nm. 11; *Wessels/Beulke/Satzger* nm. 57.
[*] N.T.: O termo alemão "schleichen" significa se movimentar de maneira silenciosa, sem chamar atenção, e o prefixo "er" dá a ideia de obtenção de algo por meio dessa atitude. Como o acesso aos transportes públicos na Alemanha é livre e a fiscalização é realizada aleatoriamente apenas no interior dos veículos, uma pessoa que entre sem o bilhete válido não precisaria se esquivar de procedimentos de segurança para utilizar o transporte. Outro exemplo de "uso clandestino" [*erschleichen*] de serviços seria a entrada em espetáculos sem ingresso.
53. Ver apenas *Lackner/Kühl* § 265a nm. 6a; *Schönke/Schröder/Perron* § 265a nm. 11; LK-StGB/*Tiedemann* § 265a nm. 47; BeckOK StGB *Valerius* § 265a nm. 21.
54. BGHSt 53, 122 (ementa); para o restante da interpretação da norma, ver BGHSt 53, 122 (125 ss.).

procedimento dissimulado, mas não a concreta superação de mecanismos de segurança ou manipulação de um algum controle.

– A *história evolutiva da norma* também apoiaria uma interpretação mais extensiva, porque o § 265a StGB foi introduzido em 1935 para preencher uma lacuna de punibilidade que advinha da aplicação do tipo penal de estelionato do § 263 StGB em relação aos serviços de massa.

– O *sentido e o fim* da norma consistiriam em prevenir a utilização abusiva dos serviços oferecidos, protegendo, por via de consequência, o patrimônio da empresa prestadora de serviços em questão.[55] Em razão desse interesse e da função de preenchimento de lacunas de punibilidade, essa interpretação mais extensiva não seria objetável do ponto de vista constitucional.

– Uma *comparação sistemática* com as demais variantes da norma também não contestaria esse resultado. Afinal, a utilização injusta de um serviço automático (§ 265a Abs. 1 Var. 1 StGB) ou de um serviço de sistema de telecomunicação que sirva a finalidades públicas (Var. 2) exigiriam, em regra, que o agente manipulasse ativamente ou driblasse alguma medida de segurança, o que não se verifica, no entanto, no caso do serviço de transportes da Var. 3, que não exige uma requisição especial, mas apenas o ingresso no meio de transporte em questão e o início do deslocamento.

E. Classificação dos delitos

Os tipos penais, tanto aqueles da Parte Especial do Código Penal quanto aqueles das demais leis, podem ser divididos conforme diferentes critérios. Essas diferenciações não são criadas, na maioria das vezes, diretamente pela lei. E elas não servem a meros propósitos didáticos, senão que são utilizadas em diversas oportunidades como instrumentos de argumentação. **49**

I. Delitos comissivos e omissivos

Uma primeira diferenciação resulta na separação entre os delitos comissivos, ou de ação, e os delitos de omissão. Enquanto os *delitos comissivos* pressupõem o preenchimento das elementares do tipo penal por meio de um atuar ativo, os *delitos omissivos*, por suas vezes, são consumados por um "não-atuar", ou seja, pela omissão de uma ação devida em termos penais.[56] **50**

Dentre os delitos omissivos, faz-se ainda uma diferenciação entre os delitos omissivos próprios e os impróprios. Os *delitos omissivos* **51**

55. De forma complementar, BVerfG NJW 1998, 1135 (1136).
56. *Baumann/Weber/Mitsch* § 15 nm. 1 ss.; *Kindhäuser* AT § 8 nm. 12.

próprios são aqueles tipos penais que ameaçam de pena propriamente um não-agir proibido específico (por exemplo, o delito de não comunicar às autoridades um plano criminoso, § 138 StGB, ou a omissão de socorro, § 323c StGB).[57] Por outro lado, todos os tipos penais, em tese podem ser realizados como *delitos omissivos impróprios*, desde que no caso concreto eles sejam praticados por meio de uma omissão (por exemplo, homicídio omissivo por ter deixado o próprio filho morrer de fome). No entanto, em relação a tipos penais que proíbem especificamente um agir ativo, a omissão só é punível se presentes os pressupostos adicionais do § 13 StGB, quando o autor, em um delito de resultado, era, de forma especial, juridicamente responsável por evitar a realização do resultado previsto no tipo penal (sobre a posição de garante → § 11 nm. 33 ss.).[58]

II. Delitos dolosos e culposos

52 Os tipos penais StGB se realizam, conforme o § 15 StGB,[+] como regra geral, por meio de um agir doloso. Isso significa que o autor tem que querer realizar os elementos do tipo penal e, para tanto, tem que conhecer as circunstâncias objetivas do fato (→ § 4 nm. 65 ss.).

53 Uma conduta *culposa* (→ § 12), ao contrário, só é punível quando a lei contiver uma previsão expressa nesse sentido (§ 15 StGB). O homicídio culposo do § 222 StGB e a lesão corporal culposa do § 229 StGB são exemplos desses delitos.

III. Delitos comuns, especiais e de mão própria

54 De uma maneira geral, os tipos penais descrevem delitos comuns, ou seja, fatos que, basicamente, qualquer pessoa pode cometer. A redação desses delitos é dotada da seguinte forma: "Quem..., será punido com pena de..." (por exemplo, §§ 212, 223 e 263 StGB[*]).[59]

55 Algumas vezes, no entanto, a lei impõe alguns requisitos especiais ao autor, pressupondo, por exemplo, algumas qualidades determinadas

57. *Heinrich* AT nm. 858 e 860; *Kindhäuser* AT § 35 nm. 1; *Wessels/Beulke/Satzger* nm. 696.

58. *Heinrich* AT nm. 859 e 861; *Kindhäuser* AT § 35 nm. 2; *Wessels/Beulke/Satzger* nm. 697.

[+] *Nota de adaptação:* No Brasil, a mesma regra é estabelecida pelo art. 18, parágrafo único, do CP: "Salvo os casos expressos em lei, ninguém pode ser punido por fato previsto como crime, senão quando o pratica dolosamente."

[*] N.T.: Os tipos penais dos §§ 212, 223 e 263 StGB se referem, respectivamente, aos delitos de homicídio simples, lesão corporal e estelionato.

59. *Krey/Esser* nm. 226; *Rengier* AT § 10 nm. 24; *Wessels/Beulke/Satzger* nm. 38; *Zieschang* nm. 34.

(ex.: "médico" no § 203 Abs. 1 Nr. 1 StGB [delito de violação do sigilo profissional] ou "funcionário público" nos delitos relacionados à função pública segundo os §§ 331 ss. StGB). Nesse caso, só quem apresenta tais qualidades subjetivas exigidas (o *intraneus*) pode cometer esses chamados *delitos especiais*. Quando a condição subjetiva exigida pelo tipo penal fundamenta a própria existência da pena, trata-se de um *delito especial próprio* (p.ex., o "abuso de autoridade" do § 339 StGB); e quando essa mesma condição justifica apenas um incremento na pena, fala-se em um *delito especial impróprio* (p.ex., a lesão corporal praticada em exercício de função pública do § 340 StGB).[60] Alguém estranho a tal condição (o *extraneus*) já é excluído a priori como autor do delito, por não preencher todas as elementares do tipo penal, podendo ser, no máximo, partícipe (→ § 9 nm. 20 e 92).[61]

Além disso, há delitos nos quais o desvalor do comportamento advém apenas da execução pessoal da conduta típica, como os delitos de falso testemunho dos §§ 153 ss. StGB e de condução de veículo automotor em estado de entorpecimento do § 316 StGB. Essas condutas penais são chamadas de *delitos de mão própria* porque só podem ser praticadas por quem atua pessoalmente na execução.[62] 56

IV. Delitos de lesão e de perigo

Os delitos ainda são diferenciados entre delitos de perigo e delitos de lesão, a depender dos efeitos que o fato delitivo, descrito como proibido pelo tipo penal, tenha para o bem jurídico atingido. Enquanto os delitos de lesão demandam uma violação ao bem jurídico protegido e, por via de consequência, em regra também ao objeto do fato (p.ex., o delito de lesão corporal do § 223 StGB), os delitos de perigo ameaçam de pena a mera colocação desses bens jurídicos em perigo.[63] 57

Sob a rubrica de delitos de perigo, são ainda diferenciados os delitos de perigo concreto dos delitos de perigo abstrato conforme o grau do perigo proibido no tocante ao bem jurídico. Em relação aos *delitos de perigo concreto*, o perigo tem que, "perceptivelmente", se dar de uma certa maneira que a não realização do dano ao bem jurídico tenha aparência de uma mera coincidência (ex.: § 221, § 306a Abs. 2, §§ 315 até 315c 58

60. *Kindhäuser* AT § 8 nm. 15 ss.; *Rengier* AT § 10 nm. 25 s.; *Wessels/Beulke/Satzger* nm. 39.

61. *Krey/Esser* nm. 231; *Rengier* AT § 10 nm. 27.

62. *Kindhäuser* AT § 8 nm. 23; *Krey/Esser* nm. 231; *Rengier* AT § 10 nm. 29 s.; *Wessels/Beulke/Satzger* nm. 40.

63. *Kindhäuser* AT § 8 nm. 20; *Wessels/Beulke/Satzger* nm. 26 s.

StGB*). A ocorrência desse perigo caracteriza um elemento do tipo penal, que deve estar abarcado pelo dolo do autor e ser provado durante o processo penal.[64] Já os *delitos de perigo abstrato*, ao contrário, ameaçam de pena uma forma de comportamento considerada perigosa em geral, porque o risco que acompanha esse tal comportamento é tão alto que a ação por si só já é considerada repreensível (ex.: § 306a Abs. 1; § 316; § 323a StGB*). Em relação a esses delitos, diferentemente do que ocorre nos delitos de perigo concreto, a ocorrência do perigo não é elementar do tipo penal.[65] No entanto, em casos concretos, nos quais mesmo a existência de um perigo apenas abstrato pode ser completamente descartada, pode-se pensar em uma redução teleológica – modalidade de interpretação teleológica – do tipo penal (→ nm. 47).[66]

V. Delitos de resultado e de atividade

59 Os *delitos de resultado* pressupõem a ocorrência de um resultado determinado que é claramente distinto da ação delituosa (ex.: § 212 Abs. 1 StGB: "matar alguém"; § 223 Abs. 1 Var. 1 StGB: "lesionar corporalmente alguém"), de modo que surge a questão sobre a relação causal entre a ação e o resultado.[67] Esse resultado pode ser tanto a lesão ao bem jurídico protegido como a simples exposição desse bem jurídico a um perigo concreto. Ou seja, dentre os delitos de resultado se encontram tanto os delitos de lesão como os delitos de perigo concreto (→ nm. 57 s.).

60 Os *delitos de atividade*, diferentemente dos de resultado, são aqueles cujo injusto se realiza pela simples prática do comportamento descrito legalmente, sem que um resultado concreto tenha que ocorrer (ex.: §§ 153 ss. StGB: "testemunhar falsamente não estando sob juramento"). Em regra, pertencem aos delitos de atividade os delitos de perigo abstrato (→ nm. 58) e os delitos de mão própria (→ nm. 56).[68]

* N.T.: Os §§ 221 e 306a Abs. 2 StGB proscrevem, respectivamente, o abandono de incapaz e a criação de perigo à saúde de alguém por meio da provocação de incêndio. Já os §§ 315 a 315c StGB definem a criação de perigos nos sistemas de tráfego (ferroviário, marítimo, aéreo e rodoviário).

64. *Kindhäuser* AT § 8 nm. 21; *Wessels/Beulke/Satzger* nm. 28 s.

* N.T.: O § 306a Abs. 1 StGB prevê o delito de provocação de incêndio em espaços dedicados à residência de indivíduos ou a cultos religiosos, enquanto o § 316 StGB descreve o delito de condução de veículo durante embriaguez e o § 323a StGB proíbe a conduta de embriaguez completa com resultado delitivo.

65. *Kindhäuser* AT § 8 nm. 22; *Krey/Esser* nm. 224; *Rengier* AT § 10 nm. 11; *Wessels/Beulke/Satzger* nm. 29.

66. *Rengier* AT § 10 nm. 13.

67. *Wessels/Beulke/Satzger* nm. 23.

68. *Rengier* AT § 10 nm. 7.

VI. Delitos instantâneos e permanentes

A maioria dos delitos do Código Penal é classificada como delito instantâneo, aquele que ameaça de pena a causação de uma situação antijurídica determinada (p.ex., a morte de alguém no § 212 StGB). Essa causação significa que o fato (formalmente, por meio do preenchimento do conjunto de elementos do tipo penal) está consumado e ao mesmo tempo (materialmente, por meio da finalizada agressão ao bem jurídico protegido) também concluído.[69] **61**

Nos *delitos permanentes*, ao contrário, a situação antijurídica não é apenas causada, mas é perpetuada durante um certo tempo. Exemplos desses delitos são o sequestro (§ 239 StGB) e a invasão de domicílio (§ 123 StGB). Esses delitos já são consumados com a simples causação da situação antijurídica, ou seja, nos exemplos acima, com o aprisionamento da vítima ou com a entrada no domicílio alheio, no entanto, a violação ao bem jurídico protegido se perpetua no tempo até que o autor interrompa tal situação e conclua, dessa forma, o fato, por exemplo, com a abertura do cativeiro ou com a saída do domicílio invadido.[70] **62**

VII. "Crimes" e "delitos" (Verbrechen und Vergehen)

O § 12 StGB diferencia "crimes" [*Verbrechen*] de "delitos" [*Vergehen*] – o que é chamado de *dicotomia* dos fatos puníveis.[*] Os "crimes" são fatos antijurídicos contra os quais são cominadas penas mínimas de um ano ou mais de restrição de liberdade (nos termos do § 12 Abs. 1 StGB). Já os "delitos" são todas as outras infrações penais (nos termos do § 12 Abs. 2 StGB). A classificação entre "crimes" e "delitos", nos moldes do § 12 StGB, advém de aspectos formais da pena imposta e não, como coloquialmente entendidos, de critérios de valor.[71] **63**

Essa distinção entre "crimes" e "delitos" tem relevância, sobretudo, para a punibilidade da tentativa (→ § 10 nm. 16 ss.). A tentativa de um "crime" é sempre punível (§ 23 Abs. 1 Var. 1 StGB), já em relação a um "delito", só há punição por tentativa caso a lei a afirme expressamente (§ 23 Abs. 1 Var. 2 StGB). **64**

69. *Kindhäuser* AT § 8 nm. 25; *Krey/Esser* nm. 225; *Rengier* AT § 10 nm. 22; *Wessels/Beulke/Satzger* nm. 33.

70. *Kindhäuser* AT § 8 nm. 24; *Wessels/Beulke/Satzger* nm. 32.

[*] N.T.: Ao longo do livro, os termos delito e crime serão utilizados em um sentido amplo, como sinônimos de fato punível, gênero do qual delito e crime são espécies no direito alemão. Todavia, sempre que necessário operar distinção entre crimes [*Verbrechen*] e delitos [*Vergehen*], os termos serão acompanhados do complemento "em sentido estrito" e suas respectivas nomenclaturas alemãs.

71. *Rengier* AT § 9 nm. 2.

65 Para um conjunto de tipos penais com elementares compulsórias, a classificação como "crime" ou "delito" é realizada de forma separada.[72] O delito-base da lesão corporal, por exemplo, conforme o § 223 StGB ("pena restritiva de liberdade de até cinco anos ou [...] multa"), é um "delito", assim como a qualificadora da lesão corporal perigosa do § 224 StGB ("pena restritiva de liberdade de seis meses a dez anos"). Já a qualificação pelo resultado da lesão corporal perigosa, conforme o § 226 StGB (Abs. 1: "pena restritiva de liberdade de um a dez anos"), é, ao contrário, um "crime".

66 Circunstâncias que aumentam ou diminuem a pena [*Straferhöhungen und -milderungen*], em casos de menor ou de especial gravidade [*minder schwere oder besonders schwere Fälle*],[*] são insignificantes para essa classificação (§ 12 Abs. 3 StGB). Por isso, uma lesão corporal perigosa em uma circunstância de baixa gravidade (§ 226 Abs. 1, Abs. 3 StGB), apesar da redução das balizas de pena para uma pena restritiva de liberdade de seis meses a cinco anos, continua a ser "crime". São da mesma forma irrelevantes as circunstâncias que aumentam ou diminuem a pena previstas na parte geral (ex.: § 13 Abs. 2, § 17 Satz 2, § 23 Abs. 2 e 3, § 27 Abs. 2 Satz 2, § 28 Abs. 1 StGB).[73]

72. *Rengier* AT § 9 nm. 8; *Wessels/Beulke/Satzger* nm. 18.

[*] N.T.: Esses termos não encontram correspondentes técnicos em português, porque essas categorias do direito penal alemão não correspondem com exatidão ao que chamamos de causas de aumento e diminuição de pena (também majorantes ou minorantes) ou agravantes e atenuantes. Por essa razão, manterei, de forma mais genérica, os termos circunstâncias que aumentam e diminuem a pena, o que descreve a função dessas categorias alemãs. Em relação aos casos de menor ou de especial gravidade, cf. *infra* → § 7 nm. 1.

73. *Krey/Esser* nm. 199; *Rengier* AT § 9 nm. 6 s.

§ 2. Âmbito de validade do direito penal

A. Validade espacial das normas penais (Direito de aplicação do direito penal)

Decisões selecionadas: BGHSt 46, 212 (incitação ao ódio na internet); BGH NStZ 2015, 81 (aplicabilidade do direito penal alemão a delitos de perigo abstrato praticados no exterior).

Literatura indicada: *Rath*, Internationales Strafrecht (§§ 3 ss. StGB), JA 2007, 26; *Satzger*, Das Deutsche Strafanwendungsrecht (§§ 3 ss. StGB), Jura 2010, 108, 190; *Walter*, Einführung in das internationale Strafrecht, JuS 2006, 870, 967; *Werle/Jeßberger*, Grundfälle zum Strafanwendungsrecht, JuS 2001, 35, 141.

I. Conceito

Não é dado a um Estado o direito de estender sua jurisdição penal 1
conforme sua vontade. Em situações que envolvem países estrangeiros, é necessário, de acordo com o princípio de direito internacional da não-interferência, existir um *ponto de conexão legitimador* e significativo entre o Estado e o fato (→ nm. 13).[1] Os §§ 3-7 e 9 StGB determinam os limites do âmbito de validade do direito penal alemão à luz desse princípio do direito internacional. De acordo com tais normas, o direito penal alemão se aplica, em primeiro lugar, a todos os chamados *fatos territoriais*, ou seja, fatos cometidos em território nacional (§§ 3, 9 StGB; → nm. 4 ss.), mas, presentes determinados pressupostos, também a *fatos extraterritoriais* (§§ 5 ss. StGB; → nm. 12ss.).

1. *Esser* § 14 nm. 7; *Rengier* AT § 6 nm. 6.

2 O complexo de normas dos §§ 3-7 e 9 StGB é denominado de *direito penal no espaço*. Em alguns casos, é necessário examinar, primeiro, se o direito penal alemão é aplicável, para só então examinar o caso à luz das normas alemãs. Se um acontecimento envolve países estrangeiros de uma certa maneira que esse exame prévio pareça necessário, ele deve preceder, no esquema de análise do delito, a verificação da tipicidade do fato.[2]

3 O conceito de "*Direito Penal Internacional*",[*] ao contrário, conduz a um certo equívoco. Em primeiro lugar, os §§ 3-7 e 9 StGB pertencem ao direito penal alemão e não apresentam qualquer norma supra- ou internacional. Em segundo lugar, a expressão "direito penal internacional" pode causar uma falsa impressão de parentesco com o "direito internacional privado"; no entanto, por esta última faz-se referência a um verdadeiro direito de colisão, que determina qual das diferentes ordens jurídicas em questão se aplica. Os §§ 3-7 e 9 StGB, ao contrário, ampliam unilateralmente o âmbito de aplicação do StGB, sem considerar possíveis colisões com outras ordens jurídico-penais.[3]

II. Fatos intraterritoriais

4

§ 3 StGB – Aplicabilidade a fatos intraterritoriais

O direito penal alemão se aplica a fatos praticados em território nacional.

§ 4 StGB – Aplicabilidade a fatos em embarcações e aeronaves alemãs

O direito penal alemão se aplica, independentemente do direito do local do fato, a fatos praticados em uma embarcação ou aeronave que utilize a bandeira nacional ou o brasão nacional da República Federal da Alemanha.

2. *Esser* § 14 nm. 75; *Kindhäuser* AT § 4 nm. 16; *Rengier* AT § 6 nm. 3; *Wessels/Beulke/Satzger* nm. 74.

[*] N.T.: Alguns autores alemães, como na tradição brasileira (cf. Aníbal Bruno, *Direito Penal Parte Geral,* tomo I, 3ª ed. 1967, p. 230, nr. 1, que cuida da discussão sobre a terminologia), se referiam a essas normas como direito penal internacional.

3. *Ambos* § 1 nm. 2; *Esser* § 14 nm. 2; *Kindhäuser* AT § 4 nm. 10; *Rengier* AT § 6 nm. 1; *Satzger* § 3 nm. 4; *Wessels/Beulke/Satzger* nm. 62.

§ 9 StGB – Local do fato

Um fato é cometido em cada local onde o autor tenha atuado ou, em caso de omissão, onde deveria ter atuado ou no qual o resultado pertencente ao tipo penal tenha ocorrido ou, segundo a percepção do autor, deveria ter ocorrido.

[1]A participação é cometida tanto no local onde o fato é praticado quanto no local onde o partícipe tenha atuado ou, em caso de omissão, onde deveria ter atuado ou, segundo a sua percepção, onde o fato deveria ter sido praticado. [2]O direito penal alemão se aplica ao partícipe que tenha atuado em território nacional para fato ocorrido no estrangeiro, mesmo que o fato não seja punível segundo as normas do local de sua ocorrência.

De acordo com o § 3 StGB, o direito penal alemão é aplicável a todos 5
os fatos que tenham sido praticados em território nacional. Isso é o que se denomina *princípio da territorialidade*, segundo o qual o critério central para a aplicação do direito penal alemão é o local da prática do fato. O que importa, portanto, para a tarefa de determinação do poder punitivo nacional é a soberania territorial do Estado. A nacionalidade do autor ou da vítima é insignificante.[4]

O § 4 StGB complementa o § 3 StGB com o chamado *princípio da* 6
bandeira. Por consequência desse princípio, o direito penal é aplicável também a fatos praticados em embarcações e aeronaves alemães, independente de em quais águas territoriais ou em qual espaço aéreo se encontrem.[5]

O § 9 StGB apresenta critérios que definem onde um fato foi praticado. 7
Sua Abs. 1 regula o local do fato em relação ao autor, enquanto a Abs. 2 determina o local do fato em relação ao partícipe. De acordo com o § 9 Abs. 1 StGB o *local de prática* de um fato se encontra, entre outros, no local onde o *autor* atuou (Var. 1: *local da ação*), assim como no local onde o resultado pertencente ao tipo penal se realizou (Var. 3: *local do resultado*). Para fundamentar um local de comissão do delito dentro do território nacional, no sentido do § 3 StGB, é suficiente que um dos locais descritos no § 9 StGB pertença ao território nacional. O direito penal alemão também é aplicável aos chamados delitos praticados à distância, por exemplo, quando A, da

4. *Jäger* AT nm. 13; *Rengier* AT § 6 nm. 8; *Wessels/Beulke/Satzger* nm. 64.
5. *Ambos* § 3 nm. 26.
6. *Jäger* AT nm. 13; *Rengier* AT § 6 nm. 9.

Alemanha, atira em X na Áustria ou vice-versa.[6] Essa aplicabilidade do direito penal nacional em relação tanto ao local da ação quanto ao local do resultado é descrita como *princípio da ubiquidade*.[7]

8 A controvérsia, aqui, se dá com relação à expressão "*resultado pertencente ao tipo penal*" como descrita no § 9 Abs. 1 Var. 3 StGB. Na visão geral, a expressão engloba, pelo menos, todos os resultados dos *delitos de resultado*, ou seja, aqueles delitos que exigem a realização de uma mudança do mundo exterior dissociável da ação do fato (→ nm. § 1 nm. 59). Delitos de resultado podem ser tanto *delitos de lesão*, que pressupõem, para sua consumação, a violação a um bem jurídico (ex.: lesão corporal do § 223 StGB, morte do § 212 StGB, dano a uma coisa do § 303 StGB), quanto *delitos de perigo concreto*, que, para serem consumados, exigem a ocorrência de um perigo concreto (ex.: o perigo ao corpo ou à vida de um outro homem ou a uma coisa alheia de valor significativo conforme §§ 315b, 315c StGB; → § 1 nm. 57 s.).

9 O que se discute é se os chamados *delitos de atividade*, por sua vez, apresentam algum "resultado pertencente ao tipo penal". Delitos de atividade, ao contrário dos de resultado, ameaçam de pena a simples execução de uma ação que o legislador valora como perigosa por si só (→ § 1 nm. 60). Um exemplo atual é a propagação de conteúdos proibidos na internet, por exemplo, material de propaganda ou símbolos de organizações inconstitucionais (§§ 86, 86a StGB), escritos que incitem ódio contra grupos sociais (§ 130 StGB) ou conteúdos pornográficos (§§ 184 ss. StGB). Esses chamados *delitos de expressão* [Äußerungsdelikte] são *delitos de perigo abstrato* ou *abstrato-concreto*, que não pressupõem qualquer resultado à parte. A realização desses delitos ocorre pela simples prática da ação delitiva descrita no tipo, que ou é, sem exceções, (abstratamente) perigosa ou, em determinadas circunstâncias, é apta a criar perigos (abstrato-concretos). Consequentemente, nesses casos, é impossível definir categoricamente um local dentro do território nacional onde tenha ocorrido o resultado no sentido do § 9 Abs. 1 Var. 3 StGB.[8]

10 No entanto, não parece tão óbvio, em razão do fato de as normas dos §§ 3 ss. StGB apresentarem fundamento de direito internacional, que o "resultado", no sentido do § 9 Abs. 1 Var. 3 StGB, tenha que ser interpretado segundo a teoria geral da tipicidade penal e sua diferenciação entre delitos de resultado e de atividade. Segundo outra interpretação, nos delitos de

7. *Esser* § 14 nm. 24; *Satzger* § 5 nm. 12.

8. No lugar de vários, ver *Schönke/Schröder/Eser* § 9 nm. 6a; *Lackner/Kühl* § 9 nm. 2; *Esser* § 14 nm. 34; *Satzger* § 5 nm. 25; *Hilgendorf* NJW 1997, 1873 (1876); recentes a respeito do delito de perigo abstrato também BGH NStZ-RR 2013, 253; NStZ 2015, 81 (82).

resultado abstratos ou abstrato-concretos, o lugar do resultado é onde o *perigo para o bem jurídico descrito no tipo penal* poderia se realizar.[9] Em razão disso, o BGH declarou que o delito de incitação ao ódio contra grupos sociais, do § 130 StGB, seria aplicável às negações do holocausto [previstas como condutas criminosas em um dos incisos do § 130 StGB] publicadas em uma página da internet em inglês, porque as manifestações relativas a tais negações poderiam ser acessadas na Alemanha e, consequentemente, eram aptas a perturbar a paz pública nacional protegida pelo tipo penal. Esse entendimento superou o fato de que os conteúdos de ódio haviam sido produzidos por um australiano, que se encontrava na Austrália, e salvos em um servidor *web* daquele país e, por isso, não preenchiam os critérios para a configuração do local da ação em território nacional alemão (§ 9 Abs. 1 Var. 1 StGB).[10]

O § 9 Abs. 2 Satz 1 StGB regula o *local da ação do partícipe.* A 11
participação é praticada tanto no local do fato (→ nm. 7 ss.) quanto no local onde o partícipe tenha atuado ou, em caso de omissão, onde deveria ter atuado ou, segundo a sua percepção, onde o fato deveria ter sido praticado. O direito penal alemão também é aplicável no caso de o partícipe, dentro do território nacional, ter contribuído para um fato estrangeiro, mesmo que esse fato não seja punível segundo as normas do local de sua ocorrência (§ 9 Abs. 2 Satz 2 StGB).

III. Fatos extraterritoriais

1. Fundamentos

12

§ 5 StGB – Fatos extraterritoriais com especiais conexões com o território nacional

O direito penal alemão é aplicável, independentemente do direito do local fato, aos seguintes fatos praticados no exterior:

1. preparação de uma guerra de agressão (§ 80);

2. alta traição (§ 81 a § 83);

3. criação de perigo ao Estado Democrático de Direito

a) nos casos dos §§ 89, 90a Abs. 1 e do § 90b, quando o autor é alemão e tem o núcleo de sua vida [Lebensgrundlage] no âmbito de validade espacial dessa lei, e (...)

9. *Rengier* AT § 6 nm. 16 s.
10. BGHSt 46, 212 (220 ss.); ver também, a esse respeito, *Jäger* AT nm. 13a s.; de forma crítica, *Kundlich* PdW AT Fall 26.

b) nos casos dos §§ 90 e 90a Abs. 2;

4. traição à pátria e criação de perigo à segurança exterior (§ 94 a § 100a);

5. crimes contra a defesa nacional

a) nos casos dos §§ 109 e 109e até 109g e

b) nos casos dos §§ 109a, 109d e 109h, quando o autor é alemão e tem sua fonte de renda no âmbito de validade espacial dessa lei;

6. crimes contra a liberdade pessoal

a) nos casos dos §§ 234a e 241a, quando o fato é praticado contra uma pessoa que, ao tempo do fato, tem seu domicílio ou residência habitual na Alemanha,

b) nos casos do § 235 Abs. 2 Nr. 2, quando o fato é praticado contra pessoa que, ao tempo do fato, tem seu domicílio ou residência habitual na Alemanha e

c) nos casos do § 237, quando o autor, ao tempo do fato, é alemão ou quando o fato é praticado contra pessoa que, ao tempo do fato, tem seu domicílio ou residência habitual na Alemanha;

7. lesão a segredos operacionais ou comerciais de uma filial empresarial situada no âmbito espacial de aplicação dessa lei, ou de uma empresa que tenha ali sua sede, ou de uma empresa com sede no exterior que seja dependente de uma empresa com sede no âmbito espacial de aplicação dessa lei e que forme com esta um conglomerado;

8. crimes contra a autodeterminação sexual nos casos do § 174 Abs. 1, 2 e 4, dos §§ 176 a 179 e do § 182, quando o autor, ao tempo do fato, é alemão;

9. crimes contra a vida

a) nos casos do § 218 Abs. 2 Satz 2 Nr. 1 e Abs. 4 Satz 1, quando o autor, ao tempo do fato, é alemão e

b) no restante dos casos do § 218, quando o autor, ao tempo do fato, é alemão e tem sua fonte de renda no território nacional;

9a. crimes contra a integridade corporal

a) nos casos do § 226 Abs. 1 Nr. 1 associado à Abs. 2 com perda da capacidade de procriação, quando o autor, ao tempo do fato, é alemão e

b) nos casos do § 226a, quando o autor, ao tempo do fato, é alemão ou quando o fato é praticado contra pessoa que, ao tempo do fato, tem seu domicílio ou residência habitual na Alemanha;

10. testemunho falso não-juramentado, perjúrio e falsa afirmação juramentada (§§ 153 a 156) em processo que tramite em um tribunal ou outra repartição alemã competente para tomar juramentos ou declarações juramentadas, situados no âmbito de validade espacial dessa lei;

11. crimes contra o meio-ambiente nos casos dos §§ 324, 326, 330 e 330a, praticados em zona econômica exclusiva alemã, desde que as convenções de direito internacional para a proteção dos mares permitam a persecução criminal de tais fatos.

11a. crimes dos § 328 Abs. 2 Nr. 3 e 4, Abs. 4 e 5, também combinados com o § 330, quando o autor, ao tempo da ação, é alemão;

12. fatos praticados por funcionários públicos alemães ou encarregados especiais do serviço público durante período de estadia oficial ou relacionados ao serviço;

13. fatos praticados por um estrangeiro na condição de funcionário público ou de encarregado especial do serviço público;

14. fatos praticados contra um funcionário público, um encarregado especial do serviço público ou um militar das forças armadas durante o cumprimento do serviço ou relacionados ao serviço;

14a. corrupção passiva ou ativa de um representante eleito (§ 108e), quando o autor, ao tempo da ação, é alemão ou o fato for praticado contra um alemão;

15. tráfico de órgãos e tecidos (§ 18 da Lei de Transplantes), quando o autor, ao tempo da ação, é alemão.

§ 6 StGB – Fatos praticados no exterior contra bens jurídicos internacionalmente protegidos

O direito penal alemão é aplicável ainda, independentemente do direito do local do fato, aos seguintes fatos praticados no exterior:

1. (*revogado*); (...)

2. crimes relativos a energia nuclear, explosivos e radiação nos casos dos §§ 307 e 308 Abs. 1 a 4, do § 309 Abs. 2 e do § 310;

3. ataques ao tráfego aéreo e marítimo (§ 316c);

4. tráfico humano com propósitos de exploração sexual e de exploração da força de trabalho, assim como assistência ao tráfico humano (§§ 232 a 233a);

5. distribuição não autorizada de entorpecentes;

6. difusão de escritos pornográficos nos casos dos §§ 184a, 184b Abs. 1 e 2 e § 184c Abs. 1 e 2, quando combinados, respectivamente, com o § 184d Abs. 1 Satz 1.

7. falsificação de moeda e papéis de valores (§§ 146, 151 e 152), falsificação de cartões de pagamento com funções de garantia e formulários para eurocheques (§ 152b Abs. 1 a 4), bem como a preparação de tais delitos (§§ 149, 151, 152 e 152b Abs. 5);

8. fraude de subsídios (§ 264)

9. fatos que também devam ser processados em virtude de tratado internacional, do qual a República Federal da Alemanha é signatária, mesmo quando praticados no exterior.

§ 7 StGB – Aplicabilidade a fatos praticados no exterior em outros casos

(1) O direito penal alemão é aplicável a fatos praticados no exterior contra um alemão, quando o fato é passível de pena no local da ocorrência ou quando não há jurisdição penal no local da ocorrência.

(2) A outros fatos praticados no exterior, também se aplica o direito penal, quando o fato é passível de pena no local da ocorrência ou quando não há jurisdição penal no local da ocorrência e o autor

1. ao tempo do fato, era alemão ou se tornou alemão após a ocorrência do fato ou

2. era estrangeiro ao tempo do fato, encontra-se em território nacional e, apesar da lei de extradição autorizar sua extradição em razão da natureza do fato, não vem a ser extraditado porque o pedido de extradição não foi apresentado dentro do prazo ou foi rejeitado ou não é realizável.

Caso o local da prática do crime, de acordo com os §§ 3 e 9 StGB, não integre o território nacional, trata-se de um fato puramente estrangeiro. O *princípio de direito internacional da não-interferência* proíbe, nesses casos, que o Estado estenda sua jurisdição penal segundo sua própria vontade. Portanto, é necessário existir um *ponto de conexão legitimador* que dê sentido à aplicação dos tipos penais nacionais a uma ocorrência no estrangeiro (→ nm. 1). Os §§ 5 ss. StGB contêm esses pontos de conexão. 13

Independente dos pressupostos dos §§ 3 ss. StGB (que devem ser, por isso, verificados anteriormente), é de se negar *a priori* aplicabilidade do direito penal nacional a ações praticadas no estrangeiro que sequer adentrem o âmbito de proteção de um tipo penal alemão. Isso é significativo, especialmente, em relação àqueles tipos penais que protegem a ordem estatal (nacional) (ex.: lesão ao dever de pagar pensão alimentícia nos termos do § 170 StGB; controverso) e suas instituições (ex.: resistência contra quem executa ordem estatal do § 113 StGB). Esses delitos possuem, em comum, uma limitação nacional imanente ao tipo penal, de tal forma que são aplicáveis apenas a agressões contra o poder do Estado e do governo ou contra instituições estatais ou órgãos da administração da justiça nacionais.[11] Dessa forma – apesar do caráter controvertido da interpretação – os §§ 153 ss. StGB não abarcam falsos testemunhos prestados em desfavor de escritórios públicos estrangeiros.[12] Com relação aos demais delitos, que protegem (ao menos também) bens jurídicos individuais (ex.: remoção não autorizada de um local de acidente conforme o § 142 StGB), não existe, ao contrário, essa limitação nacional.[13] 14

2. Princípio da personalidade (ativa e passiva)

O princípio da *personalidade ativa* se relaciona com a nacionalidade do autor. O Estado exerce sua soberania sobre seus cidadãos que, por isso, mesmo quando fora de seu território, se encontram sob sua jurisdição e vinculados à ordem jurídica de seu país.[14] Assim, de acordo com o § 7 Abs. 2 Nr. 1 StGB, aplica-se o direito alemão aos fatos extraterritoriais quando o autor, ao tempo do fato, era alemão ou veio a se tornar alemão após o fato. No entanto, a fim de evitar violação ao princípio de direito internacional da não-interferência, a norma exige que o fato seja punível no local onde ocorreu ou que não haja jurisdição penal no local do fato. 15

O § 5 StGB, ao contrário, não se vincula ao direito do local do fato (*lex loci*) praticado no exterior: "independente do direito do local do fato". Uma 16

11. *Ambos* § 1 nm. 35; *Rengier* AT § 6 nm. 31; *Satzger* § 6 nm. 1.
12. *Fischer* antes dos §§ 3-7 nm. 9; *Rengier* AT § 6 nm. 35; *Satzger* § 6 nm. 3.
13. *Ambos* § 1 nm. 38 ss.; *Rengier* AT § 6 nm. 33; *Satzger* § 6 nm. 1.
14. *Rengier* AT § 6 nm. 20; *Wessels/Beulke/Satzger* nm. 67.

vez que os tipos penais enumerados nesse parágrafo protegem bens jurídicos particularmente importantes e que os fatos praticados têm, pelo menos, uma relação especial com o país, o *princípio da proteção* autoriza a extensão da jurisdição penal nacional sem consideração ao direito do local do fato (ver, em detalhes, § 5 Nrs. 3 lit. 1, 5 lit. b, 8, 9, 9a, 11a, 12, 14a, 15 StGB).[15] Concretamente, nem sempre é incontroverso que um bem jurídico tenha tamanho significado que se possa desconsiderar completamente o direito do local do fato.

17 Já quanto ao *princípio da personalidade passiva*, é a cidadania alemã das vítimas que autoriza a extensão da jurisdição penal alemã a fatos praticados em prejuízo delas.[16] Isso ocorre, por sua vez, ou de maneira geral (em relação a todos os crimes) e levando em conta a *lex loci*, conforme o § 7 Abs. 1 StGB, ou, em relação apenas a determinados delitos, de forma independente do direito do local do fato, conforme o § 5 StGB (ver, individualmente, § 5 Nr. 6 lit. a, 8 lit. a, 14a StGB; comparar também § 5 Nr. 6 lit. b e c, Nr. 9a lit. b StGB).

3. Princípio da proteção do Estado e princípio da jurisdição universal

18 Em casos excepcionais, o Estado tem o direito de estender sua jurisdição penal para além dos limites territoriais e pessoais, com o propósito de proteger bens jurídicos nacionais específicos. Dessa forma, o *princípio da proteção do Estado* justifica a punição de determinados fatos estrangeiros praticados por estrangeiros (ver p.ex. § 5 Nr. 1, 2, 4 10 e 11 StGB).[17]

19 Com fundamento no *princípio da jurisdição universal*, o § 6 StGB nomeia bens jurídicos cuja proteção é de interesse comum de todos os Estados do mundo. Em relação aos "fatos praticados no exterior" do § 6 StGB, o direito penal alemão é aplicável mesmo quando não há qualquer relação com interesses especificamente nacionais.[18] Isso vale, por exemplo, conforme o § 6 Nr. 2 StGB, para os crimes relativos a energia nuclear, explosivos e radiação, além disso, de acordo com o § 6 Nr. 4 StGB, para o tráfico humano com propósitos de exploração sexual e de exploração da força de trabalho assim como para a assistência ao tráfico humano no sentido dos §§ 232 a 233a StGB, e para determinadas formas de difusão de escritos pornográficos infanto-juvenis conforme o § 6 Nr. 6 StGB.

15. *Ambos* § 3 nm. 67 ss.; *Satzger* § 5 nm. 64.
16. *Ambos* § 3 nm. 70 ss.; *Krey/Esser* nm. 248.
17. *Rengier* AT § 6 nm. 25; *Wessels/Beulke/Satzger* nm. 68.
18. *Ambos* § 3 nm. 92; *Rengier* AT § 6 nm. 26.

B. Validade temporal das normas penais

§ 2 StGB – Validade temporal 20

(1) A pena e suas consequências secundárias se determinam pela lei válida ao tempo do fato.

(2) Caso a cominação penal seja alterada durante a execução do fato, aplica-se a lei válida no momento do exaurimento do fato.

(3) Caso a lei válida no momento do exaurimento do fato seja alterada antes da sentença, aplica-se a lei mais branda.

(4) Uma lei prevista para vigir por um determinado período deve ser aplicada ao fato praticado durante sua vigência mesmo que ela tenha sido revogada. Essa disposição não é válida caso outra lei disponha de modo diverso.

(5) Para a apreensão, confisco e inutilização aplicam-se, naquilo que correspondem, as Abs. 1 a 4.

(6) Quando nenhuma lei dispuser de modo diverso, deve-se decidir a respeito das medidas de segurança e correção com base na lei válida ao tempo da decisão.

§ 8 StGB – Tempo do fato

[1]Um fato é praticado no momento em que o autor ou o partícipe tenham atuado ou, em caso de omissão, deveriam ter atuado. [2]Não é relevante o momento em que o resultado ocorre.

A validade temporal do StGB é determinada por seu § 2. A pena e suas consequências acessórias se determinam, de acordo com a Abs. 1, em princípio, pela lei válida *ao tempo do fato*. E as exceções a essa regra são reguladas pelas Abs. 2 a 4. Caso, por exemplo, a pena cominada seja alterada durante a execução de um fato, aplica-se, conforme Abs. 2, a lei válida ao tempo do exaurimento do fato. Caso a pena válida ao tempo do exaurimento do fato seja alterada antes da sentença, aplica-se, conforme Abs. 3, a lei mais branda, mesmo que ela tenha validade provisória, como a *lei penal intermediária* [*Zwischengesetz*]. 21

22 A Abs. 3 garante, por fim, que seja sempre aplicada ao autor a lei mais benéfica existente durante o fato e a sentença (*princípio da situação mais benéfica*).[19] No entanto, situação distinta é regulada pela Abs. 4, com relação às chamadas *leis temporárias* [*Zeitgesetze*]. Nesse caso, a lei pode vigir, segundo determinação expressa, durante um período ou a partir de um determinado evento futuro (lei temporária em sentido estrito) ou ela pode regular relações econômicas distintas, de algum modo, reconhecíveis apenas transitoriamente ou outras relações temporalmente condicionadas (lei temporária em sentido amplo).[20]

23 A determinação do *tempo do fato* descrito no § 2 Abs. 1 StGB é dada pelo § 8 StGB. De acordo a primeira parte deste parágrafo, um fato é praticado ao tempo em que o autor ou o partícipe atuaram ou, em caso de omissão, deveriam ter atuado. Diferente do que ocorre com a determinação do local do fato conforme o § 9 StGB (→ nm. 7 ss.), a ocorrência do resultado é irrelevante aqui (§ 8 Satz 2 StGB).

24 De acordo com a *teoria da atividade* estrita adotada pelo § 8 StGB, o tempo do fato é determinado, em princípio, de forma independente para cada um dos concorrentes. A ação do partícipe, em especial, se dá no instante em que ele realiza sua ação de participação. Portanto, o momento do fato principal não é atribuído a ele.[21] Há uma exceção aplicável à coautoria. Em razão da imputação recíproca de aportes delitivos que caracteriza a coautoria, o momento do início do fato é o mesmo a todos os coautores a partir da primeira ação de um deles.[22]

19. *Fischer* § 2 nm. 4; *Lackner/Kühl* § 2 nm. 3.
20. Schönke/Schröder/*Eser/Hecker* § 2 nm. 34 s.; *Fischer* § 2 nm. 13.
21. *Ambos* § 1 nm. 16; *Lackner/Kühl* § 8 nm. 2.
22. *Ambos* § 1 nm. 16.

Aproximações ao direito brasileiro

No direito penal brasileiro, o âmbito espacial de validade das normas penais encontra-se regulado pelo art. 5º do CP – segundo o critério da *territorialidade*, ou seja, quando o fato é praticado dentro do que a lei considera território brasileiro (incluindo-se aeronaves e embarcações públicas ou a serviço do governo brasileiro, cf. seu § 1º) – e pelo art. 7º do CP – segundo o critério da *extraterritorialidade*, que estende a jurisdição brasileira para fatos cometidos no estrangeiro em atenção aos mesmos princípios existentes no direito penal alemão (ver *supra* § 2 nm. 12 ss.), quais sejam, os da proteção, da personalidade ativa e passiva e da jurisdição universal.[23] Os critérios para a aplicação da lei penal brasileira a fatos cometidos no estrangeiro, contudo, embora atendam a princípios semelhantes, não são idênticos aos do direito penal alemão, em razão de distintas decisões político-criminais tomadas pelos dois países.[24] Quanto às regras relativas à consideração do *território nacional*, deve-se observar que, enquanto o direito penal alemão não faz qualquer ressalva a respeito do local onde se encontram embarcações e aeronaves de bandeira alemã no momento do crime (§ 4 StGB), a jurisdição penal brasileira alcança apenas fatos cometidos em embarcações e aeronaves brasileiras que estejam em território brasileiro ou em/sobre águas internacionais (alto-mar), que não são território de qualquer Estado. Essa regra é excepcionada apenas no caso de as embarcações e aeronaves brasileiras (i) serem de natureza pública ou estarem a serviço do governo brasileiro, sendo então consideradas território brasileiro para fins de jurisdição penal onde quer que estejam, mesmo que em território de outro país (art. 5º, § 1º, do CP) ou (ii), se de natureza privada, em território estrangeiro que não julga o respectivo crime (art. 7º, II, *c*, do CP). **25**

Quanto à definição do *local do crime*, o art. 6º do CP considera o lugar em que ocorreu a ação ou omissão, no todo ou em parte, bem como onde se produziu ou deveria se produzir o resultado. Sendo assim, o direito brasileiro possui duas diferenças importantes em relação ao alemão: em primeiro lugar, o legislador brasileiro foi menos exato ao regular as situações da teoria da ubiquidade e não estabeleceu um critério preciso para a definição do local do crime que não chegou a produzir resultados, já que o dispositivo legal só fala em "onde deveria produzir-se o resultado" – o legislador alemão, por **26**

23. A esse respeito, ver, por todos, CIRINO, p. 44.

24. Deve-se dar atenção especial às *condições objetivas* do art. 7º, § 2º, do CP, observáveis em relação aos casos do art. 7º, II, do CP, que estende a jurisdição penal brasileira a crimes praticados no estrangeiro, que, por tratado ou convenção, o Brasil tenha se obrigado a reprimir e a crimes praticados em aeronaves ou embarcações brasileiras, mercantes ou privadas, quando em território estrangeiro e nele não sejam julgados.

sua vez, elegeu a perspectiva do autor para essa definição (§ 9 Abs. 1 StGB); em segundo lugar, o direito penal brasileiro também não opera distinção em relação à definição do local do fato para os partícipes, que são tratados, no Brasil (pelo art. 29 do CP – segundo o chamado modelo unitário), da mesma forma que os autores.

27 Quanto ao âmbito *temporal de validade* das normas penais brasileiras, o nosso Código Penal, diferente do alemão, não é explícito quanto à aplicabilidade da pena e de suas consequências acessórias conforme a lei vigente à época do fato. No entanto, essa regra implícita decorre, obviamente, do princípio da legalidade (art. 1º do CP), que só permite penalização por comportamentos posteriores à entrada em vigor da lei penal, e de uma interpretação *a contrario sensu* dos arts. 2º a 4º do CP, que: (a) prescrevem *efeitos retroativos* às normas penais *apenas quando beneficiem* o acusado (art. 2º, II, do CP); (b) positivam a *abolitio criminis* (art. 2º, *caput*, do CP), determinando a absolvição e a cessação de execução da pena e de seus efeitos penais no caso de lei posterior deixar de considerar determinada conduta como crime, figura que não existe no direito alemão; (c) criam exceções à retroatividade de lei penal mais benéfica no caso de o delito ter sido praticado na vigência de leis temporárias ou excepcionais; e (d) explicitam o critério de definição do tempo do crime (art. 4º do CP), que, à semelhança do direito alemão, desconsidera, para essa finalidade, o momento do resultado do delito, considerando tão somente o momento da ação ou omissão.[25]

25. Para mais detalhes, ver, por todos, CIRINO, p. 47 ss.

§ 3. O esquema de resolução de casos penais

A. As circunstâncias fáticas e sua avaliação jurídica

I. Circunstâncias concretas e norma jurídica geral

Durante a faculdade, no mais tardar, quando o aluno precisa obter certificados de êxito em matérias curriculares e ser aprovado nos exames, uma *novidade significativa* chama a atenção quando comparada aos tempos de colégio: a singularidade das provas e dos trabalhos jurídicos em geral. Durante um longo período, foram desenvolvidas formas e convenções específicas que devem ser de conhecimento e domínio dos alunos que queiram ter sucesso na faculdade. 1

Não se pode esperar dos juristas que tenham estudado e sido examinados, que ao longo da vida profissional sejam capazes de saber "de cor" o Código Penal inteiro ou os últimos 20 volumes do Repositório de decisões judiciais em matéria penal da Corte de Justiça Federal alemã (BGHSt). Exige-se, sim, como tarefa e habilidade centrais de um jurista, que possa *analisar juridicamente as circunstâncias fáticas* e avaliá-las de forma apropriada. O caso a seguir serve para esclarecer essa exigência: 2

> **Por exemplo**: M arremessa o telefone celular de F pela janela da biblioteca jurídica em direção à rua. Com o impacto, o aparelho se despedaça. M é penalmente responsável por dano conforme o § 303 StGB? 3

Esse curto texto descreve um *estado de coisas*. Trata-se de um acontecimento concreto, ocorrido no mundo compreendido pelos sentidos, que os estudantes de direito devem avaliar juridicamente. Da mesma forma como um tradutor deve dominar dois idiomas e traduzir um texto específico, o estudante tem que ser capaz de analisar os processos puramente fáticos, com o auxílio de seus conhecimentos jurídicos, e "traduzi-los" em uma solução jurídica para o caso. 4

5 Frequentemente, apenas algumas das diversas *consequências jurídicas* são relevantes. Isso se dá, por exemplo, em razão da área específica para a qual se deve apresentar a respectiva solução para o caso. Por isso, no nosso exemplo, pergunta-se tão somente sobre a responsabilidade penal de M pelo dano causado à coisa. No entanto, poder-se-ia levar em consideração, da mesma forma, caso se investigasse o fato de uma perspectiva jurídico-civil, se M teria que reparar o prejuízo pelo aparelho quebrado de F.

6 A fim de avaliar juridicamente uma circunstância fática da realidade, os juristas se utilizam, em regra, de preceitos formulados genericamente (*normas*), previstos no ordenamento jurídico. Enquanto as circunstâncias fáticas concretas (reais ou fictícias) delineiam, portanto, um acontecimento individualizado e determinado, os tipos penais compreendem, por conta de suas descrições genéricas, um número indeterminado de casos. Essas normas têm características bem próprias, elas são compostas de uma descrição fática abstrata, os chamados tipos, e de uma consequência jurídica prescrita para o caso de esses tipos serem realizados.

7 **§ 303 StGB – Dano**

(1) Quem, de forma ilícita, danifica ou destrói uma coisa alheia [tipo] é punido com pena restritiva de liberdade de até dois anos ou multa [consequência jurídica].

(2) e (3) [...]

II. Avaliação jurídica de circunstâncias concretas

8 Seguindo o raciocínio, o que se espera do jurista é que saiba esclarecer se os *pressupostos* típicos da norma em questão se verificam no caso concreto e se, com isso, a *consequência jurídica* legalmente prevista deve ser imposta. Com outras palavras, deve-se investigar se a norma jurídica consultada (geral) é aplicável às circunstâncias fáticas (concretas), ou seja, se o acontecimento único e individualizado pertence precisamente aos inúmeros casos que a respectiva lei regula.

9 Dessa forma, no exemplo acima, deve-se avaliar se M, por meio do arremesso do telefone celular, danificou ou destruiu uma coisa alheia e, com isso, praticou o tipo penal de dano nos termos do § 3 Abs. 1 StGB. Para isso, é necessário, em primeiro lugar, que o telefone celular seja coisa. Ter que tratar de tamanha obviedade em análises jurídicas (mesmo que, em regra, apenas de forma breve) pode parecer algo alheio ao nosso cotidiano e até hilário. No entanto, em relação a quase todos os conceitos jurídicos, quando aplicados a grupos de casos distintos, há casos limítrofes nos quais não é

tão óbvio afirmar se uma respectiva circunstância ainda é apreendida pelo sentido da norma em questão. Por exemplo, com relação ao dano, coloca-se em questão se a eliminação de dados informáticos também realiza o tipo penal, ou seja, basicamente, se um dado é coisa no sentido do § 303 StGB.

Por isso, a fim de tornar possível alcançar, em tais casos, um resultado justo e previsível ao fato, a ciência jurídico-penal e a jurisprudência desenvolvem *definições* para cada um dos elementos típicos. De fato, não é raro haver dúvida a respeito de qual determinação conceitual é a "correta" (sobre a apresentação de controvérsias no processo de análise do delito → nm. 36 ss.). Em relação ao conceito de "coisa", no entanto, há um reconhecimento geral de que deve ser definido como objeto corpóreo.[1] **10**

No nosso exemplo, é possível afirmar que o telefone celular é um objeto corpóreo e, por isso, uma coisa no sentido do § 303 Abs. 1 StGB. Assim, a disposição penal do dano é certamente pertinente ao nosso exemplo. A avaliação a respeito de se uma circunstância concreta se amolda à descrição geral do tipo penal, eventualmente precisada por uma definição, é chamada de *subsunção*: a circunstância fática é subsumida ao tipo penal, aos seus elementos individuais. Em última instância, o que se realiza nesse específico momento é o "processo de tradução" (→ nm. 4). **11**

Sendo assim, dados informáticos como tais não são coisa, por ausência de corporalidade – diferentemente da mídia que os armazena –, no sentido do § 303 Abs. 1 StGB. Por essa razão, criou-se o tipo penal de alteração de dados do § 303a StGB. Da mesma forma, também não é possível conceituar energia elétrica como "coisa" nesse sentido – "coisa" no sentido do § 242 StGB (furto) é definida da mesma forma como no § 303 StGB –, razão pela qual se teve que criar um tipo penal específico, § 248c StGB, para "furto de energia elétrica" (→ § 1 nm. 30). **12**

O processo de *subsunção* das circunstâncias fáticas concretas à norma jurídica geral deve ser repetido *em relação a cada um dos elementos* do tipo respectivo. **13**

No exemplo acima (→ nm. 3), é ainda necessário, para a subsunção à norma do § 303 Abs. 1 StGB, que o telefone celular seja uma coisa "alheia". Também existe uma definição geralmente aceita para esse elemento do tipo penal: alheia é uma coisa que é de (pelo menos, co-) propriedade de um terceiro.[2] Uma vez que o telefone quebrado pertence a F, ele é, em relação a M, de propriedade de uma terceira pessoa e, por isso, era, em relação a ele, alheio. **14**

1. *Fischer* § 303 nm. 2; BeckOK StGB/*Weidemann* § 303 nm. 4.
2. Schönke/Schröder/*Stree/Hecker* § 303 nm. 6; BeckOK StGB/*Weidemann* § 303 nm. 7.

15 Além disso, parece óbvio que, por conta da danificação total do telefone celular, deva-se investigar a variante "destruição" em relação à ação. Uma coisa é destruída quando, por consequência do efeito corpóreo sofrido, é aniquilada ou essencialmente danificada, de modo que perca completamente sua funcionalidade pretendida.[3] O telefone celular se despedaça com o impacto na rua. Por conta disso, ele foi tão danificado na sua essência que não pode mais ser usado como aparelho de comunicação e, por isso, foi destruído no sentido do § 303 Abs. 1 StGB.

16 Assim, deve-se afirmar que M, com o arremesso do telefone celular de F à rua, destruiu uma coisa alheia e o tipo penal (objetivo) de dano foi, por meio disso, preenchido. A circunstância fática (concreta), no nosso exemplo, pode, portanto, ser subsumida à norma (geral) do § 303 Abs. 1 StGB.

17 A demonstrada avaliação jurídica da circunstância fática como um todo (p.ex., "M arremessa o telefone celular de F [...] em direção à rua", como dano nos termos do § 303 StGB) se dá na forma de uma inferência lógica, chamada *silogismo jurídico*. Esse silogismo jurídico é composto de premissa maior, premissa menor e conclusão:

- A *premissa maior* é moldada pela lei, que dispõe esquematicamente: "se tipo penal T, então resposta jurídica R";

- A *premissa menor* examina a conformação entre circunstância fática e tipo penal: "circunstância C é subsumível ao tipo penal T." Aqui, o tipo penal T tem, primeiro, que ser precisado, p.ex., por meio da *definição* de cada um de seus elementos, antes de que seja realizada, conclusivamente, a *subsunção* das circunstâncias fáticas concretas C ao tipo penal então concretizado;

- Por fim, na *conclusão* é indicado se a resposta jurídica R é aplicável à circunstância fática C: "a circunstância fática C (não) enseja a resposta jurídica R."

B. Resolução de casos em análises jurídicas

I. Estilo de parecer

18 A seção acima teve o objetivo de apresentar a estrutura básica conceitual de uma resolução de caso. No entanto, permanece inexplorado até aqui de que forma esse processo interno deve ser *linguisticamente apresentado* junto com os resultados obtidos. Com relação a isso, também há especiais exigências nas análises jurídicas, que serão elucidadas a seguir.

3. *Fischer* § 303 nm. 14; *Rengier* BT I § 24 nm. 7.

Um conceito importante, que, na maior parte das vezes, durante as primeiras aulas e estudos de casos na faculdade de direito, é objeto de indagações dos alunos, é o chamado *estilo de parecer*.[4] Esse estilo de resolução de casos é utilizado em todas as áreas do direito, em regra, desde as primeiras tarefas universitárias, nas provas e nos trabalhos de resolução de casos, até o Primeiro Exame de Estado alemão.[*] É comum que isso já venha inclusive sinalizado nas instruções da questão (ex.: "em um parecer, que envolva todas as questões jurídicas pertinentes, deve-se analisar a responsabilidade penal de A"). Mas mesmo sem essa exigência inicial, todos os exercícios de análise de casos devem ser respondidos, basicamente, em estilo de parecer. Aquele que, apesar disso, não usa o estilo de parecer quebra uma "regra do jogo" essencial à avaliação, que se reflete imediatamente em uma nota baixa. **19**

Essas *instruções da questão,* comentadas há pouco, que acompanham os exercícios de prova, têm que ser lidas com muita atenção antes da leitura das circunstâncias fáticas. Porque é a partir delas que se depreende inclusive de qual ângulo jurídico se deve investigar as circunstâncias fáticas. As instruções da questão podem, dessa forma, requerer que apenas um determinado delito ou tipo penal seja investigado. Lê-lo sem atenção e acabar pensando e escrevendo sobre normas que foram excluídas de antemão por ele pode custar um tempo precioso, que, em geral, é bem curto nas provas da faculdade de direito. **20**

O estilo de parecer consiste no desenvolvimento passo a passo da *resposta* para o caso colocado, que será apresentada apenas ao término desse procedimento. Esse estilo de apresentação do resultado é bem caracterizado por formulações do tipo "por isso" ou "portanto", "assim", "em razão disso", "assim sendo" etc. Essa maneira de desenvolver a resposta tem a vantagem de apresentar de forma mais autêntica a linha pela qual o pensamento próprio se desenvolveu e, por meio disso, convencer o leitor, de forma mais fácil, a respeito da argumentação pessoal e da conclusão extraída dessa argumentação. **21**

4. Dicas para resoluções de casos são dadas, entre outros, por *Beulke* Klausurenkurs I Rn. 1 ss., *Hilgendorf* Klausurenkurs I p. 1 ss., *Otto/Bosch* S. 3 ss., *Rengier* AT § 11, *Valerius* p. 3 ss., *Wessels/Beulke/Satzger* Rn. 853 ss., *Valerius* JA Sonderheft für Erstsemester 2011, p. 48 ss.

[*] N.T.: O Primeiro Exame de Estado (Erste Juristische Staatsprüfung) na Alemanha é organizado pelos Ministérios da Justiça dos diversos estados da federação e realizado ao término do curso superior. Nesse exame, o futuro jurista alemão é avaliado de forma unificada, uma vez que esse exame é pressuposto para todas as carreiras jurídicas, como a de advogado, juiz ou promotor.

22 O *estilo de decisão* é a face oposta do estilo de parecer. Em uma decisão judicial, apresenta-se o *resultado previamente* e, posteriormente, desenvolve-se o raciocínio condutor. Esse estilo corresponde ao procedimento de proclamação do resultado de um julgamento, pelo qual o tribunal, primeiro, apresenta a decisão firmada (por exemplo, a condenação de um réu à pena de restrição de liberdade ou multa) e, na sequência, a fundamenta. O estilo de decisão utiliza conjunções como "porque", "uma vez que" e "pois". Durante a faculdade, esse estilo de decisão pode ser utilizado nas provas, se necessário, em relação a elementos não problemáticos.

23 Para explicar o estilo de parecer, deve-se, mais uma vez, chamar a atenção para a estrutura da análise jurídica das circunstâncias fáticas: com ajuda do "*silogismo jurídico*" delineado (→ nm. 17), é derivada uma consequência jurídica para as circunstâncias fáticas concretas a partir de uma norma jurídica abstrata. Essa ponte de contato entre circunstâncias fáticas e consequências jurídicas necessita de uma apresentação linguística apropriada, que permita a um observador externo compreender o raciocínio utilizado pelo jurista. E essa necessidade é alcançada por meio da utilização da estrutura básica do silogismo jurídico: "premissa maior – premissa menor – conclusão".

- De início, deve-se indicar, na introdução, ou na *premissa maior*, a norma pertinente.

- Na *premissa menor*, serão, em sequência, apresentados cada um dos elementos individuais da norma (*definição*) e investigadas suas aplicações às circunstâncias concretas.

- Na *conclusão*, será, por fim, firmado o resultado (obtido na premissa menor).

Caso 1:

24 M arremessa o telefone celular de F pela janela da biblioteca de direito em direção à rua. Com o impacto, o aparelho se despedaça.

Responsabilidade penal de M por dano conforme o § 303 StGB?

Resposta em estilo de parecer:

25 Em razão do arremesso do telefone celular de F por M da janela da biblioteca de direito, M poderia ser penalmente responsabilizado por dano conforme o § 303 Abs. 1 StGB [premissa maior para o parecer completo a respeito da responsabilidade de M por dano].

Para isso, o telefone celular de F teria de ser uma coisa [premissa maior em relação ao elemento "coisa"]. Entende-se por coisa todo objeto corpóreo [premissa menor/definição]. O telefone celular de F é, por conta de sua dimensão espacial, um objeto corpóreo [premissa menor, subsunção]. Por isso, o celular de F é uma coisa [conclusão relacionada ao elemento "coisa"].

Além disso, o telefone de F ainda teria que ser, em relação a M, uma coisa alheia [premissa maior "alheia"]. Alheia é uma coisa que é de (pelo menos, co-) propriedade de um terceiro [premissa menor/definição]. O telefone celular pertence a F e, por isso, não integra o patrimônio de M [premissa menor/subsunção]. E, por essa razão, ele é alheio em relação a M [conclusão "alheio"].

Para isso, M teria que ter destruído o telefone celular de F [premissa maior "destruir"]. Uma coisa é destruída quando, por consequência do efeito corpóreo sofrido, é aniquilada ou essencialmente danificada, de modo que perca completamente sua funcionalidade pretendida [premissa menor/definição]. M arremessou o telefone celular em direção à rua, que se despedaçou com o impacto. O telefone celular de F foi, em consequência disso, danificado de forma significativa, perdendo completamente sua funcionalidade pretendida [premissa menor/subsunção]. M, por isso, destruiu o telefone celular de F [conclusão "destruir"].

[... Verificação dos elementos subjetivos do tipo, assim como antijuridicidade e culpabilidade...]

M é penalmente responsável por dano conforme o § 303 Abs. 1 StGB [conclusão final do parecer a respeito da responsabilidade de M por dano].

Resposta em estilo de decisão:

26 M é penalmente responsável por dano conforme o § 303 Abs. 1 StGB [resposta em relação à responsabilidade penal de M por dano]. O telefone de F é coisa [resposta quanto ao elemento "coisa"], já que, por conta de sua dimensão espacial, é um objeto corpóreo [fundamento em relação ao elemento "coisa"; ao mesmo tempo, começo do fundamento da responsabilidade de M por dano]. O telefone celular era alheio em relação a M [resposta "alheio"], uma vez que integrava o patrimônio de F e, assim, era ao menos de co-propriedade de uma terceira pessoa [fundamento "alheio"]. M destruiu o telefone celular de F [resposta "destruir"], já que este, ao ser arremessado em direção à rua, se despedaçar com o impacto, perdendo completamente sua funcionalidade pretendida [fundamento "destruir"; ao mesmo tempo, fim da justificativa da responsabilidade penal de M por dano].

27 Ambos os exemplos formulados apresentam duas características. Em primeiro lugar, tanto o estilo de parecer como o estilo de decisão apresentam

várias *subdivisões*. No estilo de parecer, não há, por exemplo, um único parecer (completo) contínuo, senão que uma premissa maior é construída para cada um dos elementos relevantes (p.ex., os elementos do tipo individuais de uma prescrição penal) e, em seguida, (sub)pareceres (com respectivas definições e subsunções) próprios para cada um desses elementos. O mesmo se aplica às justificativas individuais do resultado (completo) previamente apresentado no estilo de decisão.

28 Em segundo lugar, a *aplicação de ponta-a-ponta* do estilo de parecer parece *estranha* até mesmo para um observador jurídico. No exemplo acima, é especialmente incompreensível o motivo de se apresentar em um (sub)parecer próprio o porquê de um telefone celular ser coisa. Recorrer ao estilo de parecer também nesse ponto significaria formular reflexões que o solucionador do caso, pela tamanha obviedade das propriedades materiais de um telefone celular, sequer apresentaria nesse nível de detalhes.

29 Em consequência disso, durante a solução de um caso, é necessário que determinados pontos, imediatamente evidentes a todos, sejam menos explorados do que as partes problemáticas. Isso porque as provas jurídicas são, em regra, caracterizadas por um tempo bem curto para a execução. No entanto, a *apresentação dos problemas principais* é a tarefa essencial para a resolução dos casos em uma prova e, por isso, é avaliada com especial atenção. Porque simplesmente recitar de memória os princípios do tema "delito de dano" não é uma capacidade de muito valor.

30 A fim de se apresentar apenas de forma breve os pontos não problemáticos ou os elementos claramente realizados (ou não realizados), aconselha-se, por isso, usar o chamado *estilo de parecer abreviado*. Ele renuncia às premissas maiores e se contenta com a constatação do resultado brevemente fundamentado (algo por volta de uma meia frase). Para tanto, a definição do respectivo elemento do tipo pode ser integrada à própria justificativa.

Caso 2:

31 A desfere um forte tapa no rosto de B.

A lesionou corporalmente B no sentido do § 223 Abs. 1 Var. 1 StGB?

32 Ao desferir um forte tapa em B, A pratica uma ação inadequada e danosa, que prejudica de forma significativa o bem-estar corporal de B por conta da força do golpe. Assim, A lesiona corporalmente B no sentido do § 223 Abs. 1 Var. 1 StGB.

Ao contrário de uma mera constatação da conclusão, esse modo de apresentação tem a vantagem de que o autor não sofre o risco de ser acusado de ter apresentado teses injustificadas. Ao invés disso, o processo de subsunção é registrado mesmo que de forma abreviada, de modo que a conclusão possa ser conferida em seu conteúdo. Esse modo de apresentação corresponde à dica (apresentada já nas aulas de começo da faculdade de direito) de tratar os pontos não problemáticos em estilo de decisão. No entanto, é aconselhável apresentar a *conclusão* – diferentemente do estilo de decisão – apenas ao *final*, a fim de que a construção básica de um parecer seja mantida. **33**

Não existe uma resposta universal a respeito de quais aspectos devem ser apresentados de forma minuciosa e quais, de forma abreviada. O reconhecimento dos pontos problemáticos é uma capacidade que se tem que desenvolver e aperfeiçoar ao longo da faculdade. Por fim, a extensão da apresentação de um ponto no estilo de parecer não depende de quão avançado o aluno está na faculdade. **34**

- Se, nas *aulas de resolução de casos do primeiro semestre*, os alunos já aprenderam detalhadamente o tipo penal de lesão corporal, já se pode esperar que, nas próximas provas, eles sejam capazes de elaborar uma resposta com relação a esse tipo penal e, assim, apresentar uma resposta detalhada no estilo de parecer.

- Do contrário, quando uma circunstância fática, em uma *prova* ou *trabalho de casa avançados*, contém tanto questões gerais como também particulares problemas especiais, os problemas especiais devem ser discutidos de forma minuciosa e as demais explicações, de forma mais breve.

- Nas provas do Primeiro Exame de Estado, que contêm inúmeros outros problemas e, eventualmente, problemas mais difíceis, não se deve empreender, em regra, mais do que duas ou três frases ao tratamento típico (muito fácil para os alunos de nível avançado) de um tapa no rosto como lesão corporal.

Os primeiros problemas solucionados neste livro a respeito da tipicidade do delito doloso consumado oferecem exemplos, formulados de maneira detalhada, para a ilustração do estilo de parecer tal como é exigido com frequência durante os primeiros semestres. **35**

II. A controvérsia

Nem toda determinação conceitual de um elemento do tipo penal e nem toda classificação jurídico-sistemática de um grupo de casos são isentas de controvérsia como ocorre com as definições do exemplo acima a respeito **36** da coisa no sentido do § 303 StGB ou da lesão corporal no sentido do § 223 Abs. 1 Var. 1 StGB. Muitas vezes, pelo contrário, há discórdia a respeito do alcance de um elemento típico ou do âmbito de aplicação de um preceito penal. Existe aquilo que se chama de *controvérsia*. Em uma prova jurídica, algumas regras devem ser seguidas para a apresentação dessas controvérsias, e essas regras serão mostradas brevemente a seguir.

37 O conceito "controvérsia" não pode induzir à suposição de que se deve, durante a sua apresentação, denominar cada um dos defensores das diversas posições. Ao contrário, o que se espera é justamente que se evite "argumentos de autoridade" [*namedropping*].* O que é importante para a qualidade de um trabalho é a *apresentação do conteúdo* das posições divergentes. Para cumprir esse objetivo, *não* é suficiente conhecer o mero resultado das interpretações divergentes e colocá-lo no papel. O importante é entender o problema fundamental e saber reconstruir as diversas sugestões de solução e caminhos de argumentação, a fim de se poder apresentá-los, em um parecer, com uma *fundamentação* convincente.

38 Não é apenas nos casos em que haja discussão de opiniões que se pode defender soluções diferentes para um problema jurídico. Da mesma forma, na atividade de subsunção de um caso limítrofe também é possível se pensar em diferentes resultados para os quais se pode encontrar boas justificativas. Por isso, nesses casos, a defesa de soluções encontradas e a *força de convicção* do argumento são o que diferencia uma resolução do caso bem-feita de uma não tão bem-feita assim. Os modelos de gabarito ou esboços de solução das provas também contêm, por isso, ocasionalmente, respostas diferentes para os problemas, desde que a argumentação seja convincente e o respectivo resultado pareça, pelo menos, defensável. Portanto, uma argumentação convincente, livre de contradições e linguisticamente clara é sempre mais importante do que a resposta "correta".

39 No momento de expor uma controvérsia em um *parecer*, as posições diversas têm que ser apresentadas de forma clara. Em primeiro lugar, deve-se apresentar a primeira opinião (acompanhada de seus argumentos) e, em conclusão, subsumir o caso concreto em função dessa interpretação. Em seguida, explica-se a segunda opinião com a mesma estrutura (incluídos seus fundamentos) e aplica-se, por sua vez, a ela as circunstâncias fáticas apresentadas. Procede-se da mesma forma com todas as demais opiniões. No entanto, muitas vezes, as controvérsias se limitam a duas interpretações (na maioria das vezes, a da jurisprudência de um lado e a da literatura de outro), às vezes, ainda há uma terceira opinião que é, frequentemente,

* NT.: No original, *namedropping*, que significa a citação desnecessária de nomes famosos durante um discurso. Em geral, é um termo associado a uma necessidade do argumentador em demonstrar erudição ou trazer autoridade para o argumento.

intermediária. Apenas em casos excepcionais, há que se apresentar mais do que três posições em relação a um único problema ao se desenvolver respostas em provas ou trabalhos jurídicos. A fim de se poder apresentar as opiniões diferentes de forma clara, recomenda-se apresentar um ponto crítico essencial da interpretação mencionada inicialmente. Isso conduz a que se inicie com aquela opinião ou aquelas opiniões que não serão adotadas no parecer.

Caso 3:

> A bate a cabeça de B tão forte contra uma parede de concreto, que B sofre um traumatismo craniano. **40**
>
> Responsabilidade penal de A de acordo com §§ 223 e 224 StGB?

[... Apresentação em estilo de parecer, a respeito de A ter praticado o tipo penal básico do § 223 Abs. 1 StGB em ambas as variantes (lesão corporal conforme Var. 1 assim como dano à saúde conforme Var. 2) ...] **41**

Em razão de A ter batido a cabeça de B contra uma parede de concreto, ele poderia ter praticado o elemento qualificador de uso de instrumento perigoso do § 224 Abs. 1 Nr. 2 Var. 2 StGB. Por instrumento perigoso deve-se entender todo objeto que é idôneo, por conta de sua natureza objetiva e da forma como usado no caso concreto, para causar lesões significantes.[5] Como prova o traumatismo craniano de B, a parede de concreto é certamente idônea para lesionar significativamente um homem por meio do choque da cabeça em sua direção. No entanto, é questionável se o § 224 Abs. 1 Nr. 2 Var. 2 StGB também engloba objetos imóveis. Em relação a isso, sustenta-se, sobretudo, que objetos imóveis não são, em princípio, menos perigosos do que instrumentos móveis e que deve ser insignificante a diferença de se um objeto é movido contra a vítima ou se é a vítima que é movida contra o objeto.[6] Por consequência, a parede de concreto também seria, em razão de sua inamovibilidade, um instrumento perigoso. Essa visão, no entanto, se opõe ao fato de que o sentido linguístico natural entende como "instrumento" apenas aqueles objetos que podem ser colocados em movimento por influência humana. A fim de não desconsiderar a literalidade da norma como fronteira da interpretação, apenas objetos móveis poderiam, em razão disso, ser considerados instrumentos (perigosos).[7] Uma parede de concreto

5. BGH NStZ 2007, 95; NStZ 2010, 151; *Fischer* § 224 nm. 9; *Lackner/Kühl* § 224 nm. 5.
6. *Rengier* BT II § 14 nm. 37; *Eckstein* NStZ 2008 125 (126 s.).
7. BGHSt 22, 235 (236).

não é, por isso, um instrumento perigoso. A não praticou o § 224 Abs. 1 Nr. 2 Var. 2 StGB.

[... para a continuação → nm. 43 ...]

42 No entanto, nem toda controvérsia tem implicações para o resultado. Caso a aplicação de interpretações conflitantes *não conduza a qualquer diferença para a solução* das circunstâncias fáticas concretas e, por isso, no final das contas, a controvérsia não influencie no resultado, pode-se apresentar as visões distintas apenas brevemente e deixar, em razão disso, de tomar posição nessa controvérsia.

[Continuação da resolução anterior (→ nm. 41):]

43 É questionável se A preenche a qualificadora do § 224 Abs. 1 Nr. 5 StGB e se praticou lesão corporal por meio de uma ação perigosa à vida. Uma ação perigosa à vida, para a opinião majoritária, se dá quando a forma de cometimento, considerando-se as circunstâncias concretas do caso individual, é objetivamente idônea, de maneira geral, à colocação da vítima em perigo de vida.[8] Levando-se em consideração as margens de pena claramente maiores do § 224 StGB, uma opinião contrária considera que o autor tem que, de fato, colocar a vítima em perigo de vida, ou seja, deve existir um risco concreto.[9] No caso em questão, B sofreu um traumatismo craniano, de modo que até mesmo um perigo concreto à sua vida foi criado em razão da gravidade da lesão, o que cumpre as exigências para a qualificação da lesão corporal conforme o § 224 Abs. 1 Nr. 5 StGB independentemente da opinião que se adote. Por isso, não é necessário determinar a qual das opiniões apresentadas se deve dar razão.

[...Exame dos elementos subjetivos do tipo assim como da antijuridicidade e da culpabilidade ...]

44 As fundamentações jurídicas se referem, com frequência, à "*opinião majoritária*". Trata-se de um conjunto de visões individuais que são concordantes entre si, pelo menos, em resultado, mas geralmente também na essência da fundamentação, e que em relação ao número de seus defensores é vista como "majoritária", ou seja, é dominante no panorama de opiniões. Dá-se ainda um peso importante à jurisprudência, especificamente àquela da Corte de Justiça Federal alemã (BGH), como uma interpretação jurídica determinante na prática.

45 Nos trabalhos jurídicos de resolução de casos, a opinião majoritária também tem significado na elaboração do esquema de análise do delito, uma

8. BGHSt 36, 1 (9); BeckOK StGB/*Eschelbach* § 224 nm. 42; *Rengier* BT II § 14 nm. 50.
9. NK-StGB/*Paeffgen* § 224 nm. 28.

vez que a estrutura da resposta, em geral, se orienta por ela. De qualquer forma, por conta da necessária apresentação dos problemas principais, a tarefa do parecerista não é ressaltar exaustivamente a controvérsia relacionada a cada um dos elementos do tipo. Por isso, é absolutamente apropriado que, em diversos casos, apenas se siga, silenciosamente, a opinião majoritária. No entanto, pelo menos em controvérsias essenciais, é indispensável apresentar um debate de conteúdo com os argumentos das visões divergentes. Apenas o fato de que uma visão é (atualmente) majoritária *não é qualquer justificativa* a seu favor; e, da mesma forma, o potencial de uma opinião também está no conteúdo de sua argumentação, não em quem a defende.

C. Particularidades das resoluções de casos jurídico-penais

Durante a resolução analítica de casos jurídico-penais, é muito importante apresentar os *pontos de maior relevância* de forma adequada (→ nm. 29) e ocupar-se deles no contexto correto. Por isso, uma tarefa elementar de qualquer parecer é *estruturar* (o próprio pensamento e) a resposta e *diferenciar*, de forma suficiente, entre as formas individuais de comportamento típico, os elementos jurídicos pertinentes e os problemas. 46

Com essa finalidade, separam-se, em primeiro lugar, os acontecimentos, apresentados na descrição do caso, nos chamados *complexos de fatos*, que consistem de processos típicos que formam unidades autônomas. A divisão se orienta, nesse aspecto, sobretudo pelas rupturas temporais e espaciais. Portanto, um complexo de fatos compõe-se, em regra, de uma sequência de eventos temporal e espacialmente interligados, que, com alguma prática em resolução de casos, se pode identificar de modo relativamente fácil. De qualquer modo, em casos limítrofes, são admissíveis diversas variantes da formação do complexo de fatos, e a necessária diferenciação jurídica pode ser expressada ainda que dentro de um mesmo complexo de fatos. Isso se aplica, por exemplo, em relação a uma ruptura jurídica dentro de um único evento, por exemplo, em um acidente durante uma embriaguez ao volante, onde, primeiro, se tenha considerado o motorista ainda capaz de dirigir. 47

Os complexos de fatos, em regra, como *primeira subdivisão* da análise jurídica são, geralmente, não apenas numerados em série, mas também destacados por um título curto e não-jurídico. Dessa forma, o corretor reconhece imediatamente quais eventos (fáticos) serão, em seguida, (juridicamente) investigados. 48

> **Exemplo:** T, embriagado, dirige seu carro até o trabalho. Alguns dias após, ele se envolve em uma briga com o freguês G em um bar. 49
>
> O primeiro complexo de fatos consiste, aqui, na embriaguez ao volante de T (ex., "Complexo de fatos 1: direção ao trabalho"),

e o segundo complexo de fatos, na agressão corporal de G – ocorrida apenas após alguns dias (ex., "Complexo de fatos 2: briga com G").

50 Caso se deva analisar a responsabilidade penal de mais de uma pessoa dentro de um complexo de fatos específico, deve-se, em primeiro lugar, diferenciar entre cada um dos *concorrentes*. Nesse segundo plano estrutural, deve-se sempre começar pelos "mais próximos do fato" (→ nm. § 9 nm. 17). Procedendo-se dessa forma, são esclarecidos alguns pré-questionamentos que, posteriormente, podem influenciar a avaliação jurídica dos outros concorrentes, por exemplo, a existência de um fato principal praticado de forma dolosa e antijurídica (mencionado nos §§ 26 e 27 StGB) ou a ação típica imputável ao coautor conforme § 25 Abs. 2 StGB. E, com isso, aquele que está resolvendo a questão se salva de uma complicada *análise incidental*. Em geral, essas tais análises incidentais devem ser evitadas, uma vez que elas deixam o parecer confuso e, com isso, afetam a leitura e o poder de persuasão do parecer (→ nm. 52 assim como § 5 nm. 35 e § 9 nm. 111).

51 Dentre todos os delitos que uma mesma pessoa praticou, ou poderia ter praticado, em um mesmo complexo de fatos, deve-se, basicamente, investigar primeiro os mais graves, ou seja, aqueles tipos penais com a maior sanção prevista.

52 A prática das análises jurídicas demonstra, no entanto, que às vezes é necessário desviar desse princípio de estruturação no momento de estabelecer o terceiro subnível.* Em determinados casos, pode ser preferível, por exemplo, uma *estrutura cronológica*, ainda que os delitos se baseiem uns nos outros. Por exemplo, antes de se discutir o homicídio qualificado pela intenção do autor em ocultar um outro delito (§ 211 StGB), é aconselhável discutir esse o delito que o autor pretendia ocultar. Quando o tipo subjetivo de um preceito penal pressupõe a intenção de ter praticado um outro crime, e esse *fato pretendido foi efetivamente praticado*, aconselha-se, ao contrário, que, em primeiro lugar, se verifique o fato posteriormente cometido. Assim, analisa-se, em geral, primeiro, o roubo de um carro, conforme o § 249 StGB, e, posteriormente, o delito de agressão a um motorista com intuito de roubo, conforme o § 316a StGB. Em ambos os casos, a modificação da estrutura resulta, por sua vez, da necessidade de se evitar uma *análise incidental* confusa.

* N.T.: Aqui, o autor está se referindo aos níveis e subníveis da estruturação da análise do delito; por exemplo:

A. 1º Fato: "A agrediu B e, posteriormente, adentrou em sua residência."

I. Responsabilidade penal de A.

1. Responsabilidade penal de A de acordo com o art. 129 CP (lesão corporal?)

...

2. Responsabilidade penal de A de acordo com o art. 150 CP (violação de domicílio)?

Aproximações ao direito brasileiro

O direito penal é ensinado na Alemanha de uma maneira bem característica. O direito, ao tentar subordinar o poder a razões, deve garantir que seus operadores saibam justificar suas coerções, mas além disso que também possam apresentar claramente seus raciocínios de justificação, porque aqueles contra quem se voltam os instrumentos de coerção do Estado, principalmente a pena, têm o direito a conhecer tais justificações. O estudante de direito na Alemanha, desde os primeiros semestres da faculdade, aprende, com técnica e método, a dar o tratamento que o direito deve garantir aos seus cidadãos: justiça também, mas antes segurança e respeito. As técnicas e métodos do estilo de parecer, apresentados acima, não são um mero capricho de um povo pragmático ou apenas um entre os métodos possíveis para o ensino da dogmática jurídica, mas são antes resultado de tarefas bem executadas pela ciência jurídica, que se preocupa com o mais importante, criar segurança jurídica. **53**

Nas provas da faculdade e, mais tarde, nos exames de estado [*Staatsexamen*], o aluno deve resolver casos nos formatos ensinados neste livro, o estilo de parecer e o estilo de decisão. As aulas teóricas na faculdade, lecionadas pelos professores, são acompanhadas de grupos de resolução de casos, orientados por assessores científicos dos professores, nos quais os alunos aprendem a seguir o passo a passo das estruturas de análise do delito. Esse modelo tem a vantagem de ensinar futuros juristas a aplicar a teoria na prática e alcançar resultados jurídicos defensáveis e seguros. **54**

Portanto, o aprendizado da resolução analítica de casos concretos durante a faculdade tem a capacidade de mostrar que a teorização jurídica não é um fim em si mesmo, senão que também está a serviço da finalidade de seu objeto, o direito: regular relações e conflitos humanos, a fim de alcançar a paz social, de maneira justa e, portanto, legítima. Não há dúvida de que boa parte dos juristas brasileiros, quando confrontados com casos penais, apresenta soluções que, quando não simplesmente amparadas por uma intuição, não podem ser demonstradas analiticamente e vencer as provas de coerência com as demais regras do ordenamento jurídico; a primeira consequência prática disso, que já não nos passa desapercebida, é a ausência da utilização de fundamentos semelhantes para casos semelhantes, o que se chama de casuísmo. Se o direito é casuístico, não é sequer capaz de garantir segurança jurídica – sua condição indispensável – e se desvia daquele ideal de justiça de conceder um tratamento igualitário a todos. **55**

Sendo assim, caso as técnicas e métodos de resolução de casos jurídico-penais apresentadas ao longo desse livro sejam incorporadas ao cotidiano dos futuros juristas brasileiros tão logo iniciem seus estudos **56** universitários, essa atitude, talvez de aparência ainda revolucionária entre nós, não se tratará de simples supervalorização ou intercâmbio acrítico do modelo de ensino alemão, mas estará antes fundamentada na exigência de racionalização científica do direito.

§ 4. O delito doloso de ação consumado: a tipicidade

A. Fundamentos

1 Um exemplo de que às vezes segue-se simplesmente a opinião (completamente) majoritária sem ter-se que apresentar toda a discussão de opiniões que envolve a questão (→ § 3 nm. 45) é o modo de estruturar os tipos penais. De qualquer forma, vigora o princípio geral de que não se deve justificar os esquemas de verificação de delitos. A evidência de correção desses esquemas deve resultar de suas próprias aplicações. A forma de esquematizar o processo de análise do delito se orienta, assim, pela estrutura consensual formada por tipo (ou tipicidade), antijuridicidade e culpabilidade. O *esquema de verificação tripartido*, predominante no processo de análise do delito comissivo doloso consumado, advém dessa estrutura consensual.[1]

2

Esquema de verificação: delito comissivo doloso consumado

I. Tipo (tipicidade)

1. Tipo objetivo

a) ação

b) realização de todos os elementos objetivos do tipo, inclusive o resultado típico

c) causalidade entre ação e resultado

d) (caso necessário) imputação objetiva

1. *Krey/Esser* nm. 255; *Kühl* AT § 1 nm. 24 ss.; *Rengier* AT § 12 nm. 1; *Wessels/Beulke/Satzger* nm. 129; *Zieschang* nm. 12; com outra posição, *Kindhäuser* AT § 6 nm. 8 ss.: esquema de verificação bipartido (ver também → § 8 nm. 42 s.).

2. Tipo subjetivo

a) dolo relativo a todos os elementos objetivos do tipo penal

b) (caso necessário) elementos subjetivos especiais do tipo penal (ex. intenção de se apropriar no furto do § 242 StGB).

3. (caso necessário) anexos à tipicidade: especialmente, condições objetivas de punibilidade

II. Antijuridicidade

III. Culpabilidade

IV. (caso necessário) Determinação da pena

V. (caso necessário) Causas pessoais de diminuição, exclusão e aumento de pena

VI. (caso necessário) Representação penal e outros pressupostos para a persecução penal

3 O esquema de verificação de delitos acima se aplica – pelo menos com todos esses detalhes – apenas ao *delito comissivo doloso consumado* (por meio de uma conduta ativa). Outras formas de cometimento de delitos – por exemplo, tentativa ao invés de consumação, culpa ao invés de dolo, omissão no lugar de comissão – devem ser verificados por meio de esquemas distintos, que serão discutidos no momento oportuno.

4 Só se dá prosseguimento às etapas subsequentes do esquema de verificação caso os elementos necessários para a punibilidade do tipo penal sejam afirmativamente verificados. Quando um desses elementos se faz ausente, deve-se, basicamente, parar a verificação nesse ponto e estabelecer que a responsabilidade penal não se verifica no que concerne àquele tipo penal. Quando, por exemplo, não está presente um elemento do tipo objetivo de um delito, não se pode proceder à verificação do tipo subjetivo, da antijuridicidade e da culpabilidade.

5 Pode-se, excepcionalmente, prosseguir ao ponto de verificação que estaria excluído de apreciação, a fim de se fazer um parecer auxiliar. Mas esse *parecer auxiliar*, no entanto, deve ser geralmente evitado em exames acadêmicos. Se um parecer auxiliar for aparentemente inevitável, para, por exemplo, discutir uma controvérsia sugerida na descrição das circunstâncias fáticas – que, segundo o esquema estabelecido até então, seria tratada apenas durante a verificação de um elemento posterior do tipo penal já refutado – isso pode ser um grande indicativo de que se deve revisar mais uma vez o acerto da solução apresentada até então. Porque, comumente, as provas e

trabalhos de casa são concebidas de uma tal forma que todas as questões incluídas podem ser respondidas sem pareceres auxiliares.

Os pontos de verificação condicionados no esquema acima com a expressão "caso necessário" (→ nm. 2) só devem ser incluídos quando o caso sugerir. No entanto, os níveis de verificação da *antijuridicidade* e da *culpabilidade* sempre devem ser mencionados. Tendo em vista que eles só não estão presentes em casos excepcionais, os seus elementos só devem ser discutidos quando o caso apresentado contiver indicações de que o comportamento é justificado ou não culpável (ou desculpável). Do contrário, basta afirmar que "o fato é antijurídico" e que "o fato é culpável". 6

B. O tipo objetivo

I. Fundamentos

Os *tipos penais da parte especial* estabelecem qual ação (ex., o testemunho falso não-juramentado, nos termos do § 153 StGB) e quais provocações de resultados (ex., a morte de alguém, nos termos do § 212 StGB) estão, em particular, sob ameaça de pena. O mesmo se aplica a todos os demais elementos típicos objetivos, como a utilização de um meio determinado para a execução do fato (ex., uma arma ou um outro instrumento perigoso de acordo com o § 224 Abs. 1 Nr. 2 StGB), as circunstâncias especiais do fato ou também as exigências quanto ao sujeito do fato (ex., condição de funcionário público nos tipos penais praticados no exercício da função pública dos §§ 331 ss. StGB). As definições conceituais associadas a elementos individuais, casos problemáticos e controvérsias são objeto das aulas de parte especial, que são dadas durante a faculdade de direito, em regra, após o ensino da parte geral. 7

No entanto, o tipo objetivo também contém elementos que são comuns a todos ou, pelo menos, à grande maioria dos delitos e que, por isso, pertencem à parte geral. Dessa forma, todos os delitos exigem, em primeiro lugar, que tenham sido praticados por meio de um comportamento ao qual se possa atribuir uma *qualidade de ação* (→ nm. 11 ss.). Do contrário, já não há o fundamento necessário para a responsabilidade penal.[2] 8

Nos delitos de resultado, e por isso na maioria dos tipos penais, ação e resultado têm que estar, além de tudo, em uma relação causal entre si. Sem uma tal *causalidade* (→ nm. 24 ss.), aquele que atuou não deu, de forma alguma, causa ao resultado ocorrido e, por isso, é impossível, desde o começo, atribuir-lhe responsabilidade penal por tal resultado.[3] Ou, dito 9

2. *Krey/Esser* nm. 283; *Kühl* AT § 2 nm. 3.
3. *Kindhäuser* AT § 10 nm. 1; Wessels/Beulke/Satzger nm. 153.

de uma perspectiva preventiva: se o direito penal deve evitar a lesão a bens jurídicos por meio da regulação de comportamentos, então ele só pode ser aplicado àqueles comportamentos que podem afetar, tipicamente, determinados bens jurídicos.

10 A causalidade é averiguada de forma puramente empírica e, por isso, prescinde da afirmação de que um resultado realizado segundo as leis da física, se considerado sob um ponto de vista normativo, também deve ser tido como "obra do autor". Essa necessária avaliação é executada, em seguida, sob o título *imputação* (→ nm. 43 ss.). Uma grande parte da literatura localiza essa avaliação de imputação, nos delitos de resultado, dentro da análise do tipo objetivo.[4]

II. Conceito de ação

1. Teoria da ação

11 Todo comportamento punível pressupõe uma ação humana. Por isso, apenas *pessoas naturais* podem ser responsabilizadas criminalmente. Pessoas jurídicas, como sociedades pessoais juridicamente capazes (p.ex.: a chamada sociedade comercial aberta, sociedade em comandita) ou sociedades de capitais (p.ex.: sociedade anônima, sociedade limitada), não podem *a priori*, por ausência de capacidade de ação, cometer delitos. O direito alemão não reconhece (atualmente), portanto, responsabilidade penal de empresas.[5] Quando uma lei penal é endereçada a uma pessoa jurídica (ex., o delito de insolvência do § 283 StGB, no caso de uma sociedade limitada insolvente), seus órgãos e procuradores (ex., o administrador de uma sociedade limitada) podem, em todo caso, ser penalizados por aplicação do § 14 StGB (→ nm. § 9 nm. 91 ss.).

12 O que se entende, concretamente, por *ação em sentido jurídico-penal* é uma das clássicas discussões científicas da Parte Geral do Direito Penal. Na estrutura de verificação de delitos, essa discussão, no entanto, não tem muito significado. Por isso, é suficiente, aqui, apresentarmos apenas uma visão panorâmica das diferentes posições.[6]

13 De acordo com a *teoria da ação causal-naturalista*, a mais antiga das teorias da ação, ação é toda alteração do mundo exterior que possa ser reconduzida, causalmente, a um comportamento fruto de deliberação volitiva

4. *Kindhäuser* AT § 11 nm. 1; *Rengier* AT § 13 nm. 38; *Wessels/Beulke/Satzger* nm. 154.

5. *Jescheck/Weigend* § 23 VII 1; *Krey/Esser* nm. 298; *Rengier* AT § 7 nm. 9; *Wessels/Beulke/Satzger* nm. 94.

6. Resumidamente, *Jäger* AT nm. 19 ss.; *Kindhäuser* AT § 5 nm. 10 ss.; *Wessels/Beulke/Satzer* nm. 85 ss.

– ou seja, determinado pela vontade de alguém. Segundo esse pensamento, basta que o autor, de algum modo, tenha agido por vontade. Essa teoria é criticada pelo fato de ignorar o significado social de um acontecimento e a capacidade do homem em configurar criativamente o seu ambiente.[7] A teoria da ação causal, sendo uma construção genuinamente dogmático-penal, não tem, contudo, tamanhas pretensões explicativas.

A *teoria finalista da ação* enfatiza, ao contrário, a vontade humana e define ação como o exercício de um propósito (finalidade). Não é decisivo, portanto, o acontecimento causal, mas a vontade conscientemente dirigida que está por trás desse acontecimento. Portanto, diferentemente do que defende a teoria causalista, não é suficiente haver uma conduta volitiva qualquer. No entanto, a vontade dirigida conscientemente se faz ausente em um comportamento culposo inconsciente, no qual o agente sequer conhecia o perigo envolvido e, por isso, não dirigiu o curso causal de forma consciente.[8] **14**

Por isso, são dominantes as *teorias sociais da ação*, que se baseiam sobre o significado social do acontecimento. Segundo essa corrente, ação é todo comportamento socialmente significativo orientado ou orientável pela vontade humana. O significado social de uma ação ou omissão advém tanto da relação pessoal do agente com seu ambiente como das expectativas normativas da comunidade jurídica.[9] **15**

2. Ação e não-ação

Em testes jurídicos, é importante, muitas vezes, excluir as chamadas *não-ações* como base para a responsabilidade penal. Mas isso só deve ser feito quando for possível reconhecer um problema na consideração de um evento como ação. Em regra, a qualidade de ação do comportamento cuja responsabilidade penal deve ser avaliada, ao contrário, é tão evidente que dispensa discussão. **16**

Em grande parte, é controverso quais formas de comportamento devem ser avaliadas como "não-ação". Não-ações são, especialmente, aqueles movimentos não dirigidos pela vontade. Nesse grupo se incluem, sobretudo, os *movimentos reflexos*, aqueles realizados durante o sono ou em razão de reações instintivas.[10] **17**

Pode-se menos ainda considerar como ações aqueles movimentos corporais que são compelidos por meio de uma força anuladora da vontade **18**

7. *Wessels/Beulke/Saztger* nm. 92.
8. *Jäger* AT nm. 21; *Wessels/Beulke/Satzger* nm. 92.
9. *Jescheck/Weigend* § 23 VI 1; *Rengier* AT § 7 nm. 5; *Wessels/Beulke/Satzger* nm. 93; criticamente, *Kindhäuser* AT § 5 nm. 12; *Krey/Esser* nm. 290.
10. *Krey/Esser* nm. 296 s.; *Kühl* AT § 2 nm. 6 s.; *Wessels/Beulke/Satzger* nm. 95.

(*vis absoluta*), por exemplo, quando alguém é empurrado sobre uma outra pessoa e essa vem a se machucar por conta do impacto físico.[11]

19 Por conta da ausência de qualidade de ação, pode ser até impossível *atribuir responsabilidade* à não-ação em si. No entanto, pode ser o caso, às vezes, de se atribuir responsabilidade penal por conta de algum *comportamento anterior* ainda orientado pela vontade.[12] É o caso, por exemplo, de um motorista que dirige um veículo apesar de estar extremamente cansado e, posteriormente, cochila na estrada, entra na pista contrária e causa um acidente com vítimas. Aqui, pode até não ser o caso de penalizar o motorista por conta de seu comportamento causador do acidente praticado durante o cochilo, mas não se pode excluir sua responsabilidade penal por conta da lesão corporal culposa nos termos do § 229 StGB em razão de ter continuado dirigindo apesar de seu extremo cansaço.

20 *Reações espontâneas* e *ações irrefletidas,* chamadas de formas de comportamento automatizado, ao contrário, devem ser avaliadas de outra forma. De forma incontroversa, atribui-se a elas qualidade de ação em sentido jurídico-penal, uma vez que elas não se baseiam em um mero incentivo fisiológico, mas, apesar do decurso automático que têm, ainda são dominadas pela vontade.[13]

21 O mesmo se aplica às formas de comportamento que sejam realizadas como consequência do uso de uma força que, não tão extrema a ponto de anular, dobre a vontade de alguém (*vis compulsiva*), algo como uma ameaça com emprego de arma. Isso não impede, no entanto, que ações praticadas nesse contexto não sejam, em casos específicos, justificadas ou exculpadas (→ § 6 nm. 51).[14]

Caso 4:

22 A dirige, no verão, seu conversível, com a capota aberta, em uma estrada rural. De repente, um inseto entra no seu olho, fazendo com que A, em um movimento defensivo espontâneo, vire o volante para a esquerda. B, que vinha na direção contrária, não consegue desviar e vem a se ferir gravemente por conta do acidente.

A é punível nos termos do § 229 StGB?

11. *Kühl* AT § 2 nm. 5; *Rengier* AT § 7 nm. 11; *Wessels/Beulke/Satzger* nm. 95.
12. *Rengier* AT § 7 nm. 13 ss.; *Wessels/Beulke/Satzger* nm. 101.
13. *Kühl* AT § 2 nm. 7; *Rengier* AT § 7 nm. 16; *Wessels/Beulke/Satzger* nm. 96.
14. *Rengier* AT § 7 nm. 12; *Wessels/Beulke/Satzger* nm. 97.

Responsabilidade penal de A nos termos do § 229 StGB 23

Por meio da guinada de A em direção à pista contrária, que causou o acidente, A pode ter praticado uma lesão corporal culposa.

I. Tipo

Para isso, a precisaria, primeiro, ter agido em sentido jurídico-penal. Ação é, segundo as teorias sociais da ação, todo comportamento socialmente significativo dominado ou dominável pela vontade humana. O comportamento defensivo espontâneo de A se deu de maneira tão rápida que uma reflexão contrária ("isso poderia vir a ser perigoso") não ocorreu.[15] Ainda assim, A poderia ter dominado sua reação espontânea que não ocorreu de forma involuntária. Trata-se, aqui, portanto, de uma reação "meio-automática". Há, assim, uma ação em sentido jurídico-penal.

[...]

II. Antijuridicidade (+)

III. Culpabilidade (+)

IV. Resultado

A é penalmente responsável nos termos do § 229 StGB.

III. Causalidade

Decisões selecionadas: BGH MDR/D 1956, 526 (caso do tiro misericordioso); BGHSt 39, 195 (homicídio com causalidade alternativa).

Literatura para aprofundamento: *Rönnau/Faust/Fehling* Durchblick: Kausalität und objektive Zurechnung, JuS 2004, 113; *Satzger* Kausalität und Gremienentscheidungen, Jura 2014, 156.

A maior parte dos tipos penais descreve um delito de resultado (→ § 1 nm. 59). Delitos de resultado pressupõem, tipicamente, a ocorrência de um resultado determinado; p.ex., o § 212 Abs. 1 StGB pressupõe a morte de alguém. Portanto, o indivíduo só pode ser responsabilizado quando tenha causado o resultado descrito no tipo, ou seja, sua ação tenha sido a causa do resultado, o que se denomina ação causal. A causalidade como fio-condutor entre ação e resultado seria, por isso, um *elemento não-escrito do tipo* (e, de acordo com os princípios gerais, que exige dolo; → nm. 45) de cada um dos delitos de resultado.[16] 24

15. Conferir *Kühl* AT § 2 nm. 7.
16. *Rengier* AT § 3 nm. 13.

1. Teoria da condição ou da equivalência

25 A opinião majoritária representa a causalidade pela conhecida fórmula *condicio sine qua non* (*condicio sine qua non*: "condição, sem a qual não"). De acordo com tal fórmula, uma ação é causal para um resultado quando ela não pode ser subtraída mentalmente sem excluir o resultado em sua exata configuração.[17] A existência de uma relação de causalidade advém de uma consideração puramente empírico-científica do acontecimento.

26 A fórmula da *condicio sine qua non* contém duas expressões diferentes, que são descritas como teorias da condição ou equivalência. Para a *teoria da condição*, um comportamento só é causal caso não possa ser subtraído mentalmente. Isso também significa que é possível uma interrupção da relação causal. Se uma (primeira) condição não leva à ocorrência do resultado porque uma outra (segunda) condição, que causa por si só o resultado, vem a lhe substituir, tem-se o que se chama de *causalidade interrompida* (da perspectiva da primeira condição) ou *superveniente* (da perspectiva da segunda condição).[18]

27 **Exemplo:** A adiciona um veneno fatal com efeito lento no cereal matinal de seu marido B. No seu caminho para o trabalho, B é assassinado por um terrorista C antes que o veneno produzisse qualquer efeito.

A tinha até dado início a um curso causal por meio da ministração do veneno, que poderia ter levado B à morte. No entanto, essa relação causal foi interrompida por meio do comportamento assassino de C. Uma vez que o veneno de A não chegou a apresentar qualquer efeito, C não se conecta à primeira condição criada por A, de modo que se apresenta aqui um caso de causalidade interrompida ou superveniente.

Em razão da ausência de causalidade entre sua ação e a morte de B, A não é punível por homicídio, seja simples ou qualificado. Permanece a responsabilidade penal de A por homicídio tentado.

28 Não se fala em uma quebra da relação causal quando o autor cria uma segunda condição capaz de *apenas* modificar ou *acelerar* o *resultado* (p.ex., por meio de um "tiro de misericórdia" em uma vítima fatalmente baleada). Neste caso, a ação do autor se conecta à primeira condição e o curso causal iniciado por aquela primeira condição é eficaz até o fim.[19]

17. BGHSt 1, 332 (333); 39, 195 (197); *Rengier* AT § 13 nm. 3; *Wessels/Beulke/Satzger* nm. 156.

18. *Kindhäuser* AT § 10 nm. 24; *Kühl* AT § 4 nm. 3; *Wessels/Beulke/Satzger* nm. 167.

19. BGH MDR/D 1956, 526; *Kindhäuser* AT § 10 nm. 26; *Rengier* AT § 13 nm. 23; *Wessels/Beulke/Satzger* nm. 164 s.

Exemplo: A adiciona um veneno fatal ao cereal matinal de B. A caminho do trabalho, o veneno começa a ter efeito em B, de modo que ele passa a caminhar muito lentamente. Um terrorista C se aproveita da oportunidade de ter a sua frente um "alvo lento" e dispara contra B antes que o veneno o matasse. 29

Diferente do exemplo acima (→ nm. 27), C se conecta, aqui, ao curso causal criado por A. Porque B é escolhido como seu alvo exatamente por estar (em razão do veneno) caminhando lentamente. A relação causal, por isso, não é interrompida.

Por isso, em relação ao homicídio consumado, de nenhuma forma se afasta a punição de A por ausência de causalidade. O que pode ser questionado aqui é se a morte de B pode ser imputada a A como sua obra. Uma vez que se poderia negar isso por conta da intervenção autônoma de C (→ nm. 61 s.), A é, por sua vez, punível apenas por homicídio tentado.

Com relação à definição de causalidade, deve-se atentar especialmente ao ponto "resultado em sua concreta configuração". Sequências de eventos puramente teóricas, que não afetam a maneira pela qual se desenvolve o curso causal iniciado, apresentam, por isso, uma causa-reserva insignificante, que não permite nem que se justifique uma causalidade própria nem que se suspenda a relação causal. Uma vez que a investigação da causalidade se dá de maneira empírico-científica, os cursos causais hipotéticos permanecem, quase sempre, ignorados (à exceção da chamada quase-causalidade nos delitos omissivos impróprios → § 11 nm. 28 ss.).[20] 30

Caso 5:

A adiciona um veneno fatal e de efeito rápido no cereal matinal de seu marido B, que morre ainda à mesa de café-da-manhã. Se B tivesse chegado a sair de casa, ele teria sido assassinado pelo terrorista C no caminho para o trabalho. 31

Responsabilidade penal de A conforme § 212 StGB?

Responsabilidade de A conforme § 212 Abs. 1 StGB 32

A poderia ser responsável penalmente pelo homicídio de B por meio da adição de veneno ao cereal matinal.

I. Tipicidade

1. Tipo objetivo

20. *Kindhäuser* AT § 10 nm. 18; *Krey/Esser* nm. 310; *Rengier* AT § 13 nm. 17; *Wessels/Beulke/Satzger* nm. 161.

[... Ação e resultado (+) ...]

Por meio da adição do veneno no cereal matinal, B teria que ter dado causa à morte de A. Pela fórmula da *condicio sine qua non*, há essa relação causal quando a ação não pode ser subtraída mentalmente sem excluir o resultado em sua exata configuração. Se A não tivesse adicionado veneno ao cereal do seu marido B, ele não teria morrido envenenado. O fato de que B teria sido assassinado pelo terrorista C, caso saísse de casa, é um mero curso causal hipotético, que não influencia a relação de causalidade ocorrida de fato. Essa condição hipotética é uma causa-reserva insignificante. Por meio da adição de veneno no cereal matinal, A criou uma condição causal para a morte de B.

2. Tipo subjetivo (+)

II. Antijuridicidade (+)

III. Culpabilidade (+)

IV. Resultado

A é punível conforme § 212 Abs. 1 StGB.

33 A segunda expressão da fórmula da *condicio sine qua non* consiste na afirmação de que todas as condições têm o mesmo valor, portanto são equivalentes. A fórmula contém, por isso, além da teoria da condição, a também chamada *teoria da equivalência*.[21] Ela implica, ao mesmo tempo, no problema central da fórmula da *condicio sine qua non*, uma vez que, por conta da equivalência entre todas as condições, até aquelas circunstâncias mais longínquas e irrelevantes dão causa ao resultado. Um exemplo é o caso dos pais de um filho que vem a se tornar assassino. Dar à luz o filho é causa para o homicídio que este vem a praticar, da mesma forma como vender uma faca de cozinha é causa para uma lesão corporal que venha, posteriormente, ser praticada com essa faca. Nem mesmo cursos causais completamente inesperados e atípicos excluem a relação causal empírico-científica.[22] É necessário, portanto, estabelecer limites aos resultados infinitos da causalidade empírica. A literatura dominante resolve tais casos pela chamada imputação (normativa) objetiva (→ nm. 46 ss.). A jurisprudência alemã os resolve pelo erro sobre o curso causal (→ nm. 45).

34 A fórmula da *condicio sine qua non* não é totalmente incontroversa.[23] Ela é criticada, sobretudo, por pressupor uma relação empiricamente comprovável, segundo as leis da natureza, entre ação e resultado. Caso, ao contrário, exista uma causa substitutiva (sobre a causalidade alternativa

21. *Jäger* AT nm. 27; *Kindhäuser* AT § 10 nm. 22; *Rengier* AT § 13 nm. 3.
22. *Kindhäuser* AT § 10 nm. 22; *Kühl* AT § 4 nm. 29 s.
23. Resumidamente, Jäger AT nm. 28; *Rengier* AT § 13 nm. 8 ss.

→ nm. 39 ss.), quando várias condições dão causa, ao mesmo tempo, ao resultado em sua concreta configuração (causalidade múltipla), a fórmula falha. Além disso, a fórmula da *condicio sine qua non* encontra seu limite nos delitos omissivos impróprios, uma vez que em relação a eles não é praticada nenhuma ação que cause o resultado, senão que a responsabilização penal consiste exatamente em, por inércia, não se ter evitado o resultado (→ § 11 nm. 28 ss.).

Algumas vozes na literatura defendem, por isso, a *teoria da condição segundo uma lei natural*. Ela leva em conta se o resultado é derivado da conformidade com uma lei empírica e de determinadas condições antecedentes. A fórmula *condicio sine qua non* é, de acordo com essa teoria, apenas um auxílio para determinar a causalidade. Não se questiona se a ação poderia ser mentalmente subtraída, sem que o resultado fosse excluído, mas sim se ocorreram mudanças no mundo exterior subsequentes à ação, que, pelas conhecidas leis da natureza, se associam necessariamente à ação concreta e, por isso, se apresentam como "resultado" concreto de tal ação.[24] Os resultados dessa teoria quase não se diferenciam dos resultados da (em parte modificada) fórmula da *condicio sine qua non*, mas são, teoricamente, mais exigentes e mais compatíveis com os conhecimentos de causalidade de outras disciplinas científicas. 35

2. Casos especiais

a) Causalidade cumulativa

O rótulo "causalidade cumulativa" descreve casos nos quais duas ou mais causas produzem um resultado típico (apenas) quando cumuladas. O resultado, portanto, advém do *efeito conjunto de condições distintas*.[25] No fundo, descreve-se, com isso, um caso qualquer de uma sequência de eventos, uma vez que, por conta da equivalência de todas as condições nunca há uma explicação monocausal para o resultado causado. Dar à luz um posterior assassino também é uma causa para o ato posterior do filho (que o influencia cumulativamente). Como consequência disso, nos casos de causalidade cumulativa, o ponto central das considerações jurídicas é muito mais a questão da imputação do que da relação de causalidade. 36

24. A esse respeito, ver *Jescheck/Weigend* § 28 II 4; *Kindhäuser* AT § 10 nm. 12; *Krey/Esser* nm. 320; *Kühl* AT § 4 nm. 22 ss.; *Wessels/Beulke/Satzger* nm. 168a.

25. *Kindhäuser* AT § 10 nm. 29; *Kühl* AT § 4 nm. 21; *Rengier* AT § 13 nm. 34; *Wessels/Beulke/Satzger* nm. 158.

Caso 6:

37 A e B adicionam, sem conhecimento um do outro, doses de veneno, por si só não mortais, ao café de C, com intenção de matá-lo. A soma dos dois venenos, no entanto, mata C.

Responsabilidade penal de A conforme § 212 StGB?

38 **Responsabilidade de A conforme § 212 Abs. 1 StGB**

Por conta da adição do veneno no café de C, A poderia ser culpável por um homicídio.

I. Tipicidade

Tipo objetivo

[.. Ação e resultado (+) ...]

Para tanto, a adição de uma dose não mortal, por A, no café de C, deveria ter sido causa para a morte deste. Causa é, segundo a fórmula da *condicio sine qua non*, toda ação que não pode ser mentalmente subtraída sem que o resultado, em sua concreta configuração, seja omitido. Se A não tivesse adicionado veneno ao café de C, o café não conteria veneno suficiente, no momento em que veio a ser consumido, para causar a morte de C. A adição de uma dose de veneno (por si só não mortal), por A, no café de C, não pode, portanto, ser mentalmente subtraída sem que o resultado "morte por envenenamento" seja omitido. A ação de A é, portanto, causal para a morte de C.

[No entanto, A não seria, neste caso, punido por homicídio consumado, uma vez que a morte de C, por conta da ação necessária de B no mesmo momento, e de um curso causal incomum, não tem a aparência de uma obra (solitária) de A e, portanto, não pode ser a ele imputado (→ nm. 57 s.)]

II. Resultado

A não é punível nos termos do § 212 Abs. 1 StGB.

[Seria necessário provar (e afirmar), no entanto, uma punibilidade de A, por homicídio tentado em concurso com lesão corporal perigosa consumada nos termos do § 212 Abs. 1, 22, § 224 Abs. 1, § 52 StGB. Nesse caso, apresenta-se uma causalidade alternativa, e não cumulativa, uma vez que tão somente a quantidade de veneno de A já seria capaz de ter lesado a integridade corporal de C.]

b) Causalidade alternativa

Na causalidade alternativa (também chamada de causalidade múltipla ou dupla), também se investiga a causalidade de duas ou mais condições para um resultado típico. Diferente, no entanto, da causalidade cumulativa, aqui as condições não dão causa ao resultado típico por conta das interações entre si. Muito pelo contrário, pelo menos *uma das causas seria dispensável*, porque a(s) outra(s) causa(s) já seria(m) suficiente(s), solitariamente, para gerar o resultado típico.[26] 39

O fato de duas ou mais condições causais para o fato serem atribuídas a diferentes pessoas (como é a regra nos casos de manuais penais; ver também igualmente caso 7 → nm. 41 s.) ou a uma só é irrelevante. O BGH enxergou, nesse sentido, uma causalidade alternativa (com a consequência da causação do resultado de todas as condições) em um caso em que o autor deu dois tiros individualmente fatais, com diferença de cinco minutos entre si, na vítima.[27] A punibilidade do autor por homicídio doloso consumado em relação ao primeiro tiro não foi excluída pelo fato de que o dolo do autor não pode ser provado (apenas) em relação ao segundo tiro. O homicídio culposo praticado pelo segundo tiro ficou, como subsidiário, em segundo plano no concurso de delitos*.[28]

Nesse caso anterior, até mesmo a própria relação causal necessária – diferente do que ocorre na causalidade cumulativa – parece questionável. Porque a consideração hipotética da fórmula da *condicio sine qua non*, a respeito de se uma condição pode ser subtraída mentalmente sem que o resultado típico, em sua configuração concreta, seja excluído, sugere, aqui, negar uma causalidade entre a ação (irrelevante) e o resultado. Para evitar isso por razões de equidade, a opinião majoritária *modifica* a *fórmula da condicio sine qua non* para os casos de causalidade alternativa: quando todas condições até possam ser alternativa, mas não cumulativamente subtraídas de forma hipotética sem que o resultado, na sua configuração concreta, seja excluído, todas elas são causais para o resultado.[29] O caso a seguir serve à ilustração dessa problemática. 40

26. *Rengier* AT § 13 nm. 26; *Wessels/Beulke/Satzger* nm. 157.
27. BGHSt 39, 195 (197 s.).
* N.T.: O homicídio culposo é subsidiário ao doloso para fins de concurso de delitos e fica em segundo plano, não sendo mencionado na sentença condenatória.
28. BGHSt 39, 195 (198 s.).
29. BGHSt 39, 195 (198); *Rengier* AT § 13 nm. 28; *Wessels/Beulke/Satzger* nm. 157; criticamente, PDW AT Fall 38.

Caso 7:

41 A e B adicionam, sem conhecimento mútuo, uma dose, por si só mortal, de um veneno no café de C. C morre.

Responsabilidade penal de A nos termos do § 212 StGB?

42 **Responsabilidade penal de A nos termos do § 212 Abs. 1 StGB**

A poderia ser responsabilizado penalmente pelo homicídio de C em razão da adição de veneno no café.

I. Tipicidade

1. Tipo objetivo

[... Ação e resultado (+)...]

A adição de veneno por A no café de C teria que ter sido causal para a morte deste. Segundo a fórmula da *condicio sine qua non*, uma ação é causal para um resultado quando ela não pode ser subtraída mentalmente sem excluir o resultado em sua configuração concreta. No caso, o veneno de B já teria, no entanto, causado a morte de C por envenenamento. Dessa forma, a ação de A – da mesma forma a de B – pode ser subtraída mentalmente sem que o resultado, em sua configuração concreta, seja excluído. Dessa forma, a causalidade deveria, portanto, ser negada. O autor seria, assim, privilegiado por meio de outra relação causal que gerou o resultado ao mesmo tempo. Não parece ser justo, no entanto, deixar de puni-lo por conta do delito consumado em razão de um evento frequentemente fortuito. A fim de resolver esses casos de causalidade múltipla, a literatura e a jurisprudência modificam a fórmula da *condicio sine qua non*: quando todas as condições até possam ser alternativa, mas não cumulativamente subtraídas de forma hipotética sem que o resultado, na sua configuração concreta, seja excluído, todas elas são causais para o resultado. No caso, as adições do veneno por A e por B no café de C até poderiam ser alternativa, mas não cumulativamente subtraídas hipoteticamente sem que C fosse envenenado. Por isso, a ação de A é causal para a morte de C por envenenamento.

2. Tipo subjetivo (+)

II. Antijuridicidade (+)

III. Culpabilidade (+)

IV. Resultado

A tem responsabilidade penal nos termos do § 212 Abs. 1 StGB.

IV. Teoria da imputação objetiva

Decisões selecionadas: BGHSt 32, 262 (caso da injeção de heroína como autocolocação em perigo responsável).

Literatura para aprofundamento: *Kudlich,* Objektive und subjektive Zurechnung von Erfolgen – eine Einführung, JA 2010, 681; *Seher*, Die objektive Zurechnung und ihre Darstellung im strafrechtlichen Gutachten, Jura 2001, 814.

1. Fundamentos

A fórmula da *condicio sine qua non* é muito ampla para decidir, autonomamente, sobre a tipicidade de um comportamento (→ nm. 33). Por isso, de acordo com a opinião geral, seus resultados devem ser limitados. No entanto, não há um consenso a respeito da maneira com que se deve operar tal limitação. **43**

De um lado, defende-se uma limitação já dentro da própria causalidade. Segundo a *teoria da adequação*, deve-se negar a relação causal quando o curso causal é completamente atípico e imprevisível.[30] A jurisprudência em direito civil segue essa teoria.[31] **44**

A jurisprudência jurídico-penal,[+] de forma predominante, só realiza essa correção necessária no momento da análise do dolo.[32] Segundo essa visão, o fato de se um resultado causado deve ser imputado ao autor é irrelevante para o plano do tipo objetivo e, por isso, só deve ser verificado no tipo subjetivo. A imputação é excluída quando o curso causal típico é desviado essencialmente do curso causal planejado pelo autor. Isso não se verifica caso o curso causal típico ainda se encontre na fronteira da previsibilidade, segundo uma experiência de vida geral, e não fundamente qualquer outra valoração do fato.[33] Diante de um desvio significante, a jurisprudência nega, ao contrário, o dolo do autor em relação à realização causal do resultado. Fala-se, portanto, em um *erro sobre o curso causal*, que deve ser visto como elemento objetivo (não-escrito) do tipo e que, por isso, deve ser abrangido pelo dolo do autor (→ nm. 24). **45**

Segundo a posição predominante na *literatura*, os resultados da causalidade já devem ser resolvidos no próprio plano do tipo objetivo, a fim **46**

30. *Rengier* AT § 13 nm. 19; *Stratenwerth/Kuhlen* § 8 nm. 21; *Wessels/Beulke/Satzger* nm. 169; *Zieschang* nm. 62.

31. BGHZ 7, 198 (204); 57, 137 (141); *Wessels/Beulke/Satzger* nm. 181.

[+] *Nota de adaptação*: Em relação à jurisprudência brasileira, ver *infra* em *aproximações ao direito brasileiro* → § 4 nm. 117.

32. BGHSt 7, 325 (329); ver, em relação a isso, *Rengier* AT § 13 nm. 42.

33. BGHSt 7, 325 (329); 38, 32 (43).

34. *Kindhäuser* AT § 11 nm. 1 ss.; *Kühl* AT § 4 nm. 36 ss.; *Rengier* AT § 13 nm. 40; *Roxin* AT I § 11 nm. 44 ss.; *Wessels/Beulke/Satzger* nm. 178.; criticamente, *Zieschang* nm. 86.

de sequer atribuir-se ao agente a realização do injusto em questão.[34] A teoria da imputação objetiva adiciona, por isso, segundo o entendimento de seus defensores, um estágio posterior (valorativo) de avaliação da imputação ao plano da causalidade (empírico-científica). Imputabilidade pressupõe que o autor tenha criado um perigo juridicamente relevante, que vem a se realizar no resultado típico. Um resultado típico é imputável ao autor, por isso, apenas quando se realize um risco juridicamente desaprovado criado por ele, ou seja, quando houver uma relação de risco entre o perigo criado pelo autor e o resultado produzido.[35]

47 Criticamente, responde-se à teoria da imputação objetiva que também a fórmula da *condicio sine qua non* consiste em valores, de modo que não é convincente a contraposição de uma (suposta) fórmula da causalidade "avalorativa" e uma (suposta) fórmula da imputação "valorativa" ou "normativa". Deve-se adicionar ainda que até mesmo sob o ponto de vista da "criação do risco" e "realização do risco" esconde-se uma perspectiva causal. Por fim, a teoria da imputação objetiva argumenta, sobretudo, de uma perspectiva probabilística; relações causais minimamente prováveis, comportamentos que não aumentam o risco e reduções do risco não devem ser imputados ao autor. Essa ideia de fundo merece aprovação. Na sua forma geral, no entanto, a teoria da imputação objetiva é (ainda?) imprecisa demais para convencer completamente.[36]

48 Em exames jurídicos, pode-se, basicamente, seguir tanto a jurisprudência quanto a literatura, uma vez que ambas as posições alcançam resultados bem defensáveis (e, em geral, parecidos). O importante, no entanto, é manter-se consequente com a opinião e não, por exemplo, trabalhar primeiro, durante a avaliação de um tipo penal, com a imputação objetiva e, durante a avaliação de um próximo delito, fundamentar a resposta na ausência de dolo em relação a um curso causal.

49 A questão da imputação objetiva é investigar, basicamente, se o resultado típico é "obra" do responsável ou de outras circunstâncias. Apenas quando o resultado em questão é visto como obra do autor é que se pode, segundo a teoria da imputação objetiva, responsabilizar penalmente pela realização do injusto de resultado. Se, ao contrário, o resultado é devido a circunstâncias externas (obra do acaso) ou se a sua realização está no âmbito de responsabilidade de um terceiro ou da própria vítima (obra de um terceiro), exclui-se a imputação do resultado em relação ao autor.[37]

35. *Jäger* AT nm. 55; *Rengier* AT § 13 nm. 46; *Wessels/Beulke/Saztger* nm. 179.
36. De forma mais precisa, *Hilgendorf* FS Weber, 2010, 33 ss.; checar ainda *Baumann/Weber/Mitsch* § 14 nm. 65 ss.
37. *Rengier* AT § 13 nm. 48.

Os *grupos de casos* mais importantes da imputação objetiva são: riscos gerais da vida, diminuição de risco, curso causal atípico, autodano ou autocolocação em perigo responsável, intervenção posterior responsável de um terceiro, propósito de proteção da norma e contexto de violação de dever. Nos primeiros grupos de casos, dos riscos gerais da vida e da diminuição de riscos, já se pode, por isso, negar responsabilidade ao autor, por ele não ter criado *risco juridicamente relevante*. Nos grupos de casos restantes, exclui-se a imputação pelo fato de que o risco criado pelo autor não se *realizou* no resultado típico.[38] **50**

Abaixo, cada um dos grupos de casos será explicado por meio de *exemplos* (para contextos de propósito da norma e quebra de dever, ver a introdução dos delitos culposos; → § 12 nm. 30 ss.). As respostas acompanham, aqui, a teoria da imputação objetiva. Segundo a jurisprudência, exclui-se, em geral, o dolo por conta de erro sobre o curso causal. **51**

2. Grupos de casos

a) Riscos gerais da vida

Caso 8:

Para matar seu marido A, B o pede para subir ao telhado, ciente de que se aproxima uma tempestade. Ela torce para que um raio o atinja fatalmente. Para a surpresa de B, isso vem a ocorrer de fato. **52**

Responsabilidade penal de B conforme § 212 StGB?

Responsabilidade penal de B conforme § 212 Abs. 1 StGB **53**

B poderia ser responsabilizada por homicídio, em razão de ter pedido a seu marido A que subisse ao telhado durante uma tempestade.

I. Tipicidade

Tipo objetivo

A morte de A corresponde ao resultado delitivo do § 212 Abs. 1 StGB. Para isso, o pedido de B teria que ser causal. Segundo a fórmula da *condicio sine qua non*, uma ação causal é aquela que não pode ser hipoteticamente subtraída sem que o resultado deixe de acontecer em sua configuração concreta. A não teria subido ao telhado caso sua esposa não o tivesse pedido e, dessa forma, não teria sido atingido, fatalmente, pelo raio. O pedido de B, por isso, foi causal para a morte de A.

38. *Rengier* AT § 13 nm. 49; outras distinções em *Wessels/Beulke/Satzger* nm. 180.

Apesar disso, é questionável se a morte de A pode ser imputada a B. A fim de se conseguir limitar, já no plano do tipo objetivo, o alcance exagerado da fórmula da *condicio sine qua non*, a teoria da imputação objetiva exige que um risco juridicamente relevante criado pelo autor se realize no resultado típico. Ser atingido por um raio durante uma tempestade é algo que escapa ao domínio humano e pertence, mais precisamente, aos *riscos gerais da vida*. Dessa forma, B não criou risco juridicamente relevante em relação a A por meio de seu pedido. O resultado típico da morte de A não pode, assim, ser imputado a B como sua obra.

II. Resultado

B não tem responsabilidade penal nos termos do § 212 Abs. 1 StGB.

b) Diminuição de risco

Caso 9:

54 O segurança B reconhece, na multidão, o assassino A, que está mirando sua arma em direção à estrela de Hollywood O. A fim de salvar O do tiro fatal, B a joga no chão. Por conta disso, o tiro disparado por A não acerta O fatalmente no coração, mas apenas no braço direito.

Responsabilidade penal de B conforme § 223 StGB?

55 **Responsabilidade penal de B conforme § 223 Abs. 1 StGB**

B poderia ser responsabilizado penalmente por lesão corporal em razão da queda provocada em O.

I. Tipicidade

Tipo objetivo

[... Ação e resultado (+) ...]

B teria que ter dado causa à lesão de O por meio da queda provocada. Segundo a fórmula da *condicio sine qua non*, uma ação causal é aquela que não pode ser hipoteticamente subtraída sem que o resultado deixe de acontecer em sua configuração concreta. Se B não tivesse derrubado O, esta não teria lesionado seu braço direito. O fato de que, diante da inércia de B, A teria atingido O em outra parte do corpo, não exclui, como causa reserva insignificante, a relação de causalidade existente relativa à lesão do braço como "resultado em sua concreta configuração". A queda de O foi, por isso, causal para a lesão corporal sofrida. Questionável é, no entanto, se o resultado também pode ser imputado a B. Para a teoria da imputação objetiva, B teria, para isso, que ter criado um risco juridicamente relevante, que desse causa ao resultado típico. De fato, B até contribuiu para o risco que culminou na concreta lesão provocada pelo projétil; sem sua intervenção, no entanto, o tiro poderia ser até mesmo fatal. Por isso, B reduziu o risco à integridade corporal (até mesmo à vida) de O, proveniente do tiro de A. Em um caso como esse de redução do risco, não se pode dizer que B criou um risco juridicamente relevante. A lesão provocada pelo projétil em O não pode ser imputada, portanto, a B.

II. Resultado

B não é punível nos termos do § 223 Abs. 1 StGB.

A resposta para esse caso seria outra se B tivesse provocado a queda de O, por exemplo, antecipadamente, de forma que o tiro não a atingisse, mas ela viesse a se ferir de outra maneira em razão da queda (ex., por meio de uma contusão ou um deslocamento do ombro). Nesse caso, o risco criado pelo tiro de A não teria mais dado causa à lesão corporal concreta de O. A lesão teria sido causada, antes, pelo *perigo autônomo* criado pela queda provocada por B e seria, portanto, imputável a ele como sua obra (assim chamada substituição de risco em vez de diminuição de risco). No entanto, seria levado em consideração uma justificação para tal comportamento, de forma mais específica, a causa de justificação do estado de necessidade do § 34 StGB.[39] 56

c) Curso causal atípico

Caso 10:

A fim de matar B, A o acerta fortemente na cabeça com um bastão de beisebol. B, gravemente ferido, é levado de ambulância ao hospital. No caminho, a ambulância se envolve em um acidente. Em consequência do acidente, B morre. 57

Responsabilidade penal de A conforme § 212 StGB?

Responsabilidade penal de A conforme § 212 Abs. 1 StGB. 58

Por conta da pancada com o bastão de beisebol em B, A poderia ser responsabilizado penalmente por homicídio.

I. Tipicidade

1. Tipo objetivo

39. Ver, sobre isso, *Jäger* AT nm. 32; *Rengier* AT § 13 nm. 59; *Wessels/Beulke/Satzger* nm. 195.

[... Ação e resultado (+) ...]

A pancada de A com o bastão de beisebol teria que ser causal para a morte de B. Segundo a teoria da *condicio sine qua non*, uma ação é causal quando não pode ser hipoteticamente subtraída sem que o resultado deixe de acontecer em sua configuração concreta. Se A não tivesse lesionado B, não teria sido necessário um tratamento médico e, por isso, a morte de B no acidente não teria acontecido, uma vez que ele morreu a caminho do hospital. O fato de que o curso causal provocado pela lesão de B é incomum e, dessa forma, atípico, não permite a exclusão da relação de causalidade. A lesão provocada por A continua sendo vista como condição (co)causadora e, segundo a teoria da equivalência, de igual valor para o resultado concreto. Dessa forma, a pancada de A com bastão de beisebol é causal para a morte de B.

No entanto, a morte de B deveria também ser imputável a A. Uma ação é imputável, segundo a teoria da imputação objetiva, quando o autor cria um perigo juridicamente relevante que se realiza no resultado concreto. Por conta da pancada com o bastão de beisebol na cabeça de B, A causou uma grave lesão e, com isso, criou um risco juridicamente relevante de que B morresse por conta da lesão.[40] No caso, B não morre em razão da lesão provocada pela pancada propriamente, mas em razão da consequência do acidente de trânsito no qual a ambulância se envolveu a caminho do hospital. Diante de um curso causal totalmente incomum, que se encontra tão fora das experiências gerais da vida, que não é nem mesmo de se esperar, fica prejudicada a conclusão de que o perigo criado por A se realizou no resultado típico. A morte de B não se apresenta, portanto, como obra de A, senão como obra do acaso. A morte acidental de B não pode, por isso, ser imputada a A.

II. Resultado.

A não é punível nos termos do § 212 Abs. 1 StGB.

[A é punível, no entanto, por tentativa de homicídio em concurso ideal com lesão corporal perigosa consumada nos termos dos §§ 212, 22, § 224 Abs. 1, § 52 StGB.]

40. Outra visão é defensável caso se sustente que morrer em um acidente de trânsito é um risco geral da vida.

d) Autolesão responsável

Caso 11:

O traficante de drogas A vende a B, seu cliente de longa data, a 59
quantidade de heroína da semana. Ele aceita, com isso, o risco de que B poderia tomar uma dose mortal. B aplica em si mesmo um "*golden shot*" (uma sobredose ou, em tradução livre, um tiro de ouro) e morre no banheiro da estação de trem.

Responsabilidade penal de A conforme § 212 StGB?

Responsabilidade penal de A conforme § 212 Abs. 1 StGB 60

Por meio da entrega da heroína a B, A poderia ser responsabilizado penalmente por homicídio.

I. Tipicidade

Tipo objetivo

[... Ação, resultado e causalidade (+) ...]

Além disso, a morte por overdose de B teria que ser imputável a A como obra sua. Para a realização do tipo objetivo, é necessária, segundo a teoria da imputação objetiva, a criação de um risco juridicamente relevante, que se realize no resultado concreto. Uma vez que a própria vítima contribui para o resultado, deve-se delimitar os âmbitos de responsabilidade do autor e da vítima. O resultado se encontra, então, no âmbito de responsabilidade da vítima quando ela própria realiza atos diretamente causadores do resultado e, com isso, age de forma plenamente responsável.[41] Aqui, A até vendeu a heroína que causou a morte de B; no entanto, foi B que criou, posteriormente, o risco real à sua vida, no momento em que aplicou em si mesmo – por conta da ausência de dados na discrição dos fatos, de forma plenamente responsável – o "*golden shot*". A morte, portanto, deve ser imputada apenas ao próprio B e não a A.

II. Resposta

A não é responsável penalmente nos termos do § 212 Abs. 1 StGB.

41. Ver, por exemplo, BGHSt 32, 262; BGH StV 2014, 601; *Walter* NStZ 2013, 673; complementarmente → § 12 nm. 35.

e) Intervenção posterior responsável de um terceiro

Caso 12:

61 A espanca B, com o intuito de matá-lo, causando lesões internas graves. Durante a subsequente cirurgia, o cirurgião C, muito cansado, comete um erro grave, que causa uma insuficiência pulmonar em B, levando-o a óbito.

Responsabilidade penal de A conforme § 212 StGB?

62 **Responsabilidade penal de A conforme § 212 Abs. 1 StGB**

Por conta das agressões a B, A poderia ser responsabilizado penalmente por homicídio.

I. Tipicidade

Tipo objetivo

[... Ação, resultado e causalidade (+) ...]

No entanto, é questionável se a morte de B, causada por um erro médico posterior, pode ser imputada a A. Tal imputabilidade pressupõe, segundo a teoria da imputação objetiva, a criação de um risco juridicamente relevante que se realize no resultado concreto. Uma vez que um terceiro intervém responsavelmente após esse risco já ter sido criado, o que importa é saber em qual âmbito de responsabilidade se encontra o resultado. Por meio das pancadas e de uma cirurgia de emergência, A de fato até criou um risco juridicamente relevante de que B viesse a morrer em razão das lesões internas. No entanto, um erro médico grave foi praticado por C – sobretudo por conta de seu cansaço –, que se realizou no resultado concreto (morte por insuficiência pulmonar). Assim, a morte de B se encontra no âmbito de responsabilidade de C e se evidencia como sua obra. A morte de B, por essa razão, não é imputável a A.

II. Resultado

A não é punível nos termos do § 212 Abs. 1 StGB.

[A é, no entanto, punível por tentativa de homicídio em concurso ideal com lesão corporal perigosa consumada nos termos dos §§ 212, 22, § 224 Abs. 1, § 52 StGB.]

C. O tipo subjetivo

Decisões selecionadas: BGHSt 14, 193 (Caso da fossa de esgoto ["Jauchegrube-Fall"]); 36, 1 (Caso da Aids); 57, 183 (que trata da chamada teoria dos obstáculos psíquicos [Hemmschwellentheorie]).

Literatura para aprofundamento: *Satzger* Der Vorsatz – einmal näher betrachtet, Jura 2008, 112; *Sowada* Der umgekehrte „dolus generalis“: Die vorzeitige Erfolgsherbeiführung als Problem der subjektiven Zurechnung, Jura 2004, 814; *Sternberg-Lieben/Sternberg-Lieben* Vorsatz im Strafrecht, JuS 2012, 884, 976; *Valerius* Irrtum über den Kausalverlauf bei mehraktigem Tatgeschehen, JA 2006, 261.

I. Fundamentos

O tipo subjetivo dos delitos comissivos dolosos e consumados consiste em até dois passos de análise. A análise do *dolo* relacionado aos elementos objetivos do tipo é sempre necessária. Por conta dessa referência, o tipo subjetivo também é chamado de "reflexo dos elementos objetivos do tipo".[42] 63

Alguns tipos penais exigem, além do dolo, ainda outros *elementos subjetivos especiais do tipo*. Eles não encontram qualquer correspondência no tipo objetivo e, por isso, se agrupam próximos a esses reflexos descritos. Pertencem a esses assim chamados delitos com tendência interna extravagante,[43] por exemplo, os §§ 242 e 263 StGB,[*] que exigem a *intenção* de apropriação, no primeiro caso, e de enriquecimento ilícito, no segundo. Como elementos subjetivos especiais, muitos tipos penais ainda pressupõem também determinados *motivos,* que especificam o que levou o autor a realizar o ato. Segundo a opinião majoritária, encontram-se nesse grupo, sobretudo, os elementos do homicídio arrolados no primeiro grupo do § 211 StGB, como, por exemplo, cobiça, prazer de matar e outros motivos vis.[44] 64

II. Dolo

1. Fundamentos

§ 15 StGB – Ação dolosa e culposa[+] 65

Quando a lei não ameaçar, expressamente, de pena um comportamento culposo, apenas se punem comportamentos dolosos.

O dolo se compõe, segundo a opinião aceita em geral, de um elemento cognitivo e de um volitivo. O *elemento de conhecimento* ou cognitivo 66

42. Ver apenas *Wessels/Beulke/Satzger* nm. 208.

43. *Kindhäuser AT § 13 nm. 12*; *Rengier,* AT § 16 nm. 12; *Wessels/Beulke/Satzger* nm. 208; *Zieschang* nm. 176.

[*] NT.: Os §§ 242 e 263 StGB definem, respectivamente, os delitos de furto simples e de estelionato.

44. *Rengier* AT § 16 nm. 9.

[+] *Nota de adaptação*: O art. 18, parágrafo único, do CP dispõe no mesmo sentido.

preocupa-se com o nível de conhecimento do autor. O *elemento de vontade* ou volitivo descreve sua vontade interna em direção à realização do tipo penal. Além do mero conhecimento de que um determinado comportamento pode conduzir a um determinado conteúdo de injusto abarcado por um tipo penal, há que se verificar a intenção interna do autor, baseada em sua motivação, que expressa com que intensidade ele deseja realizar o tipo penal.[45]

67 Por isso, o dolo é entendido como a *vontade de realização de um tipo penal com conhecimento de todas as suas circunstâncias objetivas*; ou resumidamente, apesar de não tão exato: conhecimento e vontade de realizar um tipo penal.[46] Se o dolo em relação a um delito é negado, deve-se sempre pensar na possibilidade – diante de uma respectiva ameaça de pena na lei (§ 15 StGB) – de uma punibilidade por um comportamento culposo (§ 16 Abs. 1 Satz 2 StGB).

68 O dolo deve estar presente no exato momento da realização do tipo objetivo (cf. o princípio da coincidência ou da simultaneidade expresso no § 16 Abs. 1 Satz 1 StGB: "ao executar o fato").[47] Um dolo existente previamente ao fato (*dolus antecedens*) satisfaz tão pouco quanto um dolo existente apenas posteriormente (*dolus subsequens*).[48]

69 **Exemplos**:

- A atropela, acidentalmente, na terça-feira, seu colega de trabalho B. No dia anterior, após uma briga, A havia desejado a morte de B. B morre no local do acidente.

No momento decisivo da ação na terça-feira, A não tem o dolo de matar, que é essencial. Não se pode fazer referência a um dolo correspondente no dia anterior, um insignificante *dolus antecedens*. Pela ausência de dolo, A não é responsável penalmente por homicídio doloso nos termos do § 212 StGB. Aqui se está em questão apenas uma responsabilidade penal por homicídio culposo nos termos do § 222 StGB.

- A atropela, acidentalmente, seu colega de trabalho B, que morre no local do acidente. Após esse evento, A se arrepende de já não ter matado B antes.

45. *Kühl* AT § 5 nm. 12.

46. BGHSt 36, 1 (11); *Rengier* AT § 14 nm. 5; *Wessels/Beulke/Satzger* nm. 203.

47. *Jäger* AT nm. 72; *Krey/Esser* nm. 405; *Kühl* AT § 5 nm. 20; *Rengier* AT § 14 nm. 55.

48. *Jäger* AT nm. 72; *Kindhäuser* AT § 13 nm. 8; *Kühl* AT § 5 nm. 21 ss.; *Rengier* AT § 14 nm. 57 e 60; *Wessels/Beulke/Satzger* nm. 206; *Zieschang* nm. 137.

Aqui também não se fala em responsabilidade penal de A por homicídio doloso pelo mesmo motivo, qual seja, a falta do necessário dolo de matar no momento da ação. A posterior aprovação do acontecimento, reveladora de um insignificante *dolus subsequens*, não é suficiente. A pode ser, por sua vez, penalizado por homicídio culposo nos termos do § 222 StGB.

O *momento da ação*, de acordo com o § 8 StGB,[+] constitui o momento decisivo para o cometimento do fato e, consequentemente, para a existência do necessário dolo. Portanto, o autor, no caso de delitos de resultado, não tem que manter o dolo até o momento da ocorrência do resultado e, portanto, até a consumação do tipo penal.[49] **70**

Exemplo: A atropela seu colega de trabalho B na terça-feira, a fim de causar sua morte. No entanto, B morre, por consequência do acidente, apenas na quinta-feira. Na quarta-feira, A se arrepende de seu comportamento e torce, desde então, honestamente pela sobrevivência de B. **71**

Uma vez que A, durante a ação, manifesta o dolo de homicídio necessário para o momento, como exige o § 8 Satz 1 StGB, ele é punível por homicídio doloso nos termos do § 212 Abs. 1 StGB. O seu arrependimento entre o fato e o resultado é irrelevante segundo o § 8 Satz 2 StGB.

2. Elementos do dolo

a) Elemento cognitivo

Um autor atua de forma dolosa apenas quando, no momento da execução do fato, conhece *todos os elementos do tipo penal objetivo* em suas configurações essenciais. De forma geral, emprega-se aqui uma diferenciação entre elementos descritivos e normativos. **72**

Elementos descritivos do tipo penal expressam, por meio de uma descrição simples (ex., "alguém" no sentido do § 212 Abs. 1 StGB, "coisa" no sentido do § 303 Abs. 1 StGB),[*] aquilo que pertence ao objeto de uma proibição ou prescrição típica.[50] A presença de tal elemento é averiguada, por isso, apenas por meio da percepção sensorial do objeto a ser subsumido à **73**

[+] *Nota de adaptação*: O mesmo vale para o direito penal brasileiro, que também considera o crime praticado no momento da ação ou da omissão, ainda que outro venha a ser o momento do resultado (art. 4º do CP).

49. *Krey/Esser* nm. 406; *Kühl* AT § 5 nm. 27; *Rengier* AT § 14 nm. 61; *Wessels/Beulke/Satzger* nm. 206.

[*] N.T.: O § 212 StGB descreve o delito de homicídio, enquanto o § 303 StGB, o de dano (a coisas).

50. *Wessels/Beulke/Satzger* nm. 131.

elementar do tipo e sem qualquer valoração normativa. Consequentemente, é suficiente para a afirmação do dolo que o autor possua aquilo que é chamado de conhecimento da coisa, ou seja, que ele compreenda o "sentido natural" do elemento.[51]

74 *Elementos normativos do tipo penal*, por outro lado, fazem referência a aspectos sociais, econômicos ou, notadamente, jurídicos. Só se pode, portanto, afirmar a presença de tais elementos por meio de uma valoração complementar. Para se afirmar, por exemplo, se uma coisa é "alheia" no sentido do § 303 Abs. 1 do StBG, necessita-se considerar normas do direito civil.[52] Por isso, segundo a opinião majoritária, não é suficiente que o dolo do autor abranja apenas as circunstâncias fáticas subjacentes à valoração necessária. Pelo contrário, para se afirmar o dolo, necessita-se, além disso, de uma apropriada "valoração paralela na esfera leiga". Esse valor se faz presente (e, com isso, o dolo é afirmado), quando o significado social e jurídico do elemento do tipo objetivo é apreendido de forma apropriada, ou seja, quando o autor alcançou o conhecimento do significado.[53]

75 Às vezes, a delimitação entre elementos do tipo descritivos e normativos não é nada simples. Não se pode afirmar totalmente, sem qualquer valoração, a presença de circunstâncias descritivas, e isso não apenas em casos limites (p.ex., um animal doméstico é uma coisa no sentido do § 303 Abs. 1 StGB?).[54] Além disso, essa "valoração paralela na esfera leiga" exigida para o dolo não é um conceito muito bem definido.

76 Em relação ao objeto do delito, é necessário, mas também suficiente, um conhecimento no sentido de uma *determinação genérica* ("alguém" no sentido do § 212 Abs. 1 StGB, uma "coisa" no sentido do § 303 Abs. 1 StGB), desde que o próprio tipo penal, excepcionalmente, não especifique o objeto do delito. Uma maior concretização do dolo, como a identidade ou categorização do objeto do delito (p.ex., pessoa X, coisa Y), não é necessária.[55] Isso é importante, sobretudo, para o manuseio do que se chama de *error in persona vel obiecto* (→ § 8 nm. 20 ss.).

77 Segundo a opinião majoritária, não é necessário que o autor, no momento do fato, tenha pensado ativamente a respeito de praticar os elementos de um tipo penal. Pelo contrário, entende-se ser suficiente, para se afirmar o conhecimento do dolo atual e necessário, um conhecimento

51. *Jäger* AT nm. 63; *Krey/Esser* nm. 414.
52. *Wessels/Beulke/Satzger* nm. 132.
53. BGHSt 3, 248 (255); *Krey/Esser* nm. 415; *Kühl* AT § 5 nm. 93; *Rengier* AT § 15 nm. 4; *Wessels/Beulke/Satzger* nm. 243.
54. *Rengier* AT § 7 nm. 13; *Wessels/Beulke/Satzger* nm. 132.
55. *Wessels/Beulke/Satzger* nm. 238.
56. *Baumann/Weber/Mitsch* § 20 nm. 10 s.; *Jäger* AT nm. 68; *Kindhäuser* AT § 13 nm. 2; *Kühl* AT § 5 nm. 12; *Wessels/Beulke/Satzger* nm. 205.

potencial sempre acessível ou uma *co-consciência não verbalizada [sachgedankliches Mitbewusstsein]*.[56]

b) Elemento volitivo

O dolo não pressupõe apenas conhecer as circunstâncias típicas, mas também estar em uma determinada relação de vontade para com tais circunstâncias. Isso se destaca por meio da assimilação volitiva do autor a respeito da possibilidade, reconhecida por ele, da realização do tipo penal e de sua decisão por tal possibilidade (momento volitivo).[57] O componente volitivo é decisivo para a distinção entre dolo eventual e culpa consciente (→ nm. 85 ss.). **78**

3. Tipos de dolo

a) Fundamentos

Recorre-se aos dois elementos do dolo, a fim de se diferenciar os diversos tipos de dolo. A depender de se os elementos volitivo (→ nm. 78) ou cognitivo (→ nm. 72 ss.) se encontram em primeiro plano, diferencia-se entre *dolus directus de primeiro grau* (intenção), *dolus directus de segundo grau* (conhecimento seguro) e *dolus eventualis*. **79**

Se a lei não pressupõe, expressamente, intenção (as formulações mais típicas, nesse sentido, são "a fim de" ou "com a intenção de...") ou com conhecimento seguro (p.ex., "apesar de estar seguro que" ou "conscientemente"), o dolo eventual já é suficiente para afirmar um agir doloso. Por isso, em regra, não faz diferença o grau de dolo que o autor possui. Em um exercício de verificação de delito, só se deve, consequentemente, aprofundar em tal ponto quando o tipo penal exigir dolo direto de primeiro ou de segundo grau ou quando for necessário diferenciar entre dolo eventual e culpa consciente. **80**

Age com *intenção* aquele autor que pretende, com sua ação, exatamente realizar os elementos do tipo penal. É necessária uma *vontade de resultado orientada a um objetivo*, que, no entanto, não tem que ser idêntica ao motivo e nem à meta final do autor. Em relação à ação intencional, o ponto central é o elemento volitivo do dolo (por isso, também chamada de dolo direto de primeiro grau). É insignificante que o autor tenha pensado ser o resultado seguro ou apenas possível.[58] **81**

57. *Kühl* AT § 5 nm. 12; *Wessels/Beulke/Satzger* nm. 205.
58. *Kühl* AT § 5 nm. 36 s.; *Wessels/Beulke/Satzger* nm. 211.

82 O *conhecimento seguro* pressupõe que o autor saiba ou preveja como certa a realização do tipo penal por meio de sua ação. Essa forma de dolo é descrita também como dolo direto de segundo grau (ou como dolo direto ou com conhecimento seguro). Aqui, acentua-se o elemento cognitivo do dolo, e o elemento volitivo se torna supérfluo. Não faz diferença, aqui, se o autor desejava a realização do tipo penal ou não.[59]

83 O *dolo eventual* (*dolus eventualis*), segundo a teoria majoritária do *consentimento* ou da *aceitação*, se dá quando o autor tem por possível, e não totalmente improvável, a realização do tipo penal por meio de seu comportamento, e aceita ou ao menos se conforma com isso.[60] Os requisitos do dolo eventual, no entanto, são bem controversos. Além disso, questiona-se se essa forma de dolo sequer necessita de um elemento de vontade (→ nm. 85 ss.).

84 **Exemplo:** Na tentativa de machucar seu vizinho N, A lança um tijolo, através da janela fechada da sala de estar da casa de N, na direção da cabeça deste. A percebe que é possível que o carro de X, estacionado abaixo da janela, venha a ser danificado pelos estilhaços do vidro da janela, o que de fato vem a ocorrer.

- A pratica lesão corporal perigosa nos termos do § 224 Abs. 1 (Nr. 2 Var. 2 e Nr. 5) StGB contra N com dolo direto de primeiro grau, uma vez que ele intenciona lesionar N. É insignificante que ele saiba que N, de fato, será atingindo pelo tijolo.

- Em relação ao dano à janela de N, nos termos do § 303 Abs. 1 StGB, há dolo direto de segundo grau por parte de A. A está certamente ciente de que o tijolo quebrará a janela. Também é insignificante que ele não deseje a realização desse resultado necessário.

- Em relação ao dano ao carro de X, nos termos do § 303 Abs. 1 StGB, A tem apenas dolo eventual. Ele nem intenta o dano ao carro de X e nem o prevê como resultado certo de sua ação. Ele simplesmente se conforma com um tal resultado típico.

b) Delimitação entre dolo eventual e culpa consciente

85 Um dos problemas prediletos dos exercícios de verificação de delito das provas do primeiro semestre de direito penal é a delimitação entre dolo eventual e culpa consciente. Tem um significado enorme conseguir responder com precisão se um autor, em casos limites, atuou dolosa ou

59. *Kühl* AT § 5 nm. 40; *Rengier* AT § 14 nm. 9; *Wessels/Beulke/Satzger* nm. 213.
60. Ver apenas BGHSt 36, 1 (9).

culposamente, uma vez que, nos termos do § 15 StGB, a ação culposa só é punível quando a lei, expressamente, estabelece sua punibilidade. Muitas teorias se ocupam dessa delimitação entre dolo eventual e culpa consciente. Essas teorias são dividas, basicamente, em *dois grupos*. O ponto central da discussão entre esses dois grupos é se o dolo eventual também incorpora o elemento volitivo ou não.[61]

As teorias da possibilidade e da probabilidade, principalmente, pertencem ao grupo daquelas que recusam o *elemento volitivo* no dolo eventual. **86**

- Segundo a *teoria da possibilidade*, deve-se afirmar o dolo eventual quando o autor conhece a possibilidade concreta da realização de um tipo penal e, apesar disso, atua;[62]

- A *teoria da probabilidade* exige que o autor tenha considerado a realização do tipo penal como provável.[63]

Objeta-se a tais abordagens que a renúncia ao elemento volitivo expande demasiadamente o escopo do dolo. Assumir-se-ia uma ação dolosa até mesmo em relação a um comportamento leviano (por exemplo, no trânsito) quando a sua periculosidade, tendo em vista a realização do tipo penal, tenha sido reconhecida.[64] **87**

Por isso, é preferível exigir um *elemento volitivo* também para a afirmação do dolo eventual e enxergar tal elemento também como critério decisivo para a delimitação com a culpa consciente. **88**

- Dessa forma, a *teoria da indiferença* afirma o dolo eventual quando o autor reconhece a possibilidade da realização do tipo penal, mas, por indiferença a isso, resolve atuar;[65]

- A predominante *teoria do consentimento ou da aceitação* (→ nm. 83) exige, para a afirmação do dolo eventual, que o autor "consinta", internamente, com a realização do tipo penal considerada possível. Um tal "consentimento em sentido jurídico" não deve ser entendido como uma aprovação valorativa, senão que também deve ser afirmada quando o

61. Detalhadamente, *Jäger* AT nm. 75 ss.; *Kindhäuser* AT § 14 nm. 14 ss.; *Krey/Esser* nm. 386 ss; *Rengier* AT § 14 nm. 17 ss.; *Wessels/Beulke/Satzger* nm. 216 ss.

62. Ver *Kindhäuser* AT § 14 nm. 16; *Rengier* AT § 14 nm. 21s.; *Wessels/Beulke/Satzger* nm. 217.

63. Ver *Kindhäuser* AT § 14 nm. 17; *Kühl* AT § 5 nm. 68 s.; *Rengier* AT § 14 nm. 24; *Wessels/Beulke/Satzger* nm. 218.

64. *Rengier* AT § 14 nm. 22; *Wessels/Beulke/Satzger* nm. 217 s.

65. Ver *Kindhäuser* AT § 14 nm. 26; *Krey/Eser* nm. 393; *Rengier* AT § 14 nm. 24; *Zieschang* nm. 130.

66. BGHSt 7, 363 (369); 36, 1 (9); *Rengier* AT § 14 nm. 29; *Wessels/Beulke/Satzger* nm. 220; *Zieschang* nm. 126.

autor não deseja o resultado proveniente da realização do tipo penal mas se conforma com ele.[66]

89 Só é necessário discutir, minuciosamente, a respeito da delimitação entre dolo eventual e culpa consciente quando a descrição do caso aponte, de forma evidente, para tal necessidade. Do contrário, é suficiente, de regra, diante de dificuldades de delimitação, apenas apresentar as formulações correspondentes à teoria do consentimento ou da aceitação para a subsunção (completa) do caso descrito. Nesse sentido, o autor age com dolo eventual quando ele enxerga a realização do tipo penal como possível, e não como totalmente improvável, e *consente* com a mesma. Ao contrário, deve-se afirmar uma mera culpa consciente quando o autor *leva a sério, e não acredita apenas vagamente,* que a realização do tipo penal não ocorrerá.[67]

O BGH afirmou a necessidade de um elemento volitivo no dolo, em especial, na chamada decisão da AIDS.[68] Nesse caso, a corte se confrontava com a responsabilidade penal de uma pessoa infectava com o vírus HIV que, conhecedora de sua infecção, manteve relações sexuais sem proteção – apesar de ter recebido instruções médicas extensivas e enfáticas – mas não infectou sua parceira sexual. Apenas a infecção por um vírus (como o HIV) já indica um dano à saúde; não é necessária a erupção da doença (como a AIDS).[69] O juízo de primeira instância afirmou, por um lado, o dolo do réu em relação à lesão corporal perigosa. O juízo entendeu que, por conta de seu conhecimento suficiente, haveria razões para se extrair um indício essencial de sua vontade necessária. Por outro lado, o mesmo juízo refutou um dolo de homicídio por falta do componente de vontade sob o argumento de, em determinadas circunstâncias, haver um longo período de incubação do vírus e uma esperança pela descoberta da cura. O BGH considerou tais considerações corretas e não deu provimento ao recurso.[70]

90 Na prática, a delimitação entre dolo eventual e culpa consciente tem significado, sobretudo, em relação aos delitos de homicídio. Em relação a eles, a jurisprudência considera que o autor tem que ultrapassar o que se chama de *obstáculo psíquico*, a fim de retirar a vida de alguém dolosamente por meio de uma ação. Essa figura, no entanto, não deve ser entendida como uma limitação do tipo subjetivo, mas "simplesmente" como uma forma de tornar mais claras as maiores exigências concernentes à prova do delito no juízo processual de mérito, conforme o § 261 StPO [que dispõe sobre o

67. BGHSt 36, 1 (9 s.); 57, 183 (186); BGH NStZ 2007, 150 (151); 2014, 84; *Zieschang* nm. 126.

68. BGHSt 36, 1.

69. BGHSt 36, 1 (7); 36, 262 (265); BGH NStZ 2009, 34 (35); Schönke/Schröder/*Eser/Sternberg-Lieben* § 223 nm. 7.

70. BGHSt 36, 1 (15 s.); ver também Kudlich PdW AT Fall 58.

71. BGHSt 57, 183 (191).

princípio da livre apreciação da prova pelo juiz], quando há conflito, no tocante a ações que implicam perigo de vida, relativo à delimitação entre dolo eventual de homicídio e culpa consciente.[71] É necessário se ter uma visão geral de todas as circunstâncias objetivas e subjetivas do fato a fim de se operar tal delimitação. Nessa visão geral, incluem-se a situação concreta e as formas de agressão, local e possibilidades de defesa da vítima, a constituição psíquica do autor e sua motivação. Um indício significante de dolo eventual é o evidente perigo para a vida advindo de uma ação (por exemplo, cravar uma faca comprida na região do coração). Por outro lado, comportamentos espontâneos, impensados, fomentados por emoções afetivas podem ser um indício da ausência do elemento essencial da vontade.[72]

A teoria jurisprudencial dos obstáculos psíquicos só é aplicável a *delitos de homicídio* dolosos praticados *de forma comissiva*. Quando tais delitos são praticados de forma omissiva, o autor não tem que vencer obstáculos psíquicos para causar a morte da vítima; nesses casos, o autor pode alcançar tal resultado simplesmente mantendo-se inerte.[73] 91

Caso 13:

A dirige seu carro esportivo há quinze minutos por uma estrada bem 92
sinuosa atrás de um caminhão. A fim de ultrapassar o caminhão, ele inicia a manobra pela pista contrária em uma curta reta, apesar de B estar vindo na direção contrária com um carro pequeno. Apesar de frear totalmente o veículo, B não consegue evitar a batida, que o leva a óbito.

Responsabilidade penal de A conforme o § 212 StGB?

Responsabilidade penal de A conforme o § 212 Abs. 1 StGB 93

A poderia ser responsabilizado penalmente por conta de sua manobra de ultrapassagem.

I. Tipicidade

1. Tipo objetivo (+)

2. Tipo subjetivo

A teria que ter atuado dolosamente em relação aos elementos objetivos do tipo. O dolo (§ 15 StGB) deve ser entendido como a vontade de realizar um tipo penal com conhecimento de todas suas circunstâncias objetivas. Isso pressupõe, na forma do dolo eventual, segundo a teoria do consentimento

72. BGH NStZ 2007, 150 (151); 2011, 210 (211); NJW 2012, 1524 (1526); NStZ 2014, 35; cf. também *Puppe* NStZ 2014, 183.

73. BGH NJW 1992, 583 (584).

ou da aceitação, pelo menos, que a realização do tipo penal seja reconhecida como possível, e não como totalmente improvável, e que tenha sido aceita. O autor age com mera culpa consciente, ao contrário, quando leva a sério, e não acredita apenas vagamente, que a realização do tipo penal não ocorrerá. Nos delitos de homicídio por condutas comissivas, deve-se atentar ainda, segundo a jurisprudência, que o autor tem que ultrapassar um obstáculo psíquico. Por isso, deve-se assumir um dolo de homicídio apenas quando é possível ser seguramente provado que o autor tinha conhecimento e aceitou o possível resultado morte. Tanto a espontaneidade da decisão de A pela manobra de ultrapassagem quanto o risco que ele próprio corria em uma eventual colisão são indicativos de não superação do obstáculo psíquico. Ainda se opõe a isso o objetivo evidente de A, que era o de ultrapassar rapidamente o caminhão que estava à sua frente. Apesar da periculosidade de sua manobra de ultrapassagem, não se deve assumir, portanto, que A superou os necessários obstáculos psíquicos ao realizar sua manobra de ultrapassagem e aceitou uma colisão com um resultado fatal para um outro motorista. Deve-se, com isso, negar um dolo de A com relação ao homicídio de B.

II. Resultado

A não é punível nos termos do § 212 Abs. 1 StGB.

[No entanto, A é, de qualquer forma, punível por homicídio culposo nos termos do § 222 StGB. Ainda deve ser considerada, adicionalmente, a punibilidade em relação ao delito de perigo no tráfego rodoviário, nos termos do § 315c Abs. 1 Nr. 2 lit. b StGB.]

4. Formas especiais de dolo

94 Em alguns grupos de casos, é bem controverso afirmar se há dolo por parte do agente. Em relação a isso, deve-se observar que o dolo – como vários dos níveis da estrutura de análise do delito (→ § 8 nm. 5 e 33, § 9 nm. 69 e § 10 nm. 66) – é *divisível*. Portanto, é especialmente necessário investigar em relação a cada comportamento e a cada objeto particular da ação se o autor atuou com o conhecimento necessário e vontade de realização do tipo penal.

95 A divisibilidade do dolo é relevante, sobretudo, quando, por meio da mesma ação, vários objetos da ação são (podem ser) violados ou quando várias ações se dirigem contra o mesmo objeto. Em relação ao primeiro grupo de casos, debate-se a respeito do dolo alternativo e do dolo cumulativo (*dolus alternativus* e *dolus cumulativus*; → nm. 96 ss.); em relação ao segundo grupo de casos, merece atenção o chamado *dolus generalis* (→ nm. 104 ss.).

a) *Dolus cumulativus* e *dolus alternativus*

Fala-se em um *dolo cumulativo* (*dolus cumulativus*) quando o autor aceita realizar vários tipos penais, ao mesmo tempo, por meio da mesma ação. Nesse grupo de casos, é incontroverso que o autor deva ser penalizado por conta de todos os delitos (consumados e tentados), uma vez que o seu dolo abrange a realização (que também, de fato, seja possível) de todos esses tipos penais.[74] **96**

> **Exemplo:** A está furioso com seu vizinho V, porque seu cachorro late o dia inteiro. Por isso, ele arremessa com a mão duas pedras na direção do seu vizinho, que, no momento, está acariciando o cachorro. É indiferente a A, nessa situação, se ele vai acertar V, o cachorro de V ou até mesmo ambos. Enquanto um arremesso falha, o outro lesiona o cachorro. **97**
>
> A é punível por dano consumado em prejuízo de V (enquanto proprietário do cachorro atingido[75]), nos termos do § 303 Abs. 1 StGB em concurso formal com tentativa de lesão corporal perigosa em prejuízo de V nos termos dos §§ 224 Abs. 1 (Nr. 2 Var. 2), 22 StGB.

Trata-se de um caso normal em uma prova de direito penal o fato de que um autor queira realizar vários delitos com a mesma ação. Isso se aplica, por exemplo, ao arremesso da pedra descrito anteriormente (→ nm. 84), com o qual tanto um homem pode vir a ser lesionado como também uma coisa pode vir a ser danificada ou destruída. Por isso, o *dolus cumulativus* não tem que ser propriamente mencionado. Trata-se muito mais de um conceito que serve apenas para dar mais nitidez à delimitação em relação ao *dolus alternativus*, que será exposto a seguir. **98**

O dolo cumulativo (*dolus cumulativus*) deve ser diferenciado do *dolo alternativo* (*dolus alternativus*). Em relação ao segundo, o autor reconhece que, por meio de sua ação, pode praticar, no máximo, um entre os tipos penais possíveis, excludentes entre si. Ele aceita, no entanto, ambas as possibilidades. O autor tem consciência, portanto, de consumar ou um ou outro (ou até mesmo nenhum) delito, mas de nenhuma maneira ambos ao mesmo tempo.[76] **99**

Nesse caso, é controverso se o autor atua com dolo (ou, no caso de tentativa, com resolução para o fato) em relação a ambos os delitos em questão **100**

74. *Kindhäuser* AT § 14 nm. 32; *Rengier* AT § 14 nm. 45.

75. Diferente do conceito de coisa no direito civil, o conceito de coisa do direito penal abrange também animais segundo a opinião majoritária (*Fischer* § 242 nm. 3; *Rengier* BT I § 2 nm. 7).

76. *Kindhäuser* AT § 14 nm. 33; *Kühl* AT § 5 nm. 27a; *Rengier* AT § 14 nm. 48; *Wessels/Beulke/Satzger* nm. 231.

77. *Kindhäuser* AT § 14 nm. 36; *Rengier* AT § 14 nm. 49; *Stratenwerth/Kuhlen* § 8 nm. 122.

ou se seu dolo só pode, *ab initio*, abranger um único delito, já que ele sabe poder, no máximo, cometer um dos delitos. Segundo a opinião majoritária, uma vez que o dolo do autor abrange os dois delitos, ele atua *dolosamente em relação a todos os tipos penais* abrangidos pelo seu consentimento.[77]

101 Objeta-se a isso que o dolo alternativo, nesse caso, é tratado da mesma forma que o dolo cumulativo (→ nm. 96). Dessa forma, não se estaria levando em consideração se o autor consentiu em violar ambos os objetos da ação ao mesmo tempo ou, no máximo, apenas um deles. Por isso, uma outra corrente aceita apenas *um único dolo* do autor, que se refere ou ao delito consumado ou ao delito mais grave.[78]

102 Segundo uma posição intermediária, o autor pode até ter atuado, como defende a opinião majoritária, com dolo em relação a todos os delitos; no entanto, no *estágio do concurso de delitos* (para concurso de delitos → § 13) o delito mais grave suplanta o menos grave, desde que este não tenha sido consumado. De forma prioritária, portanto, o autor é responsabilizado penalmente apenas pelo delito com maior conteúdo de injusto.[79]

103 **Exemplo**: A está furioso com seu vizinho N, cujo cachorro late o dia inteiro. Por isso, ele arremessa um tijolo na direção do vizinho, que, no momento, está acariciando o cachorro. É indiferente a A se ele acertará N ou o cachorro de N. Ele exclui, no entanto, a possibilidade de lesionar ambos ao mesmo tempo com o mesmo tijolo. O tijolo acerta e lesiona o cachorro de N.

Segundo a opinião majoritária, A é punível pelo delito de dano consumado em prejuízo de N, nos termos do § 303 Abs. 1 StGB, em concurso com tentativa de lesão corporal perigosa em prejuízo de N (enquanto possível alvo imediato do tijolo arremessado), nos termos dos § 224 Abs. 1 (Nr. 2 Var. 2), 22 StGB. Uma vez que A, no momento do arremesso, considerou tanto a possibilidade de acertar (exclusivamente) N como também consentiu em lesionar (apenas) o cachorro com o tijolo, ele teria agido com dolo eventual em relação às consumações possíveis de ambos os delitos. A posição doutrinária intermediária alcança esse mesmo resultado no grupo de casos em questão.

Uma outra corrente, ao contrário, defende que A só é responsável penalmente pelo dano consumado.

b) *Dolus generalis*

104 Por fim, os casos difíceis são aqueles nos quais vários ataques se dirigem ao mesmo objeto da ação, mas o autor não sabe quais de suas ações

78. *Joerden* p. 42 ss.; *Kudlich* PdW AT Caso 66; *Kühl* AT § 5 nm. 27b.
79. *Jäger* AT nm. 71; *Wessels/Beulke/Satzger* nm. 234 ss.

realizam o tipo penal. Com isso, uma vez que o acontecimento se dá de uma maneira diferente daquela imaginada pelo autor, ele se encontra, em relação ao respectivo acontecimento realizado em vários atos, em um *erro sobre o curso causal* (→ nm. 45), que é tratado sob o conceito de *dolus generalis*. As consequências para esse autor por conta de sua falha de percepção são controversas.[80]

Exemplo (caso da fossa de esgoto [Jauchegrube-Fall[81]]): A quer sufocar B (sua rival em um caso amoroso), tapando suas vias aéreas com a introdução de areia pela boca (primeira parte da ação). Acreditando que B estava morta, A lançou o suposto cadáver de B na fossa de esgoto com a intenção de ocultá-lo. Na fossa, B, que, na realidade, estava apenas inconsciente, veio a óbito por afogamento (segunda parte da ação). **105**

Segundo a teoria denominada de *dolus generalis*, o dolo do autor se estende a todas as ações que o autor realiza dentro de um *acontecimento unitário* (em alguns casos, praticados por mais de uma ação). O fato de que o autor, ao término da primeira parte da ação, acreditou ter causado o resultado não exclui a realização de uma ação dolosa durante a segunda parte da ação.[82] **106**

Mesmo que A, no exemplo acima, durante a ocultação do suposto cadáver, não tenha entendido que matava alguém, há também, segundo a teoria do *dolus generalis*, um "dolo geral" do autor nessa situação. Segundo essa posição, A teria que ser penalmente responsabilizada por homicídio consumado (praticado por meio da ocultação do suposto cadáver). **107**

Essa visão é questionada, com razão, pela violação ao princípio da simultaneidade, expresso no § 16 Abs. 1 Satz 1 StGB. O dolo de homicídio, que o autor possui enquanto pratica a primeira ação (que, da sua perspectiva, já está dando causa ao resultado), é, da perspectiva da segunda ação (que, de fato, está causando a morte da vítima), um *dolus antecedens* (→ nm. 68) insignificante. Não se pode encontrar, portanto, na segunda parte da ação, justificativa para a responsabilidade penal em razão do dolo presente na ação.[83] **108**

Portanto, a chamada *solução da tentativa* considera especialmente todas as partes da ação. Uma vez que o autor, na primeira parte da ação, ainda atua com o dolo necessário, mas não alcança, por meio dessa ação, o resultado, **109**

80. Ver *Jäger* AT nm. 86 s.; *Krey/Eser* nm. 428 ss.; *Rengier* AT § 15 nm. 51 ss.; *Stratenwerth/Kuhlen* § 8 nm. 91 ss.
81. BGHSt 14, 193.
82. Ver *Wessels/Beulke/Satzger* nm. 263.
83. *Krey/Esser* nm. 248.
84. *Zieschang* nm. 171.

há, em relação a tal ação, uma simples *tentativa*. Durante a segunda parte da ação, por meio da qual o autor, de fato, alcança o resultado (supostamente já alcançado), ao contrário, falta, por conta do erro do autor, o dolo necessário. Nesse sentido, deve-se considerar apenas uma responsabilidade penal a título de *culpa*.[84]

110 No exemplo acima, A teria que ser responsabilizado penalmente por homicídio tentado (realizado por meio da inserção de areia na boca de B na primeira parte da ação) em concurso material com homicídio culposo (realizado por meio da ocultação do suposto cadáver de B na segunda parte da ação).

111 Ainda é necessário acrescentar que a solução da tentativa tem que separar ambas as partes da ação e tratar a ausência do dolo como uma ruptura. No entanto, já é levado em consideração, pelo próprio princípio da simultaneidade, que o autor deve atuar dolosamente no início de um acontecimento causador do resultado típico. É suficiente, portanto, *o dolo no momento da ação*. Não é necessário um dolo que dure até o momento da ocorrência do resultado (→ nm. 70).[85]

112 Segundo a *solução da consumação*, por sua vez, que figura como dominante, o comportamento durante a primeira parte da ação (ainda abrangido pelo dolo) também pode ser utilizado, certamente, como ponto de conexão para a fundamentação da punição por fato doloso consumado.[86] Isso não significa, no entanto, responsabilizar penalmente o autor por fato doloso consumado (e, por isso, sempre alcançar o mesmo resultado como ocorre com a teoria do *dolus generalis*) sempre que ele atue com erro sobre o curso causal de acontecimentos praticados por várias ações. Ao invés disso, segundo os princípios gerais, o importante, em relação ao *erro sobre o curso causal*, é o fato de se esse erro é essencial, ou seja, se o desvio entre o curso causal real e o representado ainda está compreendido nos limites da previsibilidade segundo experiências gerais de vida.[87]

113 Caso seja negado, no exemplo acima, um desvio essencial entre o curso causal real e o representado pelo autor, A seria punido por homicídio doloso. No entanto, diferentemente da teoria do *dolus generalis*, a solução da consumação não é fundamentada pelo comportamento do autor na segunda parte da ação (aqui, a ocultação do suposto cadáver), mas por seu comportamento na primeira parte da ação (aqui, a inserção de areia na boca de B), que enseja o curso causal fatal.

85. *Krey/Esser* nm. 428; *Rengier* AT § 15 nm. 57.

86. *Fischer* § 16 nm. 9; Schönke/Schröder/*Sternberg-Lieben/Schuster* § 15 nm. 58; *Rengier* AT § 15 nm. 56; *Stratenwerth/Kuhlen* § 8 nm. 93; *Wessels/Beulke/Satzger* nm. 265.

87. BGHSt 14, 193 (194); *Jäger* AT nm. 87; *Rengier* AT § 15 nm. 56; *Wessels/Beulke/Satzger* nm. 265.

D. Condições objetivas de punibilidade

Alguns tipos penais contêm chamadas condições objetivas de punibilidade. Como já deixa claro seu próprio nome, a mera existência objetiva de tais condições já é suficiente para a punibilidade, independentemente de se o autor as conheça ou deseje que ocorram.[88] Para deixar claro que tais condições objetivas de punibilidade *não necessitam ser abrangidas pelo dolo*, elas são, comumente, debatidas como terceiro ponto na estrutura de verificação da tipicidade. Elas também são descritas, em geral, sob a rubrica "anexo à tipicidade". **114**

Condições objetivas de punibilidade são, em geral, reconhecidas por conta da conjunção "quando", que as precede no texto legal. Encontra-se um exemplo no delito de difamação, conforme o § 186 StGB ("*quando* essa circunstância não pode ser provada como verdadeira"), assim como no de participação em rixa, conforme o § 231 Abs. 1 StGB ("*quando* ... tenha sido causada a morte de alguém ou uma lesão corporal grave"). **115**

Aproximações ao direito brasileiro

No plano da tipicidade, não há diferença substancial entre o direito penal alemão e o brasileiro. **116**

A fórmula da *conditio sine qua non* (ou da exclusão hipotética) como critério de verificação da causalidade, ou da causalidade hipotética nos delitos omissivos, foi expressamente prescrita pelo legislador brasileiro (art. 13 do CP), razão pela qual sua observância não é discutida como na Alemanha, onde, apesar de majoritariamente aceita, se postulam também outros critérios possíveis de determinação da causalidade, como a *teoria da condição segundo uma lei natural*. O legislador brasileiro ainda introduziu um § 1º no mencionado art. 13 do CP, determinando a exclusão da imputação caso o resultado seja produzido autonomamente por uma causa superveniente desvinculada das realizações do autor.[89] Tal norma é vista, por alguns, como evidência da associação do legislador brasileiro à distinção entre causação e imputação e, portanto, à teoria da imputação objetiva.[90] Se na Alemanha a jurisprudência, de forma predominante, só corrige as distorções da fórmula da *conditio sine qua non* no âmbito do tipo subjetivo (→ nm. 45), o Superior **117**

88. *Kindhäuser* AT S 6 nm. 13; *Krey/Esser* nm. 372; *Wessels/Beulke/Satzger* nm. 148.

89. Isso pode ocorrer, por exemplo, nos mencionados casos de curso causal atípico, autodano ou autocolocação em risco plenamente responsável e intervenção posterior responsável de um terceiro entre a ação do autor e a produção do resultado.

90. No lugar de vários, ver Cirino, p. 121.

91. Entre os julgados, conferir HC 68.871/PR (DJe 05/10/2009), REsp 822.517/DF (DJ 29/06/2007), HC 46.525/MT (DJ 10/04/2006). A respeito da teoria da imputação objetiva, ver Greco Luís, *Um panorama da teoria da imputação objetiva*, 4ª ed., São Paulo: Revista dos Tribunais, 2014.

Tribunal de Justiça brasileiro, competente para interpretar em última instância as normas penais, realiza tal correção já no âmbito do tipo objetivo, por meio da aplicação da teoria da imputação objetiva.[91]

118 Em relação ao plano do tipo subjetivo, o Código Penal brasileiro tem regra (art. 18, parágrafo único) equivalente à do alemão (§ 15 StGB), convertendo o dolo em forma geral de imputação subjetiva ao excepcionalizar a punibilidade da ação culposa aos casos expressamente previstos pela lei (como, p.ex., o homicídio culposo do art. 121, § 4º, do CP e a lesão corporal culposa do art. 129, § 6º, do CP). Em que pese, no entanto, de forma bem discrepante da situação alemã, o legislador brasileiro ter optado por apresentar uma definição de dolo (art. 18, I: "quando o agente quis o resultado ou assumiu o risco de produzi-lo"), fato é que o fez de forma tão pouco técnica que mais deixou dúvidas do que certezas. "Querer o resultado" pode ser compreendido tanto em sentido psicológico quanto em sentido normativo,[92] é verdade, e com relação à expressão "assumir o risco", que leva muitos a insistentemente afirmar a adoção da teoria do consentimento pelo legislador brasileiro, também não é possível descartar uma ambiguidade. Assumir o risco pode ser compreendido "tanto no sentido de uma teoria meramente cognitiva, que trabalha tão-só com a consciência de um perigo qualquer, como no sentido de uma teoria da vontade, a qual pode ser a teoria da anuência, como também outra qualquer".[93] O que se pode, no entanto, afirmar categoricamente é que o conceito de dolo, no direito brasileiro, exige, no mínimo, conhecimento do autor (em razão do art. 20 do CP, que trata do erro de tipo), assim como o similar § 16 StGB.

119 Por fim, deve-se apenas recordar que também há, entre nós, as chamadas condições objetivas de punibilidade, como, por exemplo, o resultado morte ou lesão corporal no delito de induzimento ou auxílio ao suicídio (art. 122 do CP).

92. Greco, *Algumas observações introdutórias,* p. XVII, in: Puppe Ingenborg, *A distinção entre dolo e culpa*, tradução, introdução e notas por Luís Greco, Barueri, SP: Manole, 2004.

93. Idem ibidem, p. XVII. No mesmo sentido, Viana Eduardo, *Dolo como compromisso cognitivo*, São Paulo: Marcial Pons, 2017, p. 39 ss.

§ 5. O delito de ação doloso e consumado: a antijuridicidade

A. Fundamentos

I. Tipicidade e antijuridicidade

Uma ação que realiza um tipo penal é, em regra, antijurídica. Por isso se diz que o *tipo penal* é indício de antijuridicidade.[1] No entanto, não é aconselhável que, na estrutura de verificação de delito, que se volta ao caso concretamente descrito, se lance mão de tais proposições empíricas, derivadas de um grande número de casos. Em todo o caso, fazer referência a um indício geral não nos poupa da análise do referido caso concreto.[2] 1

A única exceção a esse tal efeito de indício da realização do tipo penal se dá em relação aos chamados *tipos penais abertos*, nos quais a antijuridicidade deve ser estabelecida de forma expressa.[3] Por exemplo, a antijuridicidade do constrangimento ilegal nos termos do § 240 Abs. 2 StGB,[*] e da extorsão, nos termos do § 253 Abs. 2 StGB, pressupõem que o emprego do meio de coação para o objetivo pretendido seja visto como reprovável. 2

1. *Kühl* AT § 6 nm. 2; *Wessels/Beulke/Satzger* nm. 115.
2. Criticamente, também *Rengier* AT § 12 nm. 16; *Wessels/Beulke/Satzger* nm. 872.
3. *Wessels/Beulke/Satzger* nm. 286.

[*] N.T.: O tipo penal do § 240 StGB [semelhante ao delito de constrangimento ilegal brasileiro], ao contrário do nosso tipo penal de constrangimento ilegal (art. 146 CP), exige expressamente, em razão da amplitude da conduta proibida, a reprovabilidade do constrangimento, a fim de só abranger formas de comportamento que, em uma valoração global entre meio e propósito, pareçam insuportáveis.

3 Um comportamento típico e antijurídico é descrito como "injusto". Deve-se diferenciar rigorosamente tal injusto, juridicamente constituído, do injusto moral. Quando se faz referência ao "conteúdo de injusto" de um fato, tem-se em mente, em regra, o injusto moral.[4]

4 Um comportamento típico pode, no entanto, ser justificado em determinadas circunstâncias. Essas causas de justificação são "*tipos penais permissivos*", que autorizam, excepcionalmente, determinadas condutas (em regra, puníveis) ameaçadoras ou violadoras de bens jurídicos.

5 O fato de terem as causas de justificação caráter excepcional traz também consequências para o *processo de análise do delito*. No estilo de parecer, deve-se realizar um exame extenso apenas quando a descrição do caso contiver uma justificação do fato ou, ao menos, sugerir tal discussão. Caso contrário, o caso pode ser resolvido com a mera afirmação de que "o fato é antijurídico" (→ § 4 nm. 6).

6 Causas de justificação podem derivar da lei (ex: legítima defesa, nos termos do § 32 StGB, e estado de necessidade, nos termos do § 34 StGB), mas também do *direito consuetudinário* (ex: consentimento). O princípio *nullum crimen sine lege scripta* não é obstáculo a tal possibilidade, uma vez que a proibição do uso do direito consuetudinário só se aplica em desfavor do autor (→ § 1 nm. 28 s.).

7 Causas de justificação legais podem provir de toda a ordem jurídica, ou seja, também de preceitos do direito civil e do direito administrativo. Porque aquilo que é juridicamente correto para o direito civil e para o direito administrativo não pode ser antijurídico para o direito penal (princípio da *unidade da ordem jurídica*).[5] O inverso, segundo a opinião majoritária, também é válido, ou seja, as justificantes penais também se aplicam à ordem jurídica como um todo, em especial, ao direito civil e ao direito administrativo.[6]

8 À *permissão de atuar* conferida ao autor que se encontra justificado corresponde um *dever de tolerância* por parte daquele que é atingido pela conduta do autor.[7] Isso é relevante quando se analisa, dentre outros, a legítima defesa, que só garante o direito de defesa contra um agressor no caso de ser a agressão antijurídica, portanto não justificada. Além do mais, a instigação e cumplicidade pressupõem um fato antijurídico (§§ 26, 27 StGB). Uma participação em uma mera ação típica, mas justificada, é desconsiderada.

4. Cf. *Wessels/Beulke/Satzger* nm. 281.

5. *Kindhäuser* AT § 15 nm. 10; *Rengier* AT § 17 nm. 3; *Wessels/Beulke/Satzger* nm. 274.

6. Schönke/Schröder/*Lenckner/Sternberg-Leiben* introdução aos §§ 32 ss. nm. 27.

7. *Kindhäuser* AT § 15 nm. 2; *Krey/Esser* nm. 451; *Rengier* AT § 19 nm. 19; *Wessels/Beulke/Satzger* nm. 284.

Esse fato de que a justificação de uma ação de defesa tanto exclui a possibilidade de se poder participar de um comportamento típico como não permite defender-se de uma agressão justificada é utilizado como argumento em alguns debates dogmáticos. Dessa forma, os defensores da "teoria da culpabilidade limitada referida à consequência jurídica" fundamentam sua posição – de que o erro quanto a circunstâncias justificantes deve ser avaliado no dolo da culpabilidade – com a observação sobre a impossibilidade de se poder alcançar instigadores e cúmplices de má-fé caso a antijuridicidade seja negada (→ § 8 nm. 47). Da mesma maneira, a opinião majoritária também só concede, por isso, um efeito exculpante ao estado de necessidade induzido por coação, porque, do contrário, os agredidos não poderiam se defender dessa agressão induzida por coação (→ § 6 nm. 51). **9**

II. Tipos de causas de justificação

Causas de justificação podem ser categorizadas em dois grupos. **10** Em primeiro lugar, a antijuricidade de um comportamento típico pode ser excluída porque o autor, por meio de sua ação, *defende um outro bem jurídico*; por exemplo: atingir o furtador, violando sua integridade corporal, a fim de repelir a agressão a patrimônio próprio ou de terceiro.

As causas justificantes mais importantes seriam, nesse sentido, a **11** *legítima defesa* (§ 32 StGB, § 227 BGB), o *estado de necessidade justificante* (§34 StGB e § 16 da OWiG; assim como ambas as variantes do estado de necessidade do direito civil, § 228 e § 904 BGB), o *direito de prisão* (§ 127 StPO e § 87 da StVollzG), o *direito de educação dos pais* (controverso) e o *exercício de interesses legítimos* (§ 193 StGB). Além disso, também se considera em relação aos delitos omissivos a *colisão de deveres justificante* (→ § 11 nm. 81 ss.).

Em segundo lugar, uma ameaça ou uma violação a bens jurídicos **12** tipificada também pode ser justificada porque o *possuidor do bem jurídico atingido* se declara de *acordo* com o respectivo comportamento. Isso se aplica, por exemplo, ao boxeador que concorda, antes da luta, em poder vir a ser atingido pelo seu adversário, e com isso ter sua integridade corporal violada.

Nesse grupo de causas de justificação, estão o *consentimento* e o **13** *consentimento presumido* (declarados expressa ou implicitamente). Além disso, discute-se cada vez mais a figura jurídica do *consentimento hipotético* em relação, predominantemente, às intervenções médicas curativas.

B. Defesa de um outro bem jurídico

I. Fundamentos

14 Causas de justificação que, para a proteção de outros bens jurídicos, autorizam formas de resistência que violem bens jurídicos pressupõem sempre, como primeiro critério objetivo, uma determinada *situação de defesa* (ex., situação de legítima defesa ou de estado de necessidade), diante da qual então uma *ação de defesa* (ex., ação em legítima defesa e em estado de necessidade) passa a ser autorizada.[8]

15 Além desses pressupostos objetivos (regulados pela lei ou afirmados pelo direito consuetudinário), também é necessário um *elemento subjetivo (de justificação)*.[9] Nesse sentido, ficam claros os paralelos entre o tipo (objetivo e subjetivo) em sentido estrito e o tipo permissivo na configuração de uma causa justificadora.

16 Toda ação estatal de intervenção em direito fundamental deve estar legitimada por normas de autorização (ex., §§ 94 StPO para a prisão, §§ 102 ss. para a busca e apreensão). E é controverso se causas de justificação gerais, como o § 32 ou o § 34 StGB, também podem justificar tais atuações estatais que não sejam legitimadas pelas normas de autorização respectivas. Basicamente, deve-se negar tal possibilidade desde que as normas autorizativas especiais devam ser entendidas como regulação especial conclusiva.[10] Deve-se registrar, no entanto, que uma outra coisa é a responsabilidade penal própria do indivíduo que age em nome do estado, que em casos concretos (p.ex., em autodefesa ou legítima defesa de terceiro) pode, certamente, fazer uso do § 32 StGB.[11]

17 Durante a análise do delito, deve-se basicamente provar todas as causas de justificação que se mostrem relevantes. Em regra, a legítima defesa (§ 32 StGB) deve ser a primeira a ser verificada, uma vez que autoriza direitos de defesa mais amplos (→ nm. 19). Na maior parte das vezes, a verificação do estado de necessidade justificante (§ 34 StGB) – que, ao contrário, em face das regras de estado de necessidade do direito civil nos §§ 228 e 904 StGB, constrói, predominantemente, apenas um tipo permissivo subsidiário – fica por último.[12]

8. Cf. *Rengier* AT § 17 nm. 10.

9. *Baumann/Weber/Mitsch* § 16 nm. 63 ss.; *Jescheck/Weigend* § 31 IV 1; *Krey/Esser* nm. 454; *Rengier* AT § 17 nm. 9; *Wessels/Beulke/Satzger* nm. 275.

10. *Kindhäuser* AT § 15 nm. 5; *Wessels/Beulke/Satzger* nm. 288.

11. *Rengier* AT § 18 nm. 96; *Roxin* AT I § 15 nm. 112 s.; *Wessels/Beulke/Satzger* nm. 289.

12. *Jäger* AT nm. 150; *Kindhäuser* AT § 15 nm. 14; *Rengier* AT § 20 nm. 3; *Wessels/Beulke/Satzger* nm. 287.

II. Legítima defesa (§ 32 StGB)

32 StGB – Legítima defesa 18

(1) Quem comete um fato imperativo para sua legítima defesa não atua antijuridicamente.

(2) Legítima defesa é a defesa necessária para repelir uma agressão, atual e antijurídica, contra si ou contra outrem.

Decisões selecionadas: BGHSt 42, 97 (compartimento do trem); BGH NStZ 2011, 82 (a respeito da restrição do direito de legítima defesa em relação a comportamentos prévios ético-socialmente desaprovados); NStZ 2012, 272 ("Hells Angels"); AG Erfurt NStZ 2014, 160 (legítima defesa contra "baforada de cigarro").

Literatura para aprofundamento: *Geppert* Die subjektiven Rechtfertigungselemente, Jura 1995, 103; *Rönnau* Grundwissen – Strafrecht: "Sozialethische" Einschränkungen der Notwehr, JuS 2012, 404; *Sternberg-Lieben* Allgemeines zur Notwehr, JA 1996, 129; *idem* Voraussetzungen der Notwehr, JA, 1996, 299; *idem* Einschränkungen der Notwehr, JA 1996, 568.

1. Fundamentos

A legítima defesa é aquela causa de justificação que garante os mais 19
extensos direitos ao defensor. Por isso, fala-se do "enérgico" direito de legítima defesa. Uma de suas fundamentações é o princípio *da afirmação do direito*, segundo a qual o justo não precisa se render ao injusto. Uma outra fundamentação, que acentua os interesses individuais, é o *princípio da proteção*, que sustenta a ideia de que deve ser permitida uma proteção efetiva diante de um ataque que ameace lesionar bens jurídicos.[13]

13. *Kindhäuser* AT § 16 nm. 1; *Rengier* AT § 18 nm. 1; *Wessels/Beulke/Satzger* nm. 324a.

20

Esquema de verificação: legítima defesa

I. Situação de legítima defesa
   1. agressão
   2. atual
   3. antijurídica

II. Ação de legítima defesa
   1. contra o agressor
   2. necessária, ou seja, idônea e meio relativamente menos grave
   3. imperatividade

III. Elemento subjetivo da justificação

2. Situação de legítima defesa

21 A situação de legítima defesa consiste em uma agressão atual e antijurídica a um *bem ou interesse* juridicamente protegido e passível de ser legitimamente defendido. Apenas interesses individuais, portanto bens jurídicos dos indivíduos (como, p.ex., vida, integridade corporal, liberdade, patrimônio), são passíveis de ser legitimamente defendidos, a saber, independentemente de suas proteções pelo direito penal. Aquele que defende interesses da coletividade, os chamados bens jurídicos universais (como, p.ex., a segurança do tráfego viário contra um condutor embriagado), não está justificado pela legítima defesa.[14]

22 O § 32 Abs. 2 StGB autoriza a defesa "para repelir uma agressão [...] contra si ou contra outrem". Por isso, é insignificante se os bens jurídicos pertencem ao próprio defensor ou a um terceiro, a bem de quem o autor intervém (conhecida como *legítima defesa de terceiro* [*Nothilfe*]). As regras gerais da legítima defesa também se aplicam à legítima defesa de terceiro, ou seja, o prestador do socorro pode se defender da mesma forma que o próprio agredido.[15]

23 Uma *agressão*, nos termos do § 32 Abs. 2 StGB, pressupõe um comportamento humano que ameace um bem ou interesse juridicamente protegido.[16] Basicamente, não se pode praticar legítima defesa contra

14. BGHSt 5, 245 (247); *Jäger* AT nm. 102; *Kindhäuser* AT § 16 nm. 15; *Krey/Esser* nm. 475; *Kudlich* PdW AT Fall 78; *Rengier* AT § 18 nm. 8 ss.
15. *Kühl* AT § 7 nm. 138; *Rengier* AT § 18 nm. 110.
16. *Rengier* AT § 18 nm. 6; *Wessels/Beulke/Satzger* nm. 325.

um animal. No entanto, uma outra questão ocorre quando alguém, propositadamente, atiça um animal, por exemplo, a atacar outra pessoa. Nesse caso, há um ataque humano por meio da utilização de um animal como instrumento de agressão.[17] Se não for esse o caso, pode-se aplicar, sobretudo, o § 228 BGB em relação à defesa contra animais (→ nm. 93).

> **Exemplo:** Por ciúmes, B solta seu Rottweiler na direção de A, 24
> o novo namorado de sua ex-namorada. A dá uma pancada no cachorro com seu guarda-chuva.
>
> O ataque do Rottweiler, colocando em risco a vida e integridade corporal de A, não parece uma agressão no sentido do § 32 StGB por prescindir de um comportamento humano. No entanto, B se utiliza de seu cachorro como instrumento para lesionar A. Apesar do perigo imediato vir do Rottweiler, trata-se de uma agressão (atual e antijurídica) de A.

Segundo a opinião majoritária, o comportamento humano de agressão 25
deve possuir *qualidade de ação*, deve ser, portanto, controlado pela vontade (→ § 4 nm. 13 ss.). Uma agressão também pode aparecer na forma de uma omissão, quando o omissor possui um dever jurídico de agir (p.ex., quando ele é o garante de uma pessoa ferida).[18]

Uma agressão é *atual* quando é iminente, está sendo realizada ou ainda 26
persiste.[19] Não se trata de uma agressão ainda persistente quando a ameaça ou a violação do bem jurídico já está finalizada.

Por isso, a agressão ao bem jurídico honra, por consequência de 27
uma *injúria,* já está exaurida com a própria enunciação dos comentários ofensivos à honra. Nem mesmo um tapa imediato no rosto do ofensor, portanto, se encontraria justificado pela legítima defensa. No entanto, uma outra situação pode ocorrer diante de um caso específico de um discurso ofensivo contínuo.[20]

Por outro lado, a chamada *perseguição policial* a um furtador em 28
fuga, que ainda não tenha protegido seguramente a coisa furtada e venha a ser derrubado pelo proprietário se encontra justificada nos termos do § 32 StGB.[21]

17. *Baumann/Weber/Mitsch* § 17 nm. 4; *Jäger* AT nm. 106; *Kindhäuser* AT § 16 nm. 10; *Krey/Esser* nm. 474; *Kühl* AT § 7 nm. 26 s.

18. *Jäger* AT nm. 106 s.; *Kindhäuser* AT § 16 nm. 9; *Rengier* AT § 18 nm. 15; *Wessels/Beulke/Satzger* nm. 326.

19. *Jäger* AT nm. 112; *Rengier* AT § 18 nm. 19; *Wessels/Beulke/Satzger* nm. 328.

20. *Jäger* AT nm. 112; *Krey/Esser* nm. 494; *Rengier* AT § 18 nm. 24; ver também AG Erfurt NStZ 2014, 160, sobre a legítima defesa contra baforada de cigarro no rosto.

21. *Jäger* AT nm. 112; *Rengier* AT § 18 nm. 25; *Wessels/Beulke/Satzger* nm. 328.

29 Dessa forma, deve-se ter atenção ao critério da atualidade da agressão, sobretudo, quando o defensor se defende por meio de várias *ações sucessivas*. Se, durante a execução de tais variadas ações, a agressão vem a ser, por uma delas, completamente repelida, todas as ações seguintes não podem mais ser justificadas pela legítima defesa.

30 **Exemplo:** O assaltante A tenta roubar o carateca C. C nocauteia A com um golpe intencional, e, após A vir ao chão inerte, C ainda golpeia A fortemente na região dos rins.

Na resposta do caso, deve-se separar, aqui, as duas ações de C. O primeiro golpe aplicado a A está justificado como ação defensiva autorizada por uma legítima defesa contra a agressão, pelo menos, ao patrimônio de C. O golpe final, no entanto, não está mais justificado pelo § 32 StGB, uma vez que, nesse momento, a agressão já havia terminado e, por isso, não era mais atual. Diante de tal superação dos limites da legítima defesa, no entanto, deve-se pensar sempre na figura do excesso de legítima defesa nos termos do § 33 StGB (→ § 6 nm. 36 ss.), cujos pressupostos, contudo, não estão presentes no exemplo aqui discutido.

31 Em relação à legítima defesa, a exigência de atualidade – diferentemente do que ocorre em relação ao estado de necessidade (→ nm. 75) – deve ser interpretada de maneira ainda mais estreita. A atualidade, aqui, deve ser afirmada apenas no momento em que a agressão se inicia, fazendo surgir, com ela, a situação de legítima defesa. Nesse sentido, é imperativo que haja já uma determinada situação que possa resultar imediatamente em uma ação lesiva. Não é admitida a chamada *legítima defesa preventiva* (p.ex., se uma esposa assassinar seu marido violento enquanto dorme, porque o mesmo teria ameaçado matá-la quando acordasse de seu cochilo).[22]

32 Deve-se distinguir a legítima defesa preventiva da chamada *legítima defesa antecipada*. Nessa última, o defensor toma precauções antecipadamente que, no entanto, só ocorrerão no momento da posterior agressão (p.ex., a instalação de mecanismos de autodefesa no jardim frontal contra invasores indesejados). Dessa forma, caso uma medida defensiva ocorra de fato, não se afasta uma justificação por legítima defesa em razão de ausência de atualidade do comportamento contra o qual a defesa antecipada se voltava. No entanto, deve-se verificar, especialmente, se existiu, de fato, uma agressão (p.ex., se foi mesmo um invasor indesejado ou um oficial de justiça que acabou entrando no terreno) e se a ação de defesa era, de fato, o

22. *Jäger* AT nm. 114; *Kindhäuser* AT § 16 nm. 20; *Kühl* AT § 7 nm. 42; *Rengier* AT § 18 nm. 22; *Wessels/Beulke/Satzger* nm. 329.

meio relativamente menos grave na ocasião. Nessa avaliação, os riscos são assumidos pelo pretenso defensor.[23]

Uma agressão é *antijurídica* quando ela está em desconformidade com a ordem jurídica; especialmente, quando ela, por sua vez, também não está acobertada por uma causa de justificação. A antijuridicidade não pressupõe, no entanto, um comportamento penalmente tipificado. Muito pelo contrário, bens jurídicos que não gozem de proteção jurídico-penal também podem ser agredidos antijuridicamente.[24] 33

Segundo a opinião majoritária, não é necessário, ao contrário, que a conduta seja culpável. Dessa forma, uma ação em legítima defesa é certamente autorizada, por exemplo, contra um agressor completamente embriagado, embora, nesse caso, haja uma limitação especial ao direito de legítima defesa em relação ao critério "imperatividade" (→ nm. 44).[25] 34

Os casos formulados que descrevem situações de justificação, em geral, apontam uma ação (agressão) e uma reação (defesa). Nesse caso, é aconselhável, a fim de evitar uma resposta confusa e intercalada (p.ex., por meio de uma análise incidental a respeito da antijuridicidade da agressão no momento da análise da situação de legítima defesa), que se proceda a uma construção cronológica. *Análises incidentais* (→ § 3 nm. 50 e 52 assim como § 9 nm. 111) só não precisam ser evitadas quando, no exame, não se pergunta sobre a punibilidade de quem atuou primeiro. 35

3. Ação de legítima defesa

a) Fundamentos

Quando há uma situação de legítima defesa na forma de uma agressão atual e antijurídica, toda ação de legítima defesa, que seja *necessária e imperativa*, é autorizada. Uma vez que a legítima defesa serve como resistência à agressão, ela deve se dirigir *contra o agressor*. Ações defensivas contra um terceiro ou contra a coletividade não estão justificadas pelo § 32 StGB, mas podem ser justificadas por outros tipos penais permissivos ou exculpadas por causas de exculpação.[26] 36

23. *Jäger* AT nm. 118 s.; *Kindhäuser* AT § 16 nm. 32 ss.; *Kühl* AT § 7 nm. 43; *Rengier* AT § 18 nm. 52.
24. *Kühl* AT § 7 nm. 59; *Rengier* AT § 18 nm. 30; *Wessels/Beulke/Satzger* nm. 331.
25. *Rengier* AT § 7 nm. 59; *Wessels/Beulke/Satzger* nm. 327.
26. *Kühl* AT § 7 nm. 84; *Rengier* AT § 18 nm. 31.

b) Necessidade

37 Para que uma ação de legítima defesa seja *necessária*, ela deve ser, ao mesmo tempo, idônea para repelir a agressão e representar o meio relativamente menos grave dentre uma gama de ações idôneas.[27] Uma defesa é *idônea* quando ela possibilita que a agressão seja repelida de forma imediata e segura ou, pelo menos, a dificulta ou atenua.[28] Já quanto ao segundo critério, afirma-se a utilização do *meio relativamente menos grave* quando o defensor, dentre vários meios idôneos, faz uso daquele que afeta o mínimo possível o agressor.[29]

38 A necessidade da ação se orienta pela realidade objetiva e pelas circunstâncias concretas do fato. Além do mais, a opinião majoritária sustenta que tal análise deve ter em conta, em todo caso, uma perspectiva *ex-ante* de um terceiro objetivo e prudente – diferentemente da consideração *ex post* a respeito da agressão. Por isso, apenas aquelas circunstâncias que já eram conhecidas no momento da defesa podem ser consideradas.[30]

39 O defensor não precisa fugir "humilhado" ou lançar mão de outras manobras evasivas, que podem ser vistas como meios relativamente menos graves, pois a ideia por trás da legítima defesa é a de que o justo não precisa se render ao injusto (→ nm. 19). Além do mais, quando há dúvida a respeito da eficácia ou da relativa moderação da ação defensiva, tais dúvidas operam *em prejuízo do agressor*, da mesma forma que os *riscos* criados por ele. O agredido, portanto, não tem que se contentar com ações defensivas menos promissoras e nem ficar em conflito interno considerando saídas incertas.[31]

40 O critério da necessidade deve ser justificado detalhadamente, sobretudo, quando o defensor se utilizar de *armas de fogo* ou meios de periculosidade similar. Nesse caso, o meio relativamente menos grave consiste, antes, em dar gritos ou tiros de advertência. Em seguida, é permitido que o defensor dê um tiro, que não seja calculadamente fatal, no agressor. Apenas como última medida de defesa lhe é permitido atirar no agressor de forma aleatória, correndo o risco de lhe causar lesões fatais. No entanto, a ideia de que o agredido não precisa ficar em conflito interno, considerando saídas incertas, também se aplica a circunstâncias em que a defesa se dá por meio de arma de fogo. Por isso, o defensor também já pode logo desferir

27. *Jäger* AT nm. 118; *Kindhäuser* AT § 16 nm. 27; *Krey/Esser* nm. 503; *Wessels/Beulke/Satzger* nm. 335.

28. *Kühl* AT § 7 nm. 94 s.; *Rengier* AT § 18 nm. 33.

29. BGHSt 42, 97 (100); *Rengier* AT § 18 nm. 36; *Wessels/Beulke/Satzger* nm. 335.

30. *Kühl* AT § 7 nm. 107; *Rengier* AT § 18 nm. 47; *Wessels/Beulke/Satzger* nm. 337.

31. BGH NStZ 2006, 152 (153); *Kindhäuser* AT § 16 nm. 29; *Rengier* AT § 18 nm. 36 e 38; *Wessels/Beulke/Satzger* nm. 339.

disparos possivelmente fatais quando advertências e tiros calculados não sejam aptos a proteger o bem jurídico de violações por parte do agressor.[32]

No caso conhecido como "*Hell Angels*",[33] o réu, um membro do clube de motoqueiros de mesmo nome, disparou, através da porta de casa, em uma pessoa que estava tentando arrombá-la. Ele pensava que seria assassinado por membros de uma gangue de motoqueiros rival. Se essa presunção fosse tomada como verdadeira (na realidade, a pessoa se tratava de um oficial da polícia, com uma ordem de busca e apreensão, que também não se identificara como tal após o acusado ter percebido sua presença), a defesa teria sido, segundo o entendimento do BGH, o meio relativamente menos grave. Nessa situação extrema, não era de se esperar que um tiro de advertência pusesse fim à agressão, mas sim que pudesse agravá-la ainda mais. O réu teria, muito pelo contrário, que contar com a possibilidade de que os agressores atirassem de volta através da porta. No entanto, aquele que está se defendendo não precisa ficar em conflito interno, considerando saídas incertas.[34] Por isso, o réu se encontrava em uma situação de erro quanto a circunstâncias permissivas (→ § 8 nm. 40 ss.) e, dessa forma, foi inocentado por ausência de culpa em relação ao seu erro.[35]

Caso os pressupostos acima sejam observados, não há *limitações* **41**
ao direito de legítima defesa no que concerne ao critério da necessidade. Isso quer dizer que não há, em razão do princípio da afirmação do direito, uma ponderação de bens ou verificação de proporcionalidade na legítima defesa – como ocorre em relação ao estado de necessidade nos termos do § 34 StGB (→ nm. 81 ss.).[36] No entanto, a fim de reduzir a extensão do direito de legítima defesa, algumas restrições são estabelecidas no âmbito da "imperatividade" da ação de legítima defesa, que será exposta a seguir.

Se a ação de legítima defesa é idônea e, ao mesmo tempo, praticada **42**
com uso do meio relativamente menos grave, o § 32 StGB pode autorizar até mesmo o homicídio do agressor, ainda que a agressão se dirija a um simples objeto de valor. E segundo a opinião majoritária, o art. 2 Abs. 2 lit. a da Convenção Europeia dos Direitos do Homem (CEDH) também não se opõe a isso, uma vez que ele só se aplica a relações entre estado e cidadãos, e não a relações de cidadãos entre si.[37]

32. BGH NStZ 2012, 272 (274); *Rengier* AT § 18 nm. 41 s.; *Wessels/Beulke/Satzger* nm. 335; ver também BGH NJW 2013, 1616, a respeito da utilização de uma faca.

33. BGH NStZ 2012, 272.

34. BGH NStZ 2012, 272 (274).

35. BGH NStZ 2012, 272 (274).

36. *Wessels/Beulke/Satzger* nm. 340.

37. *Fischer* § 32 nm. 40; *Rengier* AT § 18 nm. 60; *Wessels/Beulke/Satzger* nm. 343a; outra posição, *Jäger* AT nm. 128.

c) Imperatividade

43 Uma ação de legítima defesa não deve ser apenas necessária, senão também imperativa (cf. § 32 Abs. 1 StGB). O conceito de imperatividade tem a função de, em casos específicos, *restringir* o *direito de legítima defesa por considerações ético-sociais*; do contrário, esse direito seria "enérgico" demais. Aqui, diferentemente do que ocorre na verificação da necessidade, a avaliação não toma como base fatos simplesmente objetivos, senão que se procede a uma verificação valorativa.[38] Também diferentemente do que ocorre em relação ao critério da necessidade, cuja observância é pressuposto para a justificação de um comportamento, só se deve examinar a imperatividade da ação de legítima defesa quando o caso assim o indicar, uma vez que a ausência de imperatividade da conduta é excepcional.

44 Os *grupos de casos* mais importantes, a serem analisados no âmbito da imperatividade da ação, são a agressão irrisória (p.ex., repelir um incômodo provocado pela ofuscação de uma lanterna, se é que sequer se possa enxergar aqui uma agressão que possibilite uma legítima defesa), a extrema desproporcionalidade entre bem jurídico protegido e agredido, agressão de crianças, de doentes mentais e outros agentes desprovidos de culpabilidade (p.ex., bêbados) e a provocação de legítima defesa.[39]

45 Por outro lado, o grupo de casos que envolve *relacionamentos pessoais estreitos* entre o agressor e o agredido tem se tornado cada vez mais contestado. Segundo a antiga opinião majoritária, o direito de legítima defesa deveria ser limitado nesse caso, uma vez que seria exigível do agressor, por conta de sua posição de garantidor de proteção, uma certa medida de solidariedade e consideração mútua.[40] Essa limitação da possibilidade de defesa, no entanto, é cada vez mais colocada em questão, e com razão, uma vez que isso significaria uma autorização para abusos, por exemplo, em relacionamentos matrimoniais.[41]

46 O direito de legítima defesa será limitado em diferente grau a depender do grupo de casos que se analise. O espectro vai desde uma defesa admitida apenas em certa medida (contra *agressões banais*[42]) até

38. *Jäger* AT nm. 120; *Kindhäuser* AT § 16 nm. 36; *Wessels/Beulke/Satzger* nm. 342.

39. Para os grupos de casos específicos, *Kindhäuser* AT § 16 nm. 39 ss.; *Krey/Esser* nm. 532 ss.; *Kühl* AT § 7 nm. 170 ss.; *Rengier* AT § 18 nm. 57 ss.; *Wessels/Beulke/Satzger* nm 343 ss.

40. A esse respeito, ver *Jäger* AT nm. 124; *Kindhäuser* AT § 16 nm. 47; *Kudlich* PdW AT Fall 97; *Kühl* AT § 7 nm. 198 ss.; *Rengier* AT § 18 nm. 68 ss.; *Wessels/Beulke/Satzger* nm. 345.

41. MüKoStGB/*Erb* § 32 nm. 221; *Krey/Esser* nm. 541 s.; ainda indefinido pelo BGH NStZ-RR 2002, 203 (204); ver também BGH NStZ 2014, 451 (452).

42. *Kindhäuser* AT § 16 nm. 41; *Krey/Esser* nm. 552.

a exclusão completa do direito de legítima defesa, em especial, segundo a opinião majoritária, nos casos de *desproporcionalidade crassa* entre os bens jurídicos em jogo.[43]

Exemplo: A, confinado a sua cadeira de rodas, tentou várias vezes que B parasse de atacar sua cerejeira. Em determinada ocasião, B novamente se deliciava com as frutas proibidas quando A disparou tiros de advertência com sua espingarda, não obtendo sucesso. A, então, disparou aleatoriamente na direção de B, com sua espingarda, vindo a atingi-lo fatalmente. O tiro fatal de A em B foi, após os ineficazes tiros de advertência anteriores, a defesa idônea e, ao mesmo tempo, relativamente mais moderada, para repelir a agressão atual e antijurídica de B ao patrimônio de A. No entanto, a ação de legítima defesa necessária não era imperativa, segundo considerações ético-sociais, tendo em vista a desproporcionalidade crassa existente entre o bem jurídico protegido por A (patrimônio) e o bem jurídico violado por ele (vida de B). Dessa forma, A atua antijuridicamente, uma vez que sua legítima defesa não é admissível, e, por isso, é punível por homicídio. **47**

Vez ou outra, o direito de legítima defesa também é limitado pela *teoria dos três níveis* (evitação, manobra defensiva e manobra ofensiva). Segundo esta teoria – diferente do que ocorre na defesa padrão da legítima defesa (→ nm. 39) –, o agredido deve primeiro tentar evitar o ataque ou fugir (primeiro nível). Caso tal tentativa não seja bem-sucedida, ele deve então se limitar a medidas defensivas de proteção (segundo nível). E apenas no caso de também não obter sucesso com as medidas defensivas é que, então, o agredido estará autorizado a uma defesa ativa (terceiro nível), por exemplo, por meio de uma contra-agressão, em que ele, fundamentalmente, se utilizará do meio relativamente menos grave à sua disposição.[44] Essa teoria dos três níveis se aplica aos casos de defesa contra *agressões de agentes desprovidos de culpabilidade*.[45] **48**

Os casos de *provocação de legítima defesa*, por sua vez, são especialmente problemáticos. Esse rótulo descreve grupos de casos nos quais o autor já possui o propósito de, ao fim, atuar em legítima defesa; dessa forma, ele provoca a posterior vítima intencionalmente até que ela o agrida (provocação intencional) ou sabe, ou ao menos deveria saber, estar estimulando, por meio de um comportamento determinado, uma situação da **49**

43. *Kudlich* PdW AT Fall 95; *Rengier* AT § 18 nm. 58; *Wessels/Beulke/Satzger* nm. 343.

44. BGHSt 24, 356 (359); 39, 374 (379); *Rengier* AT § 18 nm. 56; *Wessels/Beulke/Satzger* nm. 348.

45. *Jescheck/Weigend* § 32 III 3a; *Kindhäuser* AT § 16 nm. 46; *Rengier* AT § 18 nm. 66s; *Wessels/Beulke/Satzger* nm. 344.

qual ele apenas poderá se livrar por meio de legítima defesa (demais casos em que a vítima produz culpavelmente uma situação de legítima defesa.).

50 Recorre-se à teoria dos três níveis, sobretudo, para os casos mencionados por último de um *comportamento prévio* ético-socialmente desaprovado (jurisprudência) ou antijurídico (opiniões majoritárias na literatura). Como consequência disso, quando a agressão se encontra em uma estreita relação de causalidade temporal e espacial com o comportamento prévio, uma defesa só é aceita como legítima caso siga a sequência: evitação – manobra defensiva – manobra ofensiva.[46]

> **Exemplo:** Em uma tarde de dezembro, A quer "expulsar" J, que está alcoolizado, de um vagão de trem da primeira classe, para o qual J não tem a passagem específica. Com esse propósito, A abre repetidamente a janela, que J torna a fechar seguidamente, até que, na terceira vez, este a fecha com ameaças de agressões caso A abra novamente. Em consequência disso, A mostra a J uma faca de viagem que está portando e abre novamente a janela. J, então, parte para cima de A, tentando golpeá-lo. A se defende dando uma facada não dirigida, para cima, em razão da qual J vem a morrer algumas horas depois.
>
> Para o BGH, o comportamento prévio de A – também levando em conta o comportamento de J – foi reprovável, de modo que seu direito à legítima defesa era limitado. Caso possível, então, ele deveria ter se defendido com suas mãos dos socos de J e tentado vencê-lo com chutes, ou também pedido ajuda às pessoas que se encontravam à frente do vagão.[47]

No entanto, um agir juridicamente imperativo ou autorizado não pode resultar, *ipso facto*, em uma limitação do direito de legítima defesa apenas porque o autor sabia ou poderia saber que, por meio desse agir, terceiros poderiam ser instados a praticar uma agressão antijurídica.[48]

> **Exemplo:** A acompanha seu filho de 16 anos, que foi "convidado" por X, um jovem violento e facilmente irritável, a uma "briga", a fim de conversar com X. Após uma curta e dura troca de palavras, X golpeia o braço esquerdo de A com um bastão de madeira; A consegue se defender do segundo golpe e esfaqueia X pelas costas, no torso, com seu canivete borboleta.
>
> Por ausência de limitação ao direito de legítima defesa, a defesa de A é justificada.[49]

46. BGHSt 26, 143 (145); BGH NStZ 2002, 425 (427); 2014, 451 (452); *Jäger* AT nm. 122; *Otto* AT § 8 nm. 79ss.; *Rengier* AT § 18 nm. 80; *Wessels/Beulke/Satzger* nm. 348.
47. BGHSt 42, 97 (102 s.); criticamente, *Kudlich* PwD AT Fall 99.
48. BGH NJW 2003, 1955 (1959); NStZ 2011, 82 (83); NStZ-RR 2011, 74 (75); *Rengier* AT § 18 nm. 74.
49. BGH NStZ 2011, 82 (83).

O tratamento que a *provocação intencional* merece é extraordinariamente controverso. Para a opinião majoritária, deve-se negar qualquer direito de legítima defesa ao provocador, uma vez que ele seria o verdadeiro agressor quando dá causa a uma agressão para se defender, de forma legalmente abusiva, sob o "manto protetivo da legítima defesa".[50] Opõe-se a isso, no entanto, que seria desproporcional deixar o agredido, por consequência de sua provocação, completamente desprotegido. Além disso, deve-se atentar para o fato de que, também aqui, há uma agressão antijurídica da posterior vítima, que poderia, afinal, ter aturado a provocação. Por isso, uma outra posição defende a aplicação, também aos casos de provocação intencional, da "teoria dos três níveis".[51] 51

Exemplo: A encontra, em um sábado, seu arqui-inimigo B em um bar onde se assiste a jogos de futebol. Ele aproveita a oportunidade para relembrar a B que seu time (de B) perdeu feio o clássico na última rodada. Na sequência, quando A está retirando sua jaqueta, e a camiseta do time campeão começa a aparecer por baixo, B parte para cima de A – exatamente o que ele intencionava – com os punhos levantados. A fica feliz com o fato de seu plano estar dando certo, podendo instigar B a uma agressão, e se "defende" com um golpe certeiro no queixo de B. 52

Segundo a opinião majoritária, deve-se negar completamente a A, por conta de sua provocação intencional, o direito de legítima defesa por considerações ético-sociais. Segundo outra posição, deve-se assegurar ao provocador, apesar disso, um direito de legítima defesa limitado segundo os princípios da teoria dos três níveis. No entanto, uma vez que A já parte direto para um soco no queixo de B, sem sequer tentar antes evitar ou se defender da agressão atual, sua ação não se encontra justificada pelo § 32 StGB nem segundo a posição minoritária, que lhe é favorável, uma vez que não se faz presente a imperatividade da defesa. Portanto, A atua antijuridicamente e é penalmente punível por lesão corporal nos termos do § 223 Abs. 1 StGB.

4. Elemento subjetivo da justificação

Além dos pressupostos objetivos de um tipo permissivo, a justificação também pressupõe, segundo uma opinião totalmente majoritária, um elemento subjetivo (→ nm. 15). Segundo essa posição majoritária, atuar com *conhecimento* dos pressupostos objetivos de justificação não é suficiente 53

50. BG NJW 1983, 2267; 2001, 1075 (1075); *Henrich* AT nm. 375; *Jäger* AT nm. 122; *Roxin* AT I § 15 nm. 65; *Wessels/Beulke/Satzger* nm. 347; restritivamente, *Rengier* AT § 18 nm. 88.

51. *Baumann/Weber/Mitsch* § 17 nm. 38.

para a concretização desse elemento subjetivo de justificação (comparável ao dolo no tipo subjetivo). Pelo contrário, o autor deve também querer atuar juridicamente, ou seja, com *vontade de se defender* (§ 32 StGB).[52]

54 No entanto, a vontade de se defender não tem que ser a única motivação da atuação. Motivações concomitantes, como raiva, ciúme e vingança, não excluem a vontade de se defender, desde que elas não a ofusquem totalmente.[53]

55 As consequências para a *ausência dos pressupostos do elemento subjetivo do tipo* são, no entanto, controversas, por exemplo, quando o defensor sequer sabe da existência de uma situação de legítima defesa e, por outras razões, se defende da agressão (não percebida). A posição talvez majoritária sustenta que o injusto típico não é completamente compensado quando todos os pressupostos da causa de justificação não estão preenchidos. Portanto, o autor, que se encontra objetivamente em uma situação de legítima defesa, mas age sem vontade de se defender, deveria ser punido pelo *delito consumado*.[54]

56 Uma posição que encontra cada vez mais adeptos sustenta que, de qualquer forma, o injusto do resultado presente no fato seria compensado pela situação de legítima defesa objetivamente presente. Por conta da ausência no autor dessa vontade de se defender, sustenta-se que apenas o injusto da ação remanesceria sem compensação. Essa situação se assemelharia, no entanto, à *tentativa inidônea* (→ § 10 nm. 23 ss.), razão pela qual seria justo aplicar as regras da tentativa e apenar o autor apenas por tentativa.[55]

57 **Exemplo:** E, esposa de M, um marido degenerado, quer lhe dar uma lição. Quando ela ouve, tarde da madrugada, barulhos no corredor, supõe que seu marido esteja voltando para casa após mais uma noite de bebedeira. Ela agarra uma frigideira e golpeia o vulto que está à sua frente. Na realidade, tratava-se do invasor de casas O, que estava exatamente à procura de objetos de valor.

Segundo a opinião talvez majoritária, F é punível por lesão corporal consumada em razão da ausência do elemento subjetivo de justificação; segundo a outra posição, ela seria

52. BGHSt 5, 245 (247); BGH NJW 2013, 2133 (2135); *Rengier* AT § 18 nm. 108; *Wessels/Beulke/Satzger* nm. 277; outra posição, *Kindhäuser* AT § 16 nm. 38; *Kühl* AT § 7 nm. 128.

53. BGHSt 5, 245 (247); BGH NJW 2013; 2133 (2135); *Jäger* AT nm. 129; *Rengier* AT § 18 nm. 104; *Wessels/Beulke/Satzger* nm. 350a.

54. BGHSt 2, 111 (114 s.); BGH NStZ 2005, 332 (334); *Heinrich* AT nm. 392; *Zieschang* nm. 232.

55. OLG Naumburg NStZ 2013, 718 (719); *Fischer* § 32 nm. 27; *Jäger* AT nm. 129c; *Kindhäuser* AT § 29 nm. 9; *Kühl* AT § 6 nm. 16; *Rengier* AT § 17 nm. 18; *Roxin* AT I § 14 nm. 104; *Wessels/Beulke/Satzger* nm. 279.

punível apenas por tentativa em razão da existência objetiva de uma situação de legítima defesa. Na construção da estrutura de análise do delito, precisa-se de menos tempo e espaço para desenvolver a resposta seguindo a posição majoritária, uma vez que a tomada de posição pela corrente secundária conduz à necessidade de se provar, posteriormente, a tentativa.

III. Direitos de autotutela e de emergência no direito civil

Caso o devedor não satisfaça as prestações em relação ao credor, este deve, em regra, se dirigir ao juízo cível a fim de reivindicar o adimplemento de tais prestações. Em determinados casos, no entanto, o direito civil também autoriza a proteção dos interesses individuais "pelas próprias mãos".[56] 58

1.Autotutela (§§ 229, 230 BGB)

59

§ 229 BGB – Autotutela

Aquele que, com o propósito de autotutela, subtrai, destrói ou danifica uma coisa, ou aquele que, com o propósito de autotutela, detém uma pessoa obrigada, que seja suspeita de fuga, ou supera a resistência a um ato de uma pessoa obrigada, que tenha o dever de tolerar esse ato, não atua ilegalmente caso a ajuda das autoridades não possa ser obtida a tempo útil e exista o perigo de que, sem intervenção imediata, a adimplência da prestação possa vir a ser frustrada ou se tornar consideravelmente mais difícil.

§ 230 BGB – Limites da autotutela

(1) A autotutela não pode se estender além do necessário para afastar o perigo.

(2) No caso de subtração de coisas, a menos que haja mandado de execução, deve-se requerer arresto real.

(3) No caso de retenção da pessoa obrigada, desde que ela não seja novamente libertada, deve-se requerer o arresto pessoal ao tribunal do local [Amtsgericht] onde ocorreu a retenção; a pessoa obrigada deve ser apresentada ao tribunal imediatamente.

(4) Se o pedido de arresto for adiado ou rejeitado, deve-se, imediatamente, devolver as coisas subtraídas e libertar a pessoa retida.

56. *Kühl* AT § 9 nm. 2.

60

Esquema de verificação: autotutela

I. Situação de autotutela

1. pretensão jurídico-civil líquida e certa
2. impossibilidade de obtenção de ajuda das autoridades a tempo útil
3. perigo à adimplência da pretensão

II. Ação de autotutela

1. em especial, subtração, destruição e danificação de uma coisa e retenção de um devedor sob suspeita de fuga (§ 229 BGB)
2. necessidade (§ 229 c.c. § 230 Abs. 1 BGB)

III. Elemento subjetivo da justificação

61 O § 229 BGB garante um direito à autotutela em situações nas quais a ajuda estatal não pode ser obtida a tempo útil e a *adimplência de uma prestação* jurídico-civil (líquida e certa) corra o risco de, sem uma intervenção imediata, *vir a ser frustrada ou se tornar consideravelmente mais difícil*. Esse é o caso, por exemplo, de um devedor que esteja planejando se mudar para o exterior ou cujos dados (p.ex., em relação a um cliente de um restaurante ou a um passageiro de um táxi), necessários para requerer a adimplência da prestação, não sejam conhecidos. Também se encontra abrangido nessa hipótese o risco de destruição de provas pelo devedor.[57]

62 Em uma tal situação justificada, o credor da prestação está autorizado, em especial, a *subtrair uma coisa* (p.ex., um objeto roubado pelo devedor, em relação ao qual haja uma pretensão de devolução, ou também uma coisa que pertença ao devedor com a qual seja possível identificá-lo[58]), destruí-la ou danificá-la ou *deter o devedor* sob suspeita de fuga (p.ex., o desconhecido passageiro de um táxi que esteja desembarcando sem pagar).

63 Segundo o § 230 Abs. 1 BGB, a autotutela não pode ser exercitada além do *necessário* para afastar o perigo. Portanto, só é permitido lançar mão de um meio idôneo e ao mesmo tempo relativamente menos grave. O § 230 BGB deixa claro, além disso, que o objetivo da autotutela nada mais

57. BGHSt 17, 328 (331); *Kühl* AT § 9 nm. 4; *Rengier* AT § 21 nm. 12.
58. BGH NStZ 2012, 144 (144).

é do que a simples proteção provisória da pretensão ameaçada, e não sua satisfação final.[59]

Uma vez que uma omissão antijurídica (p.ex., a recusa do devedor em satisfazer uma pretensão de devolução) também significa uma agressão nos termos do § 32 StGB, a autotutela pode coexistir com a permissão da legítima defesa. No entanto, o § 229 BGB não exige atualidade nem concretiza os pressupostos da necessidade. Por isso, o preceito tem uma função de substituição da legítima defesa e precede à justificação por legítima defesa.[60] **64**

2. Direitos de proteção e retomada da posse (desforço imediato e legítima defesa da posse – *Besitzkehr* e *Besitzwehr* § 859 BGB)

65

§ 859 BGB – Autotutela do possuidor

(1) O possuidor pode usar a força para se defender contra o esbulho possessório.

(2) Se uma coisa móvel é subtraída do possuidor por meio de uma infringência ao direito de propriedade, o possuidor pode usar a força para reavê-la do autor pego em flagrante ou perseguido.

(3) Se o possuidor de um terreno for privado da posse por meio de uma infringência ao direito de propriedade, o possuidor poderá recuperar a posse, imediatamente após a sua privação, por meio da remoção do infringente.

(4) O possuidor tem os mesmos direitos contra a pessoa a qual se deva imputar o defeito da posse segundo o § 858 Abs. 2.

O §859 Abs. 2 BGB concede ao possuidor o direito de *desforço imediato* quando uma coisa móvel lhe é retirada por meio de uma infringência ao seu direito de posse.[+] Nesse caso, ele é autorizado a reaver a coisa, usando-se de força contra o infringente surpreendido em flagrante ou perseguido após o ato. O § 859 Abs. 3 BGB prevê uma regra semelhante para o possuidor de um terreno. Em ambos os casos, trata-se de um caso especial de autotutela do direito civil.[61] No entanto, o direito à proteção da posse, por conta da **66**

59. BGHSt 17, 87 (89 s.); *Jäger* AT nm. 162; *Kindhäuser* AT § 20 nm. 11; *Krey/Esser* nm. 634.

60. *Rengier* AT § 21 nm. 2.

[+] *Nota de adaptação*: O direito brasileiro possui norma semelhante, a saber, o art. 1.210, § 1º, do CC, cf. *infra* em *aproximações ao direito brasileiro* → § 5, nm. 149.

61. *Kühl* AT § 9 nm. 10.

relação temporal com o ato recém-praticado, quase não tem significado autônomo em relação ao § 32 StGB.

67 De fato, o § 859 Abs. 2 e 3 BGB – diferentemente do § 230 Abs. 1 BGB – não apresenta requisitos expressos a respeito da ação justificada. No entanto, aqui também se aplicam os limites gerais da necessidade (meio idôneo e relativamente menos grave) assim como do abuso de direito.[62]

68 O § 859 Abs. 1 BGB precede o § 859 Abs. 2 BGB e autoriza o possuidor que esteja sendo agredido no momento a repelir, com uso de força, a infringência que esteja sofrendo ao seu direito de posse. No entanto, uma vez que uma tal agressão, em regra, fundamenta uma situação de legítima defesa, o § 859 Abs. 1 BGB não possui muito significado. Um exemplo para uma tal *legítima defesa da posse* seria o caso de um locatário que expulsa o locador do jardim alugado para uso privado.[63]

IV. Estado de necessidade justificante (§ 34 StGB)

69

§ 34 StGB – Estado de necessidade justificante

[1]Aquele que comete um ato para afastar um perigo atual para a vida, corpo, liberdade, honra, propriedade ou outro bem jurídico seu ou de outrem, que não seja evitável de outra maneira, não atua antijuridicamente quando, ao se ponderar os interesses antagônicos em causa, nomeadamente os bens jurídicos afetados e o grau de perigo que os ameaça, o interesse protegido é substancialmente predominante em relação ao atingido. [2]Contudo, isso se aplica apenas na medida em que o ato seja um meio adequado para repelir o perigo.

Decisão selecionada: BGHSt 48, 255 (caso do marido tirano).

Literatura para aprofundamento: *Erb* Der rechtfertigende Notstand, JuS 2010, 17, 108; *Kretschmer* Der Begriff der Gefahr in § 34 StGB, Jura 2005, 62.

1. Fundamentos

70 Descreve-se como estado de necessidade a situação atual de perigo para interesses juridicamente protegidos que só possa ser repelida ao custo de bens jurídicos de terceiros. O estado de necessidade justificante, nos termos do § 34 StGB (para o estado de necessidade exculpante, nos termos do § 35

62. *Kühl* AT § 9 nm. 11.
63. OLG Frankfurt NStZ-RR 2000, 107; *Kühl* AT § 9 nm. 12a.

StGB → § 6 nm. 45 ss.), se alicerça na ideia de que, em uma situação de estado de necessidade, os interesses protegidos e violados devem ser objeto de ponderação (*ponderação ampla de interesses e bens*). Caso o interesse protegido predomine, o *princípio da solidariedade* autoriza a intervenção a bens jurídicos de terceiros.[64] O estado de necessidade foi reconhecido pela primeira vez como causa de justificação (à época, ainda supralegal) em casos de interrupção de gravidez medicamente recomendada.

No § 228 BGB (estado de necessidade defensivo; → nm. 89 ss.) e no § 904 BGB (estado de necessidade agressivo; → nm. 94 ss.), encontram-se casos especiais de estado de necessidade justificante. Na estrutura de análise do delito, deve-se dar prioridade a essas regras especiais quando for o caso de considerá-las. De forma geral, o estado de necessidade justificante possui um caráter subsidiário, e por isso ele só deve ser levado em consideração, basicamente, quando as outras causas de justificação já tenham sido afastadas.[65] **71**

72

Esquema de verificação: estado de necessidade justificante

I. Situação de estado de necessidade

1. perigo para um bem jurídico passível de ser defendido em estado de necessidade
2. atualidade

II. Ação em estado de necessidade

1. necessidade ("perigo que não seja evitável de outra maneira")
2. ponderação de interesses
3. adequação (§ 34, 2ª parte, StGB)

III. Elemento subjetivo da justificação

2. Situação de estado de necessidade

A situação de estado de necessidade consiste em um perigo atual para um bem jurídico (carente e digno de proteção). Para a opinião majoritária, não apenas interesses individuais, mas também bens jurídicos coletivos, **73**

64. *Kindhäuser* AT § 17 nm. 10.
65. *Kindhäuser* AT § 17 nm. 12; *Rengier* AT § 19 nm. 3.

como, por exemplo, a segurança no tráfego viário, possibilitam que se atue em estado de necessidade – diferente do que ocorre na legítima defesa (→ nm. 21).[66]

74 Um *perigo atual* é uma situação, cujo livre desenvolvimento pode seriamente ocasionar ou intensificar um dano, caso alguma medida de repulsão não seja tomada rapidamente. Por isso, para se julgar uma situação como "perigosa", deve-se levar em conta conhecimentos empíricos. O que importa é a visão "ex ante" de um observador objetivo e perito.[67]

75 Ao contrário da legítima defesa (→ nm. 31), o estado de necessidade justificante alcança *perigos permanentes*, que possam resultar em danos a qualquer momento e, portanto, também imediatamente. Da mesma forma, não é pelo fato de que o dano ainda possa levar algum tempo para se realizar que se deve exigir que uma ação, apta a afastar imediatamente o perigo que já se apresente como possível, não seja realizada imediatamente.[68]

76 **Exemplo (caso do marido tirano):**[69] A esposa E vem sendo regularmente xingada, ameaçada, agredida e abusada por seu marido M, que está constantemente bêbado. Em uma tarde, M chega em casa novamente alcoolizado, põe uma faca no pescoço de E e afirma que, primeiro, vai tirar um cochilo e, depois, matá-la. A fim de evitar isso, E agride M, que está dormindo, com um machado.

E não pode se beneficiar da justificação por legítima defesa em relação ao seu delito de homicídio. O § 32 StGB não se aplica em razão da ausência de uma agressão atual, uma vez que a agressão de M à vida de E ainda não está em vias de acontecer.

No entanto, há um perigo atual no sentido do § 34 StGB à vida, que é um bem jurídico que possibilita o estado de necessidade. Uma vez que M ameaça acordar a qualquer momento e matar E, conforme havia afirmado, há um perigo permanente, que só pode ser eliminado com uma medida de resistência imediata. No entanto, nos casos de maridos tiranos, nega-se frequentemente o estado de necessidade justificante, apesar da existência de situação de estado de necessidade, porque não se atua com o meio relativamente menos grave – como, por exemplo, os canais oficiais de proteção. Além disso, o § 34 StGB não autoriza a ponderação "vida contra vida" (→ nm. 83).

66. *Jäger* AT nm. 151; *Kühl* AT § 8 nm. 21; *Rengier* AT § 19 nm. 8; *Wessels/Beulke/Satzger* nm. 300s.

67. *Jäger* AT nm. 152; *Rengier* AT § 19 nm. 12; *Wessels/Beulke/Satzger* nm. 299.

68. *Jäger* AT nm. 153; *Kindhäuser* AZ § 17 nm. 20; *Rengier* AT § 19 nm. 12; *Wessels/Beulke/Satzger* nm. 306.

69. BGHSt 48, 255.

Por fim, deve-se considerar ainda o estado de necessidade exculpante do § 35 StGB (→ § 6 nm. 45 ss.). No entanto, aqui também se questiona, principalmente, a utilização de um meio relativamente menos grave, de modo que apenas raramente se exculpa o fato. Também seria possível pensar em um estado de necessidade putativo, nos termos do § 35 Abs. 2 StGB (→ § 6 nm. 50). Caso contrário, deve-se afirmar a responsabilidade penal de E pelo homicídio doloso consumado de seu marido.

3. Ação em estado de necessidade

Em uma situação de estado de necessidade, permite-se recorrer a uma medida de repulsão que, em primeiro lugar, seja objetivamente necessária ("perigo que não seja evitável de outra maneira"). Em segundo lugar, o interesse protegido deve ser substancialmente predominante em relação ao atingido (*ponderação de interesses*) e a defesa, conforme o § 34, 2ª parte, StGB, deve ser *adequada* em termos ético-sociais. 77

a) Necessidade

Uma ação de defesa é objetivamente necessária quando, segundo os princípios gerais, é *idônea* e representa, ao mesmo tempo, o *meio relativamente menos grave* para repelir o perigo.[70] Mais uma vez, o que importa é a visão "ex ante" de um observador objetivo e perito. 78

Ao contrário do § 32 StGB (→ nm. 39), deve-se considerar também a *fuga* e outras possibilidades especiais de evasão como meios possíveis menos graves. Porque o § 34 StGB se orienta pelo princípio da ponderação de interesses e não pelo princípio da afirmação do direito.[71] 79

Exemplo: Quando A e B deixam a discoteca, após uma noite de bebedeira, A cai escadaria abaixo e lesiona gravemente a cabeça. Por isso, B leva A, com seu carro, para o hospital, apesar de estar com uma concentração de álcool etílico na corrente sanguínea maior do que 2,0‰, embora tivesse sido possível acionar uma ambulância facilmente. 80

Levar pessoalmente A para o hospital pode até ser um meio idôneo para salvá-lo dos perigos de um traumatismo craniano grave. No entanto, por conta dos perigos provenientes da direção do automóvel em estado de entorpecimento para os outros usuários das rodovias, não se trata do meio relativamente menos grave, uma vez que esse risco poderia ter sido evitado

70. *Kindhäuser* AT § 17 nm. 22; *Rengier* AT § 19 nm. 20; *Wessels/Beulke/Satzger* nm. 308.

71. *Krey/Esser* nm. 596; *Rengier* AT § 19 nm. 22; *Wessels/Beulke/Satzger* nm. 308.

acionando-se uma ambulância. Portanto, B não pode apelar ao estado de necessidade justificante, nos termos do § 34 StGB, e é, em todo o caso, penalmente responsável nos termos do § 316 StGB (entorpecimento ao volante).

b) Ponderação de interesses e adequação

81 Além da necessidade da ação, que é averiguada de forma objetiva, a justificação do estado de necessidade, segundo o § 34 StGB, também pressupõe um elemento normativo. Esse elemento consiste, em primeiro lugar, em uma ponderação abrangente entre os interesses protegidos por meio da ação de defesa do autor e os violados por meio dessa ação. O *interesse protegido* tem que *predominar substancialmente* sobre o violado.

82 Em relação à ponderação de interesses, segundo o § 34 StGB, deve-se considerar, sobretudo, o nível dos bens jurídicos atingidos e o grau dos perigos que os ameaçam. Outros *critérios de ponderação* são a extensão dos possíveis danos, o tipo de perigo (por meio de ação ou omissão), as pessoas que atuam (dever de suportar os riscos), a probabilidade do salvamento do bem jurídico em perigo e as implicações de uma possível justificação para a ordem jurídica.[72]

83 Ao contrário da legítima defesa (→ nm. 40), o estado de necessidade justificante não é capaz de justificar a morte de uma outra pessoa. O princípio da proteção absoluta da vida, derivado do § 1º do art. 1º da Constituição alemã, proíbe mensurar, qualitativa ou quantitativamente, o valor de uma vida humana. Muito pelo contrário, cada vida tem um valor de proteção de mesma grandeza, de modo que o valor de uma vida humana não pode predominar sobre o direito à vida de um outro. Por isso, é inadmissível uma ponderação entre "*vida e vida*".[73]

84 **Exemplos:**

- Caso dois náufragos boiem sobre uma tábua que, a longo prazo, só aguentará um deles (famosa *tábua de Carneades*), o § 34 StGB não justifica que um empurre o outro para fora da tábua a fim de salvar sua própria vida. Apenas um estado de necessidade exculpante, nos termos do § 35 StGB, vem ao caso (→ § 6 nm. 56).

- Caso um terrorista ameace atingir um prédio com um avião de passageiros sequestrado, não se pode justificar pelo § 34 StGB a derrubada do avião (sendo mais exato: a morte dos

72. Ver, por exemplo, *Kühl* AT § 8 nm 97 ss.; *Rengier* AT § 19 nm. 28 ss.; *Wessels/Beulke/Satzger* nm. 311; *Zieschang* nm. 256.

73. *Kühl* AT § 8 nm. 114; *Rengier* AT § 19 nm. 32; *Wessels/Beulke/Satzger* nm. 316 ss.

passageiros que se encontram no seu interior), mesmo que, por meio dessa ação, um grande número de vidas humanas possa ser salvo. Aqui também, na melhor das hipóteses, pode-se levar em consideração o estado de necessidade exculpante; no entanto, os seus pressupostos estreitos (em especial, a prevenção do perigo apenas para si, parentes ou uma outra pessoa do círculo íntimo do autor) não estão presentes com frequência. Por isso, discute-se um recurso ao estado de necessidade exculpante supralegal (→ § 6 nm. 59).

No entanto, a morte do próprio terrorista seria justificada pela legítima defesa, porque, nesse sentido, a defesa se dirige contra o agressor e, pelos pressupostos do § 32 StGB, matar um ser humano também é autorizado.

Mesmo quando a ponderação de interesses esteja a favor do bem preservado posto em risco, uma justificação da ação praticada em estado de necessidade ainda pode ser afastada também pela ausência de adequação da ação em estado de necessidade, que é exigida expressamente pelo § 34 StGB. Exceto no estado de necessidade por coerção (→ § 6 nm. 51), a *cláusula de adequação* intervém, sobretudo, quando a defesa se dirige contra interesses personalíssimos, cuja renúncia não pode ser exigida com base no princípio da solidariedade.[74] Sobretudo o direito à autodeterminação do atingido deve ser considerado, desde que esse direito já não influencie a ponderação de interesses a seu favor. **85**

Exemplo: O paciente P, gravemente ferido, precisa com urgência de uma transfusão de sangue. X tem o mesmo tipo sanguíneo de P, mas se recusa a doar sangue a ele. O médico A, que está presente, não vê outra possibilidade, senão retirar o sangue de X à força para salvar P. **86**

A lesão corporal praticada por A em X não pode ser justificada por legítima defesa (ou legítima defesa de terceiro), uma vez que falta a agressão de X à P.

Para livrar P de sua situação de perigo, A só pode apelar ao estado de necessidade exculpante, nos termos do § 34 StGB. A retirada de sangue de X até se apresenta, diante da ausência de possibilidades alternativas de salvação, como uma ação necessária praticada em estado de necessidade. Da mesma forma, pode-se defender que a vida de P, que é o bem que se tenta preservar, predomina sobre a liberdade e a integridade corporal de X, que são os bens jurídicos violados por meio da retirada de sangue à força. No entanto, deve-se notar

74. *Rengier* AT § 19 nm. 60.

que o direito à autodeterminação de X, igualmente violado, também possui um alto valor, uma vez que tem sua origem na dignidade humana positivada no § 1º do art. 1º da Constituição alemã. Isso já pode ser considerado no plano da ponderação de interesses, ao se verificar que a vida de P não predomina sobre a autodeterminação de X. Do contrário, o caráter personalíssimo da decisão a respeito de doar ou não sangue deve ser apreciada no plano da adequação da ação de defesa de A, de modo que a retirada compulsória de sangue não se apresenta como um meio adequado a afastar os riscos à vida de um terceiro. Segundo a opinião majoritária, o comportamento de A, por isso, não se encontra justificado pelo § 34 StGB.[75]

Um estado de necessidade exculpante, nos termos do § 35 StGB, é plausível. Mas ele é afastado pelo fato de que o paciente P não é uma pessoa do círculo íntimo do autor.

4. Elemento subjetivo da justificação

87 Por fim, uma justificação com base no § 34 StGB também requer, como elementos subjetivos da justificação, o *conhecimento da situação de estado de necessidade* e uma *vontade de salvação* que não seja completamente ofuscada por motivações concomitantes.[76]

V. Estados de necessidade do direito civil

88 Paralelamente ao estado de necessidade justificante geral do § 34 StGB, há, ainda, outras normas externas ao StGB que, no entanto, por conta do princípio da unidade da ordem jurídica (→ nm. 7), também são relevantes para o direito penal. Nesse quadro, incluem-se, principalmente, o *estado de necessidade defensivo*, do § 228 BGB, e o *estado de necessidade agressivo*, do § 904 BGB. Como esses tipos penais permissivos se tratam de causas de justificação especiais, elas devem preceder a eventual análise do estado de necessidade justificante do § 34 StGB na estrutura de análise do delito (→ nm. 71).

75. Schönke/Schröder/*Perron* § 34 nm. 41e; *Jäger* AT nm. 161; opinião diferente, *Kühl* AT § 8 nm. 169 ss.; *Roxin* AT I § 16 nm. 49: retirada de sangue justificada pelo § 34 StGB; em outro sentido, *Rengier* AT § 19 nm. 61; *Wessels/Beulke/Satzger* nm. 320.

76. BGHSt 2, 111 (114); *Krey/Esser* nm. 119; *Rengier* AT § 19 nm. 63.

1. Estado de necessidade defensivo (§ 228 BGB)

§ 228 BGB – Estado de necessidade 89

[1]Aquele que danifica ou destrói uma coisa alheia para afastar, de si ou de outrem, o perigo proveniente da coisa não age antijuridicamente se a danificação ou a destruição é necessária para repelir o perigo, e o dano não é desproporcionalmente grande em relação ao perigo. [2]Se o agente foi responsável pela criação do perigo em relação ao qual se defende, ele é obrigado a indenizar pelo dano.

O estado de necessidade defensivo do § 228 BGB é também chamado de "defesa contra coisas".[77] A expressão deixa claro que essa causa de justificação do direito civil só se aplica a situações nas quais o defensor não atua para repelir riscos criados por pessoas, mas sim por coisas, que sejam a real fonte do perigo. Dessa forma, o § 228 BGB tem alcance, como preceito especial, apenas a um recorte pequeno das possíveis situações de estado de necessidade. 90

Nessa específica situação de estado de necessidade, o defensor não atua antijuridicamente quando ele *danifica ou destrói* uma *coisa alheia* da qual advém o perigo a ser repelido. Segundo os princípios gerais, também só se pode fazer uso, aqui, de um meio idôneo e, ao mesmo tempo, relativamente menos graves. 91

A primeira parte do § 228 contém uma outra delimitação, segundo a qual *o dano à coisa*, causado pela defesa, *não pode ser desproporcional ao perigo a ser repelido*. Diferentemente do que ocorre na hipótese do § 34 StGB, não há necessidade de uma ponderação abrangente de interesses. O § 228 BGB, pelo contrário, expressa o princípio geral de que os interesses daquele que está em perigo são de maior valor do que os interesses do proprietário da coisa que incorpora o perigo.[78] O direito à reparação cível dos danos permanece incólume diante dos pressupostos contidos na segunda parte do § 228 BGB. 92

Exemplo: A esqueceu de fechar o portão do jardim. O cão de guarda de A aproveita a oportunidade para atacar o entregador de correspondência B. B pode se defender arremessando uma pedra na direção do animal. O cão, atingido pela pedra na cabeça, sofre um traumatismo craniano e morre. 93

77. Cf. *Kühl* AT § 9 nm. 14; *Rengier* AT § 20 nm. 2; *Wessels/Beulke/Satzger* nm. 293.
78. *Kindhäuser* AT § 17 nm. 46; *Krey/Esser* nm. 578.

Em razão da ausência de agressão humana no ataque do cão de guarda, B não está justificado pela legítima defesa do § 32 StGB (→ nm. 23).

No entanto, o arremesso de pedra fatal de B está justificado pelo § 228 BGB, uma vez que o perigo para B advinha do cão de guarda, que é uma coisa alheia para ele, e o arremesso da pedra era necessário e, ao mesmo tempo, não desproporcional em relação ao perigo para a sua integridade física e, até mesmo, para a sua vida.

2. Estado de necessidade agressivo (§ 904 BGB)

94

§ 904 BGB – Estado de necessidade

[1]O proprietário de uma coisa não tem o direito de proibir que um terceiro a danifique caso isso seja necessário para repelir um perigo atual e o dano iminente for desproporcionalmente grande em relação ao dano sofrido pelo proprietário em consequência da atuação. [2]O proprietário pode exigir indenização pelos danos a ele causados.

95 No estado de necessidade agressivo do § 904 BGB, diferentemente do que ocorre no estado de necessidade defensivo do § 228 BGB, a ação de defesa não se dirige contra as próprias fontes de perigo, mas contra uma coisa da qual não advém o perigo atual. Aqui, é novamente o princípio da solidariedade (→ nm. 70) que fundamenta a justificação do ato, uma vez que o § 904 BGB justifica, quando preenchidos determinados pressupostos, a *ingerência sobre a coisa que não causa o perigo.*[79]

96 No entanto, só se pode exigir essa solidariedade do proprietário da coisa, danificada pela ação defensiva, quando o *dano iminente* ao autor em estado de necessidade for *desproporcionalmente maior* do que o dano à coisa provocado pela sua ação de defesa (idônea e relativamente mais moderada). Além do mais, a justificação penal do § 904 BGB mantém incólume, aqui também, o direito à reparação civil por danos.

97 **Exemplo:** Um pouco antes do topo, o alpinista A se depara com uma forte tempestade vindo em sua direção. Para salvar sua vida, ele quebra a fechadura da cabana de madeira de P e entra, colocando-se em segurança.

79. *Kühl* AT § 9 nm. 17; *Wessels/Beulke/Satzger* nm. 295.

O dano à fechadura é justificável pelo § 904 BGB. O perigo à vida de A seria desproporcionalmente maior do que a ingerência sobre o patrimônio de P, que, de fato, veio a ser realizada por A.

Por outro lado, a conduta de violação de domicílio (§ 123 StGB), praticada por A em seguida, é justificada pelo § 34 StGB, porque ela não se dirige contra uma coisa, mas contra o direito de P à inviolabilidade da casa.

VI. Direito de prender (§ 127 Abs. 1 StPO)

§ 127 StPO [prisão em flagrante][80] 98

(1) [1]Se uma pessoa é flagrada no ato ou perseguida em situação de flagrante, todos estão autorizados a prendê-la em flagrante, mesmo sem ordem judicial, caso haja motivos para suspeitar de fuga ou sua identidade não possa ser determinada imediatamente. [2]A determinação da identidade de uma pessoa pelo Ministério Público ou por agentes da força policial é regida pelo § 163b Abs. 1.

(2) Além disso, em situações urgentes, o Ministério Público e os agentes das forças policiais também estão autorizados a prender em flagrante caso estejam presentes os requisitos para a decretação de uma ordem de prisão ou de internação.

Decisões selecionadas: BGHSt 45, 378 (meios de prisão permitidos); OLG Zweibrücken NJW 1981, 2016 (direito de prender diante de suspeita de direção por embriaguez alcoolica).

Literatura para aprofundamento: *Borchert* Die vorläufige Festnahme nach § 127 StPO, JA 1982, 338; *Satzger* Das Jedermann-Festnahmerecht nach § 127 I 1 StPO als Rechtfertigungsgrund, Jura 2009, 107; *Sickor* Das Festnahmerecht nach § 127 I 1 StPO im System der Rechtfertigungsgründe, JuS 2012, 1074.

80. Diferente do StGB, o StPO [*Strafprozessordnung* – código de processo penal alemão] não apresenta títulos oficiais, estabelecidos pelo próprio legislador, às normas. No entanto, para facilitar o manuseio da legislação, as editoras incluem, nos códigos, os títulos (para orientar os leitores), que vêm sinalizados por colchetes. Por essa razão, em relação ao StPO – diferente do que ocorre em relação ao StGB –, os títulos não podem ser considerados no momento da interpretação da norma.

1. Fundamentos

99 Conforme o § 127 Abs. 1 Satz 1 StPO, todos, ou seja, mesmo um cidadão comum, estão autorizados a prender em flagrante uma pessoa que seja flagrada no ato ou seja perseguida em estado de flagrante.+ O chamado *direito de todos* contém, por isso, uma regra especial, no direito processual penal, que precede outras causas de justificação. Dessa forma, caso uma ação não seja abrangida pelo § 127 Abs. 1 Satz 1 StPO (por exemplo, porque o flagrado não foi pego propriamente no ato e, por isso, os limites temporais do direito de todos foram ultrapassados), não há mais que se falar em uma justificação pelo § 34 StGB.[81]

100

Esquema de verificação: direito de prender (§ 127 Abs. 1 StPO)

I. Situação de flagrante

1. flagrado no ato ou perseguido
2. suspeita de fuga ou não determinabilidade da identidade

II. Ação de prisão

1. necessidade
2. limites do direito de prisão

III. Elemento subjetivo da justificação

2. Situação de flagrante

101 A prisão em flagrante pressupõe que alguém seja flagrado no ato ou seja perseguido em estado de flagrante.+ É necessário um delito; não basta uma contravenção.[82] Alguém é *flagrado* quando, durante ou imediatamente após a execução de um fato antijurídico, vem a ser pego no local do fato ou em suas imediações. Uma *perseguição* em estado de flagrante delito ocorre

+ *Nota de adaptação*: O direito brasileiro prescreve a prisão em flagrante no art. 301 do CPP: "qualquer do povo poderá e as autoridades policiais e seus agentes deverão prender quem quer que seja encontrado em flagrante delito". As situações de flagrante são determinadas pelo art. 302 do CP.

81. *Kühl* AT § 9 nm. 83.

+ *Nota de adaptação*: O Código de Processo Penal brasileiro (art. 302, IV) também autoriza a prisão em flagrante na situação em que o suspeito "é encontrado, logo depois, com instrumentos, armas, objetos ou papéis que façam presumir ser ele autor da infração".

82. Ver, por exemplo, OLG Zweibrücken NJW 1981, 2016.

caso o autor já tenha deixado o local do fato, mas indícios seguros o indicam como autor e sua captura se dá imediatamente após a descoberta do fato.[83]

É controverso se um fato realmente tenha que ter sido executado ou se já é suficiente uma forte suspeita[*] de que tenha sido executado. A discussão não trata apenas das consequências para aquele que avalia a situação de forma errada e, por isso, quer prender em flagrante alguém que é apenas um suposto autor. Para a opinião talvez majoritária, já basta a *mera suspeita de um delito*, para se poder apelar ao direito prescrito pelo § 127 Abs. 1 Satz 1 StPO. Essa "solução processual" se apoia, sobretudo, na posição sistemática da norma no código de processo penal alemão, tendo em vista que medidas iniciais do processo não pressupõem, geralmente, qualquer prova da autoria, bastando uma suspeita. Não se pode exigir de um cidadão comum, que esteja prestes a executar uma prisão em flagrante, mais cautela do que se exige de um órgão de persecução penal na fase inicial da persecução processual. Além do mais, seria injusto transferir ao cidadão corajoso os riscos de um erro, caso ele queira prender um suposto criminoso e exercer, dessa forma, uma tarefa do Estado.[84] 102

Uma posição cada vez mais difundida se opõe a isso, argumentando que aquele que venha a ser injustamente preso em flagrante não poderia resistir à prisão, considerada pela opinião majoritária como justa, e fazer jus, sobretudo, ao seu direito de legítima defesa.[85] Por isso, uma prisão em flagrante, nos moldes do § 127 Abs. 1 Satz 1 StPO, só seria autorizada quando se voltasse contra um autor de um delito, ou seja, um fato, pelo menos típico e antijurídico, tem que ter sido *realmente executado*. Essa "solução jurídico-material" pode, além do mais, ser justificada na literalidade da norma: 103

83. *Krey/Esser* nm. 642; *Rengier* AT § 22 nm. 6.

[*] N.T.: No original, *der dringende Verdacht*. As normas processuais penais alemãs fazem referência a três tipos de suspeita: inicial [*Anfangsverdacht*], forte [*dringend*] e suficiente [*hinreichend*]. Enquanto a literatura afirma a existência de "*dringender Verdacht*" nos casos em que, segundo o estado atual da investigação, haja grande probabilidade de que o investigado tenha praticado o crime, um "*hinreichender Verdacht*", algo como suspeita satisfatória, é afirmada quando o investigado/réu tem mais chance de, em vista das provas colhidas, ser condenado do que absolvido. Assim, uma suspeita "dringend" é considerada maior do que uma "hinreichend". Mas isso não significa que esta está incluída naquela, tendo em vista que esta é verificada sempre ao término dos procedimentos investigatórios, enquanto aquela se baseia no estado atual da investigação, que pode ser alterado. A suspeita inicial corresponde à nossa *notitia criminis*, uma vez que impõe a instauração de uma investigação preliminar; a suspeita suficiente, à nossa justa causa, uma vez que impõe a propositura da denúncia. A suspeita forte autoriza a imposição da prisão preventiva.

84. BGH NJW 1981, 745 (745); BayObLG JR 1987, 344 (344s.); *Jäger* AT nm. 166; *Rengier* AT § 22 nm. 10.

85. *Kindhäuser* AT § 20 nm. 5s.; *Krey/Essern* nm. 646; *Kudlich* PdW AT Fall 123; *Wessels/Beulke/Satzger* nm. 354; *Zieschang* nm. 321.

apenas o § 127 Abs. 2 StPO faz referência, quando se dirige aos órgãos de persecução penal, a normas que exigem forte suspeita; essa limitação, no entanto, não aparece na Abs. 1.[86] Caso aquele que prende alguém tenha avaliado erroneamente os atos do preso, encontra-se, de qualquer forma, em erro de tipo permissivo, que exclui a responsabilidade penal por delito doloso consumado (→ § 8 nm. 40 ss.). Só se poderia punir a conduta a título de culpa, o que já é vedado *a priori* em relação aos delitos dos §§ 239 e 240 StGB, e também não acontecerá em relação à lesão corporal do § 229 StGB, desde que o erro não tenha se dado por um comportamento violador dos deveres objetivos de cuidado.[87]

3. Ação de prisão

104 O § 127 Abs. 1 Satz 1 StPO autoriza a prisão em flagrante desde que ela seja *necessária* segundo os princípios gerais, ou seja, ela deve ser idônea e representar o meio relativamente menos grave para alcançar os propósitos da prisão.[88] Além do mais, o meio utilizado para o propósito da prisão tem que estar em uma *relação adequada*. Se a fuga do criminoso só puder ser evitada com utilização de uma medida que lhe cause sérios danos à saúde ou lhe gere riscos imediatos à vida, em regra, não se poderá recorrer ao § 127 Abs. 1 Satz 1 StPO.[89]

105 Todas as ações *tipicamente envolvidas com a ação de prisão* são justificadas. Isso se aplica, principalmente, para os tipos penais da privação de liberdade (§ 239 StGB) e da coação (§ 240 StGB). Lesões corporais leves (§ 223 StGB) também são abrangidas desde que elas sejam necessárias para a prisão (p.ex., um hematoma resultado da força empregada na imobilização).[90]

106 Por fim, *medidas menos radicais* também podem ser justificadas, mesmo quando elas não objetivam interferir na liberdade pessoal (p.ex., esconder a chave do carro por receio de fuga ou subtrair a carteira de identidade para fins de identificação).[91]

86. *Krey/Esser* nm. 647; *Kühl* AT § 9 nm. 85; ver também *Kindhäuser* AT § 20 nm. 5.
87. *Kindhäuser* AT § 20 nm. 6; *Krey/Esser* nm. 649; *Wessels/Beulke/Satzger* nm. 354.
88. *Rengier* AT § 22 nm. 14.
89. BGHSt 45, 378 (381) sobre estrangulação com riscos à vida.
90. *Kindhäuser* AT § 20 nm. 8; *Rengier* AT § 22 nm. 15.
91. *Kindhäuser* AT § 20 nm. 9; *Kühl* AT § 9 nm. 91; *Rengier* AT § 22, nm. 21; *Wessels/Beulke/Satzger* nm. 335; criticamente, *Krey/Esser* nm. 653.

VII. O direito de repreensão dos pais

Segundo o § 1631 Abs. 2 BGB, os filhos têm *direito a uma educação livre de violência.*[*] Em razão disso, castigos corporais, ofensas psíquicas e outras medidas degradantes não são permitidas. Isso não deve, no entanto, segundo a opinião talvez majoritária, excluir a justificação de uma repreensão corporal modesta em casos específicos.[92] Ela seria justificável nos casos em que haja uma razão suficiente, em que seja imperativa para os propósitos pedagógicos e que tenha sido, subjetivamente, executada com finalidades pedagógicas. Repreensões mínimas (p.ex., o tapa nas nádegas de uma criança pequena) não devem sequer alcançar os limites da insignificância necessários e preencher os pressupostos do tipo penal do § 223 StGB.[93] **107**

Aquilo que é definido como direito de repreensão é derivado do art. 6 GG e só está à disposição dos *pais*, por força de seus direitos de tutela, segundo os §§ 1626 e 1631 BGB. Outras pessoas não possuem direitos de repreensão; segundo a opinião atualmente majoritária, nem mesmo os *professores*.[94] **108**

C. Concordância do titular do direito

Decisões selecionadas: BGH NJW 1978, 1206 (caso da extração de dentes); BGHSt 49, 166 (jogos de dominação sexual sadomasoquistas); BGHS NStZ 2011, 343 (caso do suco de limão); BGHSt 58, 140 (briga generalizada).

Literatura para aprofundamento: *Amelung/Eymann* Die Einwilligung des Verletzten im Strafrecht, JuS 2001, 937; *Beckert* Einwilligung und Einverständnis, JA 2013, 507; *Rönnau* Grundwissen – Strafrecht; Einwilligung und Einverständnis, JuS 2007, 18; *idem* Grundwissen – Strafrecht: Hypothetische Einwilligung, JuS 2014, 882.

[*] *Nota de adaptação*: Norma semelhante, e até mais específica, também é encontrada no ordenamento jurídico brasileiro, a saber, no art. 18-A da Lei 8.069/90 (Estatuto da Criança e do Adolescente). A esse respeito, ver *infra* em *aproximações ao direito brasileiro* deste capítulo.

92. Schönke/Schröder/*Eser/Sternberg-Lieben* § 223 nm. 17 ss.; *Kühl* AT § 9 nm. 77b; outra posição, *Jäger* AT nm. 165: exclusão da culpabilidade; completamente contrário, *Heinrich* AT nm. 521s.; *Krey/Esser* nm. 684.

93. Schönke/Schröder/*Eser/Sternberg-Lieben* § 223 nm. 20; *Wessels/Beulke/Satzger* nm. 387a s.

94. *Kindhäuser* AT § 20 nm. 19; *Kühl* AT § 9 nm. 82; *Wessels/Beulke/Satzger* nm. 390a.

I. Consentimento

1. Fundamentos

109 O consentimento é – com a exceção da norma especial do § 228 StGB (→ nm. 126 ss.) – uma *causa de justificação* não regulada legalmente, mas *reconhecida pelo direito consuetudinário*. Diferente dos tipos permissivos explicados até agora, o consentimento não autoriza violações a bens jurídicos para proteger interesses atingidos ou em perigo, mas o faz porque o titular do bem jurídico em questão renunciou à integridade desse bem. A possibilidade de aceitação da perda de um bem jurídico advém do *direito à autodeterminação*, constitucionalmente garantido, que, no entanto, não é ilimitado (→ nm. 117 e 127).[95]

110 Em razão de seu pano de fundo, o consentimento segue uma *estrutura de verificação* bem diferente da seguida pelas causas de justificação anteriores. No entanto, aqui também se opera a distinção entre pressupostos objetivos de justificação, de um lado, e elementos subjetivos de justificação, do outro.

111

Esquema de verificação: consentimento

I. Disponibilidade do bem jurídico protegido

I. Poder de disposição do consentidor

III. Capacidade de consentimento

IV. Ausência de vícios de vontade significantes

V. Declaração de consentimento antes do fato

VI. Ausência de violação aos bons costumes (relativo ao consentimento nos delitos de lesão corporal)

VII. Elemento subjetivo da justificação

112 Deve-se diferenciar consentimento de acordo. Só se pode pensar em acordo quando o próprio injusto típico pressupõe uma ação contra ou sem a vontade do lesado. Nesse caso, a aceitação da vítima opera, na lesão ao bem jurídico, como *acordo excludente da tipicidade*.[96] O consentimento, ao contrário, segundo a opinião majoritária, só exclui a antijuridicidade.[97] A distinção entre consentimento e acordo também produz efeitos nos casos de erros.

95. *Rengier* AT § 23 nm. 7; *Wessels/Beulke/Satzger* nm. 370.

96. *Kindhäuser* AT § 12 nm. 34; *Kühl* AT § 9 nm. 25; *Rengier* AT § 23 nm. 3; *Wessels/Beulke/Satzger* nm. 366.

97. *Krey/Esser* nm. 657; *Kudlich* Pdw AT Fall 114; *Kühl* AT § 9 nm. 22; *Rengier* AT § 23 nm. 1; *Wessels/Beulke/Satzger* nm. 363. Segundo uma outra posição, cada vez mais

O acordo excludente da tipicidade aparece, dentre outros, nos delitos contra a liberdade (p.ex., privação de liberdade, § 239 StGB, e coação, § 240 StGB), de violação de domicílio, nos termos do § 123 StGB, e de furto, nos termos do § 242 StGB. Nos delitos de lesão corporal dos §§ 223 ss. StGB e de dano, nos termos do § 303 StGB, a aceitação do titular do bem jurídico, ao contrário, tem efeito justificante.[+] **113**

Para que o acordo exclua a tipicidade, exige-se apenas que haja de fato uma aceitação apropriada do lesado, diferente do que ocorre com o consentimento (→ nm. 122), para o qual há mais requisitos. Por isso, *vícios* de vontade em razão de induzimento a erro são *irrelevantes*, uma vez que, também nesses casos, não há qualquer vontade antagônica ou inexistente do lesado sendo ignorada. A questão, no entanto, é certamente diferente quando o acordo é obtido por coação, porque nesse caso ela já não representa mais qualquer exercício de vontade livre.[98] **114**

A *natureza fática* do acordo tem, além disso, como consequência, o fato de que – mais uma vez, diferentemente do consentimento – não tem obrigatoriamente que ser declarada de forma expressa ou concludente. Muito pelo contrário, já é suficiente uma aceitação interna (não reconhecível externamente).[99] Por fim, a capacidade natural de vontade também já é suficiente para a declaração do acordo, que pode se dar já em menores de idade (para o consentimento, ao contrário, ver → nm. 121).[100] **115**

2. Disponibilidade e poder de disposição

Um consentimento efetivo pressupõe, em primeiro lugar, a *disponibilidade geral* do bem jurídico que vem a ser lesado por meio do fato. Uma disponibilidade como essa só se encontra, *a priori*, nos bens jurídicos dos indivíduos (bens jurídicos individuais como, p.ex., vida, liberdade e patrimônio), nunca, ao contrário, nos bens jurídicos da coletividade **116**

difundida, um consentimento efetivo já deve excluir a tipicidade, ver apenas *Kindhäuser* AT 12 nm. 5.

[+] *Nota de adaptação*: No direito brasileiro, o delito de invasão de domicílio (art. 150 do CP), por exemplo, também pressupõe a discordância de quem possui o direito de consentir na entrada no domicílio, de modo que, diante de eventual aceitação deste, exclui-se o tipo e não a antijuridicidade. De forma semelhante, pode-se dizer o mesmo em relação a outros delitos, como o constrangimento ilegal (arts. 146 do CP), o furto (art. 155 do CP) e o estupro (art. 213 do CP), que também pressupõem implicitamente a ausência de acordo do titular do bem jurídico, de modo que, havendo concordância do titular, a tipicidade da conduta também é afastada.

98. *Kindhäuser* AT § 12 nm. 50; *Krey/Esser* nm. 661; *Rengier* AT § 23 nm. 42 ss.

99. *Rengier* AT § 23 nm. 46; *Wessels/Beulke/Satzger* nm. 368; de forma diferente, *Kindhäuser* AT § 12 nm. 58 s.

100. *Kindhäuser* AT § 12 nm. 42; *Rengier* AT § 23 nm. 45; *Wessels/Beulke/Satzger* nm. 367.

(bens jurídicos universais como, p.ex., a segurança do tráfego viário ou a administração da justiça).[101]

117 No entanto, mesmo os bens jurídicos individuais não estão sempre à livre disposição de seus titulares, senão que se encontram sujeitos a certos *bloqueios ao consentimento*. Enquanto, por exemplo, o patrimônio pode ser renunciado de forma ilimitada, a vida, por conta do § 216 StGB, é a princípio indisponível, uma vez que a norma também criminaliza expressamente a eutanásia voluntária (homicídio a pedido da vítima). Além disso, só se pode renunciar à integridade corporal até os limites do § 228 StGB.[*][102]

118 Além da disponibilidade geral, o consentimento efetivo ainda demanda o *poder de disposição* do consentidor *no caso concreto*. Só o titular do bem jurídico tem, fundamentalmente, o poder de disposição. Desde que ele não tenha capacidade de consentir, o poder de disposição pode ser conferido a outra pessoa.[103]

119 O poder de disposição de uma pessoa menor de idade pode ser conferido, sobretudo, ao seus pais, enquanto seus responsáveis legais, nos termos dos §§ 1626 e 1631 BGB.[+] Isso é o que ocorre, especialmente, no consentimento para intervenções médicas curativas (→ nm. 124). No entanto, o poder de disposição dos pais se encontra limitado na medida de seus direitos à tutela (concretizados legalmente de forma parcial, como pelo § 8a do TPG[+]). Além disso, eles não têm poder de disposição a partir do momento em que seus filhos menores de idade tenham adquirido capacidade de consentimento necessária e, por isso, possam decidir por conta própria (e sozinhos) a respeito da intervenção (p.ex., a respeito de uma intervenção médica na integridade corporal).[104]

3. Capacidade de consentimento e ausência de vício de vontade

120 O consentidor ainda tem, portanto, que, na condição de pessoa autorizada a dispor sobre seu bem jurídico ofendido, ser capaz de consentir, ou seja, ter capacidade geral para realizar julgamentos. Para isso, ele tem que estar em condições de, em razão de sua maturidade mental e moral,

101. *Krey/Esser* nm. 663; *Wessels/Beulke/Satzger* nm. 372.

[*] N.T.: § 228 StGB: Quem pratica lesão corporal com o consentimento do ofendido, só atua antijuridicamente se o fato, apesar do consentimento, viola os bons costumes.

102. *Kühl* AT § 9 nm. 28, 30; *Rengier* AT § 23 nm. 9.

103. *Rengier* AT § 23 nm. 13.

[+] *Nota de adaptação*: Os arts. 1630 ss. do CC disciplinam de forma semelhante o poder dos pais sobre os filhos menores (art. 5º do CC) no Brasil.

[+] *Nota de adaptação*: O ordenamento jurídico brasileiro possui norma semelhante (art. 9º, § 6º da 9.434/97) à do § 8a da TPG (Lei de Transplante de Órgãos alemã).

104. *Rengier* AT § 23 nm. 13.

reconhecer o significado e o alcance da renúncia ao seu direito e de julgar a situação de forma apropriada.[105]

A jurisprudência, ademais, nega capacidade de julgamento a um paciente que insiste em intervenções que, de forma alguma, atendam a propósitos curativos. O fato do médico esclarecer a ausência de indicação terapêutica da medida não altera a questão, porque sua obrigação é conciliar a opinião do paciente com uma avaliação médica realista.

> **Exemplo (caso da extração de dentes):**[106] A paciente P sofre de fortes dores de cabeça, e a causa é desconhecida. Ela quer extrair todos os dentes com obturação, porque acredita, segundo seu próprio convencimento, que haja uma relação entre as dores e o preenchimento de seus dentes com o material usado na restauração do canal. O dentista D explica para P que não há essa relação. No entanto, P continua insistindo em sua decisão. Ela, de fato, não está muito certa de que isso melhoraria seu estado, mas enxerga a extração como o único tratamento restante possível. D retira, então, todos os dentes obturados.
>
> Para o BGH, o consentimento de P, por conta da ausência de capacidade de julgamento, não é efetivo.[107] Esse caminho, certamente, parece correto. No entanto, ele permite que se negue, imediatamente, a um paciente, por conta de uma decisão irracional, o direito à autodeterminação por ausência de capacidade de julgamento.

Segundo a opinião majoritária, *menores de idade*, possuindo a **121** necessária maturidade moral e mental, também podem consentir de forma efetiva em que seus bens jurídicos sejam ofendidos. O grau de maturidade do menor de idade é o decisivo nessa avaliação.[108] Por esse aspecto, quanto mais próximo o menor de idade está dos limites da maioridade, mais fácil é de se afirmar a sua capacidade de consentimento.[109]

No caso concreto, para um consentimento ser efetivo, ele ainda tem que **122** ser *livre de vícios de vontade*. O consentimento não pode advir, sobretudo, de ameaça e coação. Em todo o caso, a opinião majoritária também nega efeito a consentimentos obtidos em razão de fraude quando eles impliquem

105. BGHSt 4, 88 (90); *Jäger* AT nm. 140; *Rengier* AT 23 § nm. 15; *Wessels/Beulke/Satzger* nm. 374.

106. BGH NJW 1978, 1206.

107. BGH NJW 1978, 1206.

108. BayObLG NJW 1999, 372 (372).

109. Schönke/Schröder/*Leckner/Sternberg-Lieben* Introdução aos §§ 32 ss. nm. 40; *Rengier* AT § 23 nm. 16.

em vícios de vontade significativos.[110] Uma outra posição defende que a fraude só invalida o consentimento quando o consentidor tem uma "falsa representação relacionada ao bem jurídico". Para isso, é necessário que o erro incida sobre o tipo, a gravidade e os riscos da intervenção autorizada no bem jurídico objeto da disposição.[111]

123 **Exemplo:**

- A consente em receber dois golpes nas costas com um pedaço fino de madeira como teste de coragem, para poder ser aceito por uma gangue. Na realidade, ele vem a ser golpeado com uma barra de metal.

O consentimento de A em relação à lesão corporal perigosa, nos termos dos §§ 224 Abs. 1 Nr. 2 Var. 2 StGB, é inefetivo segundo todas as posições, uma vez que há erro relacionado ao bem jurídico.

- A consente em receber dois golpes nas costas com um pedaço fino de madeira como teste de coragem, para ser aceito por uma gangue. Mas, dessa vez, a gangue, na realidade, nunca pretendeu de fato incluir A no grupo, mesmo que ele viesse a provar sua coragem.

Segundo a opinião majoritária, há aqui um erro significante em razão de fraude, que exclui a efetividade do consentimento de A em relação à lesão corporal perigosa. Já para a outra corrente, a falha de representação de A, ao contrário, é insignificante, uma vez que há apenas um erro na motivação de A, de modo que ele sabe exatamente em quais intervenções à sua integridade corporal ele está consentindo. De qualquer forma, o consentimento será negado em razão da violação aos bons costumes como disposto no § 228 StGB (→ nm. 126 ss.).

124 Na prática, um caso importante de aplicação para vícios de vontade é o do *esclarecimento em intervenções* médica*s* (p.ex., para aplicação de injeções, retirada de sangue, operações).[112] O paciente deve ser informado sobre todos os riscos típicos do tratamento, especialmente, sobre o tipo, a gravidade e os riscos da intervenção em questão (ver também § 630e Abs. 1 Satz 2 BGB), a fim de poder exercitar seu direito à autodeterminação de forma suficiente. Caso os esclarecimentos sejam incompletos ou errados ou sequer sejam fornecidos, há um vício de vontade do paciente, de modo que seu consentimento (segundo a opinião majoritária, também necessário

110. *Kindhäuser* AT § 12 nm. 27; *Rengier* AT § 23 nm. 32s.; cf. também BGHSt 16, 309 (310s.).

111. *Wessels/Beulke/Satzger* nm. 376a; posição intermediária em *Kühl* AT § 9 nm. 39s.; *Roxin* AT I § 13 nm. 99.

112. Ver, por exemplo, BGH NStZ 2011, 343 (caso do suco de limão).

nas intervenções curativas) para a lesão corporal é inefetivo;[113] a respeito do (ainda possível) consentimento hipotético → nm. 138 ss.

4. Declaração de consentimento antes do fato

O consentimento tem que ser declarado (expressa ou concludentemente) antes do fato a ser justificado, e se manter durante toda a sua execução. A posterior tomada de declaração, ao contrário, é insignificante e não tem o condão de excluir a antijuridicidade do fato retroativamente, uma vez que a responsabilidade penal se constitui no momento do fato.[114] 125

5. Ausência de violação aos bons costumes

126

§ 228 StGB – Consentimento

Aquele que pratica uma lesão corporal com o consentimento da pessoa lesionada só age antijuridicamente quando o fato, apesar do consentimento, viola os bons costumes.

Segundo o § 228 StGB, um consentimento não é efetivo quando o *fato* (não o consentimento) é *contrário aos bons costumes*. Essa exigência se aplica, segundo a opinião majoritária, apenas aos delitos de lesão corporal, ou seja, a mais nenhum outro delito.[115] 127

Caso S consinta em doar seu sangue, que é de um tipo muito raro e em relação ao qual haja extrema carência, em troca de muito dinheiro, a única coisa que importa em relação ao § 228 StGB é a gravidade da lesão provocada pela intervenção (que aqui não é informada). Não se pode questionar, ao contrário, a violação aos bons costumes relativa à comercialização das partes do corpo, porque ela se relaciona à declaração de consentimento como tal e não ao "fato" em si, que é a lesão corporal.

Uma lesão corporal viola *os bons costumes* quando ela contraria o sentimento de decência de todas as pessoas que pensam de forma equânime e justa. Levando-se em conta o princípio da determinação (→ § 1 nm. 34), a jurisprudência reduz o conceito "bons costumes" àquilo que ele possui de jurídico.[116] Portanto, é principalmente com base nas circunstâncias objetivas, como, em especial, o tipo e a gravidade do resultado da lesão 128

113. *Jäger* AT nm. 139; *Krey/Esser* nm. 667; *Wessels/Beulke/Satzger* nm. 376.

114. BGHSt 17, 359 (360); *Krey/Esser* nm. 665; *Kudlich* PdW AT caso 116; *Rengier* AT § 23 nm. 22; *Wessels/Beulke/Satzger* nm. 378.

115. Ver apenas *Wessels/Beulke/Satzger* nm. 377.

116. BGHSt 49, 34 (41); 49 166 (169).

corporal e o grau do possível risco à vida, que se decide se um fato viola os bons costumes.[117] Além disso, o propósito almejado com o fato praticado pode adquirir certa significância quando seja capaz de, ao contrário, servir de compensação a uma certa imoralidade presente no fato em determinadas circunstâncias (p.ex., o consentimento em uma intervenção médica curativa que seja perigosa para a vida do paciente).[118]

Exemplo:

– Durante brincadeiras sexuais sadomasoquistas, A pressiona um tubo metálico contra a garganta de B, a pedido desta, repetidas vezes a cada 3 minutos, a fim de lhe causar uma sensação excitante de falta de ar. Por meio da constante compressão dos dutos respiratórios e da interrupção do fluxo de oxigênio causado por tais compressões, A dá causa a uma assistolia. A reconhecia a possibilidade de que esse problema fatal pudesse ocorrer, mas confiava na sua não-ocorrência.

A ação de A não viola simplesmente por conta de sua especial motivação sexual os bons costumes. No entanto, a ação viola os bons costumes na medida em que era reconhecida a possibilidade de se causar perigos concretos para a vida, que foram causados pela pressão contra os dutos respiratórios realizada com material (tubo metálico) não apropriado para os contornos da garganta e em espaço de tempo relevante.[119]

– Quando grupos rivais combinam de se encontrar para brigar, e consentem mutuamente com possíveis lesões corporais, deve-se levar em consideração, no momento da avaliação ex-ante, tanto o grau de perigo, nada pequeno, das ações de lesão corporal, que estejam abrangidas pelo trato entre os grupos, como a incontrolabilidade do processo, que é estabelecido segundo a dinâmica do grupo. Caso – diferente do que ocorre nas competições esportivas – não haja um acordo ou precauções para evitar uma escalada das ações lesivas mútuas e, como consequência, um acréscimo considerável da gravidade que se impõe ao bem jurídico, o fato atenta contra os bons costumes nos termos do § 228 StGB.[120]

117. BGHSt 49, 34 (44); 49, 166 (171); 58, 140 (143); *Rengier* BT II § 20 nm. 4.

118. BGHSt 49, 166 (171); 58, 140 (144); BeckOK StGB/*Eschelbach* § 228 nm. 25; *Fischer* § 228 nm. 10.

119. BGHSt 49, 166 (174).

120. BGHSt 58, 140 (150).

6. Elemento subjetivo de justificação

O elemento subjetivo de justificação também deve estar presente na avaliação do consentimento, a fim de que seja possível compensar o injusto da ação praticado com a realização do tipo penal. Por isso, o autor tem que ter atuado com *conhecimento* e *em razão do consentimento.*[121] **129**

II. Consentimento presumido

1. Fundamentos

O consentimento presumido consiste em uma *causa de justificação autônoma* (também reconhecida pelo direito consuetudinário). Só se pode recorrer a ela quando a pessoa com poder para consentir não tenha tido a possibilidade de declarar, expressa ou concludentemente, a sua vontade. Portanto, o consentimento presumido é *subsidiário* em relação ao consentimento declarado, funcionando como um substituto.[122] **130**

O consentimento presumido é utilizado em dois *grupos de casos*:[123] **131**

– Em primeiro lugar, ele é aplicado quando a *ação é realizada em interesse do lesado* que não pode ser questionado antes da intervenção em seu bem jurídico (p.ex.: operação de emergência de um paciente inconsciente, invasão do domicílio do vizinho, que está em chamas).

– Em segundo lugar, aplica-se o consentimento presumido quando a *ação é realizada diante da falta de interesse do lesado* na proteção de seu bem jurídico (p.ex., recolher frutas, em um gramado, que tenham caído em excesso das árvores). Nesse caso, não é necessário consultar antecipadamente o proprietário do bem jurídico.

Enquanto o efeito justificante do consentimento declarado (expressa ou concludentemente) se fundamenta no direito à autodeterminação realmente exercido pelo titular do bem jurídico, o consentimento presumido pode se fundamentar apenas em uma *vontade presumida*. Dessa forma, a estrutura de verificação contém algumas modificações, que, no entanto, correspondem, em essência, ao do consentimento declarado. **132**

121. *Rengier* AT § 23 nm. 38; *Wessels/Beulke/Satzger* nm. 379; *Zieschang* nm. 299.
122. *Kindhäuser*AT § 19 nm. 2; *Krey/Esser* nm. 678; *Kühl* AT § 9 nm. 46; *Zieschang* nm. 305.
123. *Kindhäuser* AT § 19 nm. 1; *Kühl* AT § 9 nm. 46; *Wessels/Beulke/Satzger* nm. 380.

133

Esquema de verificação: consentimento presumido

I. Disponibilidade do bem jurídico protegido

II. Poder de disposição do consentidor

III. Capacidade de consentir

IV. Subsidiariedade em relação ao consentimento declarado

V. Correspondência com a vontade presumida

VI. Ausência de violação aos bons costumes (em relação ao consentimento para delitos de lesão corporal)

VII. Elemento subjetivo da justificação

2. Subsidiariedade

134 O consentimento presumido, como substituto do consentimento declarado, só pode ser utilizado caso *nenhuma vontade contrária* do titular do bem jurídico seja reconhecida. Aqui, não se questiona a racionalidade da vontade do titular do bem jurídico.[124]

135 Além disso, caso se deva justificar uma ação praticada em interesse (presumido) do lesado (→ nm. 131), não pode haver qualquer possibilidade de *consultar antecipadamente* a sua real vontade. Tendo em vista a impossibilidade dessa consulta, deve-se estabelecer requisitos rigorosos em razão do direito à autodeterminação do lesado.[125]

3. Correspondência com a vontade presumida

136 A intervenção ao bem jurídico deve, ainda, corresponder à vontade presumida do lesado no momento do fato. E, tendo em vista a necessidade de se avaliar a sua vontade pessoal, deve-se, em primeira linha, relacionar os *interesses individuais*, os desejos, as necessidades e os valores do titular do bem jurídico que sejam reconhecíveis no momento da prática do fato (ex ante).[126]

137 Apenas no caso em que não haja elementos para essa avaliação é que se deve considerar também *circunstâncias objetivas*. A vontade que teria um terceiro racional no lugar do lesado, de fato, não é relevante. No entanto,

124. *Kühl* AT § 9 nm. 47; *Rengier* AT § 23 nm. 57.
125. *Baumann/Weber/Mitsch* § 17 nm. 118; *Rengier* AT § 23 nm. 57.
126. BGHSt 35, 246 (249); 45, 219 (221); *Kindhäuser* AT § 19 nm. 9, 4; *Wessels/Beulke/Satzger* nm. 381.

pelo menos em relação a questões existenciais, de regra, na falta de indícios contrários, pode-se partir da correspondência entre o alguém "racional" e a vontade real do lesado.[127]

III. Consentimento hipotético

Há algum tempo, em razão das altas exigências impostas ao dever de declaração de consentimento nas relações médicas (→ n. 124), vem-se intensificando a discussão a respeito da possibilidade de um consentimento hipotético, a fim de reduzir os riscos de responsabilização penal relacionados a esses deveres.[128] Esse consentimento hipotético deve ser avaliado no caso em que o lesado, embora não tenha sido esclarecido corretamente (e, por isso, seu consentimento em relação à lesão ao bem jurídico ser inefetivo e, em regra, também não ser possível, por conta da subsidiariedade, se falar em consentimento presumido), *teria consentido* com a lesão ao seu bem jurídico *caso tivesse recebido os devidos esclarecimentos*. Dessa forma, uma posição crescente defende não parecer adequado punir o médico na situação em que o paciente, caso tivesse sido corretamente esclarecido, também teria declarado seu consentimento. **138**

Se e (em caso afirmativo) como se pode recorrer ao consentimento hipotético é bem controverso. Uma parte, rejeita essa figura jurídica derivada do direito civil, por diversas razões, já no plano da fundamentação.[129] Dentre os defensores do consentimento hipotético, há ainda um dissenso a respeito de sua natureza e alcance. Para a posição talvez majoritária, o consentimento hipotético é uma *causa de justificação*; de qualquer forma, segundo o BGH, exclui-se a antijuridicidade.[130] **139**

A interação entre consentimento, consentimento presumido e consentimento hipotético tem relevância, sobretudo, em casos de cirurgia. **140**

> **Exemplo:** O médico M opera sua paciente P em razão de uma fratura no tornozelo. Antes da cirurgia, no entanto, M não esclarece a P que os parafusos colocados podem causar complicações futuras. Por isso, P consente com a intervenção médica sem conhecimento das complicações possíveis. No entanto, P teria aceitado a intervenção da mesma forma caso M não tivesse omitido as possíveis consequências. **141**

127. BGHSt 35, 246 (249 s.); 45, 219 (221); *Kühl* AT § 9 nm. 47.
128. Ver, a esse respeito, *Jäger* AT nm. 146a; *Kühl* AT § 9 nm. 47a.
129. Ver, por exemplo, *Jäger* AT nm. 146c; *Otto* Jura 2004, 679 (683); *Puppe* GA 2003, 764 (769).
130, BGH NStZ-RR 2004, 16 (17); 2007, 340 (341); NStZ 2012, 205 (206); ver também *Wessels/Beulke/Satzger* nm. 384a.

Um *consentimento* efetivo de P é afastado por conta da declaração de M a respeito das complicações futuras envolvidas na intervenção médica, que, por ser incompleta, fundamenta um vício de vontade.

Da mesma forma, menos ainda se pode justificar o comportamento de M por conta de um *consentimento presumido*. A sua subsidiariedade, enquanto substitutivo do consentimento, pressupõe a impossibilidade de uma antecipada tomada de declaração do lesado. No exemplo debatido, no entanto, a vontade real de P poderia ter sido averiguada no momento do fato por meio de um esclarecimento médico completo e correto.

A pode apelar, no entanto, ao *consentimento hipotético* de P, que, segundo a opinião talvez majoritária, também é uma causa de justificação. Assim, a lesão corporal praticada por M em P deve ser justificada, uma vez que P também teria consentido na intervenção cirúrgica caso tivesse sido esclarecida corretamente e, por isso, tivesse completo conhecimento da situação.

Aproximações ao direito brasileiro

Uma conduta em geral proibida pode, em certas ocasiões, ser permitida, e essa permissão pode advir tanto do legislador quanto dos próprios costumes da sociedade. Ordenamentos jurídicos distintos podem apresentar causas de justificação distintas. Além disso, por conta do princípio da unidade da ordem jurídica (→ nm. 7), as causas de justificação para ações jurídico-penais também podem ser estabelecidas por meio de leis não-penais. **142**

No Brasil, o art. 23 do CP elenca quatro causas de justificação gerais, a saber o estado de necessidade, a legítima defesa, o estrito cumprimento do dever legal ou o exercício regular de direito. Embora o estado de necessidade e a legítima defesa, no entanto, sejam também regulados pelo direito penal alemão, no Brasil, essas causas de justificação têm regulações, de certa forma, distintas e, por isso, elas devem ser investigadas aqui de forma um pouco mais detalhada. Como o estrito cumprimento do dever legal e o exercício regular de direito não são causas de justificação reconhecidas como tais no ordenamento jurídico alemão, também são necessários alguns breves comentários a respeito delas. **143**

A começar pela *legítima defesa*, é importante deixar claro que todas as considerações do direito alemão são perfeitamente aplicáveis ao direito brasileiro, tendo em vista a similitude entre suas redações, de modo que não se faz necessário, nesse momento, discorrer muito a seu respeito. À diferença das demais causa de justificação, a legítima defesa é provavelmente reconhecida em todos os ordenamentos jurídicos do mundo, pois se trata de um direito evidente, por parte daquele que sofre uma *agressão atual e injusta*, poder repeli-la ou tê-la repelida por um outro que o defenda, desde que sejam usados *moderadamente os meios necessários* à disposição (como, entre nós, regula o art. 25 do CP). Além disso, as restrições ao direito de legítima defesa estabelecidas por meio do requisito da "imperatividade" [*Gebotenheit*] no direito alemão, pode-se dizer que, no direito brasileiro, estão, de certa forma, estabelecidas por meio do requisito da "moderação", que *não se aplica apenas* à racionalidade ou moderação *dos meios empregados*. A moderação, que indica um certo juízo de proporcionalidade, também pode servir, entre nós, para restringir a legítima defesa *por considerações ético-sociais* (→ nm. 43 ss.),[131] em casos de agressões irrisórias, de crassa desproporção entre os bens jurídicos em questão (o defendido e o agredido), ou ainda em casos de defesa contra agressões de crianças, doentes mentais ou outros agentes inimputáveis, por exemplo. **144**

131. Como defendem Martinelli e de Bem, p. 567.

145 Em relação ao *estado de necessidade*, contudo, percebe-se logo que a redação brasileira a seu respeito se difere bastante da alemã. Em que pese o art. 24 do CP não fazer menção, como seu correspondente alemão, a bens jurídicos passíveis de serem defendidos em estado de necessidade, essa diferença não é significante, pois o § 34 StGB também possibilita ação em estado de necessidade para a proteção de outros bens jurídicos. Mas uma distinção é crucial entre ambos os ordenamentos: o direito brasileiro *não exige expressamente uma ponderação* entre os interesses antagônicos, na qual o bem jurídico protegido deva prevalecer substancialmente em relação ao atingido. A ausência de tal critério, portanto, poderia conduzir à justificação de um autor que, por exemplo, a fim de salvar seu celular, empurra fortemente alguém – a fim de que colida com um terceiro que viria, por descuido, a pisar no aparelho no passo seguinte – causando-lhe lesões corporais, caso o forte empurrão fosse medida necessária (idônea e relativamente mais moderada) na situação. Além disso, segundo a redação da regra brasileira do estado de necessidade, seria possível também justificar a conduta daquele que empurra o outro no exemplo da tábua de Carneades (→ nm. 84). Essa situação nos conduziria ao absurdo de não apenas aceitar o homicídio de alguém por outro que tenta se salvar, mas negar uma ação de legítima defesa àquele que vem a ser empurrado da tábua pelo que tenta se salvar em (suposto) estado de necessidade. Isso porque, se este possuísse o direito de se salvar, e como a todo direito corresponde um dever, aquele teria o dever de aceitar ser empurrado para fora da tábua: afinal, "entende-se em legítima defesa quem repele *injusta* agressão" (art. 24 do CP), e não há injusta agressão por parte daquele que está juridicamente justificado. Por isso, a ponderação de interesses como pressuposto do estado de necessidade justificante, também é defendida, com acerto, pela literatura no Brasil.[132] Afinal, ainda é necessário ressaltar que, embora o ordenamento jurídico brasileiro também garanta a inviolabilidade da vida (art. 5º, *caput*, da CF), é por conta do critério da ponderação de interesses que, no caso da tábua de Carneades, se nega justificação por estado de necessidade (→ nm. 84), pois caso a inviolabilidade da vida fosse, de fato, absoluta, também não seria possível justificar um homicídio em legítima defesa. A solução do direito penal alemão para os casos de desproporcionalidade no estado de necessidade (interesse protegido de menor ou igual valor que o interesse sacrificado) nos aponta uma outra diferença em relação a ambos os ordenamentos. Na Alemanha, o estado de necessidade, quando não justificante, ainda pode ser exculpante (→ § 6 nm. 45 ss.). Essa teoria diferenciadora,[133] contudo, apesar

132. A esse respeito, ver Martinelli e de Bem, p. 564, que também apresentam superficialmente, e com outras referências, critérios para o mencionado juízo de ponderação. No mesmo sentido, Galvão, p. 419, e Gueiros e Japiassú, p. 269 s.

133. A respeito das teorias unificadoras e diferenciadoras, ver Martinelli e de Bem, p. 563 s.; Galvão, p. 419; Gueiros e Japiassú, p. 269 s., 300 s.; e Cirino, p. 245 ss.

de não afirmada expressamente pelo legislador, é perfeitamente compatível com o ordenamento jurídico brasileiro, que, do contrário, estaria suscetível a antinomias.[134] Ainda é necessário lembrar que a própria coação moral irresistível (art. 22 do CP) – tratada no Brasil como causa de exculpação – é caso clássico de estado de necessidade exculpante (→ § 6 nm. 51), já que não se pode afirmar que A tenha o direito (uma permissão) de matar B em razão de uma ameaça de C, que lhe aponta uma arma; do contrário, B não poderia se defender de A em legítima defesa; A conduta de A não pode, nesse caso, ser justificada, senão simplesmente exculpada. Por isso, se é possível reconhecer causas supralegais de justificação ou de exculpação, o estado de necessidade exculpante deve ser afirmado, também entre nós, para casos de desproporcionalidade entre os interesses ponderados no estado de necessidade. O Código Penal brasileiro ainda dispõe sobre a impossibilidade, por parte daquele que tem o dever legal de enfrentar o perigo (como bombeiros, policiais, médicos, juízes etc.), de ser justificado pelo estado de necessidade.[135] E também permite ao juiz reduzir a pena daquele que agiu para defender direito ameaçado que, na situação, era razoável que tivesse sido sacrificado em razão da desproporcionalidade entre os interesses em questão (art. 24, § 2º, do CP).[136]

A justificação por *exercício regular de direito* (art. 23, III, segunda parte, do CP), não prevista pela legislação alemã, objetiva justificar comportamentos definidos como direito e exercidos de forma regular. Essa causa de justificação, no entanto, é evidentemente supérflua. Na medida em que há um direito do autor, como o de efetuar prisão em flagrante (art. 301 **146**

134. Haveria uma antinomia caso tivéssemos que reconhecer, por exemplo, no caso da tábua de Carneades, um direito de matar de ambos (que, em estado de necessidade justificante, estariam permitidos a matar aquele com o qual se divide a tábua) e, portanto, um correlato dever, também de ambos, de ter que suportar a agressão (justa, porque permitida), ou ainda, no caso do dono que mata um cão valioso para defender o seu vira-lata de um ataque, de se ter que reconhecer um dever do dono do cão valioso de suportar a ação defensiva contra seu bem. Esses casos revelam que não se pode justificar sempre em estado de necessidade, mas que a situação de conflito revela um estado de necessidade exculpante, que não justifica e, portanto, não cria um correlato dever de suportar uma ação justa, mas que também exclui o crime por parte do que atua para afastar o perigo. Essas considerações podem ser encontradas em Greco Luís, *A teoria diferenciadora do estado de necessidade: por que só de lege ferenda?* (in: http://www.buscalegis.ufsc.br/revistas/files/anexos/10265-10265-1-PB.htm).

135. A título de exemplo, pode-se citar o médico que não pode deixar de atender paciente sob alegação do risco de contágio da doença, o juiz que não pode deixar de decidir sob alegação de ameaça de morte, o policial que não pode deixar de perseguir suspeito por risco de morrer. Mas a literatura brasileira defende um caráter relativo a tal exigência. Para essa discussão, ver Cirino, p. 248 ss., Gueiros e Japiassú, p. 271 ss., Martinelli e de Bem, p. 563 e Galvão, p. 428 ss.

136. Ver, por todos, Cirino, p. 246 s.

do CPP) nas hipóteses legais (art. 302 do CPP), a própria norma já funciona como causa de justificação autônoma, pois o ordenamento jurídico é uma unidade, não sendo necessário afirmar um direito e posteriormente reafirmar que tal direito não é suprimido por uma norma penal incriminadora, uma vez que uma conduta expressamente permitida não pode ser punível. Além disso, um direito só pode ser exercido de forma regular. Caso alguém tenha o direito a cobrar um valor pela via judicial, cobrá-lo com ameaça não é apenas um direito exercido de forma irregular, mas não é um direito. O art. 1.210 do CC, por exemplo, também permite o "desforço imediato" do possuidor que, turbado ou esbulhado em sua posse, poderá empregar força para se manter ou se restituir na posse, de modo que uma eventual lesão corporal praticada por esse possuidor está justificada pelo mesmo legislador que estabeleceu a punição por lesão corporal, ainda que por via de outra lei (no caso, o Código Civil). A causa de justificação por exercício regular de direito, no Brasil, também conduz ao equívoco de se justificar lesões corporais no esporte[137] ou em intervenções médicas, quando na realidade o que as justifica é o consentimento do titular do bem jurídico (→ nm. 109 ss.). O médico não pode operar um paciente porque possui esse direito, mas porque o paciente consente em tal intervenção (art. 15 do CC); da mesma forma, por mais que houvesse norma estabelecendo um direito dos lutadores de boxe ou dos jogadores de futebol de agredir seus oponentes, sem o consentimento de tais oponentes em participar do jogo sob tais regras, não seria possível justificar a conduta do agressor. Também não parece correto afirmar a existência de um direito de agredir por esporte, a realidade nos aponta, antes, para uma tolerância por conta do consentimento daquele que receberá a agressão. De forma similar, caso médicos simplesmente possuíssem o direito de intervir na integridade corporal em razão da profissão, seria necessário afirmar um dever do paciente de suportar intervenções cirúrgicas mesmo que contra sua vontade, pois este não teria o direito de se contrapor a um direito (do médico). Além disso, é bom lembrar que, por mais que ambas as causas justifiquem a conduta, elas justificam sob pressupostos distintos, de modo que não se trata de uma discussão desprovida de razões práticas.

147 Outra causa de justificação, a princípio, supérflua é o *estrito cumprimento do dever legal* (art. 23, III, primeira parte, do CP). Um dever previsto em lei não pode ser, ao mesmo tempo, jurídico e antijurídico, de modo que não é necessário afirmar que um juiz não comete o delito de sequestro ou cárcere privado (art. 148 do CP), ao determinar, por exemplo, uma prisão preventiva caso verificados os pressupostos legais do art. 312 do CPP. Essa causa de justificação brasileira, na realidade, ademais de sua dispensabilidade, acaba podendo cumprir função antiliberal no ordenamento jurídico brasileiro, ao

137. Nesse sentido, Martinelli e de Bem, p. 571 ss. e Gueiros e Japiassú, p. 278.

disfarçar a necessidade de se enfrentar a existência de normas permissivas e seus correlatos pressupostos diante de um comportamento típico por parte de autoridades públicas e servir, muitas vezes, de cláusula geral para arbitrariedades.[138] Porque, caso os pressupostos da prisão preventiva, por exemplo, não estejam presentes, a conclusão seguinte é afirmar que o juiz que determinou a prisão (ilegal), ciente da ausência de pressupostos legais, agiu contra a liberdade de seu concidadão de forma não justificada e, se também culpável, é punível pelo delito de cárcere privado (art. 148 do CP). Quando, na análise da antijuridicidade desse delito, contudo, o jurista não é exposto à verificação dos pressupostos da prisão, mas simplesmente à constatação de estar o agente atuando em normalidade profissional, cumprindo seu dever, furta-se naturalmente à discussão do essencial.[139]

Quanto ao *consentimento* como causa de justificação, é importante **148**
destacar que o Código Civil brasileiro (art. 15) exige expressamente a vontade do paciente em tratamentos médicos e intervenções cirúrgicas que gerem risco de vida. Além disso, o ordenamento jurídico brasileiro também impede a renúncia à integridade corporal – à semelhança do que faz o § 228 StGB (→ nm. 117) – caso o ato de disposição do próprio corpo possa importar diminuição permanente da integridade física ou contrariar os bons costumes, salvo por exigência (leia-se, propriamente, sugestão) médica ou para fins de transplante, na forma estabelecida em lei.[140] E os arts. 1630 ss. do CC disciplinam de forma semelhante o poder dos pais sobre os filhos menores (art. 5° do CC) no Brasil (→ nm. 119).

138. Como exemplo, é possível citar decisão judicial que trata o tiro de um policial *contra alguém* como parte do cumprimento de seu dever legal (ver TJDF, 1ª Turma, APR n. 1250792, rel. Des. João Mariosa, DJ 23.03.1994), quando, na realidade, esse tiro, em vista do ordenamento jurídico brasileiro, só pode ser justificado diante das altas exigências impostas pela situação de legítima defesa. Não é apenas irracional conferir *dever* legal de atirar contra alguém fora das restritas situações de legítima defesa de terceiro (p.ex., o policial que atira para matar alguém que está em vias de matar um terceiro) como também não são "critérios éticos e morais que autorizam a descriminalização do ato" de atirar, mas, em caso de ações estatais, em virtude do princípio da reserva legal para intervenção em direitos fundamentais, apenas a lei." Cf. Greco Luís, Introdução, em: Wolter Jürgen, *O inviolável e o intocável no direito processual penal*, Org. e Intr. Luís Greco, 1. ed., São Paulo: Marcial Pons, 2018, 36 ss. 139. A respeito dos pressupostos da causa de justificação do estrito cumprimento do dever legal, ver Martinelli e de Bem, p. 569 ss. e Gueiros e Japiassú, p. 276 ss.

140. A lei brasileira que dispõe sobre a remoção de órgãos, tecidos e partes do corpo humano para fins de transplante e tratamento médico (Lei 9.434/1997) possui inúmeros dispositivos que tratam do consentimento para intervenções à integridade corporal de pacientes, especialmente o art. 9°, que permite à pessoa juridicamente capaz dispor gratuitamente de tecidos, órgãos e partes do próprio corpo vivo, para fins terapêuticos ou para transplantes em cônjuge ou parentes consanguíneos até o quarto grau, inclusive, na forma do § 4° deste artigo, ou em qualquer outra pessoa, mediante autorização judicial,

149 Ainda é importante destacar a existência de outras normas do Código Civil brasileiro que também apresentam causas de justificação, como o estado de necessidade do direito civil, que justifica a deterioração ou destruição da coisa alheia ou a lesão a pessoa, a fim de remover perigo iminente (art. 188), os direitos de retenção (arts. 319, 527, 571, 578, 633, 644, 664, 681, 708, 740 § 3º, 742, 1.219, 1.433 II, 1.455 parágrafo único, 1.423, 1.507 § 2º e 1.509 § 1º) e de proteção e retomada da posse, como legítima defesa da posse e desforço imediato (art. 1210 ss.).

150 Por fim, note-se que o art. 18-A do Estatuto da Criança e do Adolescente (ECA, lei 8.069/90), assim como o § 1631 Abs. 2 BGB, também garante à criança e ao adolescente o *direito a uma educação livre de violência*. Além disso, por força das disposições específicas do art. 18-A, parágrafo único, do ECA, relativas às formas de castigo físico e tratamento cruel ou degradante, não parece ser possível justificar, no Brasil, lesões corporais praticadas contra filhos em razão de um direito de repreensão, mas obviamente nem todo tipo de ingerência sobre o corpo ultrapassa os limites da insignificância necessários e preenche os pressupostos do tipo penal do art. 129 do CP (→ nm. 107).

dispensada esta em relação à medula óssea. O mesmo art. 9º da Lei 9.434/1997 ainda apresenta outras disposições importantes em seus parágrafos que merecem atenção.

§ 6. O delito comissivo doloso e consumado: a culpabilidade

A. Fundamentos

O direito penal alemão se sustenta sobre o *princípio da culpabilidade* (→ § 1nm. 36 s.): a pena pressupõe culpabilidade e, ao mesmo tempo, é limitada pelo grau da culpabilidade (função fundamentadora e função limitadora da culpabilidade).[1] O princípio da culpabilidade postula a liberdade dos homens de decidir a favor do direito e contra o ilícito. 1

O autor age com culpabilidade, enquanto fundamentadora da pena, quando o fato lhe é pessoalmente *imputável*. Segundo a visão predominante, o objeto da imputação de culpabilidade é a atitude interna de valor reprovável que se manifesta no fato antijurídico. Por isso, a ação ilícita é o ponto de referência para o juízo de culpabilidade.[2] 2

São os valores ético-sociais da ordem jurídica que determinam a imputação de culpabilidade. Trata-se de uma culpabilidade jurídica, ou seja, da reprovação em razão de uma falta de fidelidade com o direito, e não de uma culpabilidade moral ou ética.[3] 3

A culpabilidade (fundamentadora da pena) forma o terceiro estágio de análise do delito após a tipicidade e a antijuridicidade. Assim como ocorre com a antijuridicidade, a exclusão da culpabilidade também é uma exceção, de modo que só se deve colocá-la em dúvida quando a situação de fato der ensejo. Por isso, nas provas acadêmicas, basta, em regra, a breve afirmação, em estilo de decisão, de que "o fato é culpável" (cf. em relação à antijuridicidade → § 5 nm. 5). 4

1. BVerfGE 9, 167 (169); 95, 96 (131); BGHSt 2, 194 (200); *Kindhäuser* AT § 21 nm. 1; *Wessels/Beulke/Satzger* nm. 398.
2. BGHSr 2, 194 (200); *Wessels/Beulke/Satzger* nm. 400, 402.
3. *Kindhäuser* AT § 21 nm. 10; *Wessels/Beulke/Satzger* nm. 403.

B. Capacidade de culpabilidade

5

§ 19 StGB – Incapacidade de culpabilidade da criança

É incapaz de culpabilidade aquele que, ao tempo do cometimento do fato, não possui quatorze anos.

§ 20 StGB – Incapacidade de culpabilidade por transtorno mental

Não atua com culpabilidade aquele que, ao tempo do cometimento do fato, em razão de transtorno mental patológico, de profundo transtorno de consciência, debilidade mental ou de outra anomalia mental grave, seja incapaz de compreender o caráter injusto do fato ou de agir conforme essa compreensão.

§ 21 StGB – Capacidade de culpabilidade reduzida

Se, durante o cometimento do fato, a capacidade do autor de compreender o caráter injusto desse fato ou de agir conforme essa compreensão se encontra reduzida por conta de uma razão entre as descritas no § 20, a pena pode ser atenuada segundo as regras do § 49 Abs. 1.

I. Fundamentos

6 Só pode atuar culpavelmente quem é capaz de culpabilidade em geral, ou seja, aquele que pode compreender o caráter injusto do fato e atuar conforme essa compreensão.[4] Segundo o § 19 StGB, essa possibilidade é negada, de forma categórica e irrefutável, para todas as *crianças* menores de 14 (quatorze) anos de idade. Os *adolescentes* que, no momento decisivo do fato, tenham entre 14 (quatorze) e 18 (dezoito) anos são capazes de culpabilidade caso preencham determinadas condições (§ 3 Satz 1 JGG[*]). Os *adultos*, ou seja, pessoas maiores de 18 (dezoito) anos, ao contrário, são, em regra, capazes de culpabilidade; e essa capacidade de culpabilidade só é afastada quando presentes os pressupostos do § 20 StGB. Em todo caso, basta que o autor seja capaz de culpabilidade no começo do fato, ou seja, a

4. *Jäger* AT nm. 168.

[*] N.T.: *Jugendgerichtsgesetz* (Lei do Tribunal Juvenil, em tradução livre), § 3 Satz 1: Um adolescente é penalmente responsável quando, ao tempo do fato, possui maturidade, de acordo com seu desenvolvimento ético e mental, para compreender o caráter injusto do fato e atuar em conformidade com tal compreensão.

partir do começo da fase de tentativa; a perda da capacidade de culpabilidade durante a execução do fato é irrelevante (p.ex., caso o autor desenvolva durante o fato um delírio homicida).[5]

Segundo o § 20 StGB, aquele que, em razão de distúrbios biológicos e psíquicos, não está em condições de compreender o caráter injusto do fato (ou seja, de ter *capacidade de compreensão*) ou de atuar em conformidade com tal compreensão (ou seja, de ter *capacidade de atuação conforme*) é *incapaz de culpabilidade*, e atua, portanto, sem culpabilidade. Em regra, a capacidade de atuação conforme é afetada antes da capacidade de compreensão. 7

O § 20 StGB menciona, taxativamente, déficits biológicos e psicológicos que fundamentam a incapacidade de atuação conforme ou de compreensão do autor: o distúrbio mental patológico (p.ex., desordens relacionadas ao órgão cerebral, esquizofrenia), o distúrbio profundo da consciência (p.ex., exaustão, emoção extrema), a debilidade mental ou outras anomalias mentais graves (p.ex., neurose, transtornos impulsivos).[6] O entorpecimento completo (→ nm. 11 ss.), especialmente, também pode excluir a capacidade de culpabilidade do embriagado. No entanto, discute-se se ela é um distúrbio mental patológico ou de um distúrbio profundo da consciência.[7] 8

Segundo o § 21 StGB, as pessoas que, durante a execução do fato, têm capacidade de compreensão e de atuação conforme significativamente reduzidas pelas razões elencadas no § 20 StGB atuam com *capacidade de culpabilidade reduzida*. A capacidade de culpabilidade reduzida não exclui a culpabilidade e, por consequência, também não exclui a penalização; ela fundamenta, tão somente, uma causa de redução de pena que pode vir a ser aplicada pelo julgador ("... *pode* ser atenuada") – ou seja, sua aplicação é facultativa, e não imperativa. 9

O caso mais comum de aplicação dos §§ 20 e 21 StGB é o de excessivo *consumo de álcool*. Supõe-se que uma pessoa age com capacidade de culpabilidade reduzida quando, no momento do fato, possui uma concentração de álcool no sangue (CAS) igual ou maior do que 2,0‰; e com incapacidade de culpabilidade quando essa concentração atinge 3,0‰. Nos delitos de homicídio dolosos, praticados por comissão, essas balizas são aumentadas em dez porcento (2,2‰ e 3,3‰) em razão da postulada teoria 10

5. *Kudlich* PdW AT Fall 129; *Wessels/Beulke/Satzger* nm. 411.

6. *Jäger* AT nm. 171 ss.; *Kindhäuser* AT § 22 nm. 6; *Krey/Esser* nm. 696 ss.; *Rengier* AT § 24 nm. 6; *Wessels/Beulke/Satzger* nm. 410-

7. A esse respeito, ver *Jäger* AT nm. 127 s.; *Kindhäuser* AT § 22 nm. 8.

dos obstáculos psíquicos (→ § 4 nm. 90 s. e 93).[8] No entanto, não existe qualquer proposição empírica de que um ser humano, a partir de determinada quantidade de álcool no sangue, tenha uma capacidade reduzida ou seja incapaz de culpabilidade. Por isso, é sempre necessário proceder a uma consideração global das circunstâncias do caso concreto (p.ex., tolerância ao álcool, constituição física do autor, perda de consciência, gravidade do delito), que, na prática, é realizada por um perito.[9]

II. *Actio libera in causa*

Decisão selecionada: BGHSt 42, 235 (não há *actio libera in causa* em casos de delitos de trânsito).

Literatura para aprofundamento: *Fahl* Actio libera in causa, JA 1999, 84; *Rönnau* Grundwissen – Strafrecht: Actio libera in causa, JuS 2010, 300; *Satzger* Dreinmal "in causa" – actio libera in causa, omissio libera in causa und actio ilicita in causa, Jura 2006, 513.

1. Fundamentos

11 Caso, segundo as prescrições do § 20 StGB, o autor, durante a execução do delito, atue sem culpabilidade, a penalização relacionada ao fato praticado em condições de incapacidade de culpabilidade deve ser excluída. Em todo caso, o autor será responsabilizado penalmente por *entorpecimento completo*, nos termos do § 323a StGB.[+] Esse delito se conecta ao agir prévio do autor (realizado quando ainda havia capacidade de culpabilidade), em se colocar nesse estado de entorpecimento, e prevê uma pena restritiva de liberdade de até cinco anos. No entanto, parece haver aqui uma iniquidade, sobretudo, quando o autor bebe intencionalmente para praticar um delito

8. BGHSt 37, 231 (235); *Fischer* § 20 nm. 20ss.; *Rengier* AT § 24 nm, 9. Para a incapacidade de culpabilidade por consequência de ludopatia (vício no jogo), ver BGH NStZ 2014, 80.

9. *Rengier* AT § 24 nm. 8; *Wessels/Beulke/Satzger* nm. 412; *Zieschang* nm. 332.

[+] *Nota de adaptação*: No direito brasileiro, não há delito correspondente.

§ 323a StGB: "(1) Quem, dolosa ou culposamente, se coloque, mediante a utilização de bebidas alcoólicas ou outras substâncias entorpecentes, em situação de entorpecimento completo, é punido com pena restritiva de liberdade de até cinco anos ou pena de multa, caso venha a praticar um fato antijurídico nessa condição de entorpecimento e, em razão dela, não possa ser punido, seja porque, por consequência do entorpecimento completo, era incapaz de culpabilidade ou porque tal incapacidade não pode ser descartada.

(2) A pena não pode ser mais grave do que aquela cominada ao delito praticado em estado de embriaguez.

(3) O fato só poderá ser processado mediante requerimento, autorização ou requisição, caso o fato praticado em estado de embriaguez só pudesse ser processado mediante requerimento, autorização ou requisição."

em estado de embriaguez (conhecido como *embriaguez preordenada*) e, portanto, sem capacidade de culpabilidade.

Por conta de tal iniquidade, busca-se incriminar o autor pelo injusto realmente praticado durante a embriaguez preordenada, quando ele se coloca, dolosa ou culposamente (controverso; → nm. 24 s.), em estado de incapacidade de culpabilidade – em vez de incriminá-lo apenas pela causação do entorpecimento completo. Isso se dá mediante a aplicação dos princípios, provenientes do direito consuetudinário, da *actio libera in causa* ("causado por ação livre"), que são justificados de diversas formas. Essa figura jurídica é, no entanto, uma das construções mais controversas da parte geral, uma vez que ela ultrapassa, de várias formas, a literalidade da lei e as interpretações consolidadas. A jurisprudência também delimita cada vez mais o âmbito de incidência da *actio libera in causa*. **12**

2. *Actio libera in causa* dolosa

Na *actio libera in causa* dolosa, o autor se coloca, com conhecimento e vontade, nesse estado de deficiência do § 20 StGB, a fim de cometer delitos. Os detalhes de sua motivação, ou seja, se ele quer "tomar coragem" ou "reduzir suas inibições", não têm qualquer relevância. O decisivo é somente que o autor, enquanto se embriaga (portanto ainda em estado de capacidade de culpabilidade), esteja decidido a praticar um delito, determinado e suficientemente concretizado, quando estiver no estado posterior de incapacidade de culpabilidade.[10] **13**

a) Modelo da exceção

Quando se procede à verificação da responsabilidade penal do autor pelo delito praticado em estado de entorpecimento, não surgem particulares questionamentos nos primeiros dois níveis da análise. O autor realiza o *tipo penal*, uma vez que pratica, em estado de entorpecimento, com conhecimento e vontade, as ações típicas correspondentes e, de maneira causal e imputável, provoca o resultado potencialmente típico (p.ex., a morte de alguém). No plano da *antijuridicidade*, também não há o que se discutir por conta do entorpecimento e, portanto, ela pode, em regra, ser afirmada prontamente. **14**

No estágio seguinte, no plano da *culpabilidade*, deve-se abordar o § 20 StGB e estabelecer que o autor, no momento do fato, era incapaz de culpabilidade em razão de seu estado de entorpecimento. No entanto, o princípio da coincidência, explicitado no § 20 StGB, exige que a culpabilidade do autor esteja presente no momento da execução do fato, para que seja possível imputar-lhe pessoalmente o fato antijurídico. Por **15**

10. *Rengier* AT 25 § nm. 4; *Wessels/Beulke/Satzger* nm. 417.

conta de tais considerações, a responsabilidade penal do autor pelo delito praticado em estado de entorpecimento deveria ser excluída por ausência de culpabilidade.[11]

16 O modelo da exceção (ou solução da exceção) pretende, então, nesse ponto da análise do delito, autorizar uma *exceção ao princípio da coincidência.* Nos casos de *actio libera in causa*, seria suficiente, segundo tal modelo, que o autor fosse capaz de culpabilidade, em todo o caso, no momento em que decidiu provocar sua incapacidade de culpabilidade, colocando-se em estado de entorpecimento. A falta de culpabilidade no momento da execução do fato concreto praticado em estado de entorpecimento seria compensada pela atitude do autor, ao considerar a posterior lesão ao bem jurídico, em se privar de sua capacidade de atuação conforme.[12]

17 No entanto, opõe-se ao modelo de exceção o teor inequívoco do § 20 StGB, que se refere ao tempo do cometimento do fato. Por isso, querer renunciar a essa exigência, a fim de punir o próprio fato praticado em estado de entorpecimento, significa violar a proibição, prevista no art. 103 Abs. 2 GG (→ § 1 nm. 28 s.), de *recorrer ao direito consuetudinário para fundamentar penas.*[13]

b) Modelo da extensão

18 O modelo da extensão (ou também solução da extensão) pretende, da mesma forma, resolver a questão durante a etapa de análise da culpabilidade pelo fato praticado em estado de entorpecimento. Segundo esse modelo, o conceito de *"fato"*, no sentido proposto pelo § 20 StGB, tem que *ser estendido* nos casos de *actio libera in causa.* O primeiro momento do "fato" não seria o ato de começar imediatamente a realização do tipo penal, que será praticado em estado de entorpecimento, mas o ato prévio de já se embriagar de forma culpável. O § 17 e o § 35 Abs. 1 Satz 2 StGB também atestariam a correção da ideia de extensão do conceito de tipicidade, uma vez que também recorrem ao comportamento prévio (evitabilidade do erro de proibição, causação do perigo que fundamenta a situação de estado de necessidade) a fim de avaliar a culpabilidade.[14]

19 Alega-se, no entanto, em oposição a essa argumentação, que não é evidente o porquê do *conceito de fato* do § 20 StGB ter que ser entendido de maneira diversa daquele que integra os §§ 16 e 17 StGB. Por isso, essa tentativa de justificação também é acusada de violação à proibição de

11. *Kindhäuser* AT § 23 nm. 4.
12. *Krey/Esser* nm. 708 ss.; *Kühl* AT § 11 nm. 9; *Otto* AT § 13 nm. 24 s.; *Wessels/Beulke/Satzger* nm. 415; a esse respeito, ver também *Kindhäuser* AT § 23 nm. 6 ss.
13. BGHSt 42, 235 (241 s.); *Jäger* AT nm. 177; *Rengier* AT § 25 nm. 9.
14. MüKOStGB/*Streng* § 20 nm. 128 ss.

recorrer ao direito consuetudinário em prejuízo do autor, prevista no art. 103 Abs. 2 GG.[15]

c) Modelo do tipo penal

Segundo o modelo do tipo penal (ou também teoria do adiantamento), não se deve problematizar a *actio libera in causa* no plano da culpabilidade, mas já no da tipicidade. A ação delitiva determinante (p.ex., no contexto do § 212 StGB) não seria particularmente o comportamento típico do fato que o autor pratica embriagado (p.ex., o tiro fatal com uma arma ou a cravada com uma faca), mas o próprio ato de se embriagar ou alguma autocolocação especial em estado de entorpecimento. Procedendo-se dessa forma, ou seja, conectando-se a essas ações, que já ultrapassariam a fronteira entre preparação e tentativa, o princípio da coincidência também permaneceria preservado. Isso porque, ao final, bastaria que o autor fosse culpável no começo da execução do fato.[16] Uma comparação com a autoria mediata é utilizada para justificar essa solução do tipo penal: na *actio libera in causa*, o autor utiliza a si mesmo como seu próprio instrumento, ao colocar-se, intencionalmente, no estado de entorpecimento para praticar delitos, e, assim, de forma reprovável, libera o curso causal de seu domínio.[17] **20**

Objeta-se, no entanto, a essa comparação com a autoria mediata que, segundo o § 25 Abs. 1 Var. 2 StGB, o fato tem que ser praticado por meio de um "terceiro". O autor não seria uma "terceira" pessoa, no sentido legal, apenas porque ele está em estado de entorpecimento.[18] Além disso, a opinião majoritária entende que o início da fase de tentativa só é atingido quando o autor, subjetivamente, ultrapassa a barreira do que se convencionou chamar de "aqui vou eu" e, objetivamente, pratica ações que resultam, sem passos intermediários essenciais, na realização do tipo penal (→ § 10 nm. 32 ss.). Nos casos de *actio libera in causa*, ao contrário, o autor tem, em regra, que empreender novas ações, após se embriagar, para, por exemplo, matar, roubar ou furtar a vítima. Por isso, o comportamento que, segundo a solução do tipo penal, é visto como decisivo, nada mais é do que um *ato preparatório*, e não pode ser visto como se o autor estivesse começado imediatamente a praticar o fato em estado de entorpecimento.[19] **21**

15. BGHSt 42, 235 (240 s.); *Kindhäuser* AT § 23 nm. 17; *Rengier* AT § 25 nm. 11; *Zieschang* nm. 339.
16. *Jäger* AT nm. 177; *Rengier* AT § 25 nm. 12.
17. *Rengier* AT § 25 nm. 13.
18. *Kindhäuser* AT § 23 nm. 18; *Zieschang* nm. 339; contrariamente, *Rengier* AT § 25 nm. 15.
19. Para críticas ao modelo do tipo penal, ver *Kindhäuser* AT § 23 nm. 19; *Wessels/Beulke/Satzger* nm. 419.

d) Situação jurídica atual

22 Uma vez que nem mesmo a solução do tipo penal é convincente, por conta de sua pretensão em adiantar muito a fase de tentativa, aumentam as vozes na literatura – e não sem razão – que consideram a figura jurídica da *actio libera in causa incompatível com o direito vigente*.[20] Segundo essa visão, seria necessária uma mudança legal a fim de possibilitar a responsabilização penal do autor, nas situações de *actio libera in causa* dolosa, por algo além do delito de entorpecimento completo do § 323a StGB.

23 Apesar do BGH continuar sustentando a ideia da *actio libera in causa*,[21] ele *recusa*, no entanto, a aplicação dessa figura para *delitos vinculados a comportamentos* em relação aos quais o conteúdo de injusto advém da realização, pelo próprio autor (de mão própria), de uma determinada atividade.[22] Essa posição repercute, principalmente, no âmbito dos delitos praticados no tráfego viário. Assim, especialmente nos delitos do § 315c Abs. 1 Nr. 1 lit. a e do § 316 StGB, que pressupõem a "condução", ou seja, colocar ou manter, de fato, um automóvel em movimento, não é defensável querer enxergar a ação delitiva realizadora do injusto no ato prévio de se embriagar. Por fim, esses delitos ameaçam de pena o simples comportamento especificado, mesmo que não venha a ocorrer um resultado separável e independente desse comportamento.[23]

3. *Actio libera in causa* culposa

24 Também se discute a necessidade de uma *actio libera in causa* culposa. Com apoio dessa figura jurídica, o autor deveria ser responsabilizado penalmente por conta do delito praticado culposamente em estado de entorpecimento, caso ele tivesse possibilidade de prever o curso causal posterior no momento em que provocava (culposa ou dolosamente) o seu estado de entorpecimento. Nesse sentido, seriam abrangidos aqueles casos nos quais o autor, enquanto se embriaga, não conta, *culposamente*, com a possibilidade de praticar um *fato no momento em que estiver embriagado*. É insignificante se o autor se coloca nesse estado de déficit de culpabilidade de forma dolosa ou culposa.[24]

25 No entanto, deve-se levar em consideração o fato de que, na avaliação jurídica da culpa, sempre se deve investigar os fatos penalmente relevantes que tenham a forma de uma violação a um dever de cuidado (p.ex., o ato

20. Nesse sentido, por exemplo, *Zieschang* nm. 339.
21. Ver, por exemplo, BGH NStZ 2000, 584 (585); 2002, 28.
22. BGHSt 42, 235 (239); na doutrina, *Jäger* AT nm. 182; *Rengier* AT § 25 nm. 20.
23. BGHSt 42, 235 (239).
24. *Wessels/Beulke/Satzger* nm. 420.

de se embriagar). Aquele que, embriagado, espanca um terceiro, pode ser penalmente responsabilizado por lesão corporal culposa nos termos do § 229 StGB, porque o ato anterior de *se embriagar já* configura um *comportamento prévio violador de um dever objetivo*, que causa a lesão de um terceiro de forma imputável. Por isso, a teoria da *actio libera in causa*, nesses casos, é totalmente prescindível.[25]

4. Sugestões para esta etapa de análise do delito

No momento de resolver os casos de *actio libera in causa*, deve-se analisar, antes, o *fato praticado em estado de entorpecimento*. Nessa análise, a tipicidade e a antijuridicidade, em regra, devem ser discutidas sem consideração do estado de entorpecimento do autor (→ nm. 14). Apenas no âmbito da culpabilidade é que se deve considerar o entorpecimento e a *incapacidade de culpabilidade* baseada nesse entorpecimento, com base no § 20 StGB. Desde que a exposição dos fatos não declare expressamente a incapacidade de culpabilidade do autor, os valores da relação álcool/sangue podem ser relevantes na necessária análise global (→ nm. 10). 26

Caso, segundo essa análise, o autor seja considerado incapaz de culpabilidade, deve-se esclarecer, no passo seguinte, se o autor pode ser responsabilizado penalmente de acordo com os princípios de direito consuetudinário da *actio libera in causa*. A fim de introduzir a problemática, vale a pena mencionar, brevemente, o princípio da coincidência (necessária capacidade de culpabilidade no momento da execução do delito) e a necessidade, tendo em vista o princípio, de antecipação ou extensão do tipo penal. A partir disso, deve-se discutir o modelo da exceção assim como o da extensão. 27

Caso não se adira a qualquer um dos dois modelos (a saber, da exceção e da extensão) – evidentemente, em razão das sérias objeções existentes (→ nm. 17 e 19) – deve-se, na sequência, analisar, sob um título próprio, o *fato praticado em estado de entorpecimento em conexão com os princípios da actio libera in causa dolosa*. No entanto, o ponto de partida, aqui, será a provocação do estado de incapacidade de culpabilidade, e não a ação praticada em estado de entorpecimento. No tipo objetivo, então, permanece a necessidade de se discutir a solução do tipo penal com a respectiva antecipação, que, segundo a opinião provavelmente majoritária, deve ser aplicada pelo menos para os delitos que não sejam de mão própria ou vinculados a comportamentos. 28

25. BGHSt 40, 341 (343); 42, 235 (236 s.); *Jäger* AT nm. 182; *Krey/Esser* nm. 713; *Rengier* AT § 25 nm. 27.

29 Caso o parecer adira ao modelo do tipo penal, o dolo do autor terá que abranger tanto a provocação do estado defeituoso (que, neste caso, representará a ação relevante do fato) como o fato específico praticado em estado de entorpecimento com as suas circunstâncias essenciais (o chamado *dolo duplo*). Se esses pressupostos forem observados, deve-se responsabilizar penalmente o autor pelo fato praticado em estado de entorpecimento em conexão com os princípios da *actio libera in causa*.

30 No entanto, caso o modelo do tipo penal seja rejeitado no parecer, ou o necessário dolo duplo não possa ser afirmado para o fato praticado em estado de entorpecimento em conexão com os princípios da *actio libera in causa*, deve-se abordar, ainda, a *realização culposa do fato praticado em estado de entorpecimento*. Mas isso só é possível, claro, caso exista um tipo penal culposo específico. Nesse caso, a provocação do estado de entorpecimento, enquanto quebra do dever de cuidado que fundamenta a responsabilidade a título de culpa, também é o ponto de partida para a responsabilização penal. Nesse momento, ainda se pode, de forma breve, mencionar a construção (desnecessária) da *actio libera in causa* culposa.

31 E, por fim, a depender do caso, discute-se o tipo penal de *entorpecimento completo* nos termos do § 323a StGB. O fato antijurídico praticado em estado de entorpecimento consiste numa condição objetiva de punibilidade. Desde que se tenha conseguido afirmar a responsabilidade penal do autor, nos passos anteriores, em razão de algum modelo defendido de *actio libera in causa* dolosa, o delito de entorpecimento completo é suplantado, no nível do concurso de delitos, em razão de sua subsidiariedade.[26]

Caso 14:

32 A quer se embriagar em um bar, para tomar coragem, a fim de matar B quando estiver embriagado. Com esse propósito, ele se embriaga no bar até estar incapaz de culpabilidade, vai até a casa de B e o mata.

I. § 212 Abs. 1 StGB [Conduta objeto da verificação: delito praticado em estado de entorpecimento enquanto tal]

1. Tipicidade (+)

2. Antijuridicidade (+)

3. Culpabilidade

- Constatação de que não há a necessária culpabilidade no momento da execução (em estado de entorpecimento) do fato (*princípio da coincidência*), de modo que o autor, com isso, é incapaz de culpabilidade;

26. *Lackner/Kühl* § 323a nm. 19; Schönke/Schröder/*Sternberg-Lieben/Hecker* § 323a nm. 31.

- Debate a respeito da possibilidade de se fundamentar a capacidade de culpabilidade recorrendo-se à capacidade de culpabilidade presente no momento da provocação do estado de déficit de culpabilidade (como defendem os modelos da *exceção* e da *extensão*); caso (-), continua-se com:

II. § 212 Abs. 1 StGB em conexão com os princípios da *actio libera in causa* dolosa [Conduta objeto da verificação: autocolocação em estado de entorpecimento]

1. Tipicidade (+)

a) Tipo objetivo

- Segundo a jurisprudência, exclui-se, já *a priori*, a possibilidade de antecipação da, agora relevante, causação de incapacidade de culpabilidade nos *delitos de mão própria ou vinculados a comportamentos*;

- Debate a respeito da possibilidade, então, de realizar essa antecipação com base na *solução do tipo penal*; caso (+), deve-se continuar a verificação com:

b) Tipo subjetivo

Dolo (duplo) em relação à causação do estado defeituoso assim como à ulterior realização do fato (com suas circunstâncias essenciais) em estado de incapacidade de culpabilidade

- caso (+), continuar com os exame da antijuridicidade e da culpabilidade;
- caso (-), ou caso o modelo do tipo penal já seja rejeitado por sua fundamentação, deve-se continuar discutindo:

III. § 222 StGB

Baseando-se, novamente, na causação do estado defeituoso, dessa vez como quebra de dever de cuidado fundamentador da responsabilidade a título de culpa;

IV. § 323a StGB

1. Tipicidade

a) Tipo objetivo (+)

b) Tipo subjetivo (+)

c) Condição objetiva de punibilidade: fato praticado em estado de entorpecimento não ser punível (+)

2. e 3. Antijuridicidade e culpabilidade (+)

§ 323a StGB é suplantado, no nível do concurso de delitos, em razão de sua subsidiariedade, caso o delito praticado em estado de entorpecimento seja punível (mesmo que, em caso afirmativo, apenas em conexão com os princípios da *actio libera in causa* dolosa).

C. Causas de exculpação

I. Fundamentos

33 A incapacidade de culpabilidade e o erro de proibição inevitável são categorizados como *causas de exclusão da culpabilidade*, já que eles impedem a própria formação da culpabilidade. As *causas de exculpação*, ao contrário, atuam arrastando o conteúdo de injusto e de culpabilidade de um fato para fora das fronteiras do merecimento de pena. Por isso, nesses casos, excetua-se a penalização do autor.[27]

34 Portanto, pode-se exercer *legítima defesa* contra uma ação apenas exculpada, diferente do que ocorre em relação a um comportamento justificado. Além disso, admite-se *participação* em uma ação exculpada.

35 O que as causas de exculpação têm em comum com as causas de justificação é o fato de que elas indicam que um comportamento determinado, em certa situação, não é punível. Por isso, elas têm a mesma *estrutura* que aquelas *causas de justificação* que autorizam ações defensivas para a proteção de um interesse atingido ou ameaçado (ver, por exemplo, em seguida, o esquema de verificação do estado de necessidade exculpante → nm. 46).

II. Excesso na legítima defesa (§ 33 StGB)

36

§ 33 StGB – Excesso na legítima defesa

O autor não é punível caso exceda os limites da legítima defesa por desorientação, terror ou susto.

Literatura para aprofundamento: *Engländer* Die Entschuldigung nach § 33 StGB bei Putativnotwehr und Putativnotwehrexzess, JuS 2012, 408; *Geppert* Putativnotwehr, intensiver und extensiver Notwehrexzess, Putativnotwehrexzess, Jura 2007; 33; *Theile* Der bewusste Notwehrexzess, JuS 2006, 965.

37 Segundo a opinião majoritária, o excesso na legítima defesa, nos termos do § 33 StGB, deve ser categorizado – apesar da posição que ocupa entre as causas de justificação dos § 32 e 34 StGB – como causa de exculpação.[28] Ele pressupõe que o autor exceda os limites da legítima defesa

27. *Krey/Esser* nm. 748; *Wessels/Beulke/Satzger* nm. 432.
28. BGHSt 3, 194 (198); *Kindhäuser* AT § 25 nm. 1; *Kühl* AT § 12 nm. 126 ss.; *Rengier* AT § 27 nm. 1; *Wessels/Beulke/Satzger* nm. 446.

(ao menos, também) por conta de uma, assim chamada, *emoção astênica*: nomeadamente desorientação, terror ou susto. Já emoções estênicas, como a raiva, a indignação ou a vingança não estão abrangidas pelo âmbito de aplicação da norma.[29] Para a opinião majoritária, também no caso de um excesso consciente na legítima defesa, deve-se considerar o § 33 StGB.[30]

Não há qualquer acordo a respeito do que se deve entender, detalhadamente, como "*limites da legítima defesa*". De todo modo, é pelo menos incontroverso que o § 33 StGB abrange o que se convencionou chamar de *excesso intensivo na legítima defesa*. Nessa situação, o autor excede qualitativamente os limites da (ação de) legítima defesa, quando se defende de maneira mais intensa do que é permitido pelo § 32 StGB.[31] **38**

Exemplo: A, durante uma caminhada pelos vinhedos, é atacado de surpresa por B, que vem correndo em sua direção ao longo de uma grande distância com os punhos erguidos. Assustado com o ataque imprevisto, A saca seu revólver e dá, imediatamente, tiros na direção de B, apesar de haver tempo hábil – e A sabe disso – para efetuar tiros de advertência. B vem a ser gravemente ferido pelos tiros. **39**

O tiro de A em B não é justificável, já que, por conta da distância de B, um aviso ou um tiro de advertência seriam os meios relativamente menos graves e a legítima defesa, nos termos do § 32 StGB, é afastada, dessa forma, por ausência da necessária ação de legítima defesa. No entanto, A se encontra em excesso (intensivo) na legítima defesa, uma vez que não recorreu ao meio relativamente menos grave por conta do susto que tomou com o ataque surpresa de B. Dessa forma, o § 33 StGB o exculpa.

Fala-se em *excesso extensivo na legítima defesa* quando o autor excede os limites temporais da legítima defesa. E esse é o caso quando o ataque ou já se encerrou (chamado excesso extensivo *tardio* na legítima defesa) ou ainda não está diante de um começo imediato (chamado excesso extensivo *prematuro* na legítima defesa).[32] Segundo uma interpretação existente na literatura, o § 33 StGB é aplicável, pelo menos, ao excesso extensivo tardio na legítima defesa, já que, nesse caso, já existiu, de qualquer modo, uma situação de legítima defesa anterior à defesa. Portanto, esses "limites da **40**

29. *Jäger* AT nm. 197; *Kindhäuser* AT § 25 nm. 7; *Rengier* AT § 27 nm. 26.

30. BGHSt 39, 133 (139); BGH NStZ 1987, 20; 1995, 76 (77); *Rengier* AT § 27 nm. 26.

31. *Jäger* AT nm. 196; *Kindhäuser* AT § 25 nm. 2 ss.; *Rengier* AT § 27 nm. 3 s.; *Wessels/Beulke/Satzger* nm. 446.

32. *Kindhäuser* AT § 25 nm. 8 s.; *Rengier* AT § 25 nm. 8 s.; *Wessels/Beulke/Satzger* nm. 447.

legítima defesa" seriam não apenas limites qualitativos, mas também limites temporais.[33]

41 No entanto, em relação a essa interpretação, a opinião majoritária argumenta que, por conta da ausência de uma situação de legítima defesa (ainda) existente, não há (mais) um direito à legítima defesa, cujos limites pudessem ser ultrapassados. Dessa forma, a causa de exculpação do § 33 StGB *não seria aplicável* a esse grupo de casos, especialmente quando se considera que é exatamente a situação de legítima defesa, existente de fato, que minimiza o caráter injusto contido na defesa que é praticada de forma injustificada.[34]

42 **Exemplo:** O ladrão L tenta subtrair, com violência, a bolsa da pedestre P, que andava na calçada. Instintivamente, P golpeia fortemente L, com a bolsa, na cabeça. Por conta do golpe, L cai ao chão e, com a queda, perde a consciência. Ainda perturbada pela agressão repentina, P ainda chuta L, que está desmaiado no chão.

Uma vez que P, por meio de seu golpe com a bolsa, já havia repelido com sucesso a agressão, que, por isso, já havia cessado, não há mais qualquer situação de legítima defesa quando ela chuta L desmaiado no chão. Por isso, o § 33 StGB não seria aplicável, segundo a opinião majoritária, mesmo que ela tenha atuado por conta de uma emoção astênica em virtude da desorientação de seus sentidos. Segundo uma outra visão, o § 33 StGB, ao contrário, abrangeria esse chamado excesso extensivo (tardio) na legítima defesa, uma vez que P se encontrava em uma situação de legítima defesa e teria, por isso, ultrapassado apenas os limites temporais da legítima defesa.

43 Para a opinião majoritária, o que não é exculpável é o chamado *excesso putativo na legítima defesa*. Nesse grupo de casos, o autor, por erro, se considera agredido (legítima defesa putativa) e ainda se defende do ataque – por desorientação, terror ou susto – de maneira mais intensa do que seria necessário caso estivesse diante de um ataque real (excesso). O fato de não existir uma real situação de legítima defesa é, também nesses casos, óbice à aplicação do § 33 StGB.[35] Apenas poucas vozes na literatura defendem, por

33. *Kindhäuser* AT § 25 nm. 13; *Otto* AT § 14 nm. 23; *Rengier* AT § 27 nm. 19; *Wessels/Beulke/Satzger* nm. 447.

34. BGH NStZ 2011, 630 (630); *Jäger* AT nm. 196; *Jescheck/Weigend* § 45 II 4; *Krey/Esser* nm. 765.

35. *Kindhäuser* AT § 25 nm. 17; *Krey/Esser* nm. 769; *Wessels/Beulke/Satzger* nm. 448; com mesmo resultado, *Rengier* AT § 27 nm. 29.

conta da comparável motivação do autor, uma aplicação analógica do § 33 StGB desde que o erro tenha sido inevitável.[36]

Exemplo: Enquanto está passeando por um vinhedo, A acredita, de forma errônea, que B, que vem correndo em sua direção, quer assaltá-lo. Por temer uma agressão, A saca seu revólver e dá, imediatamente, um tiro aleatório em B, apesar de ainda haver tempo – e de A estar ciente disso – para um tiro de advertência. B fica gravemente ferido por conta do tiro. 44

Afasta-se uma justificação para o tiro de A em B por ausência de situação de legítima defesa. Segundo a opinião majoritária, pelo mesmo motivo deve ser afastada uma exculpação do § 33 StGB. A representação errônea de A deve ser tratada pelas regras gerais sobre erro.

III. Estado de necessidade exculpante (§ 35 StGB)

45

§ 35 StGB – Estado de necessidade exculpante

(1) [1]Aquele que comete um ato antijurídico para afastar de si, de um parente ou de uma outra pessoa próxima um perigo atual para a vida, o corpo ou a liberdade, que não seja evitável de outra maneira, atua sem culpabilidade. [2]Isso não se aplica caso, dadas as circunstâncias, pudesse ser exigido do autor que suportasse o perigo, especialmente porque ele próprio criou o perigo ou porque ele se encontrava em uma relação jurídica especial; no entanto, a pena pode ser atenuada com base no § 49 Abs. 1, caso o autor tenha que suportar o perigo por outra razão que não seja uma especial relação jurídica.

(2) [1]Caso o autor, ao cometer o fato, suponha, por erro, circunstâncias que o exculpariam segundo a Absatz 1, ele só será penalizado caso ele pudesse ter evitado o erro. [2]A pena deve ser atenuada com base no § 49 Abs. 1.

Literatura para aprofundamento: *Brand/Lenk* Probleme des Nötigungsnotstands, JuS 2013, 883; *Zieschang* Der rechtfertigende und entschuldigende Notstand, JA 2007, 679.

36. Nesse sentido, por exemplo, Schönke/Schröder/*Perron* § 33 nm. 8, com outras referências; em sentido contrário, *Kühl* AT § 12 nm. 156.

46

Esquema de verificação: estado de necessidade exculpante

I. Situação de estado de necessidade

1. perigo para a vida, corpo ou liberdade
2. do autor, de um parente ou de alguém próximo a ele
3. atualidade do perigo

II. Ação em estado de necessidade

1. Necessidade, ou seja, idoneidade e meio relativamente menos grave
2. eventualmente, exclusão em razão da exigibilidade de suportar o perigo (§ 35 Abs. 1 Satz 2 StGB)

III. Elemento subjetivo da exculpação

1. Situação de estado de necessidade

47 O estado de necessidade exculpante pressupõe um perigo atual, não evitável de outra maneira, para a vida, corpo ou liberdade do próprio autor, de um parente dele ou de alguma outra pessoa próxima a ele. O conceito de *perigo atual*, aqui, é o mesmo do § 34 StGB (→ § 5 nm. 74 ss.), especialmente quanto à abrangência de perigos permanentes.

48 No entanto, em dois outros pontos, o alcance do § 35 StGB é menor do que o do estado de necessidade justificante. Em primeiro lugar, no § 35 StGB, o conjunto de *bens jurídicos que possibilitam o estado de necessidade* é limitado, expressa e taxativamente, aos bens jurídicos nomeados, portanto, vida, corpo e liberdade (de movimento corporal). Não estão abrangidos interesses especiais como propriedade e honra.[37]

49 Em segundo lugar, no estado de necessidade exculpante, não é possível atuar em favor de um terceiro qualquer, mas apenas em favor de parentes ou, no máximo, de *pessoas próximas*. Pessoas próximas ao autor são aquelas com as quais ele é, de certa forma, pessoalmente vinculado, de modo que se veja como obrigado a salvá-las do perigo (p.ex., amigos íntimos, companheiros de vida).[38]

37. *Kindhäuser* AT § 2 nm. 6.
38. BeckOK StGB/*Momsen* § 35 nm. 32; *Kühl* AT § 12 nm. 36 ss.

A suposição errônea de circunstâncias que, se presentes, fundamentariam uma situação de estado de necessidade não é obstáculo à exculpação do autor caso o *erro* seja inevitável (§ 35 Abs. 2 Satz 1 StGB). O autor não atua de forma exculpável caso sua representação errônea fosse evitável. No entanto, a sua pena deve ser obrigatoriamente atenuada segundo as regras do § 35 Abs. 2 Satz 2 em conexão com o § 49 Abs. 1 StGB. **50**

Segundo a opinião majoritária, um caso essencial de aplicação do § 35 StGB é o do chamado *estado de necessidade por coação*. Nesse caso, o autor atua porque ele próprio é coagido; ou seja, ele é compelido, por meio de violência ou ameaça – que criem um perigo para a vida, o corpo ou a liberdade – a praticar um tipo penal. Segundo uma outra interpretação, uma coação nesses moldes já preenche os pressupostos de um estado de necessidade justificante do § 34 StGB.[39] No entanto, opõe-se a isso, dentre outras coisas, que, nesse caso, a vítima do delito praticado sob coação não poderia se defender da (justificada) agressão praticada sob coação. Por isso, a opinião majoritária defende que o estado de necessidade por coação, em todo o caso, não justifica, segundo o § 34 StGB, mas apenas exculpa nos termos do § 35 StGB.[40] **51**

> **Exemplo:** A compele B, com uma pistola em punho, a dar um tapa forte no rosto de C.
>
> Segundo a opinião divergente, a lesão corporal de B em C, nos termos do § 223 StGB, está justificada pelo § 34 StGB. Dessa forma, aquele agredido por último (no caso, C), não pode se defender contra a (não antijurídica) agressão (no caso, de B) sem se tornar punível. A ele só restaria se defender contra o próprio agente que o coage (no caso, A), o que, no entanto, frequentemente, não lhe é possível a princípio. Uma vez que o próprio coagido (no caso, B) passa para o lado injusto caso ele se curve à pressão daquele que o coage, a justificativa do § 34 StGB para a sua ação fica prejudicada por ausência de adequação de sua ação em estado de necessidade. O seu comportamento, segundo a opinião majoritária, é exculpável pelo § 35 StGB.

2. Ação em estado de necessidade

O perigo "não pode ser evitável de outra maneira". No estado de necessidade exculpante, a ação de defesa escolhida também deve ser **52**

39. Nesse sentido, por exemplo, *Kindhäuser* AT § 17 nm. 36; *Zieschang* nm. 272.
40. Schönke/Schröder/*Perron* § 34 nm. 41b; *Jäger* AT nm. 161; *Kudlich* PdW AT Fall 138; *Wessels/Beulke/Satzger* nm. 443; diferenciando, *Rengier* AT § 19 nm. 54.

necessária, ou seja, deve ser idônea e, ao mesmo tempo, representar o meio relativamente menos grave para repelir o perigo.[41]

53 Além disso, em relação ao estado de necessidade exculpante, também vigora o princípio da proporcionalidade. No entanto, diferente do que pressupõe o § 34 StGB, não há exigência de qualquer *ponderação de bens ou interesses*, razão pela qual o § 35 StGB dá espaço a maiores possibilidades de defesa. Nesse sentido, o § 35 StGB – diferente do estado de necessidade justificante, que não autoriza uma ponderação de "vida contra vida" (→ § 5 nm. 83) – pode exculpar, sobretudo, o homicídio de uma outra pessoa.

54 Apesar da situação de estado de necessidade e da ação necessária em estado de necessidade, não se exclui a culpabilidade do autor (segundo o § 35 Abs. 1 Satz 2 StGB) caso, dadas as circunstâncias, fosse possível exigir que ele suportasse o perigo. A norma cita como exemplo de tais circunstâncias o fato de o próprio autor ter criado o perigo ou de estar em uma relação jurídica especial. Soldados, oficiais da polícia e oficias bombeiros, por exemplo, estão incluídos nesse contexto de maiores exigências de suportar o perigo por conta dos riscos típicos do ofício.[42]

3. Elemento subjetivo da exculpação

55 O § 35 exige, no plano subjetivo, em primeiro lugar, o *conhecimento* do autor a respeito da situação de estado de necessidade. Em segundo lugar, que o autor aja propositadamente, ou seja, *a fim de repelir o perigo* ("para afastar... um perigo").[43]

56 **Exemplo:** A e B, após um naufrágio, estão boiando sobre uma tábua no mar. No entanto, a longo prazo, a tábua só aguenta um deles. Por isso, A empurra B para fora da tábua, que estava afundando, para salvar sua vida. B se afoga.

É certo que o homicídio de A, que vitimou B, de fato, não é justificável pelo § 34 StGB. Afasta-se um *estado de necessidade justificante* por conta da ponderação de interesses do § 34 StGB, que não autoriza a conduta de A, uma vez que, segundo a opinião majoritária, a dignidade humana, nos termos do art. 1 Abs. 1 GG, se opõe a uma valoração quantitativa ou qualitativa da vida humana, proibindo qualquer ponderação de "vida contra vida" (→ § 5 nm. 83).

No entanto, A se encontra em um *estado de necessidade exculpante* com base no § 35 StGB. Empurrar B da tábua não

41. *Kindhäuser* AT § 24 nm. 9; *Wessels/Beulke/Satzger* nm. 438 s.

42. *Kindhäuser* AT § 24 nm. 14; *Rengier* AT § 26 nm. 23; *Wessels/Beulke/Satzger* nm. 440.

43. *Kühl* AT § 12 nm. 57; *Rengier* AT § 26 nm. 11; *Wessels/Beulke/Satzger* nm. 438.

se apresenta apenas como um meio idôneo, mas também como o relativamente menos grave para salvar sua própria vida. Não há razões que permitissem afirmar, como postulado pelo § 35 Abs. 1 Satz 2 StGB, um dever de A em suportar o perigo, de modo que seu ato é exculpável.

IV. Estado de necessidade exculpante supralegal

Em *situações extraordinárias e incontorn*áveis, diante das quais a penalização do autor parece questionável, que, no entanto, não fundamentem ações justificadas ou exculpadas segundo as normas legais, debate-se um estado de necessidade exculpante supralegal e independente. Essa figura jurídica se aplica, sobretudo, para casos nos quais a exculpação do § 35 StGB é negada tão somente por conta da pessoa protegida pelo autor não ser próxima a ele. **57**

O estado de necessidade exculpante supralegal encontra aplicação, principalmente, nos casos de *estado de necessidade vital quantitativo*, nos quais o autor só pode salvar um grande número de vidas humanas se der causa à morte de um número menor de pessoas.[44] Pelo menos quando a vida das pessoas sacrificadas já esteja em perigo, reconhece-se essa possibilidade de exculpação. **58**

Exemplo: A ordena o abatimento de uma aeronave com passageiros, que fora sequestrada por um terrorista para atingir um prédio (→ § 5 nm. 84). **59**

No entanto, segundo a opinião majoritária, também é possível reconhecer o estado de necessidade exculpante supralegal mesmo quando, por meio da ação a ser exculpada, se crie risco de vida a *pessoas que até então estavam a salvo*.[45] No entanto, essa possibilidade não está livre de críticas. Alega-se que o autor, aqui, cria um novo perigo para pessoas que ele mesmo escolhe e, ao proceder de tal forma, estaria, em última instância, "brincando de Deus".[46] **60**

Exemplo: A só pode evitar uma colisão entre dois trens de passageiros desviando um dos trens para uma plataforma livre. Sobre essa plataforma livre, encontram-se alguns operários de plataforma, que são atropelados pelo trem. **61**

44. *Jäger* AT nm. 204; *Rengier* AT § 26 nm. 40; *Stratenwerth/Kuhlen* § 10 nm. 124; *Wessels/Beulke/Satzger* nm. 452.
45. *Kühl* AT § 12 nm. 104; *Stratenwerth/Kuhlen* § 10 nm. 129.
46. *Jäger* AT.

V. Inexigibilidade de um comportamento adequado à norma

62 A inexigibilidade de um comportamento adequado à norma não é reconhecida pela opinião majoritária como uma causa de exculpação geral. No entanto, nos *delitos omissivos e culposos*, ela vigora como um princípio regulativo, que permite afastar a culpabilidade (→ § 11 nm. 90 e § 12 nm. 43).[47]

47. *Kindhäuser* AT § 21 nm. 13; *Rengier* AT § 28 nm. 2; *Wessels/Beulke/Satzger nm. 451.*

Aproximações ao direito brasileiro

O direito penal brasileiro também se sustenta sobre o princípio da culpabilidade (→ nm. 1), de modo que a pena pressupõe capacidade de culpabilidade (art. 26 e 27 CP), conhecimento potencial do injusto (art. 21 do CP) por parte do autor e, ainda, que seja possível exigir do autor, no momento da ação, um comportamento conforme à ordem jurídica (exigibilidade de conduta diversa). Além disso, a pena, igualmente, não é apenas fundamentada, mas também limitada pelo grau da culpabilidade (p.ex., arts. 29 e 59 do CP). 63

A *capacidade de culpabilidade* das pessoas, no Brasil, se inicia aos dezoito anos completos (art. 27 do CP), enquanto, na Alemanha, aos quatorze anos (→ nm. 6). Essa diferença, contudo, deve ser analisada com mais detalhes. Enquanto, entre nós, crianças (até os doze anos) e adolescentes (entre doze e dezoito anos) são julgados, por seus atos infracionais (condutas descritas como crimes ou contravenções penais – art. 103 da Lei 8.069/1990, ECA), pelo Juízo da Infância e Juventude (art. 148, I do ECA), o adolescente[48] (na Alemanha, pessoa entre quatorze e dezoito anos – § 1 Absatz 2 da JGG), também é julgado, com algumas poucas exceções, pelo Tribunal da Juventude alemão (§ 33 da JGG), mas só responde por seus atos se, ao tempo do fato, era maduro o suficiente, de acordo com seu desenvolvimento ético e mental, para reconhecer o caráter injusto de sua conduta e atuar conforme esse entendimento (§ 3 Satz 1 da JGG[*]). Embora na Alemanha haja também previsão de pena de prisão como sanção para esses casos (§ 17 ss. da JGG), essa pena tem caráter subsidiário – só é aplicada caso medidas educativas não bastem ou caso seja necessária em vista do grau da culpabilidade – e sua magnitude é significativamente reduzida em relação à pena prescrita pelo cometimento do delito por um adulto (§ 18 da JGG). Já no Brasil, sanções aplicadas a pessoas menores de dezoito anos, pela prática de atos infracionais, embora (qualitativa e quantitativamente) similares às alemãs, não podem ser chamadas de penas, tendo em vista que pena pressupõe culpabilidade, o que lhes é negado pela lei brasileira. 64

Em relação à *actio libera in causa*, pode-se dizer que o legislador brasileiro parece nos ter deixado empatado em problemas, quando comparamos nosso ordenamento jurídico ao alemão. Enquanto aumentam as vozes na literatura jurídico-penal alemã defensoras da necessidade de 65

48. Diferente do que ocorre no Brasil, pessoas menores de quatorze anos, na Alemanha, não são sancionadas por atos infracionais.

[*] N.T.: *Jugendgerichtsgesetz* (Lei do Tribunal Juvenil, em tradução livre), § 3 Satz 1: Um adolescente é penalmente responsável quando, ao tempo do fato, possui maturidade, de acordo com seu desenvolvimento ético e mental, para compreender o caráter injusto do fato e atuar em conformidade com tal compreensão.

uma norma que fundamente a punibilidade do autor nas situações de *actio libera in causa* dolosa (→ nm. 22), essa norma, à primeira vista, pode ser encontrada no Código Penal brasileiro (art. 28, II). Nosso legislador entendeu por bem desconsiderar totalmente os efeitos da embriaguez sobre o comportamento delitivo do autor, desde que, por sua parte, haja dolo ou culpa em relação (apenas) ao ato de se embriagar, ainda que o mesmo não se verifique em relação ao ulterior fato lesivo. Dessa forma, alguém que se embriaga, dolosa ou culposamente, e a caminho de casa, sem capacidade de compreender o que faz e o que quer, acaba por agredir um pedestre aleatório, poderia ser punido sob o mesmo título e – o que é mais grave – talvez com o mesmo rigor que um sóbrio que planeja e executa o fato compreendendo o injusto de sua ação. A legitimidade de tal norma, no entanto, é altamente questionável. O legislador brasileiro pretende punir, por um delito, alguém que, em relação a esse delito, age sem culpabilidade no momento do fato e sem necessária culpabilidade no momento em que se embriaga, ao que tudo indica, apoiando-se no famigerado princípio *versari in re illicita*: responsabilidade pelo caso fortuito por parte de quem já se achasse em *in facto illicito*.[49] Portanto, o art. 28, II, do CP não trata apenas (senão também) da *actio libera in causa*, como se pode, à primeira vista, imaginar.[50] A discussão deste problema pela literatura alemã (→ § 6 nm. 11 ss.) aponta para a questão principal da *actio libera in causa*: a antecipação do momento da relação subjetiva do autor com o delito. Com efeito, o fato praticado em estado de inimputabilidade (por entorpecimento) – que não tenha sido abrangido pela consciência do autor (e era imprevisível) no momento anterior à perda de capacidade – não deveria ser reprovável, à semelhança do que ocorre com os fatos praticados por aquele que tem deficiências mentais (permanentes ou provisórias). Além do mais, o autor que, ao se embriagar, não tem consciência de um fato que, no entanto, era previsível tampouco deveria ser punido a título de dolo caso praticasse dolosamente o delito em estado de embriaguez. O dolo e a culpa se referem ao delito, e não à embriaguez. A propósito, os próprios parágrafos do art. 28 do CP, inclusive, apontam para uma contradição do legislador, que aceita o fato de que, embrigado, o agente perde sua capacidade de autodeterminação.

66 Por mais evidente que seja o fato de que o autor que ultrapassa os limites impostos pelas causas de justificação atua ilicitamente, o legislador brasileiro ressaltou que o excesso na justificação é punível (art. 23, parágrafo

49. Hungria, Nelson, em *Comentários ao Código Penal*, volume I, tomo II, Hungria/Fragoso, Rio de Janeiro: Forense, 1978, p. 114.

50. Nesse sentido, Hungria, Nelson e Fragoso, Heleno, em *Comentários ao Código Penal*, volume I, tomo II, Hungria/Fragoso, Rio de Janeiro: Forense, 1978, p. 386 ss. e 610 ss., respectivamente.

único, do CP). Contudo, o excesso só poderia ser punível, obviamente, se o autor também agisse com culpabilidade em relação a ele, de modo que essa manifestação do legislador talvez não deva constituir obstáculo, por exemplo, à exculpação pelo *excesso praticado em legítima defesa* em casos semelhantes aos previstos pela legislação alemã (→ nm. 36 ss.), nos quais o autor (por desorientação, terror ou susto) perde a capacidade de atuação conforme seu entendimento.[51] No entanto, o art. 28, I, do CP pode ter criado uma (ilegítima?) exceção ao princípio da culpabilidade, ao impedir que a *emoção* (astênica) afaste a culpabilidade do agente, mesmo daquele que, antes justificado por uma real situação de legítima defesa, é tomado por emoções cujo controle lhe escapa às mãos e o conduz ao excesso.[52] Essas questões também parecem merecer maiores reflexões por parte da ciência brasileira. Além disso, também é possível que o autor "se exceda" por *erro sobre os pressupostos objetivos da causa de justificação*, ao se considerar justificado quando na realidade não estava (→ § 8 nm. 37 ss.). Esse erro pode se dar em razão de uma falsa representação das circunstâncias do fato, o que afasta seu dolo e (se o fato é punível como crime culposo) mantém sua responsabilidade a título de culpa (art. 20, § 1º, do CP), ou em razão de equivocada valoração jurídica a respeito das circunstâncias do fato existentes, o que deve ser tratado segundo as regras do erro de proibição (art. 21 do CP: se o erro é inevitável, isenta de pena, se evitável, a reduz). O excesso será, no entanto, punível (art. 23, parágrafo único, CP).

Por fim, é importante dizer que, no Brasil, ao contrário do que ocorre na Alemanha (→ nm. 62), a opinião majoritária defende a *inexigibilidade de um comportamento adequado à norma* como causa de exculpação geral que fundamentaria diversas outras causas exculpantes,[53] tanto legais (a coação irresistível e a obediência hierárquica – art. 22 do CP) como supralegais (entre outros, o excesso na legítima defesa,[54] o fato de consciência,[55] a desobediência civil[56] e os conflitos de deveres[57]). 67

51. Entre nós, há quem defenda o mesmo resultado, embora com fundamentos distintos. Cirino, pp. 324 ss. (328 ss.), e Martinelli e de Bem, p. 606, por exemplo, entendem que o excesso, nesses casos, afasta a culpabilidade por inexigibilidade de conduta diversa.

52. A respeito dessa discussão, no Brasil, cf. Montenegro/Renzikowski, Liberdade embriagada? *Actio libera in causa, versari in re illicita* e a regra do art. 28, II, CP, em Xavier/Henrique Júnior (Orgs.), *A lanterna de diógenes* (...), 1ª ed., Uberlândia: LAECC, 2018, pp. 377 e ss.

53. Quando não todas, como defendem, por exemplo, Galvão, p. 469 ss.; Martinelli e De Bem, p. 605 ss.; e, aparentemente, também Cirino, p. 322 ss.

54. Nesse sentido, Cirino, p. 328 ss., e Martinelli e de Bem, p. 606.

55. Por todos, Cirino, p. 332 s., e Martinelli e de Bem, p. 609 ss.

56. Cirino, p. 335.

57. Cirino, p. 335 s.

§ 7. Fixação da pena e persecução penal

A. Fixação da pena

1 Os exames de resolução de casos durante a faculdade e a primeira fase do exame de estado, em princípio, não exigem que o aluno trate da fixação da pena. Contudo, excepcionalmente, pode-se ter que mencionar as alterações das balizas de pena em casos de menor ou de especial gravidade (p.ex., § 213, § 243, § 263 Abs. 3 StGB; → nm. 3).[*] A análise desses marcos da pena é realizada *após a verificação da culpabilidade* sob o título fixação da pena.

2 *Casos de menor ou de especial gravidade não consignados,* ou seja, que não são especificados pela lei (p.ex., § 212 Abs. 2, § 226 Abs. 3 StGB), em regra, não devem ser mencionados. Para que se possa afirmar uma menor ou especial gravidade no caso concreto, o quadro geral do delito deve diferenciar-se – por meio de uma valoração global de todas as circunstâncias objetivas e subjetivas bem como da personalidade do autor – dos casos que a experiência demonstra serem a média, a ponto de que a aplicação de limites maiores ou menores de pena menores pareça imperiosa.[1] Por isso, o caso concreto já tem que sugerir, expressamente, pontos de partida que indiquem tratar-se de um caso de menor ou de especial gravidade.

3 Já os casos de menor ou de especial gravidade *consignados* devem ser discutidos desde que tenham relevância no caso concreto. Eles são introduzidos, frequentemente, por fórmulas como "um caso de [maior ou menor] gravidade ocorre, em regra, quando [...]" e, por isso, também são

[*] N.T.: Alguns tipos penais do StGB explicitam (ou consignam) exemplos de situações em que o delito é mais grave e, portanto, tem outras balizas de pena. Em outros delitos, o legislador simplesmente faz menção a fórmulas como "em casos mais graves (...) pena (...), mas não consigna exemplos de situações que considera mais grave.

1. BGHSt 28, 318 (319); 29, 319 (322).

descritos como *exemplos-regra* [*Regelbeispiele*][*] (p.ex., § 243 Abs. 1 Satz 2, § 263 Abs. 3 Satz 2 StGB; ver também § 213 StGB).

4 Diferente do que ocorre com relação aos elementos qualificadores, caso os pressupostos de um exemplo-regra estejam presentes, a alteração das balizas de pena do caso de menor ou de especial gravidade não é vista como uma obrigação do julgador, senão apenas como uma "regra geral". O juiz pode desconsiderar este *efeito dos exemplos-regra*, tendo em vista que os exemplos concretos não se tratam de elementos do tipo penal.[2]

5 Também por isso, os exemplos-regra, como casos de menor ou de especial gravidade regulados, são verificados apenas *após a análise da culpabilidade*, no momento da fixação da pena, e não no tipo objetivo. No entanto, não se pode descartar uma certa semelhança dos pressupostos de um exemplo-regra com elementos típicos, o que também acaba por repercutir na análise destes pressupostos. Além de tudo, os pressupostos de um exemplo-regra são definidos da mesma forma que os elementos típicos; logo, as circunstâncias fáticas do quadro de eventos são subsumidas a tais definições. E as regras sobre o dolo (§ 15 StGB), de acordo com a opinião majoritária, devem ser aplicáveis, de forma análoga, em relação à verificação dos exemplos-regra.[3]

B. Persecução penal

6 Em relação a alguns delitos, a persecução penal só se "procede mediante representação". Isso significa, que é necessária uma *representação penal*, regulada pelos §§ 77 e ss. StGB. A exigência de tais representações pretende considerar *os interesses do ofendido*, desde que o fato penal só lesione a coletividade de maneira bem residual e, por isso, seja possível abdicar do direito de promover a persecução penal de ofício.[4]

7 Há uma diferença ente os chamados delitos de persecução penal absolutamente condicionada à representação e os chamados delitos de persecução penal relativamente condicionada à representação. Enquanto o oferecimento de denúncia por *delitos de persecução penal absolutamente condicionada à representação* pressupõe obrigatoriamente uma representação penal de alguém autorizado a tanto (p.ex., § 123, § 247 StGB),

[*] N.T.: A técnica de fixação de exemplos-regra [*Regelbeispiel-Technik*], que não possui correspondente no direito brasileiro, consiste na prática do legislador de apontar circunstâncias que sirvam de exemplos para a aplicação da regra geral. Essas circunstâncias são meros exemplos pois não funcionam de forma taxativa e possuem apenas um caráter indiciário.

2. BGHSt 23, 254 (257).
3. *Rengier* BT I § 3 nm. 8.
4. *Krey/Esser* nm. 237.

as agências de persecução penal podem, diante de *delitos de persecução penal relativamente condicionada à representação*, superar a ausência da representação penal afirmando um especial interesse público na persecução penal (p.ex., § 230, § 248a StGB).[5]

Por mais que a representação penal (ou a afirmação de um especial interesse público na persecução penal) seja apenas um *pressuposto processual* e, por isso, não se coloque como uma questão jurídico-material a respeito da responsabilidade penal, é muito difundida a ideia de que, em provas de resolução de caso, se deva, brevemente, mencionar a necessidade de uma representação penal para apuração do delito em questão. No entanto, essa ideia só se aplica para delitos que, de fato, pressuponham uma representação para a persecução penal. Se – como de regra – a questão contém um esclarecimento do examinador de que "caso necessário, as representações penais foram conferidas", deve-se, mencionando o artigo pertinente (p.ex., § 230 Abs. 1 Satz 1, § 247, § 248a StGB), afirmar, em apenas uma frase, que a representação penal está presente. Caso não haja esse mencionado esclarecimento do examinador, deve-se abrir um tópico, no parecer, para comentar que a persecução penal pressupõe uma representação. Caso, ao contrário, trate-se de um delito cuja ação penal é incondicionada, não é necessário afirmar a inexigibilidade de uma representação penal.[6] **8**

5. *Krey/Esser* nm. 237.
6. *Rengier* AT § 12 nm. 20 s.

Aproximações ao direito brasileiro

9 O direito penal brasileiro disciplina de forma um pouco diversa a fixação da pena,[7] e não prevê propriamente casos de menor ou de especial gravidade (consignados ou não) no exato formato alemão. No entanto, os tipos penais brasileiros também apresentam circunstâncias que aumentam ou diminuem a pena (conhecidas como causas de aumento ou diminuição de pena ou majorantes e minorantes) – p.ex., art. 121, §§ 1º e 4º, art. 155, § 1º, do CP. E a opinião aparentemente majoritária no Brasil defende a obrigatoriedade da aplicação dessas causas pelo julgador quando se verifiquem no caso,[8] mesmo que com isso se ultrapasse o limite da pena-base cominada pelo tipo penal.

10 Com relação à persecução penal dos fatos, a legislação penal brasileira também exige, em alguns delitos, a representação do ofendido, como condição para o início da ação penal (art. 100, § 1º, do CP) – p.ex., art. 130, § 2º, art. 147, parágrafo único, do CP.[9] Em outros delitos, a legislação brasileira condiciona o início da ação penal à requisição do Ministro da Justiça (p.ex.: art. 7º, § 3º, *b*, do CP; art. 141, I, c/c o art. 145, parágrafo único, do CP).

7. Sobre o tema, ver Teixeira, Adriano, *Teoria da Aplicação da pena*, 1ª ed. São Paulo: Marcial Pons, 2015; Carvalho, Salo de, *Penas e Medidas de Segurança no Direito Penal Brasileiro*, São Paulo: Saraiva, 2015; e Boschi, José Antonio Paganella, *Das penas e seus critérios de aplicação*, 6ª ed. Porto Alegre: Livraria do Advogado, 2013.

8. Cf. Cirino, p. 565; Martinelli e de Bem, p. 780.

9. Ver, por todos, Martinelli e de Bem, p. 962 ss., com outras referências.

§ 8. Teoria do erro

A. Fundamentos

Quando se fala em erro, está-se diante de um *conflito entre representação e realidade*. Tais falhas de representação podem estar relacionadas a diferentes aspectos juridicamente relevantes e podem, portanto, ser classificadas segundo diversos critérios. 1

Em primeiro lugar, deve-se entender se esse erro se relaciona a *fatos ou valorações* (jurídicas relativas aos fatos). Essa diferenciação é importante, sobretudo, para a delimitação entre erro de tipo e erro de proibição assim como entre erro de tipo permissivo e erro de permissão. 2

Em segundo lugar, a falha de representação do autor pode ocorrer em todas as *etapas constitutivas do delito*. O autor pode, por exemplo, errar sobre a presença ou ausência de fatos ou valores elementares ao tipo penal, sobre pressupostos fáticos ou jurídicos e limites das causas justificadoras, sobre circunstâncias da culpabilidade ou sobre causas pessoais de exclusão da pena e pressupostos da persecução penal. 3

Por fim, ainda se pode estabelecer distinção a respeito de se o autor, em razão da falha de representação, seria *punível ou impunível*. Dessa forma, é concebível, por um lado, que o autor até preencha o conjunto de pressupostos objetivos da punibilidade, mas que sua representação não seja correspondente a essa situação, seja em razão, por exemplo, de seu desconhecimento sobre circunstâncias fáticas ou, até mesmo, por ter erroneamente suposto existir uma norma que autorizasse sua conduta, que, na realidade, não existia. Por outro lado, pode ser que o autor, assumida uma perspectiva objetiva, não seja punível, por mais que, com base no conteúdo de sua consciência, ele fosse punível. Um erro às avessas, como esse, pode se dar, por exemplo, quando o autor representa, de forma errônea, o preenchimento de elementos do tipo 4 penal, na realidade, inexistentes, ou quando ele desconhece a existência de uma situação de justificação.

5 Deve-se atentar ainda para o fato de que – assim como o dolo (→ § 4 nm. 94), a consciência do injusto (→ nm. 33) ou a participação (→ § 9 nm. 69) – os erros também são individualizáveis, ou seja, devem ser verificados especificamente em relação a cada um dos tipos penais em questão.

6 **Exemplo:** A, que mora sobre o pátio dos fundos de uma loja de roupas, sob a pouca iluminação de um fim de tarde, arremessa uma pedra em um suposto manequim da loja, que se tratava, na realidade, da design de moda D.

Em relação à lesão corporal objetivamente típica em desfavor de M, praticada por meio do arremesso da pedra, A estava em erro sobre circunstâncias do fato, que exclui o dolo segundo o § 16 Abs. 1 Satz 1 StGB (→ nm. 9 ss.). Já em relação ao dano ao manequim, que ele desejou praticar, há um erro de tipo ao contrário, que fundamenta sua punibilidade em razão de uma tentativa inidônea (→ § 10 nm. 23 ss.).

Apesar da diversidade de formas de falhas de representação do autor,
7 há apenas poucas regras legais a esse respeito. Em essência, a *teoria do erro* se refere a dois preceitos normativos, um a respeito do erro de tipo, do § 16 Abs. 1 StGB, e o outro a respeito do erro de proibição, do § 17 StGB.[+1] Portanto, o tratamento sobre erros é, não raro, polêmico, como comprova, a título de exemplo, a controversa discussão a respeito do erro de tipo permissivo (→ nm. 40 ss.).

Por conta da enorme discussão doutrinária, a teoria do erro é
8 especialmente cobrada *nas provas de resolução de casos*. Em seguida, serão apresentados os erros jurídico-penais básicos. Formas especiais de erro serão tratadas apenas naqueles contextos nos quais elas aparecem (para tentativa inidônea → § 10 nm. 23 ss.; para erros em delitos omissivos impróprios → § 11 nm. 73 ss.; e para erros em participações de vários sujeitos → § 9 nm. 58 ss.). O esquema seguinte deve dar, antecipadamente, uma visão geral sobre a teoria do erro no primeiro grande grupo de casos, no qual o autor, por conta de sua falha representativa, restaria impune (complementarmente → § 10 nm. 27):

[+] *Nota de adaptação*: arts. 20 e 21 do CP, respectivamente.

1. *Kindhäuser* AT § 26 nm. 2.

	Circunstâncias fáticas	**Valorações jurídicas**
Tipicidade	Erro de tipo (→ nm. 10 ss.): afasta-se o dolo nos termos do § 16 Abs. 1 Satz 1 StGB; permanece intacta a responsabilidade penal a título de culpa (§ 16 Abs. 1 Satz 2 StGB) *Caso especial*: suposição errônea de circunstâncias fáticas privilegiadoras (§ 16 Abs. 2 StGB; → nm. 18 s.) Eventualmente, é necessário operar uma *delimitação* em relação ao erro insignificante sobre o objeto (→ nm. 20 ss.)	Erro de proibição (→ nm. 32 ss.): em caso de inevitabilidade do erro, exclui-se a culpabilidade (§ 17 Satz 1 StGB); caso contrário, atenuação facultativa da pena (§ 17 Satz 2 c.c. § 49 Abs. 1 StGB) Eventualmente, é necessário operar uma *delimitação* em relação ao erro de subsunção insignificante (→ nm. 16)
Causas de justificação	Erro de tipo permissivo (→ nm. 40 ss.): segundo a majoritária teoria da culpabilidade limitada, que remete às consequências jurídicas, aplica-se analogicamente o § 16 Abs. 1 Satz 1 StGB; permanece intacta a responsabilidade penal a título de culpa.	Erro permissivo (erro de proibição indireto; → nm. 53 ss.): em caso de inevitabilidade, exclui-se a culpabilidade (§ 17 Satz 1 StGB), caso contrário, atenuação facultativa da pena (§ 17 Satz 2 c.c. § 49 Abs. 1 StGB)
Causas de exculpação	§ 35 Abs. 2 StGB (no estado de necessidade exculpante → nm. 60 s.), caso contrário, aplicação analógica (→ nm. 62 s.)	Irrelevante (→ nm. 63 s.).
Causas pessoais de exclusão da pena	Segundo a opinião majoritária, a situação fática objetiva é o decisivo (→ nm. 65 s.)	Irrelevante (→ nm. 67 s.).
Pressupostos da persecução penal	Situação fática objetiva é o decisivo (→ nm. 69)	Irrelevante (→ nm. 69).

Panorama: autor estaria impune em virtude de sua falha representativa.

B. Erro de tipo

9

§ 16 StGB – Erro de tipo

(1) [1]Aquele que, ao praticar um fato, desconhece uma circunstância pertencente ao tipo legal não atua dolosamente. [2]A responsabilidade penal por conta do comportamento culposo permanece intacta.

(2) Aquele que, ao praticar um fato, supõe erroneamente circunstâncias que conduziriam à realização do tipo de uma norma mais branda, só pode ser penalizado, por conta do comportamento doloso, segundo a norma mais branda.

Decisões selecionadas: BGH NStZ 1998, 294 (*error in persona* em caso de individualização mediata da vítima).

Literatura para aprofundamento: *Heuchemer* Zur funktionalen Revision der Lehre vom konkreten Vorsatz: Methodische und dogmatische Überlegungen zur aberractio ictus, JA 2005, 275); *Hinderer* Tatumstandsirrtum oder Verbotsirrtum?, JA 2009, 864; *Neumann* Der Verbotsirrtum (§ 17 StGB), JuS 1993, 793; *Rönnau/Faust/Fehling* Durchblick: Der Irrtum und seine Rechtsfolgen, JuS 2004, 667; *Schreiber* Grundfälle zu *error in objecto* und *aberractio ictus* im Strafrecht, JuS 1985, 873.

I. Fundamentos

10 Segundo o § 15 StGB, apenas ações dolosas são puníveis, a não ser que a lei, expressamente, comine pena para o atuar culposo. Dolo, por sua vez, é a vontade de realizar um tipo penal legalmente descrito com conhecimento de todas as circunstâncias fáticas objetivas (→ § 4 nm. 67). Caso o autor erre a respeito de uma circunstância pertencente ao tipo penal descrito legalmente (chamado erro de tipo), ele *não atua dolosamente* em relação a esse tipo penal (§ 16 Abs. 1 Satz 1 StGB). Não importa se o erro deriva de um simples desconhecimento ou de uma falha de representação ativa.[2]

11 A diferenciação entre falhas de representação do autor em relação às circunstâncias fáticas e em relação a valorações relacionados às circunstâncias fáticas (→ nm. 2), e a distinção legalmente pré-concebida pelos §§ 16 e 17 StGB, entre erros sobre circunstâncias fáticas e sobre proibição, não permitem que se possa classificar, sem exceções, todo erro

2. *Kühl* AT § 13 nm. 7 s.

relativo a valores como se fosse erro de proibição. É, muito pelo contrário, impossível operar uma diferenciação rigorosa entre as *circunstâncias fáticas* e os *valores*, como a própria apresentação dos elementos típicos descritivos e normativos já prova (→ § 4 nm. 73 ss.). Portanto, os valores também já se enquadram entre as circunstâncias pertencentes à descrição legal típica.[3]

Quanto aos *elementos típicos descritivos*, basta que o dolo abranja o sentido natural de tais elementos (→ § 4 nm. 73). Toda falha representativa sobre esses elementos acaba conduzindo a um erro de tipo eliminador do dolo, porque a captação do sentido natural desses elementos ocorre apenas por meio da percepção do referido objeto como circunstância fática.[4] 12

Aquele que, como no exemplo anterior (→ nm. 6), desconhece o fato de que o suposto manequim, alvo da pedra, é na verdade uma pessoa atua baseado em uma falha de percepção sobre o objeto do fato como pessoa e, portanto, há um erro de tipo eliminador do dolo em relação à lesão corporal objetivamente praticada. 13

O tratamento dos erros sobre *elementos típicos normativos*, ao contrário, se prova difícil em casos concretos (p.ex., "alheio" no sentido do § 242 StGB). Porque o autor pode errar, aqui, não apenas sobre circunstâncias fáticas, mas também sobre a sua valoração complementar, da qual se deriva a presença do elemento respectivo. 14

Diante de um erro de tip*o*, há sempre um *erro de tipo,* no sentido do § 16 Abs. 1 Satz 1 StGB.[5] Em todo caso, remanesce ainda – desde que punível – o respectivo delito culposo (§ 16 Abs. 1 Satz 2 StGB). Nesse sentido, nada difere daquilo que ocorre em relação aos elementos típicos descritivos. 15

> **Exemplo**: A, depois de uma longa noite em um barzinho, se coloca no caminho de casa. Ele está com o casaco de X, que ele vestiu, momentos antes, na chapelaria do bar acreditando ser o seu casaco.
>
> De fato, A até subtraiu uma coisa alheia móvel, ao levar o casaco de X. No entanto, afasta-se a punibilidade por furto (doloso) por faltar conhecimento a respeito de ser o casaco alheio, já que A partiu do pressuposto de que estava pegando o seu casaco e, portanto, de que o objeto não era alheio no sentido do § 242 StGB. O furto culposo não é penalizável.

3. *Rengier* AT § 15 nm. 8.
4. *Kindhäuser* AT § 27 nm. 23; *Wessels/Beulke/Satzger* nm. 242.
5. *Krey/Esser* nm. 415.

16 Em relação a uma falha de representação sobre *valorações* baseadas em circunstâncias fáticas, ao contrário, nem todos os detalhes da valoração têm importância (especialmente em questões jurídicas ocasionalmente complexas). Para se decidir a respeito da presença dos elementos do tipo penal, basta, segundo a opinião majoritária, muito pelo contrário, que o autor conheça a chamada *valoração paralela na esfera leiga* (ou na esfera do profano) (→ § 4 nm. 74).[6] Se esse não for o caso, o autor está em erro quanto à circunstância fática, o que elimina seu dolo. Se, ao contrário, o autor conhece, suficientemente, o necessário valor paralelo, os erros apesar disso existentes a respeito da valoração são erros de subsunção, insignificantes no plano da tipicidade. Além disso, pode haver também um erro de proibição caso, em dadas circunstâncias, falte ao autor ao mesmo tempo, em virtude de sua representação errônea, a consciência do injusto.[7]

Exemplo:

- A, frustrado, danifica dolosamente o novo carro que ele comprou sob reserva de domínio. Ele acredita já ter se tornado o proprietário do veículo no momento de sua entrega e antes do pagamento da última parcela.

O dolo de A em relação ao delito de dano, objetivamente praticado, nos termos do § 303 StGB, é afastado por ausência de consciência a respeito do fato de que o carro é pertencente a outro, em razão de uma falha do valor paralelo na esfera leiga. Por ausência de previsão de responsabilidade culposa no delito de dano, A é impunível. As pretensões cíveis permanecem inalteradas.

- O visitante V, em um bar, raspa o descanso de copos para retirar os traços que marcam a quantidade de bebidas consumidas, a fim de ter que pagar por menos bebidas. Ele não tem consciência de que o descanso de copos com traços de marcação é um "documento" no sentido do § 267 StGB.[*]

Por ele ser consciente de que os traços de marcação no descanso de copos servem para o fechamento da conta ao final e, portanto, conhecer o valor paralelo na esfera leiga, sua falha de representação é um erro de subsunção insignificante, que deixa intacto o dolo relativo ao delito de falsidade documental.[8]

6. BGHSt 3, 248 (255); 4, 347 (352); *Krey/Esser* nm. 415; *Stratenwerth/Kuhlen* § 8 nm. 71; *Wessels/Beulke/Satzger* nm. 243.

7. Cf. *Kindhäuser* AT § 27 nm. 38; *Wessels/Beulke/Satzger* nm. 455.

[*] N.T.: Documento, no sentido do § 267 StGB, é "toda declaração humana corporificada de uma ideia (função de perpetuação) que seja adequada e determinada a servir de prova jurídica (função de prova) e permita reconhecer o seu autor (função de garantia)" (cf. especialmente BGHSt 3, 82, 84 s.)

> Um erro de proibição, de qualquer forma, seria evitável (→ § nm. 35 s.).

Não são apenas os elementos típicos legais que pertencem às circunstâncias fáticas, senão todos os elementos (mesmo os legalmente não descritos) do tipo objetivo. Por isso, o *curso causal*, enquanto elemento típico não descrito (→ § 4 nm. 24) também pode ser objeto de um erro de tipo. Para que o autor tenha o dolo necessário nesse sentido, basta que imagine o curso causal em suas configurações principais. Portanto, só há erro sobre o curso causal caso o curso causal *desvie-se essencialmente* daquele planejado. Há um desvio essencial quando o curso causal não se mantém nos limites do previsível segundo um juízo baseado nas experiências gerais da vida. Se, ao contrário, os desvios ainda se mantêm dentro destes limites e não justificam qualquer outra valoração do fato, o dolo permanece afirmado (→ § 4 nm. 45). **17**

O § 16 Abs. 2 StGB contém uma regra especial para a suposição errônea de circunstâncias que preencheriam, ao invés do tipo penal realizado de fato, um outro tipo penal de uma norma mais branda. Durante a prática do fato, a *suposição errônea de circunstâncias privilegiadoras* conduz a que o autor só possa ser penalizado, em razão de comportamento doloso, segundo a norma mais branda. **18**

> **Exemplo:** A mata B, acreditando que B tenha requisitado isso a ele de forma séria. **19**
>
> A pratica, objetivamente, o tipo penal do delito básico (opinião majoritária na literatura) do § 212 Abs. 1 StGB. No exemplo, a requisição como elemento atenuante expresso do homicídio, que deve ser séria, e é essencial para a aplicação do patamar de pena mais brando do § 216 StGB, não está objetivamente presente. Por conta do § 16 Abs. 2 StGB, no entanto, A só é punível, em razão de sua falha de representação, pelo § 216 StGB.

II. Casos especiais: *error in persona vel obiecto* e *aberratio ictus*

O dolo, segundo o § 16 Abs. 1 Satz 1 StGB, tem que abranger apenas as circunstâncias que pertencem ao tipo penal. As falhas de representação sobre outros pontos de referência, ao contrário, são irrelevantes. Esses princípios se aplicam, por exemplo, aos erros sobre a identidade ou sobre propriedades especiais do objeto do fato, seja um ser humano ou uma coisa (chamado *erro quanto à identidade* ou também, em latim, *error in persona* **20**

8. *Krey/Esser* nm. 416 s.; *Kudlich* PdW AT Fall 53.

vel obiecto). Portanto, esses erros só são relevantes se o tipo penal objetivo acabasse por afastado caso fossem reais as representações erroneamente tomadas pelo autor.[9]

21 Caso o autor, voltando ao nosso exemplo inicial (→ nm. 6), tenha arremessado a pedra na design de moda D por pensar que se tratava apenas de um manequim, o seu erro quanto à identidade (coisa em vez de pessoa) é relevante para a realização do tipo penal de lesão corporal e exclui, portanto, o dolo relativo a esse elemento. Se, ao contrário, ele tivesse arremessado a pedra em D por pensar se tratar de sua ex-esposa E, ele teria realizado, mesmo nesse caso, o tipo penal de lesão corporal. O seu erro quanto à identidade (pessoa E em vez de pessoa D) é, nesse caso, irrelevante, uma vez que o tipo penal de lesão corporal não pressupõe uma pessoa determinada e individualizada, mas apenas uma outra pessoa (qualquer).

22 Portanto, para se saber se um erro quanto à identidade é significante, deve-se avaliar se o pretendido objeto do fato tem, segundo o tipo penal em questão, equivalência com o real objeto atingido, ou seja, se ambos correspondem ao mesmo elemento típico. Se esse não for o caso, o erro quanto à identidade é um erro de tipo eliminador do dolo. Quando os pretensos e reais objetos do fato possuem *equivalência típica*, trata-se, ao contrário, de um *erro de motivação irrelevante*, que não tem o condão de excluir o dolo.[10] Também é insignificante se a vítima é observada visualmente de maneira direta (p.ex., tiro na vítima) ou se é individualizada apenas de forma mediata (p.ex., por meio da utilização de um carro como instrumento de um atentado).[11]

23 **Exemplo:** A quer matar B e, com esse propósito, se esconde, durante a noite, nos arredores da casa de B. Quando se aproxima uma pessoa que, na escuridão, se parece com B, A, sem pestanejar, dá um tiro fatal na pessoa. No entanto, não se tratava de B, mas de seu vizinho C.

A só não estava correto a respeito da identidade da vítima, mas não a respeito do fato de que ele – como exige o § 212 StGB – "matava alguém". Portanto, o erro de A quanto à identidade é, em razão da equivalência dos objetos do fato, um insignificante erro de motivação, que não exclui o dolo. A pratica, por isso, homicídio doloso.

9. *Kindhäuser* AT § 27 nm. 40 ss.; *Wessels/Beulke/Satzger* nm. 247.

10. *Jäger* AT nm. 92; *Kindhäuser* AT § 27 nm. 41 s.; *Krey/Esser* nm. 431 ss.; *Rengier* AT § 15 nm. 22; *Wessels/Beulke/Satzger* nm. 249; *Zieschang* nm. 143.

11. BGH NStZ 1998, 294 (295).

Há, ainda, um outro grupo de casos que deve ser diferenciado do *error in persona vel obiecto*, enquanto mero erro quanto à identidade. Nesse outro cenário, o autor, efetivamente, atinge um outro objeto diferente do que ele imaginava: a chamada *aberratio ictus* ("falha do golpe, do arremesso ou da colisão"). Aqui, a situação é descrita como se o autor tivesse mirado um objeto específico, mas seu ataque tivesse errado o alvo pretendido e, com isso, atingido um outro objeto. Portanto, enquanto no erro quanto à identidade (*error in persona vel obiecto*), o autor atinge aquele objeto que ele pretendia, mas erra apenas quanto à identidade desse pretendido objeto, em uma falha de execução do fato (*aberratio ictus*), o resultado se dá em um objeto diferente daquele visado pelo autor.[12] 24

> **Exemplo:** A, que mora sobre o pátio dos fundos de uma loja de roupas, sob a pouca iluminação de um fim de tarde, arremessa uma pedra na design de moda D. Contudo, a pedra arremessada não acerta o alvo visado, mas a) um pedestre P ou b) quebra o vidro da vitrine da loja de roupas. 25

A resposta para um caso como esse não é incontroversa. Alguns querem conferir o mesmo tratamento da *aberratio ictus* ao *error in persona vel obiecto*. Segundo essa posição, o importante seria, mais uma vez, a equivalência típica entre o objeto visado e aquele de fato atingido (por isso, chamada também de *teoria da equivalência*). Caso haja essa equivalência, a falha de execução do fato não causa efeitos e deve-se admitir um fato consumado. Caso, no entanto, não haja equivalência típica, não se pode afirmar um dolo de lesão em relação ao objeto de fato atingido, mas, em todo o caso, é possível penalizar o autor a título de culpa (desde que haja previsão de pena para o delito culposo); em relação ao objeto visado, ainda deve ser levada em conta a tentativa (novamente, desde que seja punível).[13] 26

A opinião majoritária, por sua vez, sustenta que não se pode considerar, nesses casos, a equivalência dos objetos. Isso porque o autor teria, definitivamente, concretizado o seu dolo em relação àquele objeto visado (por isso, também chamada de *teoria da concretização*).[14] Caso ele, a partir dessa concretização, venha a acertar um outro objeto, o curso causal real desvia tanto do curso causal planejado que o autor estaria em erro de tipo sobre o curso causal, o que excluiria seu dolo. Em todo o caso, o autor 27

12. *Kindhäuser* AT § 2 nm. 53; *Kühl* AT § 13 nm. 29; *Wessels/Beulke/Satzger* nm. 250.

13. NK-StGB/*Puppe* § 16 nm. 96; ver também *Krey/Esser* nm. 436; *Kühl* AT § 13 nm. 35.

14. BGHSt 34, 53 (54 s.); *Jäger* AT nm. 90; *Kindhäuser* AT § 27 nm. 57; *Krey/Esser* nm. 437; *Rengier* AT § 15 nm. 34; *Wessels/Beulke/Satzger* nm. 250, 253; *Zieschang* nm. 154.

poderia, em relação ao objeto erroneamente atingido, ser penalizado a título de culpa (desde que punível). Em relação ao objeto visado haveria, além do mais, espaço para responsabilização penal a título de tentativa (desde que punível). E isso mesmo que os objetos visados e atingidos fossem equivalentes entre si.[15]

28 No exemplo acima (→ nm. 25), na *variante a)*, segundo a teoria da equivalência, A seria punível por lesão corporal dolosa consumada em relação à vítima P, já que D, quem ele visava atingir, e o pedestre P, que acabou sendo de fato atingido, seriam vítimas equivalentes. Já segundo a teoria da concretização, A seria punível por lesão corporal dolosa tentada em relação à D, na qual ele mirou, em concurso de delito com lesão corporal culposa em relação à pedestre P, que foi de fato atingida.

29 Por outro lado, ambas as posições alcançam o mesmo resultado na *variante b)* do exemplo. A, nessa hipótese, seria punido, de forma incontroversa, por lesão corporal tentada em relação à design de moda D, que estava em sua mira. Em relação à vitrine da loja, que acabou por ser de fato atingida, há apenas a possibilidade de responsabilização penal a título de culpa, uma vez que está ausente o dolo; no entanto, não há previsão de pena para dano culposo.

30 De qualquer forma, não se pode falar em *aberratio ictus* quando o *dolo* do autor abrange a falha de execução do fato. Isso se dá, por exemplo, quando ambas as vítimas, a visada e a que vem a ser atingida, estão muito próximas uma da outra, de modo que o autor, por isso, atue com o dolo de, eventualmente, atingir a vítima errada. Nesse caso, ele atua com *dolus cumulativus* ou *dolus alternativus* em relação a todos os resultados possíveis (→ § 4 nm. 95 ss.).[16]

> **Exemplo:** A pega sua esposa X e seu melhor amigo Y no flagra, deitados no sofá-cama, em uma posição explícita. Ele tenta, com toda sua força, acertar a cabeça de Y, por trás, com um machado, mas erra por pouco e acaba acertando fatalmente a cabeça de X, que estava deitada por baixo. Ele imaginou essa possibilidade e aceitou o risco.
>
> Há responsabilidade penal de A por homicídio consumado em relação à X, já que A também atuou com dolo de lesão em relação ao objeto erroneamente atingido.[17]

15. *Rengier* AT § 15 nm. 34 s.; *Zieschang* nm. 155.
16. *Kindhäuser* AT § 27 nm. 59; *Rengier* AT § 15 nm. 29; *Wessels/Beulke/Satzger* nm. 251.
17. BGH NStY 2009, 210 (211).

C. Erro de proibição

§ 17 StGB – Erro de proibição 31

[1]Se o autor, ao cometer o fato, desconhece estar praticando um injusto, ele atua sem culpabilidade, caso o erro tenha sido inevitável. [2]Caso ele pudesse ter evitado o erro, a pena pode ser atenuada segundo o § 49 Abs. 1.

A *consciência do injusto é* um elemento autônomo da culpabilidade. 32
Esse elemento pressupõe *o conhecimento do autor*, no momento da execução do fato, de estar agredindo a ordem de valores imposta pelo direito que o vincula. Segundo a opinião dominante, para que o autor possua tal conhecimento, é suficiente que ele tenha noção de estar desobedecendo um preceito do direito, seja civil ou público.[18]

A consciência do injusto também é individualizável, ou seja, deve 33
ser verificada com relação a cada um dos delitos separadamente. Se falta consciência do injusto a respeito de algum delito, o autor se encontra, segundo o § 17 StGB, em *erro de proibição*. Não importa por que razão o autor não possui a necessária consciência do injusto. É concebível, inclusive, que ele desconheça a própria norma proibitiva. O autor pode, da mesma forma, até conhecer o preceito proibitivo em questão, mas interpretá-lo mal e, por isso, não subsumir sua conduta a esse preceito ou entendê-la como justa. Como *delimitação em relação ao erro de tipo*, é bom ressaltar que, no erro de proibição, o autor até conhece, em regra, todas as circunstâncias (principalmente as fáticas), mas erra, na verdade, quanto à valoração de tais circunstâncias por meio da ordem jurídica.[19]

As *consequências jurídicas* para a ausência de consciência do injusto 34
advêm do § 17 StGB. Caso o autor não saiba que está praticando um injusto, ele atua, segundo a primeira parte da norma, sem culpabilidade se o erro lhe era inevitável. Caso ele pudesse ter evitado o erro de proibição, sua culpabilidade deve ser afirmada. Portanto, para a atribuição de culpabilidade, não é necessário um conhecimento atual, mas apenas potencial do injusto.[20] No entanto, a pena pode ser atenuada segundo o § 17 Satz 2 c/c § 49 Abs. 1 StGB (atenuação facultativa da pena).

18. BGHSt 52, 227 (240); *Krey/Esser* nm. 714; *Rengier* AT § 31 nm. 5; outra posição, MüKoStGB/*Joecks* § 17 nm. 15 s.; NK-StGB/*Neumann* § 17 nm. 21: é necessário ter consciência da punibilidade.

19. *Kühl* AT § 13 nm. 50; *Wessels/Beulke/Satzger* nm. 456.

20. *Kindhäuser* AT § 28 nm. 11.

35 Já que o erro de proibição se encontra no plano da culpabilidade, o julgamento a respeito da evitabilidade do erro deve levar em conta, sobretudo, as capacidades pessoais e os conhecimentos do autor. A ausência de consciência do injusto é *evitável* caso o autor, por conta de sua posição social e segundo suas capacidades individuais, pudesse ter alcançado o conhecimento do injusto, se tivesse empregado, como lhe era exigível, toda a sua capacidade mental de reconhecimento e suas representações éticas de valor.[21]

36 Caso essa avaliação, frequentemente descrita como "esforço de consciência", não conduza a um conhecimento do injusto, mas a uma dúvida sobre a correção de seu comportamento, o autor passa a ter um *dever de se informar*. Esse dever consiste em que o autor confirme suas dúvidas aconselhando-se juridicamente com uma pessoa competente, especialista e imparcial (p.ex., advogados ou autoridades), a fim de eliminar suas dúvidas.[22] Por isso, as exigências na evitabilidade são bem altas. Pelo menos em relação às normas do chamado direito penal nuclear, ou seja, dos tipos penais do StGB (→ § 1 nm. 3), a jurisprudência parte, em regra, de um erro de proibição evitável.[23]

D. Erros sobre causas de justificação

Decisões selecionadas: BGH NStZ 2012, 272 ("Hells Angels"); NStZ 2014, 30 ("mata-leão").

Literatura para aprofundamento: *Gasa* Die Behandlung des Irrtums über rechtfertigende Umstände im Gutachten – Typische Fehler, JuS 2005, 890; *Kelker* Erlaubnistatumstands- und Erlaubnisirrtum – eine systematische Erörterung, Jura 2006, 591.

I. Fundamentos

37 Os erros no plano da antijuridicidade não são regulados pela lei. Os grupos de casos relevantes, aqui, são aqueles nos quais o autor apesar de ter agido antijuridicamente de uma perspectiva objetiva, *acreditava, em consequência de sua falha de representação, estar agindo justificado.*

38 Erros sobre circunstâncias justificantes, em razão dos quais o autor acreditava que seu comportamento era autorizado, também podem ser

21. BGHSt 4, 1 (5); *Kindhäuser* AT § 28 nm. 14 s.; *Wessels/Beulke/Satzger* nm. 466.
22. BGHSt 9, 164 (172); *Kindhäuser* AT § 28 nm. 16; *Wessels/Beulke/Satzger* nm. 466.
23. *Kühl* AT § 13 nm. 49, 51a; *Roxin* AT I § 21 nm. 58; *Wessels/Beulke/Satzger* nm. 466.

diferenciados entre erros sobre circunstâncias fáticas ou sobre valores jurídicos.

– Caso o autor acredite, erroneamente, estarem presentes *circunstâncias fáticas*, que, se presentes, preencheriam os pressupostos materiais de uma causa de justificação (de um tipo permissivo), ele se encontra em um chamado *erro de tipo permissivo* (→ nm. 40 ss.).

– Se, ao contrário, o autor parte do pressuposto de que seu comportamento seria justificado em virtude de uma errônea *valoração jurídica*, ele se encontra em um chamado *erro permissivo* (→ nm. 53 ss.).

Também é concebível que, no plano de avaliação da antijuridicidade, 39
o autor não seja punível de uma perspectiva objetiva, caso preencha os pressupostos objetivos de uma causa de justificação, mas que, de uma perspectiva subjetiva, ele não tenha esse conhecimento e, por consequência de seu erro (a respeito de circunstâncias fáticas ou jurídicas), acredite, equivocadamente, estar atuando de forma antijurídica. O exemplo principal desse *erro* às avessas no plano da antijuridicidade é a *ausência do elemento subjetivo da justificação* (→ § 5 nm. 55 ss.).

II. Erro de tipo permissivo

Fala-se em erro de tipo permissivo quando o autor, objetivamente, 40
não se encontra justificado, mas imagina circunstâncias que, caso presentes, preencheriam os pressupostos objetivos de uma causa de justificação.[24] No entanto, o tratamento que se deve conferir ao erro de tipo permissivo pertence às *questões mais controversas* da parte geral em razão da ausência de regulação legal.[+] Em essência, são defendidas quatro distintas posições.

Exemplo: Em uma tarde no parque, B vai em direção a A 41
gesticulando freneticamente, a fim de pedir-lhe emprestado o isqueiro. A interpreta os gestos de B, erroneamente, como uma agressão e o nocauteia.

1. Teoria dos elementos negativos do tipo

Segundo a teoria dos elementos negativos do tipo, os pressupostos 42
das causas de justificação são *elementos do tipo penal negativamente formulados*. Um erro sobre a existência de tal elemento seria, portanto, um erro de tipo, de modo que o dolo relacionado ao tipo seria afastado por *aplicação direta do § 16 Abs. 1 Satz 1 StGB*. Corresponde a essa visão

24. *Henrich* AT nm. 1123; *Kindhäuser* AT § 29 nm. 11; *Krey/Esser* nm. 731; *Wessels/Beulke/Satzger* nm. 467.

[+] *Nota de adaptação*: No Brasil, a lei resolve esse problema pelo art. 20, § 1º, do CP. A esse respeito, cf. *infra* em *aproximações ao direito brasileiro* → § 8 nm. 73.

uma estrutura do delito de dois níveis, na qual o primeiro nível (o chamado tipo penal global do injusto) consiste tanto dos elementos típicos positivos do respectivo preceito penal como da ausência de causas de justificação, enquanto elementos típicos negativos.[25]

43 No entanto, uma estrutura nesses moldes, de dois níveis – tipo penal global do injusto e culpabilidade – deve ser recusada, porque ela não é condizente com o *significado autônomo da antijuridicidade*, que é expressada na estrutura trifásica do delito (→ § 4 nm. 1). Unindo-se a tipicidade e a antijuridicidade em um só tipo penal global do injusto, negligencia-se a diferença de valor existente entre uma ação *a priori* atípica (p.ex., matar uma mosca) e um comportamento típico que lesiona o bem jurídico protegido e que só é autorizado em razão de uma causa de justificação (p.ex., matar um homem em legítima defesa). Além disso, nos § 32 Abs. 1 e § 34 Satz 1 StGB, a lei dá a entender expressamente, por meio da formulação "não atua antijuridicamente", que os elementos das causas de justificação não devem ser elementos (negativos) do tipo.[26]

2. Teoria do dolo

44 Segundo a teoria do dolo, difundida no passado, a *consciência do injusto é parte do dolo*. Se falta ao autor conhecimento do injusto por consequência da suposição errônea de uma situação de fato, que o justificaria efetivamente, ele atua, portanto, em erro de tipo, o que exclui seu dolo. Aqui também é *diretamente* aplicável o § 16 Abs. 1 Satz 1 StGB ao erro de tipo permissivo.[27]

45 No entanto, a teoria do dolo não é compatível com o § 17 StGB, que classifica, expressamente, a consciência do injusto como elemento da culpabilidade. Por isso, na estrutura de análise do delito, pode-se, em regra, dispensar a abordagem dessa posição nos erros de tipo permissivos.[28]

3. Teoria estrita da culpabilidade

46 Segundo a teoria estrita da culpabilidade, que também se sustenta no § 17 StGB, o dolo se relaciona apenas com o tipo objetivo e não com a antijuridicidade. Por isso, falhas de representação relacionadas à antijuridicidade só podem ser consideradas no âmbito da (ausência de) *consciência do injusto*. No entanto, a consciência do injusto, segundo o §

25. *Kindhäuser* AT § 29 nm. 20 s.
26. *Wessels/Beulke/Satzger* nm. 126; *Zieschang* nm. 353.
27. De forma modificada, ainda defendido por *Otto* AT § 15 nm. 5 ss.; a esse respeito, ver *Kindhäuser* AT § 29 nm. 41 s.; *Wessels/Beulke/Satzger* nm. 463 ss.
28. *Kindhäuser* AT § 29 nm. 14.

17 StGB, é um elemento autônomo da culpabilidade, de modo que erros a seu respeito só têm relevância nesta categoria. E, por ausência de exceções previstas pela lei, esses erros devem ser tratados como *erros de proibição*. Portanto, o erro de tipo permissivo só afasta a punibilidade em relação a delitos dolosos por ausência de culpabilidade nos casos de inevitabilidade.[29]

A essa posição – dogmaticamente consequente – opõe-se o fato de que o autor que esteja em erro de tipo permissivo quer *agir de maneira fiel ao direito*. A ele, portanto, não seria possível atribuir qualquer postura de hostilidade ao direito, senão, quando muito, apenas a negligência que lhe permitiu supor erroneamente uma situação justificante. Dessa forma, é considerado injusto, pela opinião majoritária, punir o autor (quando o erro for evitável) por um fato doloso.[30] **47**

4. Teoria limitada da culpabilidade

Considerando-se que o autor, que acredita se encontrar em uma situação de justificação, quer agir de maneira fiel ao direito, a teoria limitada da culpabilidade trata o erro de tipo permissivo como um erro de tipo (aplicando de forma analógica o § 16 Abs. 1 Satz 1 StGB). Há um desacordo, no entanto, a respeito do elemento a ser afastado diante de uma falha de representação nesses moldes: se o dolo do tipo,[31] o *injusto doloso* no plano da antijuridicidade[32] ou apenas a *culpabilidade dolosa* no plano da culpabilidade (→ § 1 nm. 31).[33] A variante mencionada por último tem a seu favor, principalmente, o fato de que as outras variantes não possibilitariam qualquer participação no fato, seja por ausência de um fato principal praticado dolosamente ou por ausência de um fato principal antijurídico. E, dessa forma, haveria uma lacuna de responsabilidade para os instigadores e cúmplices de má-fé.[34] **48**

29. *Zieschang* nm. 359; a esse respeito, ver *Rengier* AT § 30 nm. 11 ss.; *Wessels/Beulke/Satzger* nm. 469.

30. BGHSt 3, 105 (107); *Gropp* AT § 13 nm. 203 ss.; *Kindhäuser* AT § 29 nm. 17 s.; *Kühl* AT § 13 nm. 72; *Rengier* AT § 30 nm. 14; *Wessels/Beulke/Satzger* nm. 469 e 471.

31. BGHSt 3, 105 (107); *Kühl* AT § 13 nm. 73.

32. Nesse sentido, BeckOK StGB/*Kudlich* § 16 nm. 24; *Frister* AT Cap. 14 nm. 30; *Jäger* AT nm. 218.

33. Nesse sentido, BGH NStZ 2012, 272 (273); *Henrich* AT nm. 1133; *Jescheck/Weigend* § 41 IV 1d; *Krey/Esser* nm. 745; *Rengier* AT § 30 nm. 20; *Wessels/Beulke/Satzger* nm. 478 s.

34. *Fischer* § 16 nm. 22; *Henrich* AT nm. 1133; *Krey/Esser* nm. 745; *Wessel/Beulke/Satzger* nm. 477.

49 Assim como as outras duas posições, a solução majoritária da culpabilidade dolosa afasta o erro de tipo permissivo do âmbito de aplicação do § 17 StGB (por isso, *teoria limitada da culpabilidade*), a fim de lhe garantir a mesma consequência jurídica do erro de tipo (por isso, teoria limitada da culpabilidade *relativa às consequências jurídicas*). Em razão da aplicação analógica do § 16 Abs. 1 Satz 1 StGB, afasta-se apenas a culpabilidade dolosa, enquanto o dolo do tipo permanece incólume. Dessa forma, dolo e culpa têm uma dupla função, funcionam no plano da tipicidade e no plano da culpabilidade.[35] No entanto, caso o erro de tipo permissivo seja culposo, o autor é punido pelo comportamento fático culposo, desde que haja previsão para punição culposa pelo delito em questão.[36]

Exemplo (complementário ao exemplo da nm. 41):

– No caso conhecido por "Hells Angels" (→ § 5 nm. 40), o BGH afirmou um erro de tipo permissivo do réu, que era membro do grupo de motociclistas Hells Angels, em relação ao homicídio do agente policial que estava arrombando a porta de sua casa. O seu erro, segundo o BGH, tampouco se deu em razão de sua culpa, uma vez que ele não poderia ter evitado um erro a respeito da identidade e intenção do agressor, sobretudo, porque os policiais não se identificaram mesmo após ele ter acendido as luzes da porta.[37]

– Os conhecidos A e S passam a tarde na casa de A bebendo vodca com *ice tea*. No momento em que A, um pouco antes das 22h, quis ir dormir, ele (com concentração de álcool no sangue de 2,02‰) ofereceu a S, que estava consideravelmente embriagado (concentração de álcool no sangue de 2,76‰), que dormisse no seu sofá. No entanto, S, que ainda não queria que a noite acabasse, puxou A de volta ao sofá e tentou, por fim, golpeá-lo. Após A não ter conseguido, com pedidos insistentes, dissuadir S a parar com a agressão, ele deu um mata-leão em S, levando-o ao chão. Ele tinha consciência de que a pressão sobre as duas carótidas do pescoço poderia causar falta de oxigenação do cérebro, de forma fatal. Embora S tenha parado de se defender após aproximadamente um minuto, A continua estrangulando-o, porque ele não estava certo se S estava apenas simulando. S morreu por consequência da manutenção do enforcamento e não pode ser reanimado mais pelos médicos socorristas chamados por A.

35. *Wessels/Beulke/Satzger* nm. 478; para críticas, *Jäger* AT nm. 215; *Kindhäuser* AT § 29 nm. 23.
36. *Wessels/Beulke/Satzger* nm. 478.
37. BGH NStZ 2012, 272 (274).

Nesse caso, o BGH também afirmou um erro de tipo permissivo de A, uma vez que ele teria partido, incorretamente, da suposição de que a situação de legítima defesa remanescia por consequência de um possível novo ataque de S, caso ele o soltasse. No entanto, a punibilidade por homicídio culposo não foi excluída. Considerou-se que A sabia do perigo de seu golpe.[38]

5. Sugestões para esta etapa de análise do delito

É difícil situar o erro de tipo permissivo na estrutura do delito, porque cada uma das diferentes teorias afeta *planos diferentes dessa estrutura*. A fim de tornar a estrutura de análise do delito mais clara, recomenda-se explicar cada uma das interpretações específicas no local onde elas têm efeito. De acordo com essa recomendação, seria necessário discutir a suposição errônea de circunstâncias fáticas que, caso existentes, fundamentariam uma causa de justificação já no âmbito do tipo subjetivo e, então, questionar se o dolo do autor seria afastado – caso fossem aplicadas as teorias do dolo ou dos elementos negativos do tipo. No entanto, já que essas teorias quase não são mais defendidas, é recomendado apresentá-las brevemente e refutá-las com pouca fundamentação (→ nm. 45, a respeito da teoria do dolo); além disso, aquele que segue a teoria dos elementos negativos do tipo não poderia aplicar a estrutura tríplice do delito na verificação. No plano da antijuridicidade, seria necessário, em seguida, discutir a variante da teoria da culpabilidade limitada que exclui o injusto doloso. Se essa interpretação for, então, refutada, deve-se, por fim, debater, no âmbito da culpabilidade, a teoria da culpabilidade estrita e a variante da teoria da culpabilidade limitada relativa às consequências jurídicas e se decidir por uma delas com base em uma justificação mais detalhada.[39] 50

No entanto, também é difundida a ideia de se *apresentar completamente* todo esse debate de opiniões, a respeito do erro de tipo permissivo, diretamente no plano estrutural no qual se dará o efeito do erro segundo a posição tomada por aquele que resolve o caso (p.ex., na antijuridicidade, caso a solução do injusto doloso venha a ser seguida, ou na culpabilidade, caso o afastamento da culpabilidade dolosa venha a ser afirmado como caminho preferível). Essa estrutura apresenta a vantagem de facilitar a construção da estrutura de análise do delito, uma vez que a apresentação das teorias individuais não tem que ser dividida.[40] 51

38. BGH NStZ 2014, 30 (31).

39. Ver, por exemplo, a resolução de casos em *Valerius* Klausur 8, p. 133 ss.

40. Dessa forma, por exemplo, são resolvidos os casos em *Beulke* Klausurenkurs I Fall 7 nm. 255 ss.; *Hilgendorf* Klausurenkurs I Fall 7 nm. 16 ss.; cf. também *Rengier* AT § 30 nm. 9.

52 No entanto, antes do parecer apresentar o conflito entre as consequências jurídicas do erro de tipo permissivo, deve-se, primeiro, investigar nos fundamentos – independentemente da estrutura de verificação de delito que se escolha – se há, de fato, um *erro de tipo permissivo*. Esse erro pressupõe que o autor estivesse de fato justificado caso sua representação concordasse com a realidade. Portanto, é necessário verificar a *justificação hipotética* do autor, baseada em sua falha de representação. Caso o fato praticado pelo autor fosse antijurídico mesmo que sua representação coincidisse com a realidade, ele não estaria em erro de tipo permissivo, de modo que se pode evitar a discussão sobre o tratamento de tal erro.[41]

III. Erro permissivo

1. Fundamentos

53 Encontra-se em erro permissivo aquele que, objetivamente, não preenche os pressupostos de uma causa de justificação, mas acredita, da mesma forma, estar justificado em razão de sua *falha de valoração jurídica*. Por isso, diferente do que ocorre no erro de tipo permissivo, o autor não se engana a respeito de circunstâncias fáticas, mas falha ao valorar juridicamente a situação fática (em geral, corretamente reconhecida).[42]

54 O erro permissivo pode estar baseado, por um lado, no fato do autor acreditar poder apelar a uma causa de justificação, que a ordem jurídica sequer conhece (chamado *erro sobre norma permissiva*). Por outro lado, também é concebível que o autor se remeta a uma causa de justificação conhecida pela ordem jurídica, mas amplie os limites dessa causa a seu favor (chamado *erro sobre limites da permissão*).[43]

55 **Exemplo:**

– *Erro sobre norma permissiva*: o professor P dá um tapa na orelha do aluno A, que está atrapalhando o tempo inteiro a aula. Ele acredita que professores também possuem um autônomo direito a aplicar castigos físicos para fins educativos (→ § 5 nm. 108).

– *Erro sobre os limites da permissão*: em uma tarde, B ataca A no parque. A saca seu revólver e mata B com tiros, embora ele fosse consciente de que haveria tempo para tiros de advertência. A acredita que possa se defender, imediatamente, de qualquer agressão, com recursos fatais.

41. *Rengier* AT § 30 nm. 5s.
42. *Wessels/Beulke/Satzger* nm. 483.
43. *Henrich* AT nm. 1142; *Jäger* AT nm. 211; *Wessels/Beulke/Satzger* nm. 458.

O erro permissivo é um *erro de proibição* às avessas, de modo que é aplicável o preceito do § 17 StGB. Não há qualquer motivo para se discutir essa aplicabilidade nesse caso como ocorre no erro de tipo permissivo. Porque aquele que julga o seu comportamento contrário à ordem jurídica como adequado a ela não é digno da mesma proteção merecida por aquele que age em erro de tipo permissivo, que quer, com a sua conduta, respeitar os limites legalmente previstos para uma conduta adequada ao direito.[44] Por isso, as consequências jurídicas do § 17 StGB, de se afastar a culpabilidade (e, portanto, a punibilidade) apenas quando o erro permissivo for inevitável (§ 17 Satz 1 StGB), são adequadas. Caso contrário, a pena pode, de todo modo, ser atenuada, nos termos do § 17 Satz 2 em conexão com o § 49 Abs. 1 StGB. 56

2. Erro duplo

Um erro permissivo contém uma falha de representação do autor sobre a valoração jurídica de seu agir. De regra, ele reconhece corretamente o curso do acontecimento fático – diferente do que ocorre no erro de tipo (→ nm. 53). No entanto, também é concebível que o autor, no plano da antijuridicidade, erre tanto sobre as circunstâncias fáticas quanto sobre as valorações jurídicas. Ele se encontra, então, em um chamado erro duplo, estando, ao mesmo tempo, tanto em erro de tipo permissivo como em erro permissivo.[45] 57

> **Exemplo:** Em uma tarde, B vai em direção a A gesticulando freneticamente, para lhe pedir o isqueiro. No entanto, A interpreta os gestos de B, erroneamente, como uma agressão (erro de tipo). Ele saca seu revólver e mata B a tiros, embora tivesse consciência de ainda haver tempo para efetuar tiros de advertência. Porque A acredita poder se defender, imediatamente, de qualquer agressão, com recursos fatais (erro sobre valoração jurídica). 58

Erros duplos são tratados apenas segundo as regras do *erro de proibição* (§ 17 StGB). Portanto, a culpabilidade do autor só é afastada caso o erro tenha se provado inevitável (§ 17 Satz 1 StGB). O autor erra também sobre as circunstâncias fáticas, de modo que a aplicação dos princípios do erro de tipo permissivo poderia ser considerada. No entanto, só há um erro de tipo permissivo caso o autor tivesse imaginado circunstâncias que, se verdadeiras, de fato justificariam sua ação (→ nm. 40). No entanto, essa hipótese já é afastada por conta da transgressão dos limites da justificação, 59

44. *Wessels/Beulke/Satzger* nm. 483.

45. *Henrich* AT nm. 1148; *Krey/Esser* nm. 746; *Kühl* AT § 13 nm. 80; *Wessels/Beulke/Satzger* nm. 485.

que o autor acreditava, em consequência de seu segundo erro, estarem sendo observados. Por isso, em última análise, o autor se encontra apenas em um erro permissivo. Pensar que se poderia aplicar a regra do erro de tipo permissivo ao autor – já que lhe seria mais benéfico, uma vez que, frequentemente, conduz à exclusão da punibilidade – não parece, no entanto, apropriado. Porque, dessa forma, um autor em uma situação de erro duplo estaria em vantagem em relação a outro que estivesse em uma situação na qual, pelo menos, os pressupostos fáticos de uma causa de justificação estivessem presentes. A falha de representação extra do autor não deveria lhe conceder qualquer privilégio.[46]

E. Erros especiais

I. Erro sobre causas de exculpação

60 Aquele que, no momento do fato, supõe erroneamente *circunstâncias fáticas* que, caso existentes, satisfariam os pressupostos do *estado de necessidade exculpante*, não é punível, segundo o § 35 Abs. 2 Satz 1 StGB, caso o erro tenha sido inevitável. Se, ao contrário, fosse possível ao autor evitar sua falha de representação, a pena deve ser atenuada obrigatoriamente nos termos do § 35 Abs. 2 Satz 2 em conexão com o § 49 Abs. 1 StGB (→ § 6 nm. 50).

61 **Exemplo:** O passeio de barco de A e B termina em um naufrágio. A e B estão tentando se salvar sobre uma tábua boiando, que, no entanto, não aguenta os dois a longo prazo. Por isso, A empurra B, que não sabe nadar, para fora da tábua e este vem a se afogar. No entanto, A não percebeu que a guarda costeira estava se aproximando e teria salvado tanto ele como B.

62 Caso o erro envolva *outras causas de exculpação* reconhecidas, a norma do § 35 Abs. 2 StGB é aplicada analogicamente.[47]

63 No entanto, uma falha de representação jurídica do autor sobre a existência ou sobre os limites jurídicos de uma causa de exculpação é, ao contrário, irrelevante.[48]

46. *Jäger* AT nm. 219; *Krey/Esser* nm. 746; *Kudlich* PdW AT Fall 152; *Kühl* AT § 13 nm. 80; *Wessels/Beulke/Satzger* nm. 485.

47. *Heinrich* AT nm. 1155; *Kindhäuser* AT § 28 nm. 17; *Kühl* AT § 13 nm. 84; *Wessels/Beulke/Satzger* nm. 489.

48. *Heinrich* AT nm. 1157; *Kindhäuser* AT § 28 nm. 19; *Rengier* AT § 32 nm. 3; *Wessels/Beulke/Satzger* nm. 490.

Exemplo: A, que está sempre em situação de miséria, acredita que furto de comida, quando se está com fome, é exculpável. Por isso, ele entra em uma padaria de self-service e leva um pãozinho sem pagar. 64

II. Erro sobre causas pessoais de exclusão da pena

A *suposição errônea* de *circunstâncias fáticas* que levam à exclusão da pena é irrelevante segundo a opinião majoritária, porque as causas pessoais de exclusão da pena se baseiam apenas na situação objetiva.[49] Uma opinião minoritária, que vem sendo cada vez mais defendida, considera, ao contrário, a representação do autor, desde que a causa de exclusão da pena [excusa absolutória] se fundamente na pressão da motivação do autor similar à do estado de necessidade.[50] 65

Exemplo: A pratica favorecimento pessoal em benefício de sua suposta noiva N. O noivado, no entanto, não possui efeitos, porque N ainda era casada com um outro homem – fato que ela, no entanto, escondera de A. 66

A é responsável penalmente pelo delito de favorecimento pessoal nos termos do § 258 StGB*. Segundo a opinião majoritária, ele não pode apelar à causa pessoal de exclusão de pena do § 258 Abs. 6 StGB+, porque N, na realidade, não tinha uma relação de parentesco com A no sentido determinado pelo Código Penal alemão (§ 11 Abs. 1 Nr. 1 StGB). Segundo a outra posição, o § 258 Abs. 6 StGB se justifica exatamente pela motivação real (eventualmente, errônea) do autor, de modo que também deve ser aplicada a A, no presente caso, o privilégio familiar da norma.

O *erro sobre a existência ou* sobre os *limites jurídicos* de uma causa pessoal de exclusão da pena, ao contrário, é consensualmente irrelevante.[51] 67

Exemplo: A pratica favorecimento pessoal em favor de seu amigo B. Ele acredita que o privilégio familiar do § 258 Abs. 6 StGB se estende às ações praticadas em favor de um amigo próximo. 68

49. BGHSt 23, 281 (282); *Otto* AT § 20 nm. 4; *Zieschang* nm. 394.

50. *Heinrich* AT nm. 1163; *Rengier* AT § 32 nm. 6; *Wessels/Beulke/Satzger* nm. 499; indo além, *Kindhäuser* AT § 26 nm. 17: aplicação analógica geral do § 16 Abs. 2 StGB.

* N.T.: O delito do § 258 StGB é correspondente ao nosso delito de favorecimento pessoal do art. 348 do CP.

\+ *Nota de adaptação*: O art. 348, § 2º do CP também prevê causas pessoais de exclusão da pena, mas não inclui noivo(a)s em seu rol. A possibilidade de uma aplicação analógica a esses casos deve ser discutida pela ciência jurídica brasileira.

51. *Heinrich* AT nm. 1166.

III. Erro sobre pressupostos da persecução penal

69 Falhas de representação sobre pressupostos da persecução penal (p.ex., sobre a exigência de uma representação penal) são *insignificantes*. O decisivo, nesse caso, é a situação real.[52]

52. BGHSt 18, 123 (125); *Wessels/Beulke/Satzger* nm. 502; *Zieschang* nm. 394.

Aproximações ao direito brasileiro

O *erro de tipo*, no ordenamento jurídico brasileiro, é regulado pelo art. 70
20, *caput*, do CP, que, de forma idêntica ao § 16 StGB, também exclui o dolo do autor por ausência de conhecimento sobre algum elemento constitutivo do tipo legal de crime, mas permite a punição por crime culposo, se previsto em lei. No entanto, nosso ordenamento jurídico não prevê solução para o erro sobre circunstâncias que conduziriam à realização do tipo penal de uma norma mais branda (como a Abs. 2 do § 16 StGB), o que, a princípio, parece conduzir a solução distinta da alemã. Se o autor, imaginemos, supõe erroneamente circunstâncias que conduziriam à realização do tipo penal de uma norma mais branda (→ nm. 18 s.) – por exemplo, acreditando ter o consentimento da gestante para o aborto (art. 126 do CP) – a solução dogmaticamente correta, no Brasil, ao que parece, seria a punição por tentativa do delito cujos elementos eram abrangidos pelo dolo do agente: o autor estaria em erro sobre a inexistência de consentimento, de modo que não poderia ser responsabilizado por cometimento doloso de aborto sem consentimento (art. 125 do CP), que não prevê, além do mais, penalização a título de culpa; puni-lo por aborto com consentimento consumado (art. 126 do CP), da mesma forma, não seria viável, tendo em vista a ausência de realização de todos os elementos típicos (inexiste o consentimento da gestante, que é elementar do tipo penal) e as determinações do princípio da legalidade, que proibiriam a adoção de solução semelhante à alemã sem a correspondente norma constitutiva alemã (§ 16 Abs. 2 StGB). Sendo assim, parece que – enquanto caso semelhante seria resolvido, na Alemanha, com a punição pelo delito mais brando –, no Brasil, seria possível, a princípio, afirmar apenas a punição pelo delito mais brando na forma tentada. Esse problema, contudo, carece de investigação mais detida, que, aqui, extrapolaria nossos limites e propósitos.

O Código Penal brasileiro ainda disciplina expressamente o tratamento 71
relativo ao *error in persona* (art. 20, § 3º, do CP), adotando a teoria da equivalência.[53] Assim, havendo *equivalência* entre a pretensa e a real pessoa, objeto do fato, o erro se revela mera falha de motivação e é irrelevante para a afirmação da punibilidade do autor (→ nm. 22). O art. 20, § 3º, do CP, contudo, ainda cria consequência adicional: são consideradas as condições ou qualidades da vítima contra quem o agente queria praticar o crime para todos os efeitos da responsabilização penal – isso autoriza o aumento da pena, por exemplo, aplicada ao agente que, pretendendo injuriar o funcionário público responsável pelo atraso na confecção de certo documento (art. 141, II, do CP), ofende, por erro, o filho deste, que se encontrava sentado no interior da repartição pública.[54]

53. Nesse sentido, também Cirino, p. 151 ss., com outras observações.
54. Críticas a essa solução em Martinelli e de Bem, p. 623.

72 Em relação à *aberratio ictus* (o erro na execução), o Código Penal brasileiro distingue dois grupos de casos: o erro de execução que atinge pessoa diversa (art. 73 do CP) e o erro de execução que gera resultado diverso do pretendido (art. 74 do CP). Assim, caso o agente, não por falha quanto à identidade da vítima (*error in persona*), mas por falha na execução, atinja pessoa diversa (art. 73 do CP), ele responde como se tivesse praticado o crime contra a vítima objetivada. Já em relação ao segundo grupo de casos (art. 74 do CP), no qual o agente, com dolo de praticar um delito, errando na execução, pratica outro, o nosso Código Penal estabelece que o agente também responderá, a título de culpa, pelo delito praticado, se o fato é previsto como crime culposo; por inexistir qualquer isenção de responsabilidade em relação ao delito doloso tentado, o agente também responderá pelo delito culposo em concurso formal com o delito doloso tentado, resultando em solução idêntica à defendida, de forma aparentemente majoritária, na Alemanha (→ nm. 29). Caso o erro na execução gere dois resultados (o pretendido e o acidental), o agente também responde segundo a regra do concurso formal (art. 70 do CP):[55] delito culposo em concurso formal com o delito doloso consumado. As soluções do legislador brasileiro parecem misturar problemas de imputação com problemas de concurso e merecem mais atenção da ciência jurídica.

73 Quanto ao *erro de tipo permissivo*, a legislação brasileira, ao contrário da alemã, apresenta resposta clara. O art. 20, § 1º, do CP afasta apenas o dolo[56] daquele que supõe situação de fato que, se existisse, legitimaria sua ação, e mantém a punibilidade por culpa, caso o crime preveja punição por culpa.[57] Na medida em que o art. 21 do CP trata do erro de proibição no âmbito da culpabilidade, tão somente reduzindo a pena do autor que erra quando era evitável errar, adotara o legislador brasileiro a teoria da culpabilidade: a consciência da ilicitude é categoria da culpabilidade. Assim, o art. 20, § 1º, do CP seria, por sua vez, expressão de uma teoria *limitada* da culpabilidade, ao reduzir a *in*consciência da ilicitude à errônea valoração da ordem jurídica, assumindo que aquele que erra sobre circunstâncias fáticas de uma causa de justificação atua fiel à ordem jurídica em razão da crença de estar justificado por circunstâncias do fato e não por uma falsa interpretação do direito. A norma do § 1º do art. 20 do CP, no entanto, não resolve totalmente a celeuma havida entre os defensores da teoria limitada da culpabilidade, na medida em que ainda é possível discutir a respeito de qual dolo deve ser excluído nesse

55. A respeito do concurso formal, cf. *infra* em *aproximações ao direito brasileiro* → § 13 nm. 46.

56. Em sentido contrário, Gueiros e Japiassú, p. 308, que enxergam na expressão da lei "isenção de pena" (do art. 20, § 1º, do CP) um obstáculo à aceitação da teoria limitada da culpabilidade.

57. Nesse sentido, Cirino, p. 223 ss.; Galvão, p. 454; Martinelli e de Bem, p. 621.

caso, se o dolo do tipo, o da antijuridicidade ou o da culpabilidade (→ nm. 48).[58]

Em nosso ordenamento jurídico, não há regulação para erros sobre circunstâncias fáticas exculpantes, a exemplo do § 35 Abs. 2 StGB a respeito do estado de necessidade exculpante (→ nm. 60 ss.). No entanto, caso o agente suponha circunstância que, se existisse, exculparia seu comportamento (ao cumprir ordem, p.ex., que acredita ser de seu superior hierárquico), sua inclinação pela ação toma em consideração os mesmos fatores que baseiam a decisão de um terceiro que realmente esteja em situação exculpante (como seu colega que, de fato, estava cumprindo ordem de um superior hierárquico). Dessa forma, parece faltar legitimidade ao Estado para desconsiderar sua errônea representação, uma vez que, em nosso exemplo, o conflito, da perspectiva do agente, era o mesmo vivenciado por seu colega. Portanto, esse problema parece merecer maior atenção de nossa ciência. **74**

Por fim, as ponderações a respeito do erro sobre causas pessoais de exclusão da pena e sobre pressupostos da persecução penal (→ nm. 69) também parecem corretas em relação ao direito brasileiro. **75**

58. É necessário deixar claro que, em que pese a teoria *geral* da culpabilidade defender o conhecimento do injusto como elemento da culpabilidade, a teoria *limitada* da culpabilidade *limita,* por sua vez, o conceito de *conhecimento* do injusto à *consciência do caráter* de injusto da ação (erro de proibição direito ou indireto), e por isso não exclui esse conhecimento por erros que recaiam sobre circunstâncias *fáticas*. Nesse último caso, o agente se orienta por critérios iguais ao do legislador, conhecendo o injusto de sua conduta, e quer, portanto, se comportar de maneira fiel ao direito, mas um erro quanto à realidade o faz acreditar estar atuando com tal fidelidade jurídica. Por isso, a teoria limitada da culpabilidade defende o tratamento do erro de tipo *permissivo* como erro de tipo (já que, na Alemanha, a legislação opera com base na simples dicotomia "erro de tipo do § 16 StGB x erro de proibição do § 17 StGB" → nm. 9). E erros de tipo afastam o dolo (§ 16 StGB e art. 20 *caput* do CP). Dessa forma, surgem vertentes da teoria limitada da culpabilidade que tentam explicar, então, qual dolo deve ser afastado (já que o § 16 StGB, assim como o art. 20 do CP, não é taxativo a esse respeito): o dolo da tipicidade, o dolo da antijuridicidade ou o dolo da culpabilidade (nm. 48). A vertente majoritária na Alemanha (nm. 49) defende a exclusão do dolo da culpabilidade (ou a culpabilidade dolosa [*Vorsatzschuld*]), com base na tese dogmática de que o dolo ocuparia duas posições (na tipicidade e na culpabilidade).

§ 9. Autoria e Participação

A. Fundamentos

Decisões selecionadas: BGH NStZ 2006, 94 (Coautoria e cumplicidade no roubo grave). NStZ 2008, 273 (Domínio do fato do cúmplice no delito de homicídio).

Literatura para aprofundamento: *Rengier* Täterschaft und Teilnahme – Unverändert aktuelle Streitpunkte, JuS 2010, 281; *Rönnau* Grundwissen – Strafrecht: Mittäterschaft in Abgrenzung zur Beihilfe, JuS 2007, 514.

I. Formas de concurso

Não é raro que várias pessoas contribuam para o cometimento de 1
um delito. Nesse caso, essas contribuições podem aparecer em múltiplas formas de concurso de agentes (p.ex., a contratação de um matador de aluguel, cujo amigo, no momento da execução do fato, atrai a vítima para uma armadilha fatal). As diferenças, em espécie e qualidade, das formas de concurso para o fato podem ter importância também no direito penal. Dessa forma, segundo a definição legal do § 28 Abs. 2 StGB, *aqueles que atuam* em um fato dolosamente praticado podem ser distinguidos entre *autores* e *partícipes* (assim chamado sistema dualista de concurso de agentes),[+] e são subdivididos em outras formas de concurso nos §§ 25 ss. StGB.[1]

[+] *Nota de adaptação*: O Código Penal brasileiro não distingue entre autor e partícipe (*conceito unitário de autor*, art. 29, caput do CP), mas, ao que indica, reconhece essa distinção; a esse respeito, cf. *infra* em *aproximações ao direito brasileiro* → § 9 nm. 174.

1. *Heinrich* AT nm. 1174; *Krey/Esser* nm. 783; *Rengier* AT § 40 nm. 1; *Wessels/Beulke/Satzger* nm. 505.

2 *Autor*, no sentido do § 25 StGB, é aquele que realiza todos os elementos de um tipo penal por meio de um comportamento próprio ou de um comportamento alheio que lhe seja imputável:

- enquanto *autor imediato* é aquele que realiza pessoalmente o tipo penal (§ 25 Abs. 1 Var. 1 StGB),

- *autor mediato* é aquele realiza o fato "por meio de um terceiro" (§ 25 Abs. 1 Var. 2 StGB) e

- os *coautores* aqueles que realizam o fato "em conjunto" (§ 25 Abs. 2 StGB).

3 A chamada *autoria colateral* não é regulada pela lei. Nesse caso, assim como na coautoria, várias pessoas também produzem o resultado típico; no entanto, elas atuam com independência umas das outras, sem um concurso consciente e deliberado (→ nm. 70). Portanto, o conceito de autoria colateral apenas descreve o grupo de casos no qual vários autores imediatos, no sentido do § 25 Abs. 1 Var. 1 StGB, coincidem na atuação, sem que isso crie particularidades na análise jurídica do evento. A autoria colateral é mais rara em fatos dolosos, e aparece com mais frequência, ao contrário, em fatos culposos.[2]

4 Das formas de concurso, a mais fraca é a *participação*. Enquanto o autor pratica um fato próprio, o partícipe apenas concorre para um fato de um terceiro. A sua responsabilidade penal se vincula a esse fato de maneira acessória. Segundo uma outra definição legal, que se encontra no § 28 Abs. 1 StGB, os partícipes ainda são subclassificados entre instigadores e cúmplices:

– *instigador* é, segundo o § 26 StGB, aquele que determina, dolosamente, um terceiro a cometer um fato, que vem a ser praticado dolosa e antijuridicamente por esse terceiro;

– aquele que conceda auxílio para o fato doloso e antijurídico de um terceiro é punido como *cúmplice* segundo o § 27 Abs. 1 StGB.

5 A diferenciação entre autoria e participação só tem significado em delitos dolosos. Nos *delitos culposos*, ao contrário, todos que contribuem por quebra de deveres de cuidado para a realização do tipo penal são considerados autores. Esse chamado *princípio do autor unitário* se aplica também no direito das contravenções (§ 14 da OWiG).[3]

2. *Krey/Esser* nm. 982; *Rengier* AT § 42 nm. 3 ss.; *Wessels/Beulke/Satzger* nm. 525.

3. *Heinrich* AT nm. 1177; *Kindhäuser* AT § 38 nm. 3; *Wessels/Beulke/Satzger* nm. 506.

II. Delimitação entre autoria e participação

1. Fundamentos

A delimitação entre autoria e participação nos delitos dolosos é problemática (e relevante nos exames de verificação de delito), sobretudo, quando estão em questão formas de concurso que, sob uma perspectiva externa, são semelhantes. Tanto os coautores quanto os cúmplices contribuem junto a um outro para a execução de um fato penal, enquanto a marca principal dos autores mediatos e dos instigadores é estar em segundo plano em relação ao fato principal. Por isso, nos trabalhos de resolução de casos, é comum ter que distinguir ou os *coautores dos cúmplices* ou *os autores mediatos dos instigadores*.[4] 6

Exemplo: 7

- B espanca C. A, que está junto, aplaude os atos de B e ainda, aproveitando a oportunidade, dá um "pequeno empurrão" adicional em C. A e B são coautores, ou A é cúmplice do crime de B?
- A encarrega B, que é agressivo a um ponto quase doentio, a espancar C. Assim acontece. A é autor mediato ou instigador?

2. Teoria do domínio do fato e teoria subjetiva

Não há um consenso a respeito de qual critério se deve utilizar para diferenciar autores de partícipes. Sustenta-se, sobretudo, duas posições, uma objetiva e uma subjetiva. Portanto, a depender da posição, ou os *acontecimentos externos* ou a *vontade interna* do autor serão decisivos.[5] 8

Segundo a *teoria formal-objetiva*, defendida pela doutrina no passado, o autor era aquele que praticava, pelo menos parcialmente, por si próprio as ações de execução do tipo penal. Essa posição é considerada ultrapassada, por se basear tão somente na implementação externa da ação de execução. Por isso, mesmo no caso de um proceder com divisão de tarefas, típico da coautoria, seria sempre necessário que todos os concorrentes praticassem propriamente pelo menos uma parte da ação típica. Essa perspectiva, da mesma forma, também não é consonante com a figura da autoria mediata.[6] 9

Segundo a *teoria do domínio do fato*, atualmente dominante na literatura, o domínio do fato é o critério decisivo para a delimitação entre autoria e participação. Domínio do fato pode ser descrito como o controle 10

4. *Kühl* AT § 20 nm. 18; *Wessels/Beulke/Satzger* nm. 510.
5. *Kühl* AT § 20 nm. 20; *Rengier* AT § 41 nm. 3.
6. *Heinrich* AT nm. 1204; *Kühl* AT § 20 nm. 24; *Rengier* AT § 41 nm. 5; *Wessels/Beulke/Satzger* nm. 511.

final do acontecimento típico ou, com outras palavras, como "ter-em-mãos" o curso causal típico abrangido pelo dolo.[7]

11 Deve-se, por isso, considerar *autor* aquele que, segundo a sua vontade, pode interromper a realização do delito ou deixá-lo acontecer e, por isso, aparece como *figura central* no acontecimento. Devem ser qualificados como *partícipes*, ao contrário, aqueles concorrentes que tomam a forma de *figuras marginais*, não podendo, assim, dirigir o acontecimento, diante da ausência de contribuições especiais para o fato, senão apenas induzir ou auxiliar o fato de um terceiro.[8]

12 O *autor imediato* possui domínio do fato no sentido próprio de domínio da ação. Já o *autor mediato* conserva o curso causal em suas mãos por meio do domínio do conhecimento ou da vontade. O *coautor* individual, por fim, tem em si o domínio funcional do fato em razão do proceder com divisão de tarefas.[9]

13 A jurisprudência segue a *teoria subjetiva*, delimitando a autoria e a participação segundo o critério da direção da vontade do agente. A vontade do concorrente deve ser investigada "por meio de uma consideração valorativa", na qual todas as circunstâncias abrangidas pela representação do autor devem ser consideradas. Os critérios importantes são, sobretudo, o grau do próprio interesse no resultado delitivo, a extensão da contribuição para o fato e o domínio do fato ou, pelo menos a vontade de dominar o fato.[10]

14 Segundo essa posição, autor é aquele que contribui para o fato com vontade de autor (*animus auctoris*), ou seja, que quer o fato como seu próprio. Trata-se como *partícipe*, ao contrário, aquele que concorre para o fato apenas com vontade de partícipe (*animus socii*), ou seja, que quer (ao induzir ou auxiliar) o fato como alheio.[11]

15 Segundo a *teoria subjetiva-extrema*, adotada pela jurisprudência no passado, a vontade do partícipe era de tal forma significante que até mesmo se executasse um fato de mão própria só poderia ser penalmente responsabilizado como partícipe.[12] No entanto, esse ponto de vista não é

7. *Heinrich* AT nm. 1206; *Krey/Esser* nm. 829; *Kühl* AT § 20 nm. 26; *Rengier* AT § 41 nm. 11; *Wessels/Beulke/Satzger* nm. 512.

8. *Heinrich* AT nm. 1206; *Kindhäuser* AT § 38 nm. 42 ss.; *Kühl* AT § 20 nm. 28; *Rengier* AT § 41 nm. 11; *Wessels/Beulke/Satzger* nm. 513.

9. *Kühl* AT § 20 nm. 27; *Rengier* AT § 41 nm. 13; *Wessels/Beulke/Satzger* nm. 512.

10. BGHSt 36, 363 (367); 37, 289 (291); 38, 315 (319); BGH NStZ 2006, 94; 2008, 273 (275); a esse respeito, ver também *Jäger* AT nm. 227 com outras referências: "teoria normativa da combinação do BGH"; *Kindhäuser* AT § 38 nm. 41; *Kühl* AT § 20 nm. 31 s.; *Wessels/Beulke/Satzger* nm. 516.

11. Cf. apenas BGHSt 16, 12 (13 s.); a esse respeito, ver também *Kindhäuser* AT § 38 nm. 39; *Kühl* AT § 20 nm. 30; *Wessels/Beulke/Satzger* nm. 515.

12. Ver RGSt 74, 84 (caso da banheira) e BGHSt 18, 87 (caso Staschynsckij); a esse respeito, também *Kühl* AT § 20 nm. 22.

compatível mais com o § 25 Abs. 1 Var. 1 StGB. Além disso, continua-se objetando a essa interpretação – assim como à teoria subjetiva – que a atitude subjetiva do autor, frequentemente, não pode ser investigada ou provada e sua valoração abre espaço para discricionariedade e arbítrio.[13]

3. Sugestões para esta etapa de análise do delito

A discussão entre teoria subjetiva e teoria do domínio do fato pertence ao rol das "clássicas" controvérsias que precisam ser mencionadas na resolução dos casos, mas desde que haja indicação de que se faz necessário distinguir autoria de participação. No entanto, a *importância* dessa controvérsia é bem pequena, uma vez que ambas as posições conduzem, em regra, aos mesmos resultados. Isso deriva, dentre outras coisas, do fato de que a jurisprudência, da mesma forma como a literatura, ao valorar uma forma de concurso, também considera, pelo menos dentre outras coisas, o domínio do fato e, com isso, aproxima a teoria do domínio do fato da teoria subjetiva.[14] 16

Em seguida, as formas de concurso específicas serão apresentadas na sequência em que devem ser mencionadas ao se resolver os casos. Para isso, aplica-se a seguinte regra de estruturação: a *autoria* é sempre verificada *antes da participação* (ou de forma genérica: primeiro sempre a forma de concurso mais forte). Essa regra não se refere apenas ao possível concurso de uma mesma pessoa em um mesmo delito, mas também à sequência em que são investigados vários concursos em relação a um mesmo fato penal. Portanto, a resposta do caso começa sempre com *a pessoa mais próxima do fato*, ou seja, com aquela que pratica pessoalmente a ação de execução típica, pelo menos, parcialmente ("*autor antes de partícipe*"). 17

B. Autoria

18

§ 25 StGB – Autoria

(1) É punível como autor aquele que comete o fato por si mesmo ou por meio de outrem.

(2) Caso vários cometam o fato conjuntamente, todos são puníveis como autores (coautores).

13. *Heinrich* AT nm. 1205; *Kühl* AT § 20 nm. 23; *Stratenwerth/Kuhlen* § 12 nm. 13M *Wessels/Beulke/Satzger* nm. 515; *Zieschang* nm. 656.
14. *Rengier* AT § 14 nm. 16; *Wessels/Beulke/Satzger* nm. 518.

Decisões selecionadas: BGHSt 32, 38 (caso Sirius); BGH GA 1986, 508 (caso "você primeiro"); BGHSt 35, 347 (caso do rei felino); 40, 218 e 45, 270 (autoria mediata no homicídio de refugiados pelos soldados da fronteira da RDA); NStZ 2008, 273 (coautoria apenas pela realização de um ato preparatório); NStZ 2008, 280 (coautoria sucessiva); NStZ 2010, 33 (coautoria sucessiva); NStZ 2012, 89 (renúncia à teoria do interesse); NStZ 2013, 104 (coautoria apenas pela realização de um ato preparatório).

Literatura para aprofundamento: *Geppert* Die Mittäterschaft (§ 25 Abs. 2 StGB), Jura 2011, 30; *Koch* Grundfälle zur mittelbaren Täterschaft, § 25 I Alt. 2 StGB, JuS 2008, 339, 496; *Kretschmer* Mittelbare Täterschaft – Irrtümer über die tatherrschaftsbegründende Situation, Jura 2003, 535; *Murmann* Grundwissen zur mittelbaren Täterschaft (§ 25 I 2. Alt. StGB), JA 2008, 321; *Roxin* Die Mittäterschaft im Strafrecht, JA 1979, 519.

I. Autoria imediata (§ 25 Abs. 1 Var. 1 StGB)

19 Segundo o § 25 Abs. 1 Var. 1 StGB, é punível como autor (*solitário*) aquele que pratica o tipo penal pessoalmente (autoria imediata), ou seja, que preenche todos os elementos do tipo penal em sua própria pessoa. Isso não exclui que várias pessoas, independentes entre si – ou seja, que não estejam em relação de coautoria nos termos do § 25 Abs. 2 StGB – sejam responsáveis pela mesma ocorrência como autores (solitários); nesse caso, fala-se de autoria colateral (→ nm. 3).

20 No entanto, só tem a possibilidade de ser autor (seja imediato, mediato ou coautor) aquele que pode preencher o tipo penal em questão (chamado *intraneus*). Caso um tipo penal pressuponha determinadas *qualidades da pessoa que atua*, aquele que não as possua (chamado *extraneus*), ou seja, que não satisfaça na sua própria pessoa as qualidades determinadas, já não pode, *a priori,* ser considerado autor. Ele pode ser responsabilizado penalmente apenas a título de participação (instigação ou cumplicidade) (→ § 1 nm. 55).[15]

21 Nos chamados *delitos especiais*, o autor tem que pertencer a um grupo de pessoas determinado, ou seja, possuir qualidades subjetivas especiais. Dessa forma, o § 203 StGB [delito de violação do segredo profissional][+] só pode ser praticado a título de autoria por aquele que exerce uma das profissões listadas ali no tipo penal (p.ex., "médico" ou "advogado"). Os

15. *Krey/Esser* nm. 231; *Wessels/Beulke/Satzger* nm. 519.

[+] *Nota de adaptação*: No Brasil, o art. 154 do CP proíbe a mesma conduta e também exige qualidades subjetivas especiais.

delitos da função pública dos §§ 331 ss. StGB[+] só podem ser praticados por um "funcionário público" ou "uma pessoa especialmente obrigada para o serviço público" (a esse respeito, ver § 11 Abs. 1 Nr. 2 e 4 StGB).[16]

Os assim chamados *delitos de mão própria* pressupõem a execução pessoal das ações típicas. O § 323a StGB, por exemplo, só pode ser realizado por aquele que coloca a si mesmo no estado de entorpecimento e vem a cometer um fato antijurídico em razão do qual ele não pode ser punido. Um outro exemplo de delitos de mão própria são os delitos de falso testemunho dos §§ 153 ss. StGB.[17] **22**

Por fim, os chamados *delitos de dever* exigem qualidades especiais do autor. Só pode ser considerado sujeito do fato, nesse modelo, aquele que viola o dever especial correspondente especificado no tipo, exigido, dentre outros, pelo § 142 StGB (participante em um acidente) e § 266 StGB (dever de fidelidade ao patrimônio administrado).[18] **23**

Exemplo: Ao arrancar com o carro, A ouve um ruído de arranhão e, por isso, pede ao carona B que vá conferir. Embora B perceba o dano na porta do carro estacionado ao lado, ele diz ao A que está tudo em ordem e A arranca com o carro e vai embora.

A até pratica, de uma perspectiva objetiva, o tipo penal de "fuga do local do acidente" (título oficial: abandono desautorizado do local do acidente) do § 142 Abs. 1 Nr. 2 StGB, mas atua sem dolo e, por isso, não tem responsabilidade penal pelo delito.

B está excluído já *a priori* como autor do § 142 StGB, porque ele não é participante em um acidente no sentido do § 142 Abs. 5 StGB. Por ausência de um fato principal doloso e antijurídico, B também não pode ser punido a título de partícipe e, por isso, também não tem responsabilidade penal pelo delito.

II. Autoria mediata (§ 25 Abs. 1 Var. 2 StGB)

1. Fundamentos

Autor mediato é aquele que pratica o fato "por meio de um terceiro" (§ 25 Abs. 1 Var. 2 StGB). O autor mediato (ou também homem de trás) faz com que um outro, que esteja subordinado a ele por razões fáticas ou jurídicas, atue por ele, como "*instrumento humano*". Essa subordinação do **24**

[+] *Nota de adaptação*: No CP, esses delitos são previstos pelos arts. 312 ss. do CP.

16. *Kindhäuser* AT § 38 nm. 51; *Krey/Esser* nm. 227; *Kühl* AT § 20 nm. 13; *Wessels/Beulke/Satzger* nm. 520.

17. *Krey/Esser* nm. 230; *Kühl* At § 20 nm. 16; *Wessels/Beulke/Satzger* nm. 521.

18. *Kühl* AT § 20 nm. 14; *Wessels/Beulke/Satzger* nm. 522.

intermediário corresponde a um domínio do autor mediato – que pode se dar na forma de um *domínio cognitivo* ou de um *domínio volitivo* (em outras palavras: de um domínio sobre o erro ou de um domínio por coação) – que fundamenta a imputação das ações fáticas do instrumento ao autor mediato.[19]

25 O que caracteriza o domínio do autor mediato é o déficit de responsabilidade penal do intermediário. Dessa forma, o intermediário ou já não pode praticar o tipo objetivo ou atua de forma subjetivamente atípica, justificada ou não culpável (ou exculpável).[20]

26 Segundo a opinião majoritária, o déficit de responsabilidade penal do intermediário é até frequentemente concomitante na autoria mediata, mas não é obrigatoriamente necessário para possibilitar a responsabilização penal do homem de trás como autor. Em alguns casos excepcionais, o domínio necessário do homem de trás, que fundamenta a autoria, está presente mesmo que o homem da frente atue de forma totalmente delitiva e (também) possa ser responsabilizado penalmente como autor por seu comportamento. Nesse caso, o homem de trás atua, em certa medida, como "*autor por trás do autor*".[21]

2. Ausência de responsabilidade penal do intermediário

27 Em casos em que uma pessoa é utilizada como "*instrumento contra si própria*", por exemplo, quando ela se mata ou se autolesiona em razão do domínio e da influência do homem de trás, já está ausente a própria *realização de um tipo penal objetivo* pelo intermediário. O homem da frente, nesses casos, atua atipicamente já de uma perspectiva objetiva, uma vez que as normas pertinentes dos §§ 211 ss. e §§ 223 e ss. StGB proíbem o ato de matar ou lesionar um homem (um terceiro) ou uma outra pessoa e não existem tipos penais próprios para suicídio ou autolesão.[22]

28 Há controvérsia a respeito dos pressupostos sob os quais é possível *imputar* os atos de autolesão praticados pelo homem da frente ao homem de trás como obra sua, praticada a título de autoria. Se fosse negada a autoria do homem de trás, só se poderia considerar sua punição a título de participação, o que também seria impossível, segundo os §§ 26 e 27 StGB, em razão da inexistência de um fato jurídico-penal principal do homem da frente. Portanto, é necessário distinguir a (punível) lesão a terceiro por autoria mediata da (em regra, impunível) instigação à autolesão.[23]

19. *Kühl* AT § 20 nm. 38ss.; *Wessels/Beulke/Satzger* nm. 535 s.
20. *Kindhäuser* AT § 39 nm. 7; *Rengier* AT § 43 nm. 2.
21. BGHSt 40, 218 (236 s.); 45, 270 (396); *Kühl* AZ § 20 nm. 72; *Roxin* AT II § 25 nm. 105 ss.; *Wessels/Beulke/Satzger* nm. 541; contestando, *Kindhäuser* AT § 39 nm. 36; *Krey/Esser* nm. 936.
22. *Kindhäuser* AT § 39 nm. 44 s.; *Kühl* AT § 20 nm. 46; *Rengier* AT § 43 nm. 8.
23. *Kühl* AT § 20 nm. 46.

Algumas vozes na literatura utilizam-se, com a finalidade de operar essa distinção, das regras da responsabilidade penal por comportamento próprio e as aplicam à autolesão. Segundo essa posição, aquele que incita um terceiro a se autolesionar é autor mediato caso o homem da frente se encontre em erro de tipo (nos termos do § 16 Abs. 1 Satz 1 StGB), em estado de ausência de responsabilidade (nos termos do § 16 JGG) ou de incapacidade de culpabilidade (nos termos do §§ 19 e 20 StGB), ou em situação de estado de necessidade exculpante (nos termos do § 35 Abs. 1 StGB). A autoria mediata começaria, portanto, no momento em que cessasse o âmbito de responsabilidade penal do homem da frente, ou seja, quando ele, em certa medida, fosse exculpável como "autor de sua autolesão" (assim chamada *solução da exculpação*).[24] 29

Segundo a teoria majoritária, ao contrário, o homem da frente é considerado "vítima de sua autolesão". A autoria mediata do homem de trás, segundo essa posição, só é reconhecida quando a expressão de vontade do homem da frente, externada na autolesão, não preenche os pressupostos de um consentimento justificante (assim chamada *solução do consentimento*). Para a fundamentação da autoria mediata já basta, por isso, que falte uma autolesão responsável do homem da frente, caso ele, por exemplo, atue sob coação ou com vícios de vontade essenciais.[25] 30

Por fim, de acordo com a jurisprudência, os critérios decisivos são *a espécie e o alcance do erro*, e devem ser determinados em consideração às circunstâncias globais do caso concreto. Em todo caso, há autoria mediata por força de um conhecimento superior caso seja ocultado ao enganado o fato de que ele eliminará sua vida.[26] 31

Exemplo:

- A ganha a confiança de X e começa a fingir ser um habitante da estrela Sirius. Como um ser humano pleno de valor, X poderia continuar vivendo com sua alma em Sirius após a desintegração de seu corpo. Para isso, X teria, no entanto, que continuar se desenvolvendo espiritual e filosoficamente. Após A ter convencido X a lhe dar 30.000 marcos alemães por supostas meditações de um monge e contratar um seguro de vida de 250.000 marcos alemães, tendo aquele como beneficiário, este deveria dar um fim a sua vida atual deitando-se em uma banheira e deixando cair um secador de cabelos ligado na água da banheira. X faz tudo o que foi pedido, mas quando deixa o secador cair na água sente apenas um formigamento no corpo.

24. *Jäger* AT nm. 247.

25. *Kindhäuser* AT § 39 nm. 49; *Krey/Esser* nm. 913; *Otto* AT § 21 nm. 103; *Wessels/Beulke/Satzger* nm. 539.

26. BGHSt 32, 38 (42).

Segundo a teoria majoritária e a jurisprudência,[27] A é punível pela tentativa de homicídio por autoria mediata, uma vez que ele levou X, por meio de seu engodo a respeito de viver em um outro corpo, a (tentar) se separar de seu atual corpo com choque elétrico.

- F engana seu marido M a respeito de querer morrer junto com ele. F ministra veneno e M toma primeiro. F, no entanto, não segue o plano inicial de tomar o veneno em seguida. M morre.

Segundo a teoria majoritária e a jurisprudência,[28] F é punível por homicídio qualificado em autoria mediata. M até sabia que, ao tomar o veneno, morreria, mas o seu erro sobre o motivo de um suicídio conjunto, no entanto, é essencial de uma certa forma que fundamenta o domínio sobre o erro por parte do homem de trás, seja pela solução do consentimento ou pela solução da jurisprudência, e dessa forma também a autoria mediata.

32 Na *literatura*, a autoria mediata é admitida, em grande parte, em toda situação na qual o próprio homem da frente pratica o último ato necessário para lhe causar dano, mesmo que sua contribuição também seja muito pequena. Isso se aplica, dentre outros, para todos aqueles casos nos quais o homem de trás coloca uma armadilha para o homem da frente que só é ativada por meio do ato concorrente deste (p.ex., a detonação de uma bomba no veículo por meio da virada da chave na ignição ou o ato de dar um gole em uma bebida envenenada).[29]

33 Segundo a jurisprudência, essas contribuições subordinadas devem ser, ao contrário, concebidas como mero fato causal. O homem de trás atua, segundo essa perspectiva, como autor imediato, não sendo necessário recorrer à regra de imputação do § 25 Abs. 1 Var. 2 StGB. No entanto, o BGH reconheceu que o grupo de casos do "intermediário contra si mesmo" possui uma estrutura relacionada à autoria mediata.[30]

34 O déficit de responsabilidade do homem da frente também pode ser fundamentado pelo fato de lhe faltar, nos delitos especiais, a qualidade de autor prevista tipicamente. Uma autoria própria daquele que atua nesses casos é afastada mesmo que ele tenha uma imagem completa do acontecimento e nenhuma falha de representação sobre o sentido de seu agir. A punibilidade do homem de trás que preencha em si mesmo as qualidades de autor necessárias também se mostra questionável. Pelo menos à primeira vista, também parece inexistente uma autoria própria, por conta da ausência de

27. A esse respeito, ver BGHSt 32, 38 (42 s.).
28. A esse respeito, ver BGH GA 1986, 508 (508 s.).
29. *Kindhäuser* AT § 39 nm. 44 s.; *Wessels/Beulke/Satzger* nm. 539a.
30. BGHSt 43, 177 (180).

ação típica; a punibilidade como partícipe deve ser ainda menos considerada pela ausência de um fato principal antijurídico e dolosamente praticado pelo homem da frente. *Se* e, eventualmente, *como* se pode evitar esse resultado injusto por conta do emprego de um chamado *instrumento doloso não qualificado* é controverso.

A literatura admite, de forma preponderante, uma autoria mediata do homem de trás que não atua pessoalmente também no caso de um instrumento doloso não qualificado. Isso é fundamentado, parcialmente, pela ideia de que nos delitos de dever toda *lesão do dever especial descrito no tipo penal* é suficiente para uma autoria e não há dependência do domínio do fato.[31] Segundo uma outra posição, o homem de trás dominaria juridicamente o acontecer, uma vez que ele, como endereçado do delito especial, seria o único na condição de realizar o tipo penal em questão (eventualmente, com ajuda de um *extraneus*). Por isso, de uma *perspectiva normativa*, poder-se-ia certamente admitir uma autoria.[32] **35**

Essas interpretações, que do ponto de vista do resultado são certamente dignas de reverência, são questionadas pelo fato de abandonarem totalmente o critério do domínio do fato ou de substituírem a real superioridade do homem de trás, necessária segundo o critério do domínio do fato, por uma superioridade jurídica. Por isso, é preferível *rejeitar* um *domínio do fato* do homem de trás pelo emprego de um instrumento doloso não qualificado e indicar ao legislador o fechamento das lacunas de responsabilidade penal.[33] **36**

> **Exemplo:** O insolvente comerciante individual C pede para seu irmão I, que esconda objetos de valor da sua casa e os mantenha a salvo. **37**
>
> I, por não ser pessoalmente insolvente, não é autor idôneo do § 283 Abs. 1 Nr. 1 StGB e atua como instrumento doloso não qualificado. Segundo a teoria majoritária, C é, no entanto, autor mediato do tipo penal de fraude a credores (bancarrota) e, por isso, punível segundo os §§ 283 Abs. 1 Nr. 1 e 25 Abs. 1 Var. 2 StGB. I é cúmplice nesse delito. Segundo a outra posição, nem I e nem C podem responder pelo delito do § 283 StGB nessa situação.

Um intermediário que, por consequência de seu conhecimento reduzido, não conheça todas as circunstâncias fáticas e, por isso, *não tenha dolo*, age *atipicamente de uma perspectiva subjetiva*.[34] A título de exemplo, pode-se **38**

31. Schönke/Schröder/*Heine/Weißer* Vor §§ 25 ss. Nm. 82; *Kindhäuser* AT § 39 nm. 17 ss.; *Roxin* AT II § 25 nm. 275.
32. *Lackner/Kühl* § 25 nm. 4; *Rengier* AT § 43 nm. 18.
33. *Otto* AT § 21 nm. 94; *Stratenwerth/Kuhlen* § 12 nm. 40.
34. *Kühl* AT § 20 nm. 52; *Rengier* AT § 43 nm. 12.

citar o homem da frente que, a pedido de um terceiro, subtrai um objeto sem ter conhecimento, ao realizar esse ato, de estar violando o patrimônio de um alguém.

39 **Exemplo:** O hóspede H, no hall do hotel, apontando para uma mala no chão, pede ao carregador de malas C que leve "sua" mala para o taxi. Na realidade, trata-se da mala de um outro hóspede do hotel.

Ao subtrair uma coisa, para ele alheia e móvel, C pratica, de uma perspectiva objetiva, o tipo penal de furto do § 242 StGB. Por pensar se tratar do patrimônio de H, em vez do patrimônio de um outro hóspede, ele está de fato em uma situação irrelevante de *error in obiecto* (→ § 8 nm. 20 ss.), que não exclui o dolo em relação ao objeto do fato "coisa alheia móvel". No entanto, em razão do pedido de H, como suposto proprietário da mala, C não pensa estar quebrando a custódia de um terceiro em relação ao objeto, de modo que lhe falta o dolo em relação à ação delitiva de subtração. Por isso, por ausência de punibilidade culposa no furto, C é impunível.

H, ao contrário, comete o delito de furto em autoria mediata nos termos do §§ 242 Abs 1, 25 Abs. 1 Var. 2 StGB.

40 Também se pode afastar o tipo subjetivo do intermediário caso ele não preencha os necessários elementos especiais do tipo nos delitos com tendência interna extravagante. O tratamento do chamado *instrumento doloso sem inten*ção – que chega a praticar o tipo penal objetivo de um delito com conhecimento e vontade e, por isso, atua dolosamente, mas não exibe o elemento intencional necessário – também é controverso.

41 Segundo uma das posições, a ausência de intenção não é suficiente para afirmar a qualidade de instrumento do homem da frente. A tendência interna transcendente de um delito, como p.ex. do § 242 StGB,[+] seria uma especialidade típica, que não permitira fundamentar o domínio do fato. O poder de decisão do homem da frente teria, na verdade, que ser *de fato* limitado.[35]

42 A posição contrária, aparentemente majoritária, se refere ao fato de que a punibilidade do homem da frente é excluída em razão da ausência do elemento intencional do delito em questão e, por isso, há um déficit de responsabilidade penal. Caso o homem de trás se utilize desse déficit conscientemente e, por meio disso, controle o acontecimento, haveria,

[+] *Nota de adaptação*: O § 242 StGB (furto) tem a seguinte redação: "aquele que subtrai de um terceiro uma coisa alheia móvel *com a intenção* de obtê-la antijuridicamente para si ou para outrem (...)".

35. *Kindhäuser* AT § 39 nm. 20 ss.; *Krey/Esser* nm. 921; ver também *Kühl* AT § 20 nm. 54 ss.

segundo uma perspectiva normativa, uma autoria mediata – comparável ao emprego de um instrumento doloso não qualificado (→ nm. 35).[36]

Exemplo: A pedido de B, A pega um livro da prateleira de seu colega de república M, para dá-lo a B. A pensa que B só quer pegar o livro emprestado e devolvê-lo a M, em alguns dias, sem danificações. Ao invés disso, B quer manter para si o livro permanentemente. 43

A não é punível por furto, segundo o § 242 Abs. 1 StGB. De fato, até não lhe falta o dolo em relação à subtração do livro de M como coisa alheia móvel. No entanto, ele atua sem a necessária intenção de apropriação (para um terceiro), uma vez que pensa que B irá devolver o livro a M, faltando-lhe, por isso, o necessário dolo de desapropriação duradoura [*Enteignungsvorsatz*].

No entanto, segundo a posição aparentemente majoritária, B comete um furto em autoria mediata segundo os §§ 242 Abs. 1, 25 Abs. 1 Var. 2 StGB.

Um exemplo de um homem da frente que atua *conforme ao direito* 44 é o caso de um policial que detém uma pessoa falsamente acusada de um crime e a leva presa. O delito de sequestro (§ 239 Abs. 1 StGB), praticado aqui tipicamente, está justificado em relação ao policial, segundo a norma permissiva dos §§ 127 Abs. 2 e 112 StPO, em razão de uma forte suspeita do fato, mas aquele que fez a falsa comunicação do delito responde por ele na qualidade de autor mediato.[37]

No caso de alguém se utilizar da ajuda de uma criança de dez anos para 45 pegar os aparelhos de ginástica do jardim de seu vizinho, a criança atuará, em razão do § 19 StGB, *sem culpabilidade*. Mas aqui também haverá autoria mediata do adulto.[38]

No entanto, a delimitação entre autoria mediata e instigação tem muita 46 relevância no caso de emprego de pessoas que atuam sem culpabilidade. Porque a instigação não pressupõe, em razão do princípio da *acessoriedade limitada* (→ nm. 107 ss.), um fato principal culpável, mas apenas um fato principal antijurídico praticado dolosamente. Segundo a teoria do domínio do fato, o decisivo é se o domínio do conhecimento ou da vontade do homem de trás se sobrepõe ao domínio da ação do homem da frente.[39]

36. *Kudlich* PdW AT Fall 267; *Rengier* AT § 43 nm. 22; *Wessels/Beulke/Satzger* nm. 537.
37. *Kühl* AT § 20 nm. 57 s.; *Rengier* AT § 43 nm. 23 s.
38. *Kühl* AT § 20 nm. 66 ss.; *Rengier* AT § 43 nm. 27 ss.
39. *Rengier* AT § 43 nm. 36; *Wessels/Beulke/Satzger* nm. 538.

3. "Autor por trás do autor"

47 Caso não haja déficit de punibilidade do homem da frente, a influência do homem de trás sobre o fato ainda pode ser tão significativa que, apesar de o homem da frente agir de forma plenamente delituosa, ele ainda pode aparecer excepcionalmente como figura central do acontecimento e, por isso, como "autor por trás do autor" (→ nm. 26). A subordinação do homem da frente, por consequência dessa forte influência, pode, segundo a opinião majoritária, se basear, especialmente, no *domínio da organização* do homem de trás, que permite que ele, apesar da ausência de um domínio do conhecimento e da vontade, possa direcionar e controlar o acontecimento segundo suas vontades como "criminoso de escritório".[40]

48 De fato, os critérios para o domínio da organização são controversos em suas particularidades.[41] No entanto, exemplos incontroversos de domínio da organização são *o abuso das prerrogativas* [*Machtbefugnisse*] *do poder estatal* (p.ex., nos delitos sob o regime nazista assim como nos chamados casos de proteção do muro nas fronteiras internas alemãs no tempo da República Democrática Alemã – RDA[42]) e *estruturas organizadas semelhantes a máfias*.[43] A jurisprudência tende nos últimos tempos, além disso, a aplicar a ideia do domínio da organização às empresas econômicas.[44]

49 Além do mais, no caso do chamado *erro gradual quanto às circunstâncias fáticas*, admite-se uma autoria mediata do homem de trás apesar do homem da frente atuar de forma plenamente delituosa. Nesse caso, o homem da frente não chega a errar sobre a presença de circunstâncias fáticas como tais, razão pela qual seu dolo, segundo o § 16 Abs. 1 Satz 1 StGB, permanece intacto. No entanto, ele possui uma falha de representação a respeito da grandeza do injusto causado pelo seu agir. A depender de quão significante é o desvio da representação do homem da frente em relação ao real sentido da ação de seu fato, o homem de trás pode, nesse caso, ser penalizado como autor mediato.[45]

50 **Exemplo:** A incita B a destruir um valioso vaso chinês de X, fazendo-o acreditar que se trata apenas de uma imitação barata.

40. *Rengier* AT § 43 nm. 61; *Wessels/Beulke/Satzger* nm. 541.
41. A esse respeito, ver *Heinrich* AT nm. 1255; *Rengier* AT § 43 nm. 62.
42. BGHSt 40, 218 (232 ss.); 45, 270 (296 ss.).
43. *Heinrich* AT nm. 1255; *Wessels/Beulke/Satzger* nm. 541; mais restrito, *Jäger* AT nm. 249.
44. Ver, por exemplo, BGH NStZ 1998, 568; 2008, 89 (90); *Wessels/Beulke/Satzger* nm. 541; criticamente, *Kühl* AT § 20 nm. 73c; *Rengier* AT § 43 nm. 69.
45. Schönke/Schröder/*Heine/Weißer* § 25 nm. 22; *Jäger* AT nm. 246; *Kühl* AT § 20 nm. 75; outra posição, *Kindhäuser* AT § 39 nm. 14 ss.; *Krey/Esser* nm. 938; *Kudlich* PdW AT Fall 274; *Rengier* AT § 43 nm. 49.

A deve ser penalizado como autor mediato de um delito de dano segundo os §§ 303 Abs. 1 e 25 Abs. 1 Var. 2 StGB. De fato, B também é punível pelo delito de dano em razão da destruição do vaso. Mas isso não impede o reconhecimento da autoria de A – uma vez que se ocultou de B o real significado de sua ação –, que, em razão de seu conhecimento do valor real do vaso destruído, pode ser responsabilizado como autor pelo "incremento do injusto".

Além disso, o homem da frente atua de forma plenamente delituosa quando ele se encontra em *erro de proibição evitável*, que apenas permite ao juiz, segundo o § 17 Satz 2 StGB, atenuar a pena. Segundo uma posição, por ausência de déficit de punibilidade do homem da frente, apenas a exploração de um erro de proibição inevitável é que deve conduzir à autoria mediata do homem de trás, porque só então o homem da frente atua sem culpabilidade (e, assim, sem responsabilidade) nos termos do § 17 Satz 1 StGB.[46] Segundo a opinião dominante, a causação de um erro de proibição evitável também pode, ao contrário, fundamentar a autoria. Porque, nesse caso, também falta ao homem da frente, assim como no erro de proibição inevitável, a compreensão atual do injusto, o que é explorado pelo homem de trás para o seu propósito de conduzir o plano completo. O princípio da responsabilidade não se opõe, por consequência disso, à admissão da autoria mediata.[47] **51**

Exemplo (caso do rei felino[48]): A e N vivem juntos em uma neurótica rede de relacionamentos, impregnada de misticismo, conhecimentos aparentes e crenças errôneas. A faz B acreditar que um "rei felino" ameaça o mundo e matará milhões de homens caso não lhe seja oferecida uma vítima humana com as características de C. B, então, mata C acreditando estar salvando milhões de pessoas com esse ato. **52**

4. O tipo subjetivo

Segundo os princípios gerais, o dolo do autor mediato precisa, antes de tudo, abranger a realização de todos os *elementos típicos objetivos* do tipo penal em questão. Soma-se a isso o fato de que o dolo tem que se estender ao próprio *domínio do conhecimento e da vontade* como parte do tipo penal objetivo.[49] **53**

46. *Krey/Esser* nm. 927; *Stratenwerth/Kuhlen* § 12 nm. 53 ss.
47. BGHSt 35, 347 (352 ss.). *Heinrich* AT nm. 1260; *Jäger* AT nm. 241; *Kindhäuser* AT § 39 nm. 33 ss.; *Rengier* AT § 43 nm. 42.
48. BGHSt 35, 347.
49. *Rengier* AT § 43 nm. 76.

54 Caso o intermediário, no dia do fato, pratique um comportamento típico que não lhe tenha sido instruído pelo autor mediato, está-se diante de um *excesso* do instrumento. Em se tratando de um desvio essencial, o homem de trás estará em erro de tipo, que exclui o seu dolo segundo o § 16 Abs. 1 Satz 1 StGB.[50]

55 Há grande debate a respeito dos efeitos do *error in persona vel obiecto* do intermediário para a punibilidade do autor mediato (para as consequências de um erro sobre a identidade em coautoria → nm. 78 s., assim como do autor sobre o instigador → nm. 140 s.). Segundo a opinião aparentemente majoritária, não há qualquer diferença jurídica entre o autor se utilizar de um instrumento mecânico e errar seu alvo ou falhar no fato em razão de um erro de um instrumento humano. Por consequência, um *error in persona vel obiecto* do intermediário na autoria mediata conduz sempre a uma *aberractio ictus*.[51]

56 Segundo a *solução da individualização*, que vem crescendo, o determinante, ao contrário, é saber se o autor mediato concretizou para o intermediário, de forma suficiente, a vítima ou o objeto que pretendia atingir. Caso o homem de trás tenha deixado a individualização, em uma certa medida (p.ex., em razão da descrição não satisfatória da vítima), a critério do intermediário, deve-se lhe imputar como próprias as eventuais falhas de escolha por parte do instrumento, que age conforme sua instrução, de modo que o erro do intermediário sobre a identidade também é irrelevante para o autor mediato. Em caso de uma execução do fato pelo intermediário que se distinga das instruções do homem de trás ou no caso de um desvio essencial do curso causal, seria, ao contrário, admissível afirmar uma falha no fato do autor mediato no sentido de uma *aberratio ictus*.[52]

57 **Exemplo:** A fica sabendo, coincidentemente, que o hóspede X deixou sua carteira sobre a mesa de cabeceira no quarto 2. A pede para o faxineiro F, que não tem a menor ideia do que está acontecendo, para buscar "sua" carteira no quarto 2. F, no entanto, confunde a porta do quarto e acaba buscando para A a carteira de Y, que também estava sobre a mesa de cabeceira, mas do quarto 3.

O *error in obiecto* de F não exclui, de fato, o seu dolo em relação ao objeto ser coisa alheia móvel. No entanto, já que F pensa estar agindo com a autorização do dono da carteira do quarto 3, ele não age com dolo em relação à subtração no

50. *Rengier* AT § 43 nm. 71.

51. *Baumann/Weber/Mitsch* § 21 nm. 15; *Heinrich* AT nm. 1267; *Jescheck/Weigend* § 62 III 2; *Kühl* AT § 20 nm. 89a.

52. *Kindhäuser* AT § 39 nm. 79 ss.; *Rengier* AT § 43 nm. 74; *Wessels/Beulke/Satzger* nm. 550.

sentido do § 242 StGB. Não há, portanto, punibilidade por furto doloso. O furto culposo não é previsto legalmente (→ nm. 39.).

A tem, nesse caso, o domínio do conhecimento, em consequência do erro que causou em F a respeito da propriedade da carteira, e atua como autor mediato. A questão é como o *error in obiecto* de F afeta a situação de A. Segundo a posição aparentemente majoritária, o erro de F sobre a identidade conduz a uma *aberratio ictus* de A. Por isso, ele é punível por conta de furto tentado em coautoria em prejuízo da vítima X, escolhida por ele. O furto culposo (aqui, em prejuízo da vítima Y, de fato furtada) não é punível. A solução da individualização também conduz, nesse exemplo, ao mesmo resultado, uma vez que as instruções de A eram suficientemente concretas e o fato não saiu como planejado apenas em consequência da falha de execução do "instrumento humano".

Uma *falha de representação sobre o próprio domínio do fato* é 58
possível quando o homem de trás avalia erroneamente a sua influência sobre o homem da frente e erra, por isso, sobre a natureza de seu concurso. É concebível, dessa forma, por um lado, que o homem de trás de fato possua o necessário domínio do conhecimento e da vontade, necessários para a autoria mediata, mas, por erro, se *considere* apenas *instigador* na medida em que não conheça a ausência de punibilidade do homem da frente. Nesses casos, sem discussão, exclui-se a responsabilidade penal do homem de trás como autor mediato por ausência de dolo em relação ao domínio do fato existente de forma objetiva.

No entanto, ato seguinte, discute-se se o homem de trás pode ser 59
responsabilizado em razão de uma *instigação consumada* para o fato principal. Uma parte da literatura admite essa solução até mesmo quando, por consequência da ausência de punibilidade do homem da frente, falte um fato principal doloso e antijurídico. Dessa forma, considera-se que a autoria (objetivamente presente) se apresenta como forma de concurso mais grave, de uma perspectiva valorativa, em relação à participação (objetivamente não presente).[53]

Contudo, a opinião majoritária se opõe a isso, com razão, alegando 60
que a ausência de um fato referência para a instigação não pode ser substituída pela referência aos pressupostos da autoria mediata preenchidos objetivamente. Isso significa uma inobservância da literalidade do § 26 StGB e, por isso, uma violação ao art. 103 Abs. 2 da Constituição Alemã. Por isso,

53. *Jescheck/Weigend* § 62 III 1; *Kühl* AT § 20 nm. 85.

considera-se apenas uma *instigação tentada*, que só é punível, no entanto, nos crimes (*Verbrechen*), não nos delitos em sentido estrito (*Vergehen*)*.[54]

61 **Exemplo:** O guarda florestal A mostra para o caçador C, autorizado a abater veados, um animal no território vizinho. Ao fazer o gesto, ele acredita que C sabe que o animal se encontra em um território vizinho. C, ao contrário, pensa que o animal está em seu território e que, portanto, teria autorização para atirar e atira, matando o animal.

Não há punibilidade de C pelo delito de caça proibida (do § 292 Abs. 1 StGB), em razão da ausência de dolo em relação à violação de um direito alheio de caça.

No entanto, A também não tem responsabilidade penal. O delito de caça proibida em autoria mediata é afastado por ausência de vontade de autoria ou de consciência do domínio do fato. Para a punição por instigação (consumada) de caça proibida, falta, segundo a opinião majoritária, o fato principal doloso e antijurídico. A instigação tentada de caça proibida não é punível, porque esse delito não se trata de um crime em sentido estrito.

62 No caso contrário, em que alguém *se considera, por erro, um autor mediato*, mas preencha só os pressupostos objetivos de uma instigação, a punibilidade a título de autoria já é excluída pela ausência objetiva de domínio do conhecimento ou da vontade. No entanto, a representação do homem de trás fundamenta uma punibilidade por autoria mediata tentada.

63 Também se discute, em seguida, se há (objetivamente) uma instigação consumada do homem de trás. A *solução da instigação*, que é majoritária, responde afirmativamente tal questão, pelo fato de que a vontade de participação, como *minus*, estaria contida na vontade mais grave, de uma perspectiva qualitativa, da autoria (mediata). Caso contrário, desconsiderar-se-ia, ainda, o fato de que o homem de trás teria contribuído para a lesão ao bem jurídico consumada.[55]

64 A *solução da tentativa* rechaça, por sua vez, essa perspectiva fazendo referência à literalidade do § 26 StGB, enxergando nela uma violação ao art. 103 Abs. 2 da Constituição Alemã. Aquele que quer determinar um terceiro a um fato praticado de forma não dolosa por esse terceiro não deseja,

* N.T.: A respeito da diferença entre *Verbrechen* e *Vergehen*, ver §1, nm. 63 ss.

54. *Kindhäuser* AT § 39 nm. 75; *Rengier* AT § 43 nm. 78; *Wessels/Beulke/Satzger* nm. 548.

55. *Kindhäuser* AT § 39 nm. 70; *Kühl* AT § 20 nm. 83; *Wessels/Beulke/Satzger* nm. 549.

precisamente, a prática de um fato doloso e antijurídico e, por isso, não pode ser instigador.[56]

Exemplo: O guarda florestal A mostra para o caçador C, autorizado a abater veados, um animal no território vizinho. Mas ao apontar o animal, A parte do pressuposto de que C acredita que o animal esteja no seu território de caça, e não no do vizinho. Na realidade, C percebe o intuito de A, mas mata o animal apesar disso. **65**

C é punível pelo delito de caça proibida do § 292 Abs. 1 StGB.

Já a responsabilidade penal de A pelo delito de caça proibida em autoria mediata é afastada pela ausência objetiva de domínio do fato, uma vez que C percebe o intuito de A e, por isso, não possui qualquer déficit de punibilidade. A tentativa do delito em sentido estrito de caça proibida em autoria mediata não pode ser afirmada em razão da ausência de previsão expressa de pena. No entanto, segundo a solução majoritária da instigação, A não tem responsabilidade penal por instigação (consumada) à caça proibida, do §§ 292 Abs. 1 e 26 StGB. Segundo a solução da tentativa, não há possibilidade de se considerar uma instigação consumada do homem de trás nesse cenário, o que conduz à ausência de responsabilidade penal de A.

5. Sugestões para esta etapa de análise do delito

Tendo em vista que a análise do delito sempre deve começar pelo concorrente mais próximo do delito, começa-se – desde que a questão sugira essa análise – pela investigação *da responsabilidade penal do instrumento, que está mais próximo do delito*. Na maioria das vezes, a responsabilidade penal do homem da frente será negada em razão de algum déficit, que deve ser discutido, segundo os princípios gerais em questão, no ponto da verificação ao qual pertença. Não se discute, nesse momento, sobre a (delimitação entre) autoria e participação. **66**

Por fim, deve-se verificar a *responsabilidade penal do autor mediato, que se encontra mais afastado do delito*. Nesse momento, deve-se debater, na ação delitiva, os pressupostos da autoria mediata, segundo o § 25 Abs. 1 Var. 2 StGB (domínio do conhecimento e da vontade), momento no qual se deve imputar ao homem de trás as ações do homem da frente. Eventualmente, deve-se explorar, com referência ao debate entre as teorias subjetivas e a teoria do domínio do fato, a delimitação entre autoria mediata e instigação. **67**

56. *Gropp* AT § 10 nm. 161; *Rengier* AT § 43 nm. 82.

68

Esquema de verificação: autoria mediata

Responsabilidade penal daquele mais próximo ao fato (desde que a questão pergunte sobre a sua responsabilidade)

Responsabilidade penal do homem de trás como autor mediato

I. Tipicidade

1. tipo objetivo (pela ordem de análise do delito em questão)

- elementos externos específicos do delito

- a respeito da ação típica: imputação da ação alheia

- constatação de que o homem de trás não praticou (totalmente) as ações delitivas pessoalmente

- verificação a respeito da possibilidade de lhe imputar as ações típicas do concorrente mais próximo ao fato, segundo o § 25 Abs. 1 Var. 2 StGB

Caso necessário, deve-se proceder à delimitação entre autoria mediata e instigação, mencionando a controvérsia entre teorias subjetivas e a teoria do domínio do fato

2. Tipo subjetivo

- dolo do tipo (segundo a teoria do domínio do fato, inclui-se a consciência do domínio do fato)

- elementos subjetivos do tipo penal específicos do delito

3. Caso necessário, mudança dos parâmetros de pena do tipo penal, nos termos do § 28 Abs. 2 StGB (→ nm. 160 ss.)

II. Antijuridicidade

III. Culpabilidade

69 Assim como em todos os outros casos de delimitação, é completamente *inadmissível* proceder a uma *pré-verificação* (divorciada de um tipo penal concreto) da delimitação entre autoria e participação. As formas de concurso, por serem individualizáveis, devem ser investigadas separadamente em relação a cada um dos tipos penais.

III. Coautoria (§ 25 Abs. 2 StGB)

1. Fundamentos

Coautoria, no sentido do § 25 Abs. 2 StGB, é a realização conjunta de um tipo penal por meio de um concurso consciente e intencional. Portanto, os pressupostos da coautoria são um *plano delitivo comum* e uma *execução delitiva comum*.[57] 70

A coautoria é caracterizada por um proceder com divisões de trabalho e uma distribuição funcional dos papéis dos concorrentes. Uma vez que cada singular contribuição delitiva complementa um todo unitário, todas as contribuições têm que, por fundamento, ser *imputadas reciprocamente* a todos os coautores, desde que eles atuem nos limites do acordo estabelecido entre eles.[58] 71

No entanto, apenas *contribuições delitivas objetivas* são consideradas para fins de imputação. Quanto aos elementos pessoais,[+] como qualidade subjetiva especial assim como pressupostos dos tipos penais subjetivos (p.ex., dolo, intenções, motivos), cada coautor deve satisfazê-los em sua própria pessoa.[59] 72

2. Plano delitivo comum

Há um plano delitivo comum quando os concorrentes, para além de seus dolos delitivos gerais, abrangem uma decisão delitiva comum de *praticar* o fato *conjuntamente* (p.ex., por meio da divisão das contribuições delitivas individuais). Um acordo tácito por meio de um contato visual mútuo ou de um gesto manual já basta para a necessária concordância de vontades. Não é necessário um pacto expresso.[60] 73

Segundo uma posição crescente, também é possível haver uma *coautoria culposa*, no caso de algumas pessoas concordarem, de forma consciente e intencional, em praticar conjuntamente uma ação violadora de deveres de cuidado (p.ex., caso A e B, na noite de réveillon, atirem fogos de artifício no meio da multidão e acreditem, em vão, que ninguém será 74

57. *Rengier* AT § 44 nm. 2; *Wessels/Beulke/Satzger* nm. 526; *Zieschang* nm. 645.
58. *Kindhäuser* AT § 40 nm. 2; *Kühl* AT § 20 nm. 98 ss.; *Rengier* AT § 44 nm. 3; *Wessels/Beulke/Satzger* n. 526.
[+] *Nota de adaptação*: Enquanto a lei alemã não autoriza comunicação de qualidades subjetivas (§ 28 StGB), a lei brasileira faz uma exceção para a comunicação de circunstâncias e condições de caráter pessoal quando são elementares do crime (art. 30 do CP). A esse respeito, cf. *infra* em *aproximações ao direito brasileiro* → § 9 nm. 178.
59. *Wessels/Beulke/Satzger* nm. 530.
60. *Heinrich* AT nm. 1223; *Kühl* AT § 20 nm. 104; *Rengier* AT § 44 nm. 11.

ferido).[61] Esses casos também podem, de qualquer forma, ser tratados, na maior parte das vezes, como uma autoria colateral culposa.[62]

75 De forma indiscutível (expressa ou tacitamente), o necessário acordo mútuo ainda pode também ser estabelecido durante a realização do delito (chamada *autoria sucessiva*). Também há consenso a respeito de não ser possível fundamentar uma coautoria após o término do fato, não podendo haver imputação dos eventos já completamente realizados.[63]

76 Discute-se, ao contrário, se é possível incluir uma decisão delitiva comum ocorrida *entre a consumação e o exaurimento* do fato. Segundo a posição dominante, isso é possível caso alguém se associe a uma ação de execução já iniciada tendo conhecimento e aprovação dos acontecimentos realizados até o momento e dê pessoalmente uma contribuição causal para a realização do fato.[64] Mas uma mera aprovação unilateral e retroativa não é suficiente.[65]

Exemplo:

- A e B querem bater em X para roubar seu carro. Conforme o trato, A envolve X em uma conversa, enquanto B o cerca por trás. De repente, B decide matar X com sua faca de viagem, e apunhala X algumas vezes. B exige que A o ajude a ocultar o cadáver ferido de X, e A acaba o ajudando após uma certa hesitação inicial. Por fim, eles vão embora do local com o carro de X, que morre um pouco após.

A é coautor do roubo com resultado morte e, ao mesmo tempo, cúmplice no homicídio de B.[66]

- A e B assaltam X e lhe exigem que entregue seu dinheiro e abra o seu cofre. Nesse momento, B dá vários cortes na garganta de X conforme havia sido combinado. Após X ter entregado uma pequena soma em dinheiro, mas ter se recusado a abrir o cofre, A e B iniciam a fuga. B decide, então, matar X e lhe dá uma precisa facada fatal no lado esquerdo do peito. A e B deixam o local do crime sem procurar por mais dinheiro.

Nesse caso, não há uma extorsão com resultado morte praticada em comunhão por A. A decisão de fugir cria uma

61. *Rengier* AT § 53 nm. 3; *Wessels/Beulke/Satzger* nm. 507; a esse respeito, ver também *Kühl* AT § 20 nm. 116a ss.; *Otto* AT § 21 nm. 114 ss.

62. *Rengier* AT § 53 nm. 3.

63. *Wessels/Beulke/Satzger* nm. 527.

64. BGHSt 54, 69 (129); BGH NStZ 2008, 280 (281); outra posição *Heinrich* AT nm. 1237< *Kindhäuser* AT § 40 nm. 10 ss.; *Krey/Esser* nm. 967; *Kühl* AT § 20 nm. 127; *Roxin* AT II § 25 nm. 221.

65. BGH NStZ 1999, 510 (510).

66. A esse respeito, ver BGH NStZ 2008, 280 (281).

ruptura. A facada fatal de B não foi acordada e também não serviu para continuar a procura por objetos de valor. Trata-se, assim, de um excesso do coautor.[67]

Caso uma ação delitiva não seja abrangida por uma decisão comum e não suceda um acordo comum durante a realização do fato, há um *excesso* do coautor em questão. Em relação a fatos praticados ou a elementos típicos realizados por excesso de um coautor, falta dolo aos outros concorrentes. Só são abrangidos pelo dolo os desvios não essenciais, com os quais se deve contar usualmente, a depender das circunstâncias do caso, e que não fundamentam qualquer outra valoração do fato.[68] 77

Em princípio, o *error in persona vel obiecto* (→ § 8 nm. 20 ss.) de um coautor não é considerado um excesso. Segundo a opinião majoritária, o decisivo é apenas que o plano delitivo comum abranja o comportamento em questão e, por isso, também o perigo de confusão do coautor que está atuando. Nesse caso, também se deve imputar a ação delitiva aos outros coautores ainda que eles mesmos venham a ser vítimas do erro quanto à identidade.[69] 78

Exemplo: A e B querem roubar um banco e combinam, dentre outras coisas, de disparar contra eventuais perseguidores durante a fuga, a fim de fugirem em segurança. Quando A e B, após o assalto, estão deixando o banco, B tropeça, cai de costas e tenta correr novamente para recuperar o atraso. A não percebe essa situação e acredita estar sendo perseguido, atira para trás com dolo de matar e acerta B, que, no entanto, vem a sobreviver à lesão do tiro. 79

Segundo a opinião majoritária, o *error in persona* de A no momento da execução do plano comum também é *irrelevante* para B. Portanto, também deve ser imputado a B o comportamento de A, de modo que aquele também tem responsabilidade penal, como este, pela tentativa de homicídio praticada em comum acordo.

Em relação à lesão corporal perigosa, praticada ao mesmo tempo, deve-se atentar para o fato de que a *autolesão não é tipificada*.[70] Dessa forma, A é responsável pela lesão corporal perigosa consumada, e praticada em coautoria, que vitimou B, que é um terceiro em relação a ele – nos termos dos §§

67. A esse respeito, ver BGH NStZ 2010, 33 (34).

68. *Kindhäuser* AT § 40 nm. 19 s.; *Kühl* AT § 20 nm. 118; *Rengier* AT § 44 nm. 23; *Wessels/Beulke/Satzger* nm. 531.

69. *Heinrich* AT nm. 1240< *Kindhäuser* AT § 40 nm. 21 s.; *Krey/Esser* nm. 951; *Rengier* AT § 44 nm. 32; outra posição, *Jäger* AT nm. 226.

70. *Krey/Esser* nm. 952; *Rengier* AT § 44 nm. 33.

224 Abs. 1 (Nr. 2 Var. 1) e 25 Abs. 2 StGB. B, no entanto, é penalmente responsável apenas pela ação de lesão corporal perigosa culposa, em coautoria, praticada por A e imputada a ele – nos termos dos §§ 224 Abs. 1 (Nr. 2 Var. 1), 22 e 25 Abs. 2 StGB.

3. Execução conjunta do fato

80 Uma execução conjunta do fato, que fundamente a coautoria, pressupõe que cada concorrente pratique uma *contribuição delitiva essencial* para a realização do delito contida no plano delitivo comum.[71]

81 Discute-se se uma *contribuição apenas na fase de preparação* já seria suficiente para afirmar uma execução delitiva em comum. Para a jurisprudência, que decide segundo a direção da vontade do concorrente em questão – cf. a teoria subjetiva (→ nm. 13 s.) defendida por ela –, já basta uma ação preparatória desde que o concorrente deseje o fato, favorecido por meio dessa ação, como seu.[72]

82 Na literatura, não se identifica, ao contrário, um quadro homogêneo. A chamada *teoria do domínio do fato estrita* exige, basicamente, um domínio comum também durante a execução do tipo penal, o que exige, no mínimo, um contato entre os concorrentes no local do fato. Do contrário, não seria possível falar em uma execução conjunta do fato.[73]

83 Isso conduz, no entanto, a que não se possa tratar como coautor o homem de trás que concorre essencialmente para a modelação do fato, caso ele, por exemplo, com intenção de criar um álibi, se faça presente em um local público durante a execução do fato e evite qualquer contato com seus parceiros. Por isso, a *teoria do dom*ínio do fato moderada, que é dominante, permite que, em situações excepcionais, uma contribuição delitiva apenas na fase de preparação seja suficiente para a fundamentação de coautoria. No entanto, o "menos" no momento da execução do fato teria que ser compensado por um "mais" no momento da preparação do delito, ou seja, por uma contribuição delitiva substancial na fase de preparação.[74]

84 **Exemplo:**

- B, o chefe do bando, concebe um plano delitivo detalhado, de modo que seus parceiros C e D possam invadir, conjuntamente,

71. BGH NStZ 2008, 273 (275); *Kühl* AT § 20 nm. 107.

72. BGHSt 39, 381 (386); a esse respeito, ver também *Heinrich* AT nm. 1229; *Rengier* AT § 41 nm. 21.

73. *Roxin* AT II § 25 nm. 198 ss.; *Zieschang* nm. 656.

74. *Heinrich* AT nm. 1228; *Kühl* AT § 20 nm. 111; *Rengier* AT § 41 nm. 19; *Wessels/Beulke/Satzger* nm. 528 s.

um banco e roubar o cofre. Durante a invasão, B vai ao teatro, para criar um álibi para o momento do fato.

- Segundo a teoria do domínio do fato estrita, B não pode ser responsabilizado como coautor dos delitos praticados durante a invasão, já que ele não teria contribuído na fase da execução. Tanto para a jurisprudência quanto para a teoria dominante, pode-se, ao contrário, com referência à contribuição decisiva de B na fase de preparação, responsabilizá-lo como coautor.

- B providencia a A – por meio de um engodo acordado entre eles – acesso à casa de X, que A vem a matar em seguida. B sabia que isso aconteceria.

Segundo o BGH, há aqui uma coautoria de B no delito de homicídio praticado por A. Ele teria contribuído essencialmente ao criar para A acesso à casa de X.[75]

- Executando um plano em comum com B e C, A faz contato telefônico com X utilizando-se de um nome falso. Ele se encontra com X e, por fim, o traz, no final da tarde, com seu carro, a um local remoto. Nesse momento, X desce do veículo e A deixa o local. B e C coagem X – com ameaças atuais, que representam perigo para seu corpo e vida – a transferir 9.000€, sem que tenham qualquer direito a essa quantia.

Nesse caso, o BGH se mostra cético a respeito de se a contribuição de A para a extorsão de C e B fundamenta uma coautoria. Intervir com consciência e vontade para o cenário de ameaças não tem, em todo o caso, o condão de superar a necessária consideração global da delimitação entre autoria e participação, tendo em vista o caráter subsidiário da contribuição delitiva de A.[76]

4. Sugestões para esta etapa de análise do delito

Mesmo quando algumas pessoas apareçam como coautoras, suas responsabilidades penais devem, *em princípio,* ser investigadas *separadamente*. Nesse caso, segundo os princípios gerais, deve-se começar por *aquele mais próximo ao fato*, analisando-se sua responsabilidade penal pelo mesmo esquema de verificação de um autor solitário, antes de, por fim, se investigar a responsabilidade penal dos concorrentes mais distantes do fato. A verificação separada é recomendada, sobretudo, quando um dos concorrentes realiza sozinho todo o tipo penal. Nesse caso, não se deve analisar, no momento da verificação de responsabilidade do agente mais próximo ao fato, a (delimitação entre) autoria e participação. **85**

75. A esse respeito, ver BGH NStZ 2008, 273 (275).
76. A esse respeito, ver BGH NStZ 2013, 104.

86 Os pressupostos da coautoria, segundo o § 25 Abs. 2 StGB, muito pelo contrário, só devem ser discutidos caso o elemento típico não tenha sido praticado pela própria pessoa que se tem sob análise e seja necessário, por isso, atribuir-lhe a realização típica. Por isso, em regra, os pressupostos da coautoria devem ser verificados na ação delitiva dos *concorrentes mais distantes do fato*; eventualmente, deve-se discutir mais detidamente a respeito da delimitação entre coautoria e cumplicidade.

87

Esquema de verificação: coautoria (estrutura separada)

Responsabilidade penal do agente mais próximo ao fato (desde que esteja em questão)

Responsabilidade penal do concorrente como coautor

Tipicidade

1. tipo objetivo (segundo a sequência de análise do delito em questão)

- elementos externos específicos do delito

- na ação delitiva: imputação da ação de um terceiro

- constatação de que o concorrente não tenha praticado pessoalmente (todas) as ações delitivas

- verificação sobre se as ações dos concorrentes próximos ao fato lhe podem ser imputadas segundo o § 25 Abs. 2 StGB;

eventualmente, delimitação entre coautoria e cumplicidade por meio da apresentação da controvérsia entre a teoria subjetiva e a teoria do domínio do fato

2. Tipo subjetivo

- dolo do tipo (segundo a teoria do domínio do fato, inclui-se a consciência do domínio do fato)

- elementos subjetivos do tipo específicos do delito

3. Caso necessário, mudança dos parâmetros de pena do tipo penal, nos termos do § 28 Abs. 2 StGB (→ nm. 160 ss.)

II. Antijuridicidade

III. Culpabilidade

Desde que os concorrentes atuem em conjunto, como uma pessoa só ("como *um* homem") – p.ex., quando A e B batem conjuntamente em C – ou, em especial, a divisão de trabalho seja tão sofisticada a ponto de que cada concorrente só realize uma parte específica do tipo penal, é autorizada uma *verificação conjunta* de todos os coautores. Mesmo nesse caso, os pressupostos da coautoria também devem ser verificados no tópico da ação delitiva. **88**

89

Esquema de verificação: coautoria (estrutura comum)

Responsabilidade penal dos concorrentes como coautores

Tipicidade

Tipo objetivo (segundo a sequência de análise do delito em questão)

- elementos externos específicos do delito

- na ação delitiva: imputação da ação de um terceiro

- constatação de que os concorrentes não tenham praticado pessoalmente (todas) as ações delitivas

- verificação sobre se a ação delitiva pode ser imputada reciprocamente segundo o § 25 Abs. 2 StGB;

eventualmente, delimitação entre coautoria e cumplicidade por meio da apresentação da controvérsia entre a teoria subjetiva e a teoria do domínio do fato

2. Tipo subjetivo

- dolo do tipo (segundo a teoria do domínio do fato, inclui-se a consciência do domínio do fato)

- elementos subjetivos do tipo específicos do delito

3. Caso necessário, mudança dos parâmetros de pena do tipo penal, nos termos do § 28 Abs. 2 StGB (→ nm. 160 ss.)

II. Antijuridicidade

III. Culpabilidade

Uma *análise* abstrata preliminar desses pressupostos, ou seja, uma verificação independente do delito e do elemento típico em questão, é – como na autoria mediata (→ nm. 69) – *inadmissível* e não pode ser realizada. **90**

I. Atuação em lugar de um terceiro (§ 14 StGB)

91

§ 14 StGB – Atuação em lugar de um terceiro

(1) Caso alguém atue

1. enquanto órgão autorizado a representar uma pessoa jurídica ou como membro de tal órgão,

2. enquanto sócio autorizado a representar uma sociedade de pessoas com capacidade jurídica ou

3. enquanto representante legal de um terceiro,

também está sujeito a leis que exijam características pessoais especiais, relações ou circunstâncias (elementares pessoais especiais) para a afirmação da responsabilidade penal, ainda que tais elementares não se verifiquem na pessoa do representante, senão apenas na do representado.

(2) [1]Caso alguém esteja, pelo proprietário de um estabelecimento [*Betrieb*] ou por outra pessoa de alguma forma autorizada a esse propósito,

1. encarregado de conduzir o estabelecimento toda ou em parte, ou

2. expressamente encarregado de executar tarefas, sob sua própria responsabilidade, que são de responsabilidade do proprietário do estabelecimento,

e atue em razão desse encargo, também está sujeito a leis que exijam elementares pessoais especiais para a afirmação da responsabilidade penal, ainda que tais elementares não se verifiquem na pessoa do encarregado, senão na pessoa do proprietário do estabelecimento. [2]O estabelecimento, no sentido dado pela primeira parte, é equiparado a uma empresa. [3]A primeira parte também é aplicada, no que couber, a alguém que, em razão de um encargo correspondente, atue por uma entidade que executa tarefas da administração pública.

(3) Os Absätze 1 e 2 são aplicáveis mesmo que a ação jurídica que devesse fundamentar a autorização de representação ou a relação de encargo seja ineficaz.

1. Fundamentos

O § 14 regula a chamada *responsabilidade do órgão ou do representante*. Ela tem significado para os tipos penais que contêm elementos pessoais especiais. Quem não satisfaz, na própria pessoa, esses elementos, em princípio, está, na qualidade de *extraneus*, excluído de antemão como autor e responde, quando muito, como partícipe (→ nm. 20 e § 1 nm. 55), mesmo que ele atue em nome de um terceiro que satisfaça tais elementos. A norma do § 14 StGB possibilita, no entanto, que um *extraneus* seja responsabilizado como autor, estendendo a ele o tipo penal que prescreva as elementares pessoais especiais do seu representado. 92

A norma possui um *significado* especial no mundo dos negócios, no qual atuam órgãos ou representantes de pessoas jurídicas e sociedades de pessoas com capacidade jurídica. Uma vez que o direito penal alemão não conhece uma responsabilidade penal de associações (→ § 1 nm. 37 e § 4 nm. 11), haveria *lacunas de responsabilidade penal* sem a regulação dada pelo § 14 StGB: enquanto as empresas, por incapacidade de ação e culpabilidade, não poderiam ser responsabilizadas penalmente, os órgãos e representantes capazes de ação, que atuam em nome da empresa, não satisfariam as elementares pessoais necessárias. 93

> **Exemplo:** Segundo o § 283 Abs. 1 Nr. 1 StGB, pune-se, dentre outros, aquele que, diante do risco de insolvência, esconde objetos de valor. Caso o gerente de uma sociedade limitada sem liquidez transfira o direito da sociedade para uma conta, nem a sociedade e nem o gerente seriam puníveis sem o § 14 StGB, já que a insolvência não ameaça o gerente, senão a empresa. Por conta do § 14 Abs. 1 Nr. 1 StGB, o tipo penal de fraude a credores (bancarrota) pode ser estendido ao gerente. 94

Se um caso de responsabilidade do órgão ou do representante for objeto do *exame de análise do delito*, basta, em regra, mencionar puramente o texto legal. Com relação à responsabilidade penal do representante ou órgão atuante, deve-se debater, como de costume, o tipo penal do delito correspondente. Caso o agente, no caso, não satisfaça pessoalmente a necessária elementar pessoal especial, deve-se investigar, nesse ponto, se a elementar se faz presente em seu representado ou naquele que lhe tenha encarregado a condução da empresa ou alguma tarefa, e se os pressupostos especiais do § 14 StGB estão preenchidos. 95

2. Âmbito de aplicação

O § 14 StGB regula (na sua Abs. 1), primeiro, a responsabilidade penal do *representante* atuante. Órgãos de uma pessoa jurídica, com autorização para representação, ou membros desse órgão, segundo o Nr. 1, são, por exemplo, 96 os gerentes de uma sociedade limitada assim como os membros presidentes de associações ou sociedades por ações.[77] O Nr. 2 abrange sócios, com poder de representação, de sociedades de pessoas [Personengesellschaften] com capacidade jurídica, p.ex., os sócios de uma sociedade comercial aberta (*offeneHandelsgesellschaft* – oHG – cf. § 125 Abs. 1 HGB) e os sócios gerais de uma sociedade por comandita (*Kommanditsgesellschaft* – KG; conferir §§ 161 Abs. 2 e 125 Abs. 1 HGB).[78] O Nr. 3 diz respeito aos representantes legais de um terceiro, por exemplo, pais de uma criança (§§ 1626, 1629 BGB) e partes por força da função, como o executor de um testamento (§§ 2205 ss. BGB) e o síndico de uma falência (§ 80 Abs. 1 do InsO).[79]

97 O § 14 Abs. 1 StGB pressupõe, respectivamente, um atuar "*enquanto*" órgão, sócio ou representante. Com isso, fica expresso que a imputação das elementares pessoais especiais só vem ao caso quando o representante atua exatamente nessa condição – e não apenas, por exemplo, "ocasionalmente" – em nome da pessoa jurídica ou sociedade de pessoas com capacidade jurídica em questão.[80]

98 No entanto, ainda há muita controvérsia a respeito de quando se pode afirmar, no caso concreto, a necessária *relação de representação*. A jurisprudência exige, há muito tempo, que o agente, pelo menos, também tenha atuado em interesse do representado (chamada *teoria do interesse*). Apenas nesse caso, ele atua "enquanto" representante da pessoa jurídica ou da sociedade de pessoas com capacidade jurídica. Se, ao contrário, ele persegue, exclusivamente, interesses próprios, o § 14 StGB não é aplicável.[81] Caso o gerente de uma sociedade limitada, como no exemplo acima (→ nm. 94), esconda o patrimônio da sociedade em proveito próprio, ele não poderia ser responsabilizado, segundo essa interpretação, nos termos do § 283 StGB.

99 A literatura, por outro lado, exige, predominantemente, critérios objetivos. Segundo a *teoria da função*, o decisivo é se a atuação do representante está em uma relação objetivo-funcional com o seu âmbito de tarefas e deveres. Em negócios jurídicos, essa relação se afirmaria quando o representante estivesse atuando em nome do representado e, em ações delitivas, essa relação seria afirmada quando o comportamento do representante pudesse transparecer ser de interesse do representado.[82]

100 Por fim, segundo o *modelo da imputação*, o que importa é se o representante preenche com seu atuar os deveres de representação.[83]

77. Schönke/Schröder/*Perron* § 14 nm. 16 s.; *Wittig* § 6 nm. 86.
78. Schönke/Schröder/*Perron* § 14 nm. 23 s.; *Wittig* § 6 nm. 89.
79. *Fischer* § 14 nm. 3; Schönke/Schröder/*Perron* § 14 nm. 24.
80. *Wittig* § 6 nm. 100.
81. BGHSt 28, 371 (373 s.); 30, 127 (128 s.); 34, 221 (223 s.).
82. Schönke/Schröder/*Perron* § 14 nm. 26.
83. MüKoStGB/*Radtke* § 14 nm. 66 s.

Essa tese passou a ser defendida, em essência, pelo BGH após, a pedido do terceiro senado,[84] os outros senados terem abandonado suas posições anteriores, que eram opostas. Segundo esse modelo, o importante é que o autor tenha atuado no âmbito negocial da representação. Nas atuações em negócios jurídicos, isso seria afirmável caso o representante atuasse em nome do representado ou, pelo menos, caso os efeitos jurídicos do negócio acabassem gerando efeitos para o representado em suas relações externas. Em ações delitivas, alguém agiria "enquanto" representante caso estivesse atuando com a aprovação do representado.[85]

O § 14 Abs. 2 StGB abrange *pessoas encarregadas*, que conduzem um estabelecimento ou uma empresa de forma total ou parcial (Nr. 1) ou tenham sido, expressamente, encarregadas do desempenho de funções que caberiam ao proprietário do estabelecimento (Nr. 2). À relação de representação da Abs. 1 corresponde a necessidade de atuar "em razão" do encargo transferido.[86] 101

No Abs. 2, segundo o § 14 Abs. 3 StGB – assim como nos casos da Abs. 1 –, não há necessidade de que a respectiva autorização de representação ou a relação de encargo sejam eficazes. O decisivo é que o representante ou encarregado atue *de fato* com o consentimento do representado ou proprietário do estabelecimento.[87] 102

3. Elementares pessoais especiais

O § 14 StGB autoriza apenas a imputação de *elementares pessoais especiais*, que são definidas – no Abs. 1 – como "características pessoais especiais, relações ou circunstâncias". 103

A posição especial descrita por meio da respectiva elementar pessoal especial tem que ser *transferível*. Não haveria responsabilidade do representante caso as tarefas e funções inerentes à pessoa ou ao status do representado sequer pudessem ser realizadas por meio de um representante. Nesse sentido, o conceito de elementar pessoal especial é mais restrito do que o do § 28 StGB, razão pela qual a referência ao § 14 StGB gera mal-entendidos.[88] 104

É verdade que o sócio-gerente, por atuar em nome da pessoa jurídica, não vem a ser pessoalmente o *empregador*. No entanto, ele pode assumir as tarefas e funções de um empregador em favor da pessoa jurídica, de modo 105

84. BGH NStZ 2012, 89; ver já BGH NJW 2009, 2225. N.T.: O terceiro senado é um dos órgãos colegiados do BGH.
85. BGH NStZ 2012, 89 (92); ver já BGH NJW 2009, 2225 (2228).
86. *Lackner/Kühl* § 14 nm. 8; *Wittig* § 6 nm. 100.
87. *Fischer* § 14 nm. 18; *Wittig* 6 nm. 99.
88. *Fischer* § 14 nm. 2; Schönke/Schröder/*Perron* § 14 nm. 8; *Kühl* AT § 20 nm. 165b.

que, nesse sentido, se trata de uma elementar pessoal especial no sentido do § 14 StGB.

106 A qualidade de *funcionário público*, ao contrário, não é transferível. Por isso, ela não é uma elementar pessoal especial no sentido do § 14 StGB, mas, segundo a opinião majoritária, o é no sentido do § 28 StGB (→ nm. 162).[89]

C. Participação

Decisões selecionadas: BGHSt 19, 339 (suprainstigação); 37, 214 (responsabilidade penal do instigador diante de um *error in persona* do autor principal); 46, 107 (cumplicidade neutra de um bancário para sonegação fiscal); NStZ-RR 1996, 1 (instigação que reconfigura a resolução do autor).

Literatura para aprofundamento: *Bock* Grundwissen zur Anstiftung (§ 26 StGB), JA 2007, 599; *Deiters* Straflosigkeit des agent provocateurs?, JuS 2006, 302; *Koch/Wirth* Grundfälle zur Anstiftung, JuS 2010, 203; *Krüger* Zum Bestimmen im Sinne von §§ 26, 30 StGB, JA 2008,492; *Otto* Besondere persönliche Merkmale im Sinne des § 28 StGB, Jura 2004, 469; *Satzger* Teilnehmerstrafbarkeit und "Doppelvorsatz", Jura 2008, 514; *Sehe* Grundfälle zur Beihilfe, JuS 2009, 793; *Valerius* Besondere persönliche Merkmale, Jura 2013, 15.

I. Fundamentos

1. Princípio da acessoriedade limitada

107 A participação se caracteriza pelo princípio de que a responsabilidade penal do partícipe é conectada ao tipo penal praticado pelo autor principal. Essa relação de dependência ao fato principal (chamada de acessoriedade) se limita, no entanto, segundo os §§ 26 e 27 StGB, a que ele tenha sido praticado dolosa e antijuridicamente. Não há necessidade, portanto, de que o autor principal também tenha atuado com culpabilidade (*princípio da acessoriedade limitada*).[90] Essa limitação é derivada do § 29 StGB, o qual prescreve que todo concorrente é punido na medida de sua própria culpabilidade, não se considerando a culpabilidade de outro concorrente.[91]

108 Também deriva do § 29 StGB a exigência de que cada eventual elemento especial da culpabilidade deve se fazer presente na própria pessoa.[92]

89. *Kühl* AT § 20 nm. 165b.

90. *Kindhäuser* AT § 38 nm. 19; *Krey/Esser* nm. 995; *Kühl* AT § 20 nm. 135 s.; *Rengier* AT § 45 nm. 1; *Wessels/Beulke/Satzger* nm. 553.

91. A esse respeito, ver *Kindhäuser* AT § 38 nm. 17 s.

92. Cf. apenas *Wessels/Beulke/Satzger* nm. 422 ss.

Elementos especiais da culpabilidade não caracterizam o desvalor da ação, senão, direta e exclusivamente, o desvalor da atitude interna representada em um fato. Como exemplo de tais elementos, pode-se citar, dentre outros, a elementar "motivos vis" do homicídio qualificado (§ 211 Abs. 2 Gr. 1 Var. 4 StGB) e a "irresponsabilidade grosseira" do delito de perigo no tráfego viário do § 315c Abs. 1 Nr. 2 StGB.

Também é possível que várias pessoas, enquanto partícipes, colaborem em um fato principal de tal modo que seus aportes seguem-se uns aos outros como instigação e cumplicidade. Nesses casos, conhecidos como *participação em cadeia*, o elo mais fraco da cadeia entre o autor e o respectivo concorrente sempre decide a respeito de qual forma de intervenção é realizada por este.[93] **109**

- Sendo assim, só é punível como *instigador para o fato principal* aquele que determina alguém a, por sua vez, instigar um terceiro à realização de um delito ("instigação à instigação" ou "instigação em cadeia"; as denominações não podem conduzir à falsa ideia de que um partícipe só pode ser penalmente responsabilizado pela participação em um fato principal e não, ao contrário, pela participação em uma outra participação).

- Em todas as outras combinações, ao contrário, resta a punibilidade por *cumplicidade ao fato principal*. Isso se aplica àquele que auxilia um terceiro a favorecer o fato principal ("cumplicidade à cumplicidade"), que facilita a um terceiro a instigação do autor principal ("cumplicidade à instigação") ou que determina um terceiro à cumplicidade ("instigação à cumplicidade").

Exemplo:

- A instiga seu irmão B a contratar para ele o assassino de aluguel K, para matar seu arqui-inimigo X. Assim acontece.

K é punível por homicídio consumado (em razão da remuneração, em regra, recebida, ele é punível por homicídio qualificado por cobiça, e além disso, por proceder de forma oculta, também à traição [*heimtückisch*].* Tanto A como B são instigadores no homicídio.

- O assassino de aluguel K quer pegar emprestado com seu amigo F, que está ciente de tudo, uma arma de fogo especial

93. *Kindhäuser* AT § 38 nm. 5; *Krey/Esser* nm. 1098.

* N.T.: O adjetivo alemão *heimtückisch* não encontra perfeito correspondente em português, mas serve para descrever a ação daquele que, conscientemente, se aproveita de que a vítima não está esperando um ataque e, portanto, está indefesa, para praticar o delito, semelhante ao que descreve o nosso Código Penal como à traição ou de emboscada (art. 121, § 2º, IV, CP). Portanto, ao longo do texto, o termo será traduzido indistintamente como à traição ou de emboscada.

para o atentado contra a vida de X. F, a princípio, fica receoso, mas, a pedido de sua esposa E, que não tolera X, ele acaba cedendo ao pedido.

F e E são, respectivamente, cúmplices do homicídio de K.

110 A *participação necessária* não é punível. Uma participação necessária ocorre quando um tipo penal já pressupõe, conceitualmente, a cooperação de várias pessoas (p.ex., §§ 174 ss. StGB). Caso uma dessas pessoas esteja do lado da vítima, ela não é responsabilizada penalmente, desde que não seja ultrapassada a medida da participação pressuposta no tipo penal e, por isso, necessária ou que a norma penal sirva, exatamente, à sua proteção.[94]

2. Sugestões para esta etapa de análise do delito

111 A regra fundamental de estruturação "*autor antes do partícipe*" (→ nm. 17) advém da acessoriedade da participação. Só verificando anteriormente o fato principal – desde, é claro, que se indague pela punibilidade do autor principal – é que se pode evitar uma confusa análise incidental no corpo da própria estrutura de análise da participação.

112 Em relação à responsabilidade penal do concorrente individual, a sequência de análise geral "autoria antes da participação" (→ nm. 17) advém da proximidade das formas de concurso para o fato. Se um concurso pode ser visto como autoria imediata, mediata ou coautoria, deve-se investigar essa possibilidade antes de se perguntar por uma instigação ou cumplicidade. Em casos não problemáticos, pode-se discutir diretamente a participação.

Caso, primeiramente, se considere uma autoria do partícipe, pode-se
113 derivar, em regra, da delimitação – já explicada aqui – entre autoria e participação (usualmente, entre coautoria e cumplicidade, de um lado, e autoria mediata e instigação, de outro; → nm. 6) a forma de participação aplicável. Em casos duvidosos, a instigação, enquanto forma mais forte de participação, deve ser verificada antes da cumplicidade. Enquanto a pena para o instigador se orienta, basicamente, pelas balizas de pena do fato principal ("instigador... com pena igual à do autor"), o § 27 Abs. 2 StGB prevê, para o cúmplice, uma atenuação obrigatória nos moldes do § 49 Abs. 1 StGB.

O § 26 e o § 27 Abs. 1 StGB pressupõem, ambos, uma *contribuição*
114 *delitiva* determinada (determinação ou auxílio) para um *fato* (*principal*)

94. *Kindhäuser* AT § 38 nm. 7; *Krey/Esser* nm. 1031; *Kühl* AT § 20 nm. 133a; *Rengier* AT § 45 nm. 7; *Wessels/Beulke/Satzger* nm. 587.

praticado de forma dolosa e antijurídica. O tipo objetivo do partícipe se esgota nesses pontos.

Segundo os princípios gerais (→ § 4 nm. 63), o dolo do partícipe, no tipo subjetivo, também tem que se referir a esses dois pressupostos, razão pela qual se fala em um *dolo duplo do partícipe*. Nesse ponto, deve-se atentar para o fato de que o dolo do partícipe deve se estender à consumação do fato principal, iniciado ou favorecido, mesmo que este fato principal não tenha ultrapassado a fase de tentativa (punível no caso em análise e, por isso, idôneo para fundamentar a participação) (→ nm. 136 ss. e 159). **115**

116

Esquema de verificação: participação

Responsabilidade penal do autor principal (desde que a questão pergunte sobre a sua responsabilidade)

Caso necessário, responsabilidade penal do outro concorrente como coautor ou autor mediato (desde que problemática a delimitação entre cumplicidade e instigação)

Responsabilidade penal do outro concorrente como partícipe

I. Tipicidade

1. tipo objetivo

a) fato principal praticado dolosa e antijuridicamente

b) concurso do partícipe (determinar, no § 26 StGB, ou auxiliar, no § 27 StGB)

2. tipo subjetivo (chamado de dolo duplo do partícipe)

a) dolo em relação à consumação do fato principal

b) dolo em relação ao próprio concurso como partícipe

II. Antijuridicidade

III. Cumplicidade

II. Instigação (§ 26 StGB)

117

> **§ 26 StGB – Instigação**
>
> É punido como instigador, com pena igual à do autor, quem determina dolosamente um terceiro ao cometimento de fato doloso e antijurídico.

1. Tipo objetivo

a) Fato principal doloso e antijurídico

118 O ponto de partida para a ação de instigação é o fato principal praticado dolosa e antijuridicamente, sem necessidade, em razão do *princípio da acessoriedade limitada* (→ nm. 107 ss.), de que tenha sido praticado culpavelmente. Nos exames universitários, em regra, basta, nesse ponto, fazer referência ao fato principal já analisado na pessoa do autor.

119 O fato principal não precisa se consumar. Basta que ele tenha entrado na fase de tentativa; no entanto, essa incursão na fase de tentativa é realmente essencial: uma participação praticada em uma fase anterior ao fato só se torna punível a partir do momento em que o fato principal adentra um estágio punível. Assim, a *participação em um fato principal tentado* também é punível. Contudo, é importante se atentar para a diferença entre essa participação em um fato principal tentado e a *participação tentada* em um fato principal (sequer praticado devido a certas circunstâncias). Segundo o § 30 Abs. 1 StGB, só há previsão de pena para a instigação tentada de crimes (*Verbrechen*) (→ § 10 nm. 117 ss.). Caso contrário,[*] a instigação tentada é, como a cumplicidade tentada em geral, impunível.[95]

120 **Exemplo:**

- B dá uma chave-mestra a A, para que ele possa invadir a casa de X e subtrair objetos de valor. No entanto, A rompe a fechadura da casa de X, mas vai embora de mãos vazias.

B é punível por cumplicidade para o furto com invasão de domicílio tentado nos termos dos §§ 224 Abs. 1 Nr. 3, Abs. 2, 22, 27 StGB.

- B tomou conhecimento de que A quer invadir a casa de X e subtrair objetos de valor. Para facilitar a entrada de A na casa, B, sem ser solicitado, lhe envia uma chave-mestra, que,

[*] N.T.: Ou seja, caso se trate de um delito em sentido estrito [*Vergehen*] → § 1, E, VII.

95. *Jäger* AT nm. 283; *Rengier* AT § 45 nm. 17 s.; *Wessels/Beulke/Satzger* nm. 561.

no entanto, por conta de atrasos do correio, só chega para A após ele ter invadido a casa.

B tentou, aqui, sem sucesso, auxiliar o fato principal de A. Por isso, afasta-se uma cumplicidade consumada já no âmbito do tipo objetivo, pela ausência de auxílio prestado. A cumplicidade tentada, existente no caso, para o furto com invasão de domicílio, é impunível.

b) Determinação

Determinar, no sentido do § 26 StGB, significa *provocar* (de forma, pelo menos, cocausal) *a resolução para o fato*.[96] De que forma, especificamente, isso ocorre não é importante. Pedidos e desejos, persuasões e promessas (p.ex., recompensas), engodos e ameaças são possíveis maneiras, dentre outras, de intervir instigando.[97] **121**

É controverso se a determinação exige algum tipo de contato comunicativo especial. Segundo a chamada *teoria da causação*, em razão do teor literal do § 26 StGB, uma mera causalidade já deve ser suficiente. Segundo essa teoria, a contribuição do instigador precisa apenas ser causal para a decisão do autor pelo fato.[98] **122**

Objeta-se a essa interpretação que o instigador é punido na mesma medida que o autor, razão pela qual seriam necessárias maiores exigências em relação à maneira de intervir do instigador. A *teoria da comunicação*, majoritária, exige, por essa razão, ultrapassando o teor literal do § 26 StGB, uma influência sobre a vontade por meio de um contato intelectual manifesto.[99] Uma parcela de seus defensores exige, até mesmo, um pacto de injusto entre autor e partícipe de forma que o instigado prometa a execução do fato ao instigador e se subordine a ele.[100] **123**

Esse debate ganha significado quando uma *situação provocadora do fato* é criada sem que haja influência, de uma maneira especial, sobre o futuro autor (p.ex., ao se abandonar, sem dizer uma só palavra, uma lata de spray para grafite em um túnel).[101] Para ambos os enfoques dogmáticos mencionados, a mera criação de estímulos para o fato não basta para se afirmar uma determinação. **124**

96. BGHSt 9, 370 (379); *Jäger* AT nm. 256; *Kindhäuser* AT § 41 nm. 5; *Kühl* AT § 20 nm. 169; *Rengier* AT § 45 nm. 24; *Wessels/Beulke/Satzger* nm. 568.

97. *Rengier* AT § 45 nm. 25 s.

98. BGHSt 45, 373 (374); *Kindhäuser* AT § 41 nm. 9 s.

99. *Jäger* AT nm. 256; *Kudlich* PdW AT Fall 293; *Rengier* AT § 45 nm. 30; *Wessels/Beulke/Satzger* nm. 568.

100. *Puppe* GA 1984, 101 (113); NStZ 2006, 424 (425 s.); em sentido contrário, *Jäger* AT nm. 256; *Kühl* AT § 20 nm. 173.

101. A esse respeito, ver *Otto* AT § 22 nm. 35; *Rengier* AT § 45 nm. 27 ss.; *Wessels/Beulke/Satzger* nm. 568.

125 Também é possível determinar para o fato alguém que já esteja, em geral, *inclinado a ele*. A mera predisposição para o fato (p.ex., um assassino de aluguel que esteja esperando sua recompensa) só facilita a instigação para o fato concreto, mas não a exclui.[102]

126 No entanto, não se pode mais falar em provocar uma decisão para o fato quando o autor já está, antes da respectiva influência, firmemente *decidido a realizá-lo* (o que se chama de *omnimodo facturus*: "quem vai agir de qualquer forma"). Em razão disso, afasta-se uma instigação segundo o § 26 StGB. No entanto, ainda é possível, nesse caso, que haja responsabilidade penal por instigação tentada, segundo o § 30 Abs. 1 StGB, quando se trate de crimes (Verbrechen) ou por cumplicidade psíquica, segundo o § 27 StGB, por meio do fortalecimento da decisão de realizar o fato pelo *omnimodo facturus*.[103]

127 No entanto, a questão se torna problemática caso o *omnimodo facturus* seja determinado a *modificar o fato*. Em relação a esse aspecto, há três diferentes grupos de casos. Em primeiro lugar, é concebível que uma pessoa já decidida pelo fato seja incitada ao cometimento de um outro fato completamente diferente, que, por exemplo, atinja um outro bem jurídico ou se volte contra uma outra pessoa. Nessa *determinação que reconfigura a decisão* (*Umstiftung*), há uma instigação para um novo fato, que o instigado, anteriormente, nem desejava cometer. Uma influência sobre o autor que já estava decidido, que só ocasione uma mudança para outra modalidade delitiva, constitui uma simples cumplicidade.[104]

128 Por outro lado, também é possível que o autor, em razão da ação influenciadora, modifique o fato principal vindo a realizar um tipo penal qualificado quando, anteriormente, desejava realizar apenas um delito básico (chamada suprainstigação [*Aufstiftung*]), ou vindo a realizar um tipo penal, ao contrário, mais brando, que estava contido no delito mais grave que ele desejava inicialmente cometer (chamada subinstigação [*Abstiftung*]). A *suprainstigação* (ou também instigação para mais) consiste, segundo a opinião majoritária, de uma instigação ao fato total, ou seja, ao *delito mais grave*. A qualificação, em relação ao delito básico, não contém apenas um acréscimo quantitativo, mas também qualitativo do injusto praticado.[105]

102. BGHSt 45 373 (374); *Kindhäuser* AT § 41 nm. 11; *Krey/Esser* nm. 1042 s.; *Kühl* AT § 20 nm. 179; *Wessels/Beulke/Satzger* nm. 569.

103. *Heinrich* AT nm. 1294 s.; *Kindhäuser* AT § 41 nm. 11; *Kühl* AT § 20 nm. 177; *Rengier* AT § 45 nm. 33 s.; *Wessels/Beulke/Satzger* nm. 569.

104. BGH NStZ-RR 1996, p. 1, para o caso daquele que incita uma pessoa que está fugindo do local do fato de carro a mudar seu destino; *Heinrich* AT nm. 1296; *Kindhäuser* AT § 41 nm. 12; *Rengier* AT § 45 nm. 42; *Wessel/Beulke/Satzger* nm. 571.

105. BGHSt 19, 339 (340 s.); *Jäger* AT nm. 257; *Rengier* AT § 45 nm. 38; *Wessels/Beulke/Satzger* nm. 571.

Segundo uma outra visão, nos casos de suprainstigação, só haveria uma determinação em relação ao injusto mais grave adicionalmente ocasionado. Essa "diferença" só poderia, então, ser considerada caso, por conta dela, fosse realizado um *tipo penal autônomo* com escopo de proteção próprio. Caso contrário, haveria, em todo caso, uma cumplicidade psíquica para o fato total.[106] 129

Exemplo:

- T quer subtrair dinheiro da casa da senhora F, mas, antes disso, quer torná-la inconsciente, com um golpe manual, para não ser reconhecido. A aconselha T a levar um cassetete, para, sem dúvida alguma, conseguir deixar F inconsciente. Em consequência do conselho, T executa o fato com o cassetete. 130

Segundo a opinião majoritária,[107] A seria responsável por instigação ao roubo agravado (§§ 250 Abs. 1 Nr. 1 lit. a Var. 2, Abs. 2 Nr. 1 Var. 2 e 26 StGB). Segundo a outra posição, a suprainstigação não pode ser concebida como instigação porque o simples uso de um instrumento perigoso para a execução de um roubo não realiza qualquer tipo penal. A, por isso, seria punível por cumplicidade (psíquica) para o roubo agravado (§§ 250 Abs. 1 Nr. 1 lit. a Var. 2, Abs. 2 Nr. 1 Var. 2 e 27 StGB), de modo que sua pena deve ser, obrigatoriamente, atenuada segundo o § 27 Abs. 2 StGB.

- A persuade T, que já estava totalmente decidido a praticar uma lesão corporal simples (§ 223 StGB), a utilizar um taco de beisebol (§ 224 Abs. 1 Nr. 2 Var. 2 StGB).

Segundo a opinião majoritária, A seria punível por instigação à lesão corporal perigosa (§§ 224 Abs. 1 Nr. 2 Var. 2 e 26 StGB), segundo a outra posição, ao contrário, por cumplicidade (psíquica) à lesão corporal perigosa (§§ 224 Abs. 1 Nr. 2 Var. 2 e 27 StGB).

A *subinstigação* (ou também instigação para menos) de um delito mais grave para um delito menos grave não pode, ao contrário, ser concebida como instigação, uma vez que o autor já estava decidido, anteriormente, dentre outras coisas, à realização do tipo penal de menor gravidade. Só se pode considerar, nesse caso, uma cumplicidade psíquica ao delito mais brando. No entanto, nesse sentido, considerações de imputação da diminuição de risco ou um estado de necessidade justificante, segundo o § 34 StGB, se opõe à uma punibilidade por tentativa. Do contrário, punir-se-ia aquele que, 131

106. Schönke/Schröder/*Heine/Weißer* § 26 nm. 8; MüKoStGB/*Joecks* § 26 nm. 41; *Kindhäuser* AT § 41 nm. 14; *Kühl* AT § 20 nm. 183.
107. A esse respeito, ver BGHSt 19, 339 (340 s.).

por meio de uma intervenção ativa, minimizou o injusto do fato principal, enquanto aquele que não tomou qualquer atitude permaneceria impune.[108]

2. Tipo subjetivo

132 O tipo subjetivo da instigação exige um dolo dirigido tanto à ação participativa de determinação quanto à consumação do fato principal (*dolo duplo do instigador* → nm. 115).

133 O instigador não tem que conhecer todos os detalhes do *fato principal* (que, ao tempo da instigação, ainda é futuro). Basta, apenas, assimilar o fato em suas elementares essenciais (p.ex., autoria e direção da agressão, mas não tempo, local ou circunstâncias especiais do fato), como um acontecimento concreto-individualizável.[109]

134 **Exemplo:** Aquele que contrata um assassino de aluguel, para matar uma outra pessoa, assume, usualmente, em seu dolo (sem ter acordado a respeito), que a vítima venha a ser assassinada à traição, no sentido do § 211 StGB, e que, já por essa razão, o homicídio seja qualificado.[110]

135 Caso o autor principal ultrapasse a representação do instigador, há um *excesso*, de modo que o fato principal, dessa forma, não é abrangido pelo dolo do instigador. No entanto, uma vez que o autor principal mantém em suas mãos a execução do fato, desvios não essenciais são irrelevantes (p.ex., modalidades delitivas específicas como local ou tempo do fato).[111]

136 Só se deve admitir uma agressão própria do partícipe ao bem jurídico, que é o que fundamenta sua punição, caso a periculosidade típica ou a lesão ao bem jurídico concernentes ao fato principal sejam de seu conhecimento. Por isso, seu dolo tem que se dirigir à *consumação do fato principal*.[112]

137 Aquele que só quer dar causa a uma tentativa do fato principal atua sem o dolo de instigação necessário. Isso se aplica, sobretudo, ao agente infiltrado da agência de persecução penal (chamado *agent provocateur*), que, de fato, não deseja violar o respectivo bem protegido.[113]

108. *Heinrich* AT nm. 1297; *Kühl* AT § 20 nm. 185; *Rengier* AT § 45 nm. 43; a esse respeito, ver também *Kudlich* PdW AT Fall 296.

109. *Kindhäuser* AT § 41 nm. 23; *Rengier* AT § 45 nm. 50; *Wessels/Beulke/Satzger* nm. 572.

110. BGHSt 50, 1 (6 s.).

111. *Kindhäuser* AT § 41 nm. 24; *Kühl* AT § 20 nm. 200; *Wessels/Beulke/Satzger* nm. 575.

112. *Kindhäuser* AT § 41 nm. 25; *Kühl* AT § 20 nm. 201; *Rengier* AT § 45 nm. 65.

113. A esse respeito, ver *Heinrich* AT nm. 1312 ss.; *Kindhäuser* AT § 41 nm. 26; *Krey/Esser* nm. 1058; *Kühl* AT § 20 nm. 201 ss.; *Wessels/Beulke/Satzger* nm. 573.

Exemplo: Querendo provar que o matador de aluguel K é culpado, o agente infiltrado L o contrata para matar Z. Com esse propósito, L entrega a K uma arma carregada com munições de festim. Após K ter mirado Z e disparado, L prende K. **138**

K é punível por homicídio tentado em prejuízo de Y. A inidoneidade do instrumento, que não era de seu conhecimento, não exclui a punibilidade por tentativa (→ § 10 nm. 24). L, ao contrário, não é penalmente responsável, uma vez que conhece a impossibilidade da tentativa e, por isso, não tem dolo relativo à consumação do fato principal.

A fim de satisfazer as necessidades de investigação das agências de persecução penal, o dolo do instigador, segundo uma visão cada vez mais defendida, deveria ser excluído até mesmo no caso em que o agente infiltrado queira deixar o autor consumar formalmente o fato, sem que houvesse o exaurimento material decisivo para a violação ao bem jurídico.[114] Essa concepção tem importância, sobretudo, para os delitos com fase de exaurimento prolongada (p.ex, o furto). **139**

O efeito do *error in persona vel obiecto*, irrelevante para o autor principal, para o dolo do instigador também é controverso.[115] Segundo a teoria dominante, o *error in persona vel obiecto* do autor implica em uma *aberratio ictus do instigador*. Pois em todo caso, havendo lesões a bens jurídicos de caráter personalíssimo, o erro quanto à identidade significaria um desvio essencial entre o curso causal representado e o real. Além disso, o instigador seria responsável por todas as demais ações agressoras que o instigado pratica após reconhecer seu erro, a fim de finalizar o fato realmente pretendido (o assim chamado "argumento do banho de sangue"). Por conta da ausência de dolo relativo ao fato principal, a responsabilidade penal por instigação consumada seria, assim, afastada. Poder-se-ia considerar, tão somente, uma instigação tentada para o fato planejado (desde que punível) assim como uma responsabilidade penal a título de culpa em relação ao fato realmente causado (desde que prevista a punição por culpa); nesse sentido, a instigação fracassada seria uma lesão relevante a um dever de cuidado.[116] **140**

Um outro ponto de vista considera, no entanto, contra essa posição anterior, a preocupação relacionada à existência de lacunas de punibilidade, uma vez que instigação tentada só poderia ser punida no caso de crimes [*Verbrechen*] e para as ações culposas também teria que haver expressa cominação de pena. Além disso, o erro quanto à identidade manteria o dolo **141**

114. *Jäger* AT nm. 259; *Krey/Esser* nm. 1061 ss.; *Rengier* AT § 45 nm. 71; *Wessels/Beulke/Satzger* nm. 573; além, *Heinrich* AT nm. 1315.

115. Encontra-se essa decisão já no tribunal superior prussiano no Caso "Rose-Rosahl", cf. GA 7 (1859), 332; *Baumann/Weber/Mitsch* § 30 nm. 85 ss.

116. *Heinrich* AT nm. 1311; *Jäger* AT nm. 262; *Roxin* AT II § 26 nm. 119 s.

do instigado intacto, de modo que ele tampouco poderia eximir o instigador. O *error in persona*, irrelevante para o autor, seria, por isso, igualmente, sempre *irrelevante* para o dolo do instigador.[117]

142 A jurisprudência considera importante, de forma predominante, se o equívoco com relação à pessoa significa, no caso, um *desvio essencial do curso causal* ou se esse equívoco estaria ainda nos limites da previsibilidade segundo a experiência geral de vida. Sobretudo quando o instigador deixa a individualização da vítima a critério do autor, o fato não merece, apesar do equívoco, qualquer outra valoração, de modo que se mantém a responsabilidade por instigação consumada. Se, ao contrário, o instigador descreve, detalhadamente, a vítima, o seu local de residência habitual etc., ou dá ao autor principal uma foto e assume, dessa forma, a individualização, o erro do autor principal, que, entretanto, o deixa suscetível a um equívoco com relação à pessoa, não é mais previsível de forma usual. Nesses casos, só haveria espaço para uma punição por instigação tentada para o fato planejado assim como por culpa em relação ao resultado causado pelo fato principal praticado de fato.[118]

143 A *solução da individualização*, cada vez mais defendida na literatura, conduz, em essência, aos mesmos resultados diferenciadores. Ela defende como critério decisivo o fato do instigador ter relegado a individualização ao autor ou eliminado os riscos de equívoco.[119]

144 **Exemplo**: A, que odeia X, pede a M que o mate. M deveria se esconder e, quando X estivesse a caminho de casa, matá-lo a tiros. Com esse propósito, A descreve, detalhadamente a M a aparência de X. M fica à espreita, mas confunde Y com X, já que ambos eram muito parecidos e faziam o mesmo caminho para casa, e mata Y a tiros.

M é penalmente responsável por homicídio qualificado, pelo menos, em razão da traição. O fato de que ele confundiu X com Y e, por isso, estava em um *error in persona*, se traduz como um erro de motivação irrelevante, já que lhe estava claro estar matando alguém no sentido do § 212 StGB.

Segundo a teoria majoritária, o erro do autor quanto à identidade repercute para o instigador A como *aberratio ictus*. A, por isso, é punível por instigação tentada ao homicídio qualificado em prejuízo de X, nos termos dos §§ 211 e 30 Abs. 1 StGB, assim como por homicídio culposo em prejuízo de Y, nos termos do § 222 StGB.

117. A esse respeito, ver *Kühl* AT § 20 nm. 208.

118. BGHSt 37, 214 (218 s.); cf. também *Zieschang* nm. 746.

119. *Kindhäuser* AT § 41 nm. 37 ss.; *Kudlich* PdW AT Fall 300; *Rengier* AT § 45 nm. 58; *Wessels/Beulke/Satzger* nm. 579.

Segundo a outra posição, o *error in persona* é irrelevante tanto para o autor como para o instigador. A seria, segundo essa posição, punível por instigação consumada ao homicídio qualificado, nos termos dos §§ 211 e 26 StGB, em prejuízo de Y, que veio a ser assassinado de fato.

No caso em questão, a jurisprudência e a solução da individualização permitem alcançar o mesmo resultado. A até teria descrito, detalhadamente, a pessoa desejada. No entanto, se o instigado M se orienta por essa descrição e, mesmo assim, a individualização da vítima fornecida pelo instigador A não permite impedir a confusão, o erro quanto à identidade está nos limites da previsibilidade segundo a experiência geral de vida e, portanto, mantém incólume o dolo do instigador.

III. Cumplicidade (§ 27 StGB)

§ 27 StGB – Cumplicidade 145

(1) É punido como cúmplice quem presta dolosamente auxílio a um terceiro para o cometimento de fato doloso e antijurídico.

(2) [1]A pena do cúmplice se orienta pela pena cominada ao autor. [2]Ela deve ser atenuada nos termos do § 49 Abs. 1.

1. Tipo objetivo

a) Fato principal doloso e antijurídico

Em relação à necessidade de um fato principal doloso e antijurídico, 146
aplicam-se, na cumplicidade, os mesmos esclarecimentos relacionados à instigação (→ nm. 118 s.); especialmente no que se refere à possibilidade de uma cumplicidade para um delito tentado. A cumplicidade tentada, ao contrário, não é punível.

b) A prestação de auxílio

A contribuição participativa de prestação de auxílio pode se dar por 147
meio de uma possibilitação, facilitação ou *fomentação do fato principal.*[120] O suporte ao fato pode se dar tanto em razão de um aconselhamento ou de uma ação, ou seja, pode ser tanto psíquico como físico. Sugestões para o cometimento e o fortalecimento da decisão para o fato são exemplos de *cumplicidades psíquicas*. Com relação à cumplicidade *física*, poder-se-ia mencionar, a título de exemplo, aquele que disponibiliza recursos ou "fica de campana".[121]

120. *Heinrich* AT nm. 1320.

121. *Heinrich* AT nm. 1322; *Kindhäuser* AT § 42 nm. 3 ss.; *Kühl* AT § 20 nm. 223 ss.; *Rengier* AT § 45 nm. 84 ss.; *Wessels/Beulke/Satzger* nm. 581.

148 É controverso se a contribuição do cúmplice precisa ser *causal*, no sentido da fórmula da *condicio sine qua non*, para o resultado do fato principal. A jurisprudência renuncia a uma relação de causalidade como essa e entende como suficiente que a contribuição de cumplicidade tenha fomentado ou facilitado o *cometimento do fato principal*. E, por fim, o § 27 Abs. 1 StGB só exige, literalmente, que o auxílio seja prestado; não fazendo qualquer menção ao "resultado" da prestação do auxílio.[122]

149 Critica-se essa posição por ser uma forma de driblar a ausência de punibilidade, estabelecida pelo legislador, para a cumplicidade tentada (→ nm. 146). Por isso, só seria possível punir por participação caso a ação do cúmplice fosse, de alguma forma, pelo menos, *concausa* para o *resultado*.[123]

150 A *teoria do aumento do risco* descreve um meio-termo. Segundo sua formulação, só haveria uma cumplicidade caso a contribuição do cúmplice, pelo menos, aumentasse o risco para o bem jurídico posto em perigo pelo fato principal. Sendo assim, ações que de nenhuma maneira propiciam o fato principal não devem ser abrangidas pelo § 27 StGB. Porque, nesse caso, o que o agente teria "prestado" no sentido do § 27 Abs. 1 StGB não seria um "auxílio". No entanto, a elementar da prestação de auxílio deveria ser afirmada tão logo a contribuição aumentasse as chances de resultado do fato, possibilitando, facilitando, intensificando ou assegurando a realização do tipo penal.[124]

151 A contribuição do cúmplice pode ser prestada já na *fase de preparação* do fato principal (p.ex., proporcionando a arma para a execução posterior do fato). No entanto, por conta da acessoriedade da participação (→ nm. 107), a cumplicidade só é punível caso o fato principal atinja a fase punível da tentativa ou alcance a consumação.[125]

152 Da mesma forma, segundo a visão majoritária, é possível prestar auxílio entre a fase de consumação e de exaurimento do fato principal (chamada *cumplicidade sucessiva*; para a coautoria sucessiva → nm. 75 s.).[126] A delimitação, ocasionalmente necessária, entre cumplicidade e o delito de favorecimento real [*Begünstigung*], do § 257 StGB, deve, segundo a opinião majoritária, se orientar pela vontade daquele que presta o auxílio. Caso ele queira propiciar o fato principal a fim de que ele venha a ser concluído

122. BGHSt 46, 107 (109); BGH SStZ 2007, 230 (232); *Wessels/Beulke/Satzger* nm. 582.

123. *Heinrich* AT nm. 1326; *Jäger* AT nm. 266; *Roxin* AT II § 26 nm. 184.

124. *Kindhäuser* AT § 42 nm. 11; *Otto* § 22 nm. 53; *Stratenwerth/Kuhlen* § 12 nm. 158.

125. BGHSt 46, 107 (115); *Kühl* AT § 20 nm. 232.

126. BGHSt 6, 248 (251); 19, 323 (325); *Krey/Esser* nm. 1088; outra posição, *Heinrich* AT nm. 1324; *Kudlich* PdW AT Fall 306; *Kühl* AT §20 nm. 236.

com sucesso, há uma cumplicidade; se, pelo contrário, ele deseja impedir a retomada dos benefícios conquistados durante a execução de um fato prévio, ele pratica um favorecimento.[127]

Após o exaurimento do fato principal não é mais possível haver cumplicidade, uma vez que o fato não pode mais, de nenhuma forma, ser propiciado por meio de tal contribuição (p.ex., garantir um álibi diante do tribunal).[128] No entanto, deve-se atentar para o fato de que, eventualmente, a própria promessa anterior de um auxílio como esse já constitui uma cumplicidade psíquica (p.ex., prometer, antes do cometimento do fato, garantir um álibi diante do tribunal). **153**

Há muita controvérsia a respeito de se e, eventualmente, por quais pressupostos as *formas de comportamento* "neutras", principalmente *típicas do exercício de uma profissão*, podem ser classificadas como ações de cumplicidade. O que se toma aqui como objeto são as ações socialmente adequadas, não perigosas em si mesmas, que, no caso concreto, no entanto, acabam por propiciar um delito.[129] **154**

Exemplo: **155**

- O taxista T conduz A para uma loja de joias. A assalta a loja.
- O vendedor V vende uma faca a A. A mata um homem com essa faca.
- O gerente de banco G cria uma conta para A em um banco internacional. A transfere seu patrimônio para essa conta a fim de sonegar imposto (§ 370 AO).[130]

Caso, nesses grupos de casos, existam pontos de partida que fundamentem um dolo eventual do agente para um fato principal suficientemente concreto (p.ex., caso o passageiro do taxista, no caso anterior, esteja com uma meia-calça na mão para usar de máscara ou o cliente do banco faça perguntas suspeitas a respeito do sigilo bancário da instituição internacional), ele poderia ser punido por cumplicidade para o fato principal posterior segundo os princípios gerais. No entanto, segundo uma interpretação amplamente aceita, esse resultado deve ser evitado, senão por outro motivo, pelo menos por conta da *liberdade de profissão* do art. 12 Abs. 1 da Constituição Alemã.[131] No entanto, é controverso como e em qual medida deveria ser restringida a punibilidade dada em si. **156**

127. BGHSt 4, 132 (133); *Rengier* BT I § 20 nm. 18.
128. BGH NStZ 2000, 31; NJW 2008, 1460 (1461).
129. A esse respeito, ver *Heinrich* AT nm. 1330 ss.; *Kindhäuser* AT § 42 nm. 15 ss.; *Krey/Esser* nm. 1082 ss.; *Kudlich* PdW AT Fall 307; *Kühl* AT § 20 nm. 222s aa.; *Rengier* AT § 45 nm. 101 ss.; *Wessels/Beulke/Satzger* nm. 582a.
130. A esse respeito, ver, por exemplo, BGHSt 46, 107.
131. Com outra posição, *Heinrich* AT nm. 1331, com outras referências.

157 Em parte, essas ações neutras são, em geral, valoradas como impunes. Porque um comportamento que se move totalmente nos limites da ordem jurídica e é *socialmente adequado* não poderia ser ameaçado de pena. Por isso, o próprio tipo objetivo já deveria ser negado por ausência de imputação objetiva do resultado, uma vez que o agente não teria ultrapassado os riscos permitidos e, por isso, não teria criado qualquer perigo juridicamente relevante.[132]

158 A opinião majoritária, ao contrário, localiza a solução no plano do tipo subjetivo. Apenas se o agente tiver um conhecimento suficiente sobre o fato principal é que seu comportamento, típico da profissão ou ainda neutro, não é mais encarado como uma atividade rotineira e socialmente adequada. Isso deve ser admitido, por um lado, quando ele, pelo menos, tem certeza a respeito do fato principal, ou seja, quando ele exibe, pelo menos, um *dolus directus* de segundo grau em relação à consumação desse fato. Por outro lado, também bastaria, para a afirmação da punibilidade por cumplicidade, um dolo eventual em relação ao fato principal caso *a inclinação do autor para o fato*, em razão de indicações concretas, seja *perceptível de uma perspectiva objetiva.*[133]

2. Tipo subjetivo

159 Assim como na instigação, o tipo subjetivo do cúmplice também consiste em um *dolo duplo* do partícipe, aqui, *do cúmplice*. Ele tem que abranger não apenas a contribuição participativa da prestação de auxílio, mas também a consumação do fato principal auxiliado. No entanto, uma vez que o cúmplice, em regra, tem menos influência sobre o curso do fato principal do que o instigador, as exigências relativas à concretização do fato principal são menores. Aqui, basta que ele abranja o conteúdo essencial do injusto do fato principal.[134]

132. *Wessels/Beulke/Satzger* nm. 582a.

133. BGHSt 46, 107 (112 s.); *Rengier* AT § 45 nm. 109 ss.; limitando, *Jäger* AT nm. 271.

134. *Heinrich* AT nm. 1337; *Kindhäuser* AT § 42 nm. 29 s.; *Wessels/Beulke/Satzger* nm. 584; ver também BGHSt 46, 107 (109).

VI. Elementares pessoais especiais (§ 28 StGB)

§ 28 StGB – Elementares pessoais especiais 160

(1) Se estiverem ausentes no partícipe (instigador ou cúmplice) elementares pessoais especiais (§ 14 Abs. 1) que fundamentam a punibilidade do autor, a pena daquele deve ser atenuada nos termos do § 49 Abs. 1.

(2) Caso a lei determine que elementares pessoais especiais agravem, atenuem ou afastem a pena, isso só se aplica ao concorrente (autor ou partícipe) no qual elas se façam presentes.

Decisão selecionada: BGHSt 41, 1 (para a diferenciação entre elementares relativas ao autor e relativas ao fato).

Literatura para aprofundamento: *Engländer* Die Teilnahme an Mord und Totschlag, JA 2004, 410; *Geppert* Die Akzessorietät der Teilnahme (§ 28 StGB) und die Mordmerkmale, Jura 2008, 34; *Valerius* Besondere persönliche Merkmale, Jura 2013, 15.

Para a responsabilidade penal do partícipe, em razão de sua acessoriedade (→ nm. 107), é suficiente, em princípio, que o partícipe tenha o *dolo relacionado* às elementares do tipo do *fato principal* fundamentadoras do injusto. No entanto, isso parece inapropriado quando os tipos penais em questão contêm elementares pessoais especiais que caracterizam, sobretudo, o respectivo concorrente (e não o fato). Por essa razão, o § 28 StGB determina que elementares pessoais especiais só podem prejudicar aquele concorrente que as preenche em sua própria pessoa.[135] 161

Elementares pessoais especiais, no sentido do § 28 StGB, são, sobretudo, as *elementares do primeiro* (motivos) *e terceiro grupos do homicídio qualificado* (intenções) do § 211 StGB. Além disso, dentre outras, a qualidade de "funcionário público" nos delitos contra a administração pública, assim como, segundo a opinião majoritária, a posição de garante nos delitos omissivos impróprios.[136] 162

As *elementares do segundo grupo do homicídio qualificado*, ao contrário, não são elementares pessoais especiais. O § 28 StGB não é aplicável a essas elementares especiais relacionadas ao fato. Ao contrário, aplicam-se, 163

135. BeckOK StGB/*Kudlich* § 28 nm. 1; *Kühl* AT § 20 nm. 148; para delimitação entre elementares relativas ao autor e ao fato, ver, por todos, BGHSt 41, 1 (2 ss.).
136. *Krey/Esser* nm. 1017; *Wessels/Beulke/Satzger* nm. 558.

nesse caso, aos partícipes os princípios gerais para a acessoriedade. Sendo assim, basta para o partícipe de um homicídio qualificado por traição [*Heimtücke*], por exemplo, o mero conhecimento de que o autor realiza a elementar qualificadora do homicídio relativa ao fato, ou seja, que ele mata à traição.[137]

164 Além disso, o § 28 *Abs. 1* StGB só se aplica para elementares pessoais especiais que *fundamentam* a responsabilidade penal do autor. Caso o partícipe não satisfaça essas elementares em sua própria pessoa, a pena deve ser atenuada nos termos do § 49 Abs. 1 StGB. Há, então, uma *mudança das balizas de pena*. As balizas da pena do partícipe, por isso, não se conectam mais às balizas de pena previstas para o fato principal, de modo que o § 28 Abs. 1 StGB, dessa forma, ameniza a acessoriedade.[138]

165 **Exemplo:** O funcionário público F comete uma falsidade ideológica no exercício da função pública (§ 348 StGB). N, que não é funcionário público, o auxilia nisso.

B é punível segundo o § 348 Abs. 1 StGB, N por cumplicidade para a falsidade ideológica no exercício da função segundo o §§ 348 Abs. 1 e 27 StGB. No entanto, uma vez que a qualidade de funcionário público de B se trata de uma elementar pessoal especial que fundamenta a pena (já que a falsidade ideológica por si mesma não configura um tipo penal), a pena de N é atenuada segundo o § 28 Abs. 1 cumulado com o § 49 Abs. 1 StGB. No lugar de pena restritiva de liberdade de até cinco anos ou pena de multa de até 360 dias-multa (ver § 40 Abs. 1 Satz 2 StGB), N poderá receber então, segundo o § 49 Abs. 1 Nr. 2 StGB, uma pena máxima de até três anos e nove meses ou pena de multa de até 270 dias-multa.

166 Deve-se atentar ainda para o fato de que o § 28 Abs. 1 StGB *só* contém uma determinação *a favor do partícipe*. O caso contrário, em que não é o autor, senão o partícipe que satisfaz uma elementar fundamentadora da pena, não é regulado.

167 O § 28 *Abs. 2* StGB se distingue da Abs. 1 em três aspectos:[139]

- Em primeiro lugar, o § 28 Abs. 2 StGB só é aplicável a elementares pessoais especiais que *agravem*, atenuem ou afastem *a pena*.

- Além do mais, essas elementares modificadoras da pena se aplicam ao concorrente que as satisfaça pessoalmente. Por meio disso, a norma ordena não apenas uma mudança das balizas de pena, mas também uma *mudança*

137. *Krey/Esser* nm. 1018; *Wessels/Beulke/Satzger* nm. 558.
138. *Heinrich* AT nm. 1355; *Kindhäuser* AT § 38 nm. 23; *Kühl* AT § 20 nm. 149 s.
139. *Heinrich* AT nm. 1357; *Kühl* AT § 20 nm. 151 ss.

do tipo penal. Altera-se, portanto, já o veredito de culpa (como convicção) e não apenas a consequência jurídica. A acessoriedade do partícipe não vem a ser apenas amenizada, mas, na realidade, rompida.

- Por fim, tendo em vista que o § 28 Abs. 2 StGB fala do concorrente de uma maneira geral, essa modificação é válida tanto para o autor quanto para o partícipe e *tanto em benefício como em prejuízo do respectivo concorrente*.

Exemplo: 168

- O civil Z incita o policial P, durante uma blitz de trânsito, a bater no motorista A.

P pratica uma lesão corporal no exercício da função pública nos termos do § 340 Abs. 1 StGB. Sua condição de funcionário público consiste em uma elementar pessoal especial agravadora da pena, já que a lesão corporal como tal já constitui o delito base do § 223 Abs. 1 StGB.

A elementar da condição de funcionário público não se aplica ao instigador Z, que, como civil, não a satisfaz em sua própria pessoa segundo o § 28 Abs. 2 StGB. Em razão da previsível mudança de tipo penal, ele continua sendo penalizado apenas por instigação à lesão corporal nos termos do os §§ 223 Abs. 1 e 26 StGB.

- O policial P instiga o civil Z, durante uma blitz de trânsito, a dar um forte tapa no rosto do seu carona B.

O civil Z é punível por lesão corporal (simples) nos termos do § 223 Abs. 1 StGB. A responsabilidade penal de Z pelo tipo penal qualificado do § 340 Abs. 1 StGB é afastada, porque ele não é funcionário público; nesse sentido, ainda não é necessário mencionar o § 28 Abs. 2 StGB.

O policial, ao contrário, satisfaz, em sua própria pessoa, a elementar pessoal especial relativa à condição de funcionário público, de modo que essa elementar "é aplicável" a ele nos termos do § 28 Abs. 2 StGB. Em razão da alteração de tipo penal em seu prejuízo, P é punível por instigação à lesão corporal no exercício da função pública segundo os §§ 340 Abs. 1 e 26 StGB, embora o fato principal tenha sido apenas uma lesão corporal (simples).

169 Os dois subparágrafos do § 28 StGB têm, por conta de suas distintas consequências jurídicas, distintos momentos de verificação no exame do delito. O § 28 *Abs. 1* StGB contém, em razão da prescrita alteração de balizas de pena, uma regra de medição de pena e, por isso, deve ser tratado apenas *após a culpabilidade*. O § 28 *Abs. 2* StGB, ao contrário, altera já o próprio tipo penal pelo qual o partícipe será responsabilizado e, por isso, deve ser

discutido no âmbito da tipicidade. Habitualmente, realiza-se a verificação de forma *anexa ao tipo penal*, após o tipo objetivo e subjetivo.

170 O § 28 StGB possui grande significado nos exames universitários, sobretudo, na relação com os *delitos de homicídio*. E isso se deve, principalmente, ao fato de que a jurisprudência e a literatura têm uma distinta compreensão sistemática da relação entre os §§ 211 ss. StGB. A *jurisprudência* considera o homicídio qualificado e o homicídio simples como tipos penais autônomos, razão pela qual as elementares (do homicídio qualificado) pessoais especiais do primeiro e do terceiro grupo do § 211 StGB fundamentam a responsabilidade penal do autor. Segundo essa posição, no caso de divergência entre os concorrentes, aplica-se o § 28 *Abs. 1* StGB.[140]

171 Segundo a interpretação defendida unanimemente na *literatura*, o homicídio qualificado consistiria em um tipo penal qualificado em relação ao delito base do homicídio simples. As elementares do homicídio qualificado do primeiro e do terceiro grupo, segundo essa perspectiva, agravariam a pena, de modo que seria aplicável o § 28 *Abs. 2* StGB caso houvesse alguma diferença entre os concorrentes em relação a essas elementares.[141]

172 A jurisprudência leva em consideração, especialmente, o fato de que o § 28 Abs. 1 StGB só se aplica em benefício do partícipe (→ nm. 166). Ao partícipe de um homicídio qualificado seria garantida uma atenuação da pena, no entanto, isso seria injusto caso ele satisfizesse, em sua própria pessoa, uma (outra) elementar pessoal especial. Por isso, a jurisprudência desenvolveu a figura das chamadas *elementares cruzadas do homicídio qualificado.* De acordo com isso, a jurisprudência rechaça a garantida atenuação de pena ao partícipe de um homicídio qualificado, caso ele satisfaça outra qualificadora do homicídio que, embora diferente da satisfeita pelo autor, seja de mesma natureza.[142]

173 **Exemplo:** B mata O por ciúmes infundados. A instigou B a esse fato, porque ele estava de olho na herança de O.

B mata O preenchendo a elementar motivos vis, qualificadora do homicídio, e por isso, é punível por homicídio qualificado segundo o § 211 StGB.

A não satisfaz, em sua própria pessoa, a elementar do homicídio qualificado de B. Segundo a literatura, isso conduz, em razão do § 28 Abs. 2 StGB, em primeiro lugar, a uma alteração do tipo penal em seu benefício, de modo que A seria punível por

140. BGHSt 1, 368 (369 ss.); 22, 375 (377 ss.); 50, 1 (5 ss.); a esse respeito, ver também *Heinrich* AT nm. 1359; *Wessels/Beulke/Satzger* nm. 556.
141. *Heinrich* AT nm. 1359; *Wessels/Beulke/Satzger* nm. 557.
142. BGHSt 23, 39 (40); 50, 1 (9 s.).

instigação ao homicídio simples. No entanto, ele teria atuado, por sua vez, por cobiça e, por isso, teria realizado, também em sua própria pessoa, uma (outra) elementar pessoal especial. Isso é considerado por meio de uma nova alteração do tipo penal, por conta do § 28 Abs. 2 StGB, mas dessa vez em seu prejuízo. Assim, permanece sua punibilidade nos termos dos §§ 211 e 26 StGB. A dupla aplicação do § 28 Abs. 2 StGB conduz, no entanto, analisando-se precisamente, a que A seja responsabilizado não pela instigação ao homicídio qualificado por motivos vis (praticado por B), mas por instigação ao homicídio qualificado por cobiça (praticado por A).

Segundo a jurisprudência, A é punível, em todo caso, por instigação ao homicídio qualificado nos termos do os §§ 211 e 26 StGB, uma vez que o § 28 Abs. 1 StGB não autoriza uma alteração do tipo penal. No entanto, deve-se atenuar a pena de A segundo o § 49 Abs. 1 StGB, porque ele não preencheria em sua própria pessoa a elementar pessoal especial relativa aos motivos vis de B. Uma vez que A satisfaz pessoalmente a elementar pessoal especial relativa à cobiça, o § 28 Abs. 1 StGB não pode ser considerado em si mesmo, pois a norma só se aplica em benefício do partícipe. Por razões de justiça, a jurisprudência não aplica, nesses casos de elementares cruzadas do homicídio qualificado, a atenuação de pena prevista no § 28 Abs. 1 StGB.

Aproximações ao direito brasileiro

174 Quando se trata da distinção entre *autor* e *partícipe* no concurso de agentes para a prática de um delito, observa-se uma grande diferença entre o ordenamento jurídico alemão e o brasileiro: enquanto o StGB exige essa diferenciação, o Código Penal brasileiro trata todos os concorrentes de um delito como autores (art. 29, *caput*, do CP), o que se conhece por sistema unitário de autor. É verdade que o nosso código também fala em participações de menor importância (art. 29, 1°, do CP) para fins de diminuição de pena, mas quem de qualquer modo *concorre* (no sentido de criar condição – art. 13 do CP) para o delito é autor.[143] As nuances da realidade do concurso de agentes, trabalhadas pelas teorias diferenciadoras nesse capítulo (→ nm. 6 s.), seriam consideradas meramente no momento de determinação da pena. Os dispositivos seguintes – os arts. 30 (circunstâncias incomunicáveis) e 31 (casos de impunibilidade) do CP – serviriam, então, para a correção de problemas próprios desse conceito extensivo de autor.

No entanto, a partir de uma mais acurada interpretação, os mencionados dispositivos do CP (arts. 29 a 31) parecem consentir com a adoção de um conceito restritivo de autor, como o do sistema dualista alemão, que se revela ainda mais coerente e legítimo de uma perspectiva sistemática.[144]

175 O art. 29, *caput,* do CP, ao abranger – por conta de sua ampla formulação "concorrer de qualquer modo" – tanto os autores quanto os partícipes, parece exercer, na realidade, uma dupla função:[145] se, por um lado, simplesmente repete aquilo que todos os tipos penais da parte especial já acentuam, a saber, que aquele que realiza a conduta proibida (autor) pratica o tipo (função declaratória), por outro lado, estende a punibilidade pela realização dos tipos penais (função constitutiva) àqueles que não os praticam pessoalmente (partícipes). Sem essa norma de extensão de punibilidade – à semelhança dos §§ 26 e 27 StGB – não seria possível punir, sem violação do princípio da legalidade, aquele que não pratica o tipo penal: quem determina (instigador)

143. Nesse sentido, Greco Luís/Teixeira Adriano, *Autoria como realização do tipo: uma introdução à ideia de domínio do fato como fundamento central da autoria no direito penal brasileiro*, em: Greco ... [et alii], Autoria como domínio do fato (...), 1ª ed., São Paulo: Marcial Pons, 2014, p. 70 ss., para quem a previsão de diminuição de pena para a colaboração de menor importância (art. 29, § 1°, do CP) "não pode ser mencionada como argumento em favor de (ou contra) um conceito restritivo de autor" (p. 72).

144. Nesse sentido: Assis Augusto, *O delito de peculato na AP 470 do STF – "caso Mensalão*, RBCC 106 (2014), São Paulo, p. 105 ss., com outras referências; Batista Nilo, *Concurso de agentes*, 2ª ed., Rio de Janeiro: Lumen Juris, 2004, p. 44 s.; Greco Luís, *Cumplicidade através de ações neutras.* Rio de Janeiro: Renovar, 2004, p. 11 s.; Ortiz Mariana Tranchesi, *Concurso de agentes nos delitos especiais*, São Paulo: IBCCrim, 2011, p. 74 ss.

145. Assim, Greco/Teixeira (nr. 143), p. 70.

ou auxilia (cúmplice) um assassino não mata alguém, e o art. 121 do CP prescreve pena apenas para aquele que "mata alguém".

O § 1º do art. 29 do CP, que estabelece diminuição de pena para uma forma de concurso de menor importância (seja de um autor, de um instigador ou de um cúmplice) não é indicativo de um modelo dualista, mas, da mesma forma, não constitui qualquer embaraço para a interpretação de que autores e partícipes devam ser diferenciados.[146] **176**

Com base no § 2º do art. 29 do CP, que autoriza que o excesso de um concorrente possa fundamentar a culpa do outro,[147] também não é possível rejeitar um conceito restritivo de autor. O que é possível, contudo, é uma violação ao princípio da culpabilidade, caso a pena de um concorrente – cujo dolo não abrangia qualquer excesso (no entanto) previsível – seja acrescida, em virtude da 2ª parte do § 2º, apesar da inexistência de punibilidade pela conduta culposa, tudo porque seu comparsa se excedeu (dolosamente) na execução.[148] **177**

Na realidade, apenas o art. 30 do CP poderia constituir óbice à adoção de um conceito restritivo de autor. O dispositivo – que trata da incomunicabilidade das circunstâncias e condições de caráter pessoal, com exceção daquelas que constituem elementares do delito – possibilitaria a extensão da punibilidade àquele que concorre para a prática de delitos especiais e próprios (delitos de dever), já que, embora o conceito extensivo de autoria considere autor todo aquele que concorre para o delito, não seria possível, sem uma norma de extensão, punir o "autor" pela mera causação de um resultado caso o delito ainda exigisse qualidades subjetivas especiais (como, p.ex., a de funcionário público). Esse dispositivo, portanto, exibe uma função de "remendo" ao sistema unitário de autoria, com a finalidade de corrigir lacuna de punibilidade que não existiria em um sistema diferenciador.[149] E, além disso, é de duvidosa legitimidade, na medida em que possibilita (I) que um *extraneus* seja punido *com a mesma pena* de um **178**

146. Ainda que o Código Penal estabelecesse a mesma pena para autores e partícipes – como o faz o código penal alemão em relação aos autores e instigadores (→ nm. 117 ss.) – não haveria qualquer óbice à teoria dualista e seu conceito restritivo de autor. Assim, Greco/Teixeira (nr. 143), p. 72.

147. Idem, ibidem, p. 72, com o apontamento de outros problemas advindos desse dispositivo.

148. A esse respeito, idem, ibidem, p. 73, com outra referência. Os autores citam o exemplo de dois sujeitos que executam conjuntamente um furto e, com o intuito de facilitar a subtração, um deles amarra a vítima; assim, "agravar a pena do outro concorrente, que podia prever o fato mais grave, é puni-lo por um constrangimento ilegal culposo, sendo que inexiste no CP o tipo culposo de constrangimento ilegal". E ainda defendem que "o dispositivo não parece fazer sentido, nem sequer de acordo com a concepção tradicional".

149. Greco Luís, *Revista Liberdades Especial* – Reforma do Código Penal, 09/2012, p. 54.

intraneus – apenas pelo fato de atuar ao lado de quem apresenta a elementar pessoal constitutiva do crime mais grave,[150] "tornando-se" destinatário de um dever que não é seu[151] – ou ainda (II) que, lido em conjunto com o art. 29 do CP, um *extraneus* com participação mais intensa no delito seja punido *de forma ainda mais severa* que o *intraneus*,[152] cuja punibilidade só se justificaria em razão de seu dever "personalíssimo" – note-se que o § 28 Abs. 1 StGB determina a redução da pena do *extraneus* (→ nm. 160). Em razão dessa aparente violação ao princípio da culpabilidade, esse dispositivo também não deveria, portanto, ser considerado um argumento decisivo contrário ao sistema dualista.

179 O art. 31 do CP, por sua vez, que é manifestação do princípio da acessoriedade (a relação de dependência existente entre a punibilidade do partícipe e o fato principal; §§ 26 e 27 StGB: cometimento de fato doloso e antijurídico; → nm. 107), também pode ser interpretado de acordo com o sistema diferenciador. A partir de um conceito extensivo de autoria, aquele que, p. ex., simplesmente auxilia o delito de um terceiro, por ser considerado autor, seria punido por tentativa, mesmo que o terceiro sequer chegasse a tentar praticar o delito. Na vigência de um sistema não-diferenciador, o art. 31 do CP – que menciona as formas de participação *stricto sensu* (determinação e auxílio) – seria necessário para limitar a punibilidade dos atos do partícipe aos casos em que o fato principal chegue, ao menos, a ser tentado, evitando o contrassenso de punir o cúmplice sem punir o autor. No entanto, é justamente por afirmar a acessoriedade de determinadas "concorrências para o crime" que esse dispositivo pode também ser interpretado como uma já diferenciação entre autor e partícipe, que se revelaria, com razão, contraditória em um modelo que pretendesse tratar todos os concorrentes de idêntica forma.[153] Por isso, o art. 31 do CP seria, antes, uma verdadeira "aproximação a uma concepção restritiva de autoria e a um sistema diferenciador".[154] Do contrário, estaria o ordenamento jurídico brasileiro criando consequências jurídicas a partir de uma diferenciação que ele sequer reconheceria.

180 Por fim, outro argumento é apresentado pela literatura brasileira contra o conceito extensivo de autor, também sugerindo ter o modelo diferenciador

150. Idem, ibidem, p. 54.

151. Greco/Teixeira (nr. 143), p. 75.

152. Há quem defenda, no entanto, que o art. 29, § 1º, do CP demandaria sempre diminuição de pena ao *extraneus*, no qual a ausência do dever exigido pelo tipo penal revelaria uma menor importância de sua colaboração. Assim, Ortiz (nr. 144), p. 2011 ss. Essa interpretação, contudo, parece, com razão, exceder, em alguns casos, os limites da interpretação legal (nesse sentido, Assis (nr. 144), p. 108).

153. Idem ibidem, p. 77.

154. Greco/Teixeira (nr. 143), p. 77.

maior coerência sistemática. É o caso das *autolesões*. O CP brasileiro não pune a autolesão. Um modelo diferenciador não puniria, além disso, a *participação* em uma autolesão, já que ela pressuporia um fato principal doloso e antijurídico. No entanto, se todo aquele que presta auxílio para uma lesão corporal é autor, "toda participação em condutas autolesivas se torna, segundo um conceito extensivo, lesão do terceiro".[155] Esse problema parece ser mais um motivo a favor de que o art. 31 do CP seja interpretado como expressão da diferenciação sistemática entre autores e partícipes, limitando o alcance do art. 29 do CP. Ou seja, a determinação ou instigação e o auxílio não são puníveis *se não há fato principal doloso e antijurídico* que seja, pelo menos, tentado.[156] Um conceito extensivo de autor, ou seja, que não permitisse qualquer diferenciação entre autor e partícipe, puniria aquele que auxilia uma autolesão atípica.

Sendo assim, parece que de fato o ordenamento jurídico brasileiro **181**
não impede a diferenciação entre autor e partícipe e que ainda, mesmo que implicitamente, as corrobora. Se tais diferenciações são compatíveis e coerentes com a sistemática jurídico-penal brasileira, as teorias jurídicas que diferenciam autor de partícipe, abordadas nesse capítulo (→ nm. 6 ss.), são também perfeitamente compatíveis com o direito brasileiro, dentre elas a (entre nós atualmente famosa) teoria do domínio do fato.[157]

Por isso, apenas três considerações adicionais são ainda necessárias. **182**
Em primeiro lugar, também há, no ordenamento jurídico brasileiro, normas equivalentes à do § 14 StGB, que estendem as condições pessoais do representado ao seu representante (→ nm. 91 ss.).[158] Além disso, também não há, entre nós, norma que autorize a punição pela tentativa de instigação, à semelhança daquela contida no § 30 StGB (→ nm. 119 e 126). E por último, é importante ressaltar apenas que o concurso de agentes pode ser determinante para o *quantum* de pena também já na 2ª fase da dosimetria,

155. Idem ibidem, p. 78.

156. Assim, também LOBATO José Danilo Tavares, *Teoria geral da participação criminal e ações neutras*, Curitiba: Juruá, 2009, p. 29.

157. A adoção da teoria do domínio do fato foi amplamente discutida na Ação Penal n. 470 pelo Supremo Tribunal Federal, caso Mensalão. A respeito dos erros e acertos da discussão travada no caso e de outros contornos da teoria, ver GRECO Luís [et alii], *Autoria como domínio do fato: estudos introdutórios sobre o concurso de pessoas no direito penal brasileiro*, 1ª ed., São Paulo: Marcial Pons, 2014. O Superior Tribunal de Justiça, por sua vez, ainda parece divido a respeito da adoção da teoria; enquanto sua 6ª Turma fala em domínio do fato como critério de autoria (STJ, 6ª Turma, HC 191444/PB, rel. Min. Og Fernandes, DJ 19-9-2011), a 5ª Turma ainda defende o sistema monista de colaboração (STJ, 5ª Turma, REsp n. 1306731/RJ, rel. Min. Marco Aurélio Bellize, DJ 4-11-2011).

158. Cf., por exemplo, art. 179 da Lei 11.101/2005.

em razão das agravantes do art. 62, I, II e III, do CP e da atenuante do art. 65, III, *c*, do CP, e não apenas na 3ª e última fase, em razão da causa de diminuição de pena do art. 29, § 1º, do CP.[159]

159. Lembrando-se que, na 3ª fase da dosimetria, diferente do que ocorre na 2ª, o valor da pena pode ir aquém do mínimo legal. A esse respeito, ver Greco/Teixeira, op. cit., p. 71.

§ 10. Tentativa

A. Fundamentos

Decisões selecionadas: BGH NJW 1952, 514 (caso da sacola de pimenta); BGHSt 26, 201 (caso da campainha I); 30, 363 (começo imediato no caso de autoria mediata); 39, 236 (suposta coautoria); 40, 299 (caso do comerciante de moedas); 43, 177 (caso da bebida *Bayerwaldbärwurz*); 56, 170 (para delimitação entre ações preparatórias e tentativa no caso de clonagem de cartão de crédito, conhecido como *Skimming*); BGH NStZ 2012, 447 (caso da campainha II); NStZ 2013, 579 (caso da campainha com ressalva); NStZ 2014, 447 (começo imediato no caso de ações imediatamente anteriores à execução do tipo penal).

Literatura para aprofundamento: *Bosch* Unmittelbares Ansetzen zum Versuch, Jura 2011, 909; *Valerius* Untauglicher Versuch und Wahndelikt, JA 2010, 113; *Zopfs* Vermeintliche Mittäterschaft und Versuchsbeginn, Jura 1996, 19.

I. Fundamento de punibilidade

A tentativa de um fato penal se caracteriza pelo fato de o autor almejar a consumação do fato ou a causação do resultado típico (componente subjetiva do fato completa), mas acabar não alcançando seu objetivo (déficit na componente objetiva do fato). O *injusto do resultado*, portanto, é ausente. E, de um modo geral, o merecimento de punição por um comportamento advém exatamente da combinação entre o injusto do resultado com o injusto da ação. No entanto, mesmo quando o resultado típico não é alcançado, o *injusto da ação*, que subsiste, já pode por si só indicar ser adequada a imposição de pena. 1

2 Há inúmeras posições a respeito do fundamento para o merecimento de pena pela tentativa.[1] Nesse cenário – não apenas por conta do § 22 StGB, que também enfatiza a representação do autor a respeito do fato – dominam posições dualistas que utilizam critérios objetivos e subjetivos. Segundo a *teoria mista subjetivo-objetiva*, deve-se punir a atuação da vontade hostil ao direito, presente na tentativa, a fim de se fortalecer a consciência jurídica da coletividade e manter a paz jurídica.[2]

II. Etapas da execução do delito

3 Um fato penal, usualmente, atravessa diferentes etapas de execução. O autor, em primeiro lugar, toma a *decisão* de praticar o fato (p.ex., matar uma outra pessoa). Caso o autor, em seguida, permaneça completamente inativo, não é possível censurá-lo penalmente. O direito penal (do fato) não abrange meros pensamentos negativos (→ § 1 nm. 42), desde que eles não se manifestem em ações.[3]

4 Caso o autor inicie preparações concretas para o fato, atinge-se a etapa seguinte. A princípio, esses *atos preparatórios* também são impuníveis. No entanto, o legislador, expressamente, prevê pena para algumas ações preparatórias especialmente perigosas (p.ex., tentativa de concurso em um crime nos termos do § 30 StGB, preparação de empreendimento de alta traição nos termos do § 83 StGB, ou a criação de organizações criminosas ou terroristas nos termos do os §§ 129 e 129a StGB).[4]

5 Em todos os outros casos, só há previsão de pena para quem adentra os estágios seguintes do fato. Tanto nos crimes em sentido estrito [*Verbrechen*] quanto nos delitos em sentido estrito [*Vergehen*][*] que contenham disposição expressa nesse sentido, a responsabilidade penal se inicia na *fase de tentativa*. Essa fase se inicia quando o autor, decidido pelo fato, começa imediatamente a realização desse fato (§ 22 StGB; → nm. 29 ss.).

6 Caso, após o começo da tentativa, todas as elementares do tipo penal venham a ser satisfeitas, o fato está, a princípio, (formalmente) *consumado*. No entanto, a ocorrência de um resultado típico, por si só, não conduz, obrigatoriamente, à consumação do respectivo delito, uma vez que esse resultado também tem que ser juridicamente imputável ao autor. Portanto, a responsabilidade penal por delito consumado pode, apesar da causação de

1. Resumidamente, *Kindhäuser* AT § 30 nm. 5 ss.

2. *Rengier* AT § 33 nm. 4; *Wessels/Beulke/Satzger* nm. 594.

3. *Kindhäuser* AT § 31 nm. 1; *Wessels/Beulke/Satzger* nm. 590.

4. *Kindhäuser* AT § 31 nm. 1; *Wessels/Beulke/Satzger* nm. 590; ver também, a respeito da delimitação entre ações preparatórias e tentativa em relação ao caso de clonagem de cartão de crédito, por exemplo, BGHSt 56, 170 (171).

[*] N.T.: a respeito da diferença entre *Verbrechen* e *Vergehen*, ver § 1 nm. 63 ss.

um resultado, ser afastada por ausência de imputabilidade objetiva. Nesse caso, haverá apenas a responsabilidade penal pela tentativa.[5]

Exemplo: A atira em B com dolo de matar, mas só lhe causa uma lesão leve no ombro. B vai ao hospital tratar a ferida. No entanto, o curativo não é trocado por algumas semanas, contrariando os protocolos da ciência médica. B contrai uma infecção sanguínea e vem a falecer. 7

Ao dar o tiro, A até contribuiu, de forma causal, para o resultado típico do § 212 StGB (matar alguém). No entanto, o resultado não lhe é imputável, uma vez que a atuação intermediária responsável dos agentes hospitalares exclui a imputação e, por isso, segundo a teoria majoritária, o próprio tipo objetivo deve ser negado (→ § 4 nm. 61 s.). A punibilidade pelo fato consumado é afastada. No entanto, A é penalmente responsável por homicídio tentado, nos termos dos §§ 212 Abs. 1 e 22 StGB, em razão do tiro em B.

Nem sempre o acontecimento delitivo está completamente concluído com a consumação, enquanto realização formal de todas as elementares típicas, já que a violação ao bem jurídico ainda pode continuar ou terminar, definitivamente, apenas após a consumação. Nesses casos, deve-se diferenciar entre consumação (formal) e *exaurimento* (material) do fato. O momento do exaurimento é relevante, dentre outras coisas, para a coautoria sucessiva (→ § 9 nm. 75 s.) ou cumplicidade (→ § 9 nm. 152), assim como para o começo da contagem do prazo prescricional do fato (§ 78a, Parte 1, StGB)[+].[6] 8

O furto, nos termos do § 242 StGB, é consumado com a subtração dolosa, regida pela intenção antijurídica de apropriação, de uma coisa alheia móvel (p.ex., quando A esconde na bolsa um pacote de chicletes no supermercado). No entanto, o fato só estará exaurido quando o autor tiver a custódia da coisa assegurada (p.ex., quando A deixar o supermercado com o pacote de chicletes escondido na bolsa). 9

O caso a seguir ilustra as diferentes etapas da realização delitiva: 10

Exemplo: A deseja subtrair uma pintura valiosa do milionário M (resolução para o fato). Com esse propósito, ele compra

5. *Krey/Esser* nm. 1195; *Kühl* AT § 15 nm. 10; *Wessels/Beulke/Satzger* nm. 596.

[+] *Nota de adaptação*: No direito penal brasileiro, a contagem do prazo prescricional se inicia com a consumação do fato (art. 111, I, do CP), e não com seu exaurimento, salvo nos casos de delitos permanentes, quando a prescrição se inicia no dia em que cessa a permanência (art. 111, III, do CP). Assim, o prazo da prescrição da pretensão punitiva relacionada a delitos instantâneos, cuja consumação se dá com a produção de determinados estados (como a corrupção passiva, art. 317 CP), se inicia com a consumação, mesmo que o exaurimento material se dê em momento posterior.

6. *Kühl* AT § 14 nm. 17; *Wessels/Beulke/Satzger* nm. 591.

uma ferramenta de arrombamento e observa M durante vários dias, a fim de conhecer sua rotina (preparação). Pouco tempo depois, colocando seu plano em execução, A invade a casa de M pela janela e entra em sua galeria (tentativa; iniciando a punibilidade). Após A ter colocado a pintura em sua caminhonete (consumação), ele se dirige, satisfatoriamente, para seu esconderijo (exaurimento).

III. Sugestões para esta etapa de análise do delito

11 A seguir, serão apresentados os pressupostos particulares da punibilidade por tentativa. Em relação ao esquema de verificação da tentativa, deve-se atentar, sobretudo, para o fato de que, diferente do que ocorre no delito comissivo doloso consumado, o "tipo subjetivo" é verificado antes do "tipo objetivo". Nesse sentido, são comuns os termos "resolução para o fato" (ao invés de "tipo subjetivo") assim como "começo imediato" (em vez de "tipo objetivo", que, claro, não é, ou é apenas parcialmente, realizada na tentativa).

12

Esquema de verificação: tentativa

I. Pré-verificação

II. Resolução para o fato

III. Começo imediato (§ 22 StGB)

IV. Antijuridicidade

V. Culpabilidade

V. Ausência de desistência nos termos do § 24 StGB

B. Pré-verificação

13

§ 23 StGB – Responsabilidade penal por tentativa

(1) A tentativa de um crime em sentido estrito [*Verbrechen*] é sempre punível; a tentativa de um delito em sentido estrito [*Vergehen*] só é punível caso haja disposição legal expressa.

(2) A tentativa pode ser punida de forma mais branda que o fato consumado (§ 49 Abs. 1).

(3) Se o autor, por grosseira incompreensão, desconhecia que a tentativa, por conta da natureza do objeto do delito ou do meio pelo qual o delito deveria ter sido praticado, não alcançaria de forma alguma a consumação do delito, pode o juiz prescindir de pena ou atenuá-la segundo seu critério (§ 49 Abs. 2).

§ 12 StGB – Crimes [*Verbrechen*] e delitos [*Vergehen*]

(1) Crimes em sentido estrito [*Verbrechen*] são fatos antijurídicos aos quais são cominadas penas mínimas de um ano ou mais de restrição de liberdade.

(2) Delitos em sentido estrito [*Vergehen*] são fatos antijurídicos aos quais são cominadas penas mínimas de restrição de liberdade menor do que um ano ou de multa.

(3) Circunstâncias que aumentam ou diminuem a pena, previstas por normas da parte geral ou para casos de especial ou reduzida gravidade, não são considerados para fins dessa classificação.

De forma evidente, só se cogita de punibilidade pela tentativa caso, por um lado, o fato não tenha se consumado e, por outro lado, a tentativa seja punível. Esses dois requisitos são apreciados, usualmente, de forma expressa na chamada pré-verificação. Como tais, tratam-se de *questões logicamente prévias*, que devem ser "isoladas" no início da verificação da tentativa. Desde que não haja qualquer problema excepcional, basta afirmar em curtas frases, respectivamente, a não consumação do fato assim como a punibilidade por tentativa. 14

A *consumação do fato* (imputável ao autor) pode falhar tanto por razões fáticas como por razões jurídicas. Caso o resultado do delito em questão não se realize, o fato não está consumado já *por razões fáticas*. Caso outras elementares típicas, como, particularmente, a imputabilidade, não estejam presentes, o fato deve ser valorado como não consumado *por razões jurídicas* (ver o exemplo acima → nm. 7). 15

Na segunda etapa da pré-verificação, deve-se perguntar pela *punibilidade da tentativa*. Segundo o § 23 Abs. 1 StGB, a tentativa de um crime em sentido estrito (*Verbrechen*) é sempre punível (Var. 1), e a tentativa de um delito em sentido estrito (*Vergehen*), ao contrário, só é punível quando a lei assim dispuser (Var. 2). Encontra-se com frequência, na legislação, disposições do tipo "a tentativa é punível"; por exemplo, no § 223 Abs. 2 e § 224 Abs. 2 StGB.[+] 16

[+] *Nota de adaptação*: No ordenamento jurídico brasileiro, não há semelhante condição para a punibilidade da tentativa em razão do *quantum* de pena fixado para o delito. Dessa forma, o plano da pré-verificação, na tentativa, se limita ao exame da não-consumação do delito.

17 O conceito de *crime em sentido estrito* [*Verbrechen*] é definido legalmente pelo § 12 Abs. 1 StGB. Trata-se de fatos puníveis aos quais são cominadas penas mínimas de, pelo menos, um ano ou mais de restrição de liberdade. *Delitos* [*Vergehen*], ao contrário, são (todos os demais) fatos puníveis aos quais são cominadas penas mínimas de restrição de liberdade menores do que um ano ou de multa (§ 12 Abs. 2 StGB).

18 Nos *exames de análise de fatos puníveis* é indispensável citar as normas pertinentes. No caso de crimes, deve-se citar, por isso, os §§ 23 Abs. 1 Var. 1 e 12 Abs. 1 StGB, enquanto, no caso de delitos, deve-se mencionar os §§ 23 Abs. 1 Var. 2 e 12 Abs. 2 StGB assim como a norma respectiva que dispõe sobre a punibilidade da tentativa de um delito (p.ex., os mencionados §§ 223 Abs. 2 ou 224 Abs. 2 StGB).

C. Resolução para o fato

I. Fundamentos

19 Toda tentativa punível pressupõe uma resolução para o fato dirigida à realização de um tipo penal determinado e previsto legalmente. Essa resolução para o fato corresponde ao tipo subjetivo analisada nos delitos comissivos dolosos consumados (→ § 4 nm. 63 s.) e consiste, consequentemente, do *dolo* em relação a todas as elementares do tipo objetivo, bastando que seja um *dolus eventualis*. A isso se somam as *elementares típicas subjetivas especiais* (p.ex., as intenções exigidas pelos § 242 Abs. 1, § 253 Abs. 1 e § 263 Abs. 1 StGB).[7]

20 Nos *exames de análise de fatos puníveis*, é preciso expressar, por meio de alguma formulação, o fato de não ser necessário verificar se as elementares específicas de um tipo penal estão de fato presentes, mas apenas se o autor tinha dolo em relação a elas. Caso se verifique uma lesão corporal tentada, não se deve, por exemplo, investigar se houve algum maltrato corporal ou dano à saúde da vítima, mas se o autor queria maltratar corporalmente a vítima ou causar-lhe danos à saúde. No entanto, o fato de se ter que captar a visão do autor não deve conduzir a uma verificação superficial. Ao invés disso, as respectivas elementares típicas devem ser definidas como de costume e, em seguida, deve-se perguntar se a representação do autor a respeito do acontecimento pode ser subsumida a essa definição.

21 A resolução para o fato, já tomada de modo definitivo pelo autor, não é obstáculo à vinculação da execução do fato a uma condição externa, ou seja, à ocorrência de um evento especial sobre o qual o autor não tem qualquer influência (o que se chama de *resolução para o fato em situação*

7. *Kindhäuser* AT § 31 nm. 4 s.; *Kühl* AT § 15 nm. 23; *Wessels/Beulke/Satzger* nm. 598.

delitiva conscientemente incerta). Diferente dessa situação – e isso não seria suficiente para que se pudesse falar em resolução para o fato – é a reserva interna do autor que, tendo somente uma inclinação ao fato, ainda não se resolveu definitivamente pela consumação do delito.[8]

Exemplo: A quer invadir a casa de seu vizinho V, para procurar por objetos de valor. No entanto, ele só quer praticar o fato quando V não estiver em casa. A fim de descobrir se V está em casa, ele toca a campainha de V. 22

- Caso A esteja firmemente decidido a praticar a invasão de uma vez caso ninguém responda à campainha, ele já possui a necessária resolução para o fato em relação à prática de um furto com invasão de domicílio nos termos do § 244 Abs. 1 Nr. 3 StGB. Em seguida, deve-se investigar se, ao tocar a campainha, ele teria começado imediatamente o furto segundo o § 22 StGB.

- Se, ao contrário, no caso de ninguém abrir a porta, A ainda queira se assegurar mais, a fim de só então tomar sua decisão sobre invadir ou não a casa de V, ele está apenas inclinado ao cometimento do fato. A necessária resolução para o fato, nesse caso, ainda não está presente.

II. Tentativa inidônea e delito imaginário

Caso uma resolução para o fato não seja capaz de se concretizar por razões de fato ou jurídicas, isto é, caso ela não seja idônea à realização de um tipo penal previsto pela lei, ocorre o que se chama de *tentativa inidônea*. Uma tentativa inidônea pode se dar por inidoneidade do sujeito (ou seja, do autor, p.ex. por meio de uma designação inválida para o funcionalismo público, faltando por isso a qualidade de funcionário público), do objeto do fato (p.ex., tentativa de homicídio de um cadáver) ou do instrumento do fato (p.ex., tentativa de matar alguém à distância com projéteis de festim).[9] 23

A tentativa inidônea é um *erro de tipo ao contrário*, já que o autor julga presente uma elementar do tipo penal objetivo que, na realidade, não está presente (→ § 8 nm. 6). No entanto, o autor, por meio de sua ação, já operou sua vontade contrária ao direito e, dessa forma, praticou um injusto de ação, de modo que a tentativa inidônea, *a princípio*, é *punível* (→ § 5 nm. 56). Isso pode ser deduzido do § 23 Abs. 3 StGB, que (só) prevê a possibilidade de se prescindir de pena ou atenuá-la caso a tentativa reconhecida como inidônea tenha sido resultado de extrema ignorância.[10] 24

8. *Jäger* AT nm. 287; *Rengier* AT § 34 nm. 7 ss.
9. *Kindhäuser* AT § 30 nm. 13; *Rengier* AT § 35 nm. 2 ss.; *Wessels/Beulke/Satzger* nm. 619.
10. *Krey/Esser* nm. 1246 ss.; *Rengier* AT § 35 nm. 1.

25 No sentido do § 23 Abs. 3 StGB, há *tentativa inidônea* quando o autor supõe relações causais que, segundo uma concepção geral, são completamente inexistentes. O exercício desse julgamento não deve levar em conta uma pessoa perita, mas uma pessoa com conhecimentos empíricos médios.[11] Um exemplo paradigmático é o de alguém que quer abater um avião utilizando uma pistola com tiros de festim.

26 A *tentativa supersticiosa* é vista, em regra, como um subcaso de tentativa extremamente ignorante. Nessa situação, o autor emprega um instrumento não dominável por seres humanos. Nesse sentido, a tentativa de fazer bruxaria contra uma pessoa ou de rezar por sua morte deveria ser avaliada segundo o § 23 Abs. 3 StGB (controverso).[12]

27 Diferente do que ocorre na tentativa inidônea, na situação de um *delito imaginário*, o autor, de uma perspectiva fática, reconhece corretamente o que faz, mas, por consequência de uma errônea valoração jurídica, julga o fato como punível. Essa falha de representação pode se basear, por exemplo, no fato de uma norma penal ter sido erroneamente interpretada (erro de subsunção ao inverso), de uma causa de justificação ter sido negligenciada ou de que a suposta norma só exista na imaginação do autor (erro de proibição às avessas). Uma vez que apenas a lei determina os limites da responsabilidade penal, não basta uma mera falha jurídica de representação para ser punido. Por isso, o delito imaginário é *impunível*.[13] Com a distinção entre a tentativa inidônea (eventualmente punível) e o delito imaginário (impunível), está-se tratando, ao mesmo tempo, do segundo maior grupo de casos da teoria do erro, no qual o autor seria punível com base na sua falha de representação (complementarmente → § 8 nm. 8):

11. BGHSt 41, 94 (95); *Heinrich* AT nm. 675; *Kindhäuser* AT § 30 nm. 15; *Krey/Esser* nm. 1255; *Kühl* AT § 15 nm. 92; *Wessels/Beulke/Satzger* nm. 620.

12. *Fischer* § 23 nm. 9; *Otto* AT § 18 nm. 63; *Stratenwerth/Kuhlen* § 11 nm. 61; outra posição, *Jäger* AT nm. 289; *Roxin* AT II § 29 nm. 373: ausência de responsabilidade penal geral; *Kindhäuser* AT § 30 nm. 16; *Wessels/Beulke/Satzger* nm. 620: ausência de resolução pelo fato.

13. *Kindhäuser* AT § 30 nm. 23 ss.; *Krey/Esser* nm. 1253; *Wessels/Beulke/Satzger* nm. 621 s.

	Circunstâncias fáticas	Valorações jurídicas
Tipicidade	Tentativa inidônea eventualmente punível (erro de tipo ao contrário) (→ nm. 23 ss.) *Caso especial*: ausência de conhecimento de circunstâncias fáticas atenuantes (atenuante não aplicável)	Delito imaginário (erro de proibição às avessas) (→ nm. 27 s.)
Causas de justificação	Ausência do elemento subjetivo de justificação (erro de tipo permissivo ao contrário): segundo a opinião aparentemente majoritária, fato consumado; segundo outra posição, aplicação analógica das regras de tentativa (→ § 5 nm. 55 ss.)	Delito imaginário impunível (erro permissivo ao contrário) (→ nm. 27 s.)
Causas de exculpação	Por ausência de situação de coação psicológica, o fato não é exculpável	Por conta da presença de situação de coação psicológica, o fato é exculpável (não há censura de culpabilidade)
Causas pessoais de exclusão da pena	Segundo a teoria majoritária, não se afasta a punibilidade, tendo em vista a ausência de situação de conflito similar ao estado de necessidade	Irrelevante
Pressupostos da persecução penal	Irrelevante	Irrelevante

Panorama: autor seria punível com base na sua falha de representação

28 **Exemplo:**

- O pai P escreve ao seu filho F uma justificativa por ausência para a escola, apesar de S não estar nada doente. P parte do pressuposto, erroneamente, de que, com o conteúdo de sua mentira, estaria praticando o tipo penal de falsidade documental do § 267 Abs. 1 StGB.

- A se defende, em legítima defesa, contra um ladrão, mas acredita, erroneamente, ter ultrapassado os limites do § 32 StGB, porque a legítima defesa, segunda sua percepção, só autorizaria a defesa do corpo e da vida.

- O marido M trai sua esposa E supondo que o adultério (ainda) é punível.

D. Começar imediatamente (§ 22 StGB)

29 **§ 22 StGB – Definição/determinação conceitual**

A tentativa de um delito se inicia no momento em que o autor, segundo sua representação do fato, começa imediatamente a realização do tipo.

I. Fundamentos

30 A responsabilidade penal pela tentativa pressupõe, além da resolução para o fato, que o autor esteja na condição de *começar imediatamente* a prática do tipo penal (§ 22 StGB). Portanto, o fato tem que ultrapassar o mero estágio de preparação (→ nm. 5).[14]

31 Há várias diferentes tentativas de determinar o suposto momento em que o autor começa imediatamente o fato.[15] Em relação a essa tarefa, discute-se, sobretudo, se essa avaliação deveria se orientar pelos dados fáticos ou pela representação do autor. Segundo a *teoria formal-objetiva*, o limite é ultrapassado quando a ação descrita no tipo é faticamente iniciada; já para a *teoria material-objetiva*, a tentativa se inicia com a criação de perigo imediato ao bem jurídico protegido. A *teoria subjetiva pura*, ao contrário, considera apenas a representação do autor como critério relevante. Segundo essa posição, o autor começa imediatamente o fato no momento em que acredita que começará a realizar o tipo penal.

14. *Wessels/Beulke/Satzger* nm. 599.
15. Resumidamente, *Kindhäuser* AT § 31 nm. 11; *Wessels/Beulke/Satzger* nm. 599.

Segundo a *teoria mista subjetivo-objetiva*, que também se expressa no § 22 StGB, não é possível se basear nem puramente em critérios objetivos nem exclusivamente em critérios subjetivos. Segundo essa teoria, de fato, o decisivo para o começo da tentativa é a criação de um perigo imediato para o bem jurídico, o que se avalia por um parâmetro objetivo. No entanto, a avaliação a respeito da ocorrência dessa situação é determinada com base na representação do autor (não necessariamente correta).[16] 32

> **Exemplo:** Caso A, com sua carabina (que ele não sabe estar descarregada), mire em B, a fim de matá-lo à distância, o bem jurídico vida de B, de uma perspectiva objetiva, não sofre qualquer risco. No entanto, A comete um homicídio tentado ao mirar B com a carabina. A avaliação objetiva se dá com base na representação subjetiva de A, de que sua arma está carregada. Se esse fosse o caso, B estaria em perigo imediato segundo um julgamento objetivo, que deveria ser realizado em seguida. 33

Considerando-se os elementos subjetivos e objetivos necessários, o "começar imediatamente" pode ser definido da seguinte forma: começa imediatamente o fato aquele que, *subjetivamente*, ultrapassa a barreira do "aqui vou eu" [*Jetzt geht es los!*] e, *objetivamente*, pratica ações que, no caso de um avanço ininterrupto, resultariam imediatamente na realização do tipo penal ou estariam em uma relação espaço-temporal imediata com a realização do tipo penal.[17] Complementarmente, pode-se averiguar se, de fato, existe uma tal relação imediata verificando-se se outros atos intermediários essenciais entre o comportamento do autor e a realização do tipo penal ainda são necessários (assim, a chamada teoria do ato intermediário), se o bem jurídico tipicamente protegido já foi concretamente colocado em perigo (assim, a chamada teoria da colocação em perigo) ou se o autor já ingressou na esfera da vítima (assim, a chamada teoria da esfera).[18] 34

Frequentemente, deve-se afirmar que o autor começa imediatamente, em todo caso, a partir do momento em que ele já tenha praticado uma parte do tipo penal, tendo-o feito com a vontade de realizar todas as elementares daquele tipo penal (segundo a chamada *teoria da realização parcial*).[19] Fora isso, um começo imediato é decidido segundo as respectivas circunstâncias do caso concreto. A distinção, não necessariamente tão acurada, entre 35

16. BGHSt 30, 363 (364); 43, 177 (182); *Kindhäuser* AT § 31 nm. 10; *Kühl* AT § 15 nm. 45; *Wessels/Beulke/Satzger* nm. 601.

17. BGHSt 48, 34 (35 s.); BGH NStZ 1993, 133 (133); *Rengier* AT § 34 nm. 22; *Wessels/Beulke/Satzger* nm. 601; *Zieschang* nm. 494 s.

18. *Kindhäuser* AT § 31 nm. 13 ss.; *Rengier* AT § 34 nm. 24; *Wessels/Beulke/Satzger* nm. 600.

19. A esse respeito, ver também, *Jäger* AT nm. 302; *Krey/Esser* nm. 1218; *Rengier* AT § 34 nm. 29.

estágio de preparação e estágio de tentativa já foi concretizada para uma gama de casos.

36 **Exemplos:**

- Aquele que quer matar alguém com um tiro começa imediatamente o homicídio ao *empunhar a arma de fogo* e mirá-la em direção à vítima, e não apenas com o disparo do tiro fatal.[20]

37 - Caso o homicídio *seja precedido de outras ações* (p.ex., entorpecer, amarrar, sufocar ou espancar), a tentativa já se inicia com esses atos específicos, desde que eles, segundo a representação do autor, estejam vinculados inseparavelmente ao subsequente homicídio, formando um curso causal único.[21] Um critério essencial de delimitação, segundo o BGH, é a medida de concreta colocação do bem jurídico protegido em perigo, alcançada segundo a perspectiva do autor. A densidade do plano delitivo também pode ser relevante para a delimitação entre estágio de preparação e de tentativa.[22]

38 - De modo semelhante, a tentativa de um delito também começa já com a *superação do último obstáculo* que o autor deve eliminar a fim de, logo em seguida, praticar o fato. Dessa forma, aquele que toca a campainha da vítima a fim de, imediatamente após a abertura da porta, matá-la ou roubá-la, já ultrapassa a última barreira (chamado *caso da campainha*).[23] A situação pode ser diferente caso a execução do fato seja dependente da existência de condições determinadas.[24]

39 - Se o autor está à espreita da vítima em uma emboscada, a partir de uma antiga jurisprudência, ele começa imediatamente o fato quando, segundo sua representação, a vítima se aproxima da emboscada e, por isso, ingressa no âmbito de perigo imediato. O chamado *caso da bolsa de pimenta* do BGH, no qual os autores, próximos a uma parada de ônibus, esperavam pela vítima com uma bolsa de pimenta, com o intuito de jogarem pimenta em seus olhos e a assaltarem, continua sendo exemplar nesse aspecto. Segundo o BGH, os autores já teriam começado imediatamente o fato no momento em que a vítima, segundo

20. BGH NStZ 1993, 133 (134); *Kindhäuser* AT § 31 nm. 12; *Rengier* AT § 34 nm. 34; *Wessels/Beulke/Satzger* nm. 603.

21. *Wessels/Beulke/Satzger* nm. 603.

22. Ver também, por exemplo, o caso do BGH NStZ 2014, 447, no qual o autor queria torturar a vítima por meio de constantes estrangulamentos e depois matá-la.

23. BGHSt 26, 201 (202 ss.); BGH NStZ 2012, 85; *Rengier* AT § 34 nm. 35 s.; a esse respeito, ver também *Kindhäuser* AT § 31 nm. 12; *Wessels/Beulke/Satzger* nm. 609.

24. Ver BGH NStZ 2013, 579: o roubo intencionado à vítima não deveria ser praticado caso houvesse alguma criança por perto.

suas perspectivas, estaria certamente se aproximando, embora ela ainda tivesse que, primeiro, ser identificada.[25]

- Caso a realização do tipo penal dependa, segundo a representação do autor, de uma essencial *colaboração da vítima*, mesmo que ainda incerta (p.ex., que ladrões, que eventualmente retornarão, bebam uma dose de licor envenenada, no chamado *caso da* bebida *Bayerwaldbärwurz [licor de ervas da floresta bávara]*), a tentativa começaria, então, segundo o BGH, quando a vítima adentrasse o âmbito de eficácia do meio com que se pretende realizar o fato, de maneira que seu comportamento, segundo o plano, pudesse resultar, no caso de um escalada ininterrupta da situação, na realização imediata do tipo penal. Se, ao contrário, está claro para o autor que a vítima aparecerá e que seu comportamento, planejado para o resultado delitivo, ocorrerá, então a colocação em perigo imediato já se verifica com a conclusão da ação do autor (p.ex., a colocação de doses de licor envenenada no hall de entrada, para matar os ladrões que estão retornando).[26] Segundo a opinião majoritária, o autor começa imediatamente o fato, nos termos do § 22 StGB, quando ele libera de suas mãos o domínio sobre o acontecimento causal.[27] **40**

II. Casos especiais

1. Começo imediato em casos de coautoria

Caso várias pessoas pratiquem um fato penal em coautoria, diferentes pontos de partida devem ser analisados a respeito do critério "começar imediatamente". Por um lado, o comportamento de cada coautor poderia ser analisado isoladamente a fim de se constatar se o respectivo coautor teria adentrado a fase punível da tentativa. Por outro lado, também seria concebível considerar todos os coautores de uma perspectiva integrada. **41**

Exemplo: A, de acordo com um plano orquestrado anteriormente com B, vasculha a mansão de O em busca do cofre supostamente instalado no escritório. B, enquanto isso, aguarda no carro de fuga na frente da casa. No momento em que B, pelo rádio comunicador, toma conhecimento de que a busca de A foi bem-sucedida, ele desce do veículo para ajudar A a trazer o cofre e dá de cara com a polícia, que havia sido informada pelo vizinho e prende A e B. **42**

25. BGH NJW 1952, 514 (515); criticamente, *Jäger* AT nm. 301; *Rengier* AT § 34 nm. 37; a esse respeito, ver também *Wessels/Beulke/Satzger* nm. 603.
26. BGHSt 43, 177 (181); criticamente, *Jäger* AT nm. 307.
27. *Jäger* AT nm. 305, *Rengier* AT § 34 nm. 51; *Wessels/Beulke/Satzger* nm. 603.

43 Segundo a chamada *solução individual*, o critério "começar imediatamente" é determinado para cada um dos coautores de maneira individual. O decisivo, para essa teoria, é se o coautor individualmente, segundo sua representação do fato, começa imediatamente a sua própria contribuição delitiva.[28] Essa construção contraria, no entanto, a natureza da coautoria, que se caracteriza exatamente por um proceder com distribuição de tarefas e, por isso, prevê a imputação recíproca das contribuições delitivas. Além disso, com base na solução individual, coincidências como, por exemplo, a distribuição de tarefas segundo o plano delitivo comum, acabam sendo decisivas a respeito de se um coautor já começa imediatamente o fato e, com isso, adentra o estágio (punível) da tentativa ou não.[29]

44 Considerando-se isoladamente, como propõe a solução individual, A teria, no exemplo acima (→ nm. 42), começado imediatamente o furto, o mais tardar, no momento em que ele vasculha o escritório de O. B, ao contrário, com base no plano comum, teria começado imediatamente o fato apenas no momento em que ele tivesse começado a prestar auxílio a A para trazer o cofre. Uma vez que isso não chegou a ser feito, B se encontrava ainda no estágio preparatório do fato. Portanto, apenas A seria punido por furto tentado, enquanto B permaneceria impune.

45 Por isso, é preferível fazer com que todos os coautores ingressem na fase de preparação ao mesmo tempo. Segundo a majoritária *solução integral*, deve-se admitir um começo imediato do fato de todos os coautores, tão logo apenas um deles ultrapasse os limites da tentativa conforme a decisão delitiva comum. Por fim, como consequência do aporte consciente e intencional de cada um dos concorrentes, todas as contribuições que tenham o propósito da realização do plano delitivo comum, e não apenas cada contribuição individual, são imputadas a todos eles.[30]

46 No exemplo acima (→ nm. 42), segundo essa solução, A e B teriam ambos, ao mesmo tempo, começado imediatamente o fato no momento em que um deles, conforme o plano comum, ultrapassou a barreira da tentativa. Isso ocorreu quando A entrou na mansão ou, o mais tardar, com o início das buscas pelo cofre no escritório. B, da mesma forma, também começa imediatamente o furto, nos termos do § 22 StGB, mesmo que ele ainda não tenha colocado em execução a sua contribuição acordada para a realização do fato. A e B, dessa forma, são responsáveis penalmente por furto tentado.

47 Também é problemática a questão de se o § 25 Abs. 2 StGB possibilita uma imputação de contribuições delitivas no caso de uma *coautoria*

28. *Roxin* AT II § 29 nm. 297 ss.

29. *Kindhäuser* AT § 40 nm. 14; *Wessels/Beulke/Satzger* nm. 611.

30. BGHSt 36, 249 (250); 39, 236 (237 s.); *Kindhäuser* AT § 40 nm. 14; *Krey/Esser* nm. 1241; *Kudlich* PdW AT Fall 228; *Kühl* AT § 20 nm. 123; *Rengier* AT § 36 nm. 20; *Wessels/Beulke/Satzger* nm. 611.

meramente *suposta*. Nesses casos, um indivíduo parte erroneamente do pressuposto de que está atuando conjuntamente com alguém, quando, na realidade, sequer existe um plano comum ou ele foi abandonado pela outra pessoa.[31]

Exemplo (chamado caso do comerciante de moedas[32]): A faz com que B acredite que o comerciante de moedas M, com a finalidade de fraudar seu seguro, estaria de acordo com a prática de uma invasão a sua loja. Na realidade, M não sabe de nada e, após B roubá-lo, apresenta uma notificação de perdas ao seu seguro. **48**

Sem entrar em detalhes relativos à parte especial, é certo que não existe uma punibilidade de B. B não pratica um roubo por meio da sua investida, uma vez que ele supõe que M está de acordo com a subtração dos objetos. Ele seria, então, punível apenas por fraude a seguro (delito do § 256 StGB), por querer, por meio da investida, subtrair coisas asseguradas contra furto, para que M, como terceiro, possa receber prestações da seguradora. Essa possibilidade também foi afastada, porque, no momento da decisão do BGH, a norma ainda estava redigida de forma mais restrita.

O questionável aqui é se é possível imputar a B, apenas por conta de sua suposição de estar atuando em coautoria com M, a notificação de perdas de M como ação delitiva de um estelionato tentado e, por conta disso, puni-lo nos termos do os §§ 263 Abs. 1, 25 Abs. 2, 263 Abs. 2 e 22 StGB. A investida realizada pessoalmente por B não passa de uma mera ação preparatória para o intencionado estelionato em prejuízo do seguro, em relação à qual só se poderia enxergar começo imediato a partir da comunicação de perdas.

Segundo a interpretação conferida pelo BGH no caso concreto,[33] deve-se imputar ao apenas suposto coautor as contribuições delitivas de seu suposto parceiro. Sendo assim, o decisivo, nos termos do § 22 StGB, seria a *representação do autor*, de modo que até mesmo a tentativa inidônea seria punível. A imputação, nos termos do § 25 Abs. 2 StGB, só abrangeria contribuições delitivas objetivas, que, no caso, foram de fato praticadas.[34] **49**

31. A esse respeito, ver *Rengier* AT § 36 nm. 24 ss.; *Zieschang* nm. 516 ss.

32. BGHSt 40, 299.

33. No entanto, ver BGHSt 39, 236 (237 s.) para um caso no qual um coautor, apenas suspeito, toca a campainha para realizar um assalto – aparentemente combinado com outros – dos moradores da casa, mas, na realidade, dava sinal para que a polícia interviesse.

34. BGHSt 40, 299 (302); da mesma forma, pela literatura *Fischer* § 22 nm. 23a; *Heinrich* AT nm. 744.

50 A visão contrária, que aparentemente é dominante, se refere, por outro lado, e com razão, ao fato de que uma *imputação recíproca* das contribuições delitivas é possível *apenas diante de uma coautoria existente de fato*. Não se pode falar em um começo imediato para a realização delitiva de um suposto cúmplice quando este atua sem uma resolução para o fato. Se o simples ânimo mau não é suficiente para fundamentar uma pena, não basta a mera representação do suposto coautor para a imputação de ações de terceiros.[35]

2. Começo imediato em casos de autoria mediata

51 Nos casos de autoria mediata, também há pelo menos duas pessoas concorrendo, de modo que há, da mesma forma, diferentes momentos a serem considerados para a afirmação do começo imediato dos concorrentes. Novamente, há distintas interpretações que ou afirmam o começo imediato de todos os concorrentes a uma só vez ou determinam o início da tentativa especificamente para cada um dos coautores, o mediato e o intermediário.

52 **Exemplo:** O médico A quer matar seu paciente P, que volta regularmente ao seu consultório, porque P sente-se constantemente perseguido e, por isso, perturba e xinga os funcionários do consultório. Com esse propósito, A entrega à enfermeira E, na sala da enfermagem, uma seringa com uma substância fatal, afirmando, ao mesmo tempo, tratar-se de um medicamento que deve ser ministrado em P o quanto antes. Enquanto E, que não sabe nada a respeito, está entrando no quarto de P, a fim de ministrar a injeção, P se joga da janela do hospital durante mais um de seus ataques de paranoia.

53 Segundo a *solução integral*, autores mediatos e seus intermediários constroem uma unidade. Por isso, o autor mediato também ultrapassa as barreiras da tentativa apenas quando seu instrumento começa imediatamente o fato. O autor mediato, portanto, começa imediatamente o fato no mesmo momento em que o instigador passa a ser punível em razão da acessoriedade da participação (→ § 9 nm. 119).[36] Uma consideração integral como essa, no entanto, teria como consequência uma grande postergação do início da punibilidade do autor mediato. Isso parece inapropriado, uma vez que, diferente do que ocorre na coautoria, apenas o homem de trás possui o domínio do fato.[37]

35. BGHSt 39, 236 (238); *Frister* AT cap. 29 nm. 14; *Jäger* AT nm. 308, 310; *Kindhäuser* AT § 40 nm. 18; *Krey/Esser* nm. 1242; *Kudlich* PdW AT Fall 230; *Kühl* AT § 20 nm. 123a; *Rengier* AT § 36 nm. 27; *Wessels/Beulke/Satzger* nm. 612; *Zieschang* nm. 520.

36. *Krey/Esser* nm. 1238 s.

37. *Rengier* AT § 36 nm. 6; *Wessels/Beulke/Satzger* nm. 614.

No exemplo acima (→ nm. 52), K teria começado imediatamente o homicídio de P quando iniciasse a ministração do medicamento. O mesmo valeria, segundo a solução integral, para A. Uma vez que K, em razão da fuga de P, dada nesse intervalo de tempo, não pode nem mesmo inserir a seringa, tampouco teria A, em razão disso, ultrapassado a barreira da tentativa. 54

Por isso, em relação à autoria mediata, predominam as vozes favoráveis a uma análise individual a respeito do começo imediato do homem de trás e do homem da frente. Enquanto o intermediário entra na fase de começo imediato do fato segundo os princípios gerais do § 22 StGB, é controverso o momento em que as barreiras da tentativa são ultrapassadas pelo autor mediato. Defende-se parcialmente que ele começa imediatamente já no momento em que termina a ação de influência sobre o instrumento (chamada *solução individual ampla*). Assim, o autor mediato começa imediatamente o fato no momento em que a punibilidade por instigação tentada estaria fundamentada.[38] Isso, no entanto, não é totalmente convincente, porque ao tempo do término da ação influenciadora ainda não há qualquer perigo visível para o bem jurídico.[39] 55

No exemplo acima (→ nm. 52), a entrega da seringa com as respectivas instruções de A a K, segundo a solução individual ampla, já seria valorada como um começo imediato de A. Segundo essa posição, ele seria punível por homicídio tentado já no momento do acontecimento na sala de enfermagem. 56

Segundo a opinião majoritária (*solução individual modificada*), intermediária e preferível, o começo imediato se determina também para o autor mediato segundo os princípios gerais do § 22 StGB. Segundo essa posição, o decisivo é, sobretudo, o momento em que a realização delitiva está tão avançada a ponto de o bem jurídico encontrar-se imediatamente ameaçado. Isso se dá, pelo menos, no momento em que o autor mediato deixa o instrumento escapar de seu âmbito de domínio, e o fato deve ser praticado imediatamente a seguir. Caso, segundo a representação do autor mediato, o intermediário só deva agir a partir de um certo tempo ou em um específico momento posterior ou caso o intermediário ainda deva praticar ações preparatórias essenciais, o início da tentativa, ao contrário, se dá apenas no momento em que o intermediário começa imediatamente a execução do fato.[40] Segundo outra posição, incluída na solução individual modificada, o autor mediato já entra, de modo geral, na fase de tentativa tão logo ele perca o domínio do acontecimento causal.[41] 57

38. *Fischer* § 22 nm. 26 s.; *Baumann/Weber/Mitsch* § 29 nm. 155.
39. *Kindhäuser* AT § 39 nm. 57; *Rengier* AT § 36 nm. 8.
40. BGHSt 30, 363 (365); 40, 257 (269); *Wessels/Beulke/Satzger* nm. 614.
41. *Jäger* AT nm. 304; *Rengier* AT § 36 nm. 14.

58 Segundo a opinião majoritária, A também começa imediatamente o homicídio, no exemplo acima (→ nm. 52), já no momento em que ele dá a K a seringa e instruções para que ministre o medicamento em breve. Caso A tivesse, no entanto, instruído K a, por exemplo, ministrar o medicamento em P no dia seguinte, ele teria entrado na fase de tentativa, tendo em vista o lapso temporal existente entre a instrução e a execução, apenas quando K tivesse dado a injeção em P e, por sua vez, tivesse ela mesma ultrapassado as barreiras da tentativa.

3. Começo imediato em delitos qualificados e exemplos regulatórios

59 Em *delitos qualificados*, não há, em primeiro lugar, qualquer particularidade para o critério do começo imediato. São válidos os princípios gerais do § 22 StGB. No entanto, a realização de uma elementar qualificadora (p.ex., trazer consigo uma arma no sentido do § 244 Abs. 1 Nr. 1 lit. a StGB) ainda não significa obrigatoriamente que as barreiras da tentativa do delito base tenham sido ultrapassadas (p.ex., § 242 StGB). No entanto, isso é necessário para que, da mesma forma, haja um começo imediato em relação ao tipo penal qualificado. Por tanto, a realização de uma elementar qualificadora deve sempre, ao mesmo tempo, estar ligada a um começo imediato em relação ao tipo penal base (p.ex., à subtração de coisa alheia móvel).[42]

60 Em relação aos *exemplos-regra*, deve-se considerar que eles não se tratam de tipos penais ou de elementares típicas, mas de regras para medição de pena (→ § 7 nm. 3 ss.). Por isso, a *tentativa* de exemplos regulatórios não é conceitualmente possível.[43] No entanto, discute-se se o "começo imediato" à realização de um exemplo regulatório já poderia ser comparável, em termos de gravidade do conteúdo de injusto, com a sua realização completa e se, por isso, poder-se-ia admitir um caso de especial gravidade. Exemplos regulatórios são frequentemente questionados em conexão com a "punibilidade da tentativa" nos exames de resolução de casos, tendo em vista que essa pergunta tem alguma complexidade em termos de dogmática jurídico-penal.[44]

61 Fora isso, em casos de exemplos regulatórios, deve-se observar, semelhante ao que ocorre em relação a delitos qualificados (→ nm. 59), que o início da realização de um exemplo regulatório, de certa forma, frequentemente conduzirá a um começo imediato em relação ao delito base,

42. *Kindhäuser* AT § 39 nm. 56; *Kühl* AT § 15 nm. 50; *Rengier* AT § 34 nm. 60; *Wessels/Beulke/Satzger* nm. 607; *Zieschang* nm. 502.
43. *Kühl* AT § 15 nm. 53; *Zieschang* nm. 504.
44. A esse respeito, ver *Zieschang* nm. 503 ss.

mas nem sempre.[45] Caso um furtador, na véspera do fato propriamente dito, quebre a fechadura de uma porta dos fundos do prédio comercial no qual ele deseja procurar por objetos de valor na noite seguinte, apenas na segunda noite ele estaria começando imediatamente o furto (em um caso de especial gravidade segundo o § 243 Abs. 1 Satz 2 Nr. 1 StGB).

E. Desistência da tentativa

62

§ 24 StGB – Desistência

(1) [1]Não se pune por tentativa aquele que, voluntariamente, abandona a execução do fato ou evita sua consumação. [2]Caso o fato não venha a se consumar independentemente da interferência do agente que desiste, ele não será punido caso tenha se esforçado, voluntária e seriamente, para evitar a consumação.

[1]Caso várias pessoas colaborem para o fato, não será punido por tentativa aquele que, voluntariamente, evita a consumação. [2]No entanto, caso o fato não venha a ser consumado independentemente da interferência do desistente ou caso o fato seja praticado independentemente de sua anterior contribuição, é suficiente, para tanto o sério e voluntário esforço para a evitação da consumação.

Decisões selecionadas: BGHSt 31, 170 (desistência de tentativa inacabada); 39, 221 (caso “dar uma lição”); NStZ 2008, 508 (desistência de tentativa acabada); NStZ 2009, 628 (teoria da consideração integral); NStZ 2011, 454 (voluntariedade da desistência no caso de medo de ser descoberto); NStZ 2014, 450 (desistência no caso de alcançado um objetivo extra-típico).

Literatura para aprofundamento: *Beckemper* Rücktritt vom Versuch trotz Zweckerreichung, JA 1999, 203; *Böse* Der Beginn des beendeten Versuchs: Die Entscheidung des BGH zur „Giftfalle“, JA 1999, 342; *Fahl* Freiwilligkeit beim Rücktritt, JA 2003, 757; *Köbler/Selter* § 24 II StGB – Der Rücktritt bei mehreren Tatbeteiligten, JA 2012, 1; *Kudlich* Grundfälle zum Rücktritt vom Versuch, JuS 1999, 240, 349, 449.

45. *Kudlich* PdW AT Fll 224; *Kühl* AT § 15 nm. 54; *Wessels/Beulke/Satzger* nm. 607.

I. Fundamentos

63 A desistência da tentativa, segundo o § 24 StGB, constitui uma *causa* pessoal *de exclusão da pena* [*Strafaufhebungsgrund*]. Aquele que, voluntariamente, desiste da tentativa de um delito não é apenado, mesmo que seu comportamento tenha ultrapassado as barreiras da punibilidade da tentativa. A desistência é caracterizada como causa *pessoal* de exclusão da pena, porque só é aplicável àquele que preenche pessoalmente os seus pressupostos.[46] A verificação de causas de exclusão da pena, como a desistência, se dá após a verificação da culpabilidade.

64 A fundamentação para a não punição do agente que desiste é controversa.[47] Entre outras coisas, afirma-se que aquele que, por sua própria vontade, retorna à legalidade, apresenta uma certa falta de periculosidade que afasta a necessidade de imposição de pena. Sendo assim, o agente que desiste afastaria o merecimento de pena por sua conduta (*teoria do merecimento*). Segundo outra posição, as regras de desistência funcionariam como "pontes de ouro" para o autor retornar à legalidade, com o objetivo de fortalecer a proteção dos bens jurídicos garantida pelo direito penal. Porque caso um autor pudesse desistir da tentativa sem ser punido, haveria um aumento da probabilidade de que ele abandonasse a conduta e a lesão aos bens jurídicos. Sem uma possibilidade de retorno, o autor, ao contrário, poderia consumar o fato por ter consciência de que seria punido de qualquer forma e, então, seria melhor que, pelo menos, alcançasse o resultado jurídico-penal (*teoria político-criminal*).

65 A desistência só possível em relação a um delito tentado, nunca em relação a um delito já consumado. De fato, a lei prevê, em casos excepcionais, uma exclusão ou, pelo menos, uma redução da pena também para fatos consumados, caso o autor se esforce para evitar ou reduzir os efeitos de seu agir. No entanto, esse tipo de comportamento não constitui uma desistência, mas é descrito pela lei como "*arrependimento ativo*" (ver, p.ex., § 306e StGB).[48]

66 A desistência é *individualizável*, ou seja, deve ser tratada individualmente para cada fato. Caso o autor desista da tentativa de um fato, e isso afaste sua punição, ainda permanece a punibilidade por conta do outro fato praticado ao mesmo tempo (chamada *tentativa qualificada*).[49]

46. *Kindhäuser* AT § 32 nm. 1; *Krey/Esser* nm. 1263; *Rengier* AT § 37 nm. 1 s.

47. Resumidamente, *Jäger* AT nm. 311; *Kindhäuser* AT § 32 nm. 3; *Krey/Esser* nm. 1256 ss.; *Rengier* AT § 37 nm. 5 ss.; *Wessels/Beulke/Satzger* nm. 626.

48. *Kindhäuser* AT § 32 nm. 4; *Rengier* AT § 39 nm. 1; *Wessels/Beulke/Satzger* nm. 654.

49. *Kindhäuser* AT § 32 nm. 34; *Krey/Esser* nm. 1298; *Wessels/Beulke/Satzger* nm. 653.

Exemplo: A quer furtar objetos da casa de B. Para tanto, ele arromba a porta da casa, mas, após alguns pequenos passos no corredor do imóvel, desiste de seu plano e volta para sua casa. 67

A desistiu do furto com invasão de domicílio tentado (§§ 244 Abs. 1 Nr. 3, Abs. 2, 22 StGB), afastando sua punição. No entanto, ele continua sendo punível pelo delito de dano, já consumado, da porta da casa (§ 303 Abs. 1 StGB) assim como pelo delito de invasão de domicílio também já consumado (§ 123 Abs. 1 StGB).

O § 24 StGB regula diferentes *casos* de desistência: 68

– Primeiro, deve-se diferenciar a desistência de um autor solitário, segundo o § 24 Abs. 1 StGB, da desistência ocorrida em um fato envolvendo vários concorrentes, segundo o § 24 Abs. 2 StGB.

– Em relação à desistência de um autor solitário, segundo o § 24 Abs. 1 StGB, deve-se, por sua vez, distinguir a tentativa inacabada da tentativa acabada. Nos casos de tentativa inacabada, aplica-se a Satz 1 Var. 1; nos casos de tentativa acabada, a Satz 1 Var. 2 e a Satz 2.

– O § 24 Abs. 2 StGB, ao contrário, exige, no caso de vários concorrentes, diferentes pressupostos para a desistência de fato não consumado (Satz 1 ou Satz 2 Var. 1) ou de fato consumado (Satz 2 Var. 2).

Por um lado, todas as variantes da desistência do § 24 StGB têm em comum o fato de que são afastadas *a priori* no caso de *tentativa fracassada* (→ nm. 71 ss.), porque, aqui, o autor não retorna à legalidade de forma voluntária. Além disso, os respectivos pressupostos da desistência têm que ser satisfeitos *voluntariamente* (→ nm. 108 ss.), para que a causa de exclusão da pena pessoal possa ser aplicada ao autor. 69

70

Esquema de verificação: desistência da tentativa

1. Ausência de tentativa fracassada

2. Pressupostos da desistência

   a) no caso de autor solitário (§ 24 Abs. 1 StGB): tentativa não finalizada (Satz 1 Var. 1) ou tentativa finalizada (Satz 1 Var. 2 ou Satz 2)

   b) no caso de vários concorrentes (§ 24 Abs. 2 StGB): fato não consumado (Satz 1 ou Satz 2 Var. 1) ou fato consumado (Satz 2 Var. 2)

3. Voluntariedade

II. Ausência de tentativa fracassada

71 Uma tentativa fracassada *impossibilita* uma *desistência* e, por essa razão, é preliminar na estrutura de análise do delito, ou seja, ao serem verificados os pressupostos particulares do caso de desistência pertinente, a ausência de tentativa fracassada deve ser verificada antes de tudo. O fato de que a desistência é impossibilitada pelo fracasso da tentativa não pode ser extraído da lei. No entanto, essa consequência jurídica reconhecida pela opinião majoritária pode ser fundamentada pelo fato de que um autor que parte do pressuposto de não poder mais realizar o seu plano originário apenas se resigna com (supostas) circunstâncias externas. Por isso, ele não estaria retornando à legalidade por consciência e vontade, como é exigido pela causa de exclusão pessoal de pena da desistência (→ nm. 64).[50]

72 Uma tentativa é *fracassada* quando o autor, segundo sua representação, não pode consumar o fato com os meios à sua disposição ou, pelo menos, não mais sem uma ruptura temporal relevante.[51] Portanto, não há fracasso caso o autor tenha a representação de que deve desviar de seu plano inicial para conseguir dar causa ao resultado.[52]

73 No entanto, a tentativa também é considerada fracassada caso o resultado típico inicialmente desejado, embora ainda possível de ser realizado, se torne *sem sentido*, e o autor reconheça isso.[53]

74 **Exemplo:** A invade a casa de O para abrir seu cofre e esvaziá-lo. No entanto, no momento em que ele abre o cofre, sua decepção é grande, porque a) o cofre está vazio ou b) há apenas poucos centavos no cofre.

Há, na variante a), certamente uma tentativa de furto fracassada, uma vez que o cofre arrombado está vazio e A, por isso, sequer pode consumar o fato planejado.

No entanto, não há muita diferença quando, na variante b), só há poucos centavos no cofre, o que deixa A decepcionado. É até possível que A, aqui, realize o resultado típico por meio da subtração do conteúdo do cofre. No entanto, isso parece sem sentido comparado ao propósito inicial, de modo que, também nesse caso, se deve considerar um fracasso impossibilitador da desistência.

75 O decisivo é o *ponto de vista do autor*. Por isso, também se considera a tentativa fracassada quando, na realidade, existem meios à disposição para

50. *Rengier* AT § 37 nm. 15; na jurisprudência, por exemplo, BGH NStZ 2015, 26.
51. BGHSt 39, 221 (228); *Rengier* AT § 37 nm. 15; *Wessels/Beulke/Satzger* nm. 628.
52. BGH NStZ-RR 2012, 239 (240).
53. *Kindhäuser* AT § 32 nm. 6; *Rengier* AT § 37 nm. 22; *Wessels/Beulke/Satzger* nm. 628.

a consumação do fato, mas o autor não os conhece ou não tem capacidade de utilizá-los.[54]

Exemplo: A atira em B de uma longa distância com o objetivo de matá-lo, mas não o acerta. A deixa de tentar outros possíveis tiros em B, que está correndo, porque parte, erroneamente, do pressuposto de não ter mais munição. Na realidade, ainda havia um projétil em sua arma. 76

Do seu ponto de vista, decisivo para a análise, A acreditava ser impossível, em razão da arma supostamente descarregada, consumar o fato com os meios à sua disposição (o que, em razão da distância de B, provavelmente só seria possível com mais um tiro). Dessa forma, afasta-se a possibilidade de uma desistência do homicídio tentado. O fato de ainda ter restado um outro tiro a A é irrelevante.

Caso a realização tentada do autor se esgote em apenas um ato, a questão a respeito de se a tentativa é fracassada ou não pode ser respondida, sem maiores dificuldades, com base nos princípios expostos. No entanto, a questão é mais complicada quando o autor pratica *vários atos* a fim de alcançar o resultado típico. 77

Exemplo: A atira em B de uma curta distância, com o objetivo de matá-lo, mas não o acerta. Uma vez que A não tem mais munição, ele saca sua faca e esfaqueia B. Com essa ação, quebra a lâmina da faca. Em seguida, a pega seu porrete para espancar B. Nesse momento, A reflete melhor e abandona a execução das ações ulteriores de agressão. 78

Segundo uma posição difundida antigamente, já se deveria partir de uma tentativa fracassada no momento em que o autor executa um (único) ato objetivando o resultado típico e não obtém resultado. Segundo essa posição, a desistência da tentativa só seria possível em relação a cada um dos respectivos atos singulares (chamada *teoria dos atos singulares*).[55] 79

Essa visão conduz, no entanto, à divisão artificial de um acontecimento único da vida. Além disso, retirar-se-ia muito cedo do autor a possibilidade de desistir de forma a excluir sua pena e, com isso, o estímulo para se abster da continuidade do cometimento do fato. Mas isso contraria a ideia da proteção da vítima. Além disso, a teoria dos atos singulares não leva em consideração o fato de que o autor, ainda que apenas após algumas ações parciais, acaba 80

54. *Kindhäuser* AT § 32 nm. 7; *Kühl* AT § 16 nm. 11; *Rengier* AT § 37 nm. 17.

55. A esse respeito, ver *Kindhäuser* AT § 32 nm. 14; *Kühl* AT § 16 nm. 18; *Rengier* AT § 37 nm. 43; *Wessels/Beulke/Satzger* nm. 629; hoje ainda no mesmo sentido, Schönke/Schröder/*Eser/Bosch* § 24 nm. 21.

retornando à ordem jurídica.[56] Segundo a *teoria da consideração integral*, hoje majoritária, não se deve considerar os atos parciais singulares, mas o acontecimento contextualizado como um todo.[57]

81 No exemplo acima (→ nm. 78), a tentativa de A em matar B, segundo a teoria dos atos singulares, já seria considerada fracassada após o tiro errado e, por isso, a possibilidade de desistência já estaria impossibilitada a partir de então. No entanto, isso limita, desproporcionalmente, a possibilidade de desistência de A, já que ele ainda continua podendo causar a morte de B. Por isso, segundo a teoria da consideração integral, o decisivo é que as ações parciais singulares de A (tiro, facada, saque do porrete) estejam em um contexto espaço-temporal imediato e configurem um acontecimento único da vida. Dessa forma, a tentativa de homicídio de A ainda não fracassou e ele, por meio do abandono da execução de ações de agressão ulteriores, desistiu da ação merecendo a exclusão da pena. A, no entanto, permanece responsável penalmente pela lesão corporal perigosa já consumada por meio da facada segundo os §§ 223 Abs. 1 e 224 Abs. 1 Nr. 2 Var. 2 StGB.

Outro exemplo: Caso um autor venha disparando vários tiros em uma vítima ao longo de uma avenida, e esta consiga fugir para uma floresta adjacente, segundo o BGH[58] – com base na teoria da consideração integral – isso ainda não significa, incondicionalmente, que o autor vê sua tentativa de homicídio como fracassada. Ele pode partir do pressuposto de, seguindo a vítima, conseguir matá-la com as munições restantes ou até mesmo contar com um retorno da vítima em breve. No último caso, no entanto, deve-se verificar se os persistentes atos singulares ligados ao dolo de matar estão de certa forma em um contexto espaço-temporal imediato de modo que a atuação integral do autor também tenha, para um terceiro, a aparência de um agir único e contextualizado.

III. Desistência do autor solitário (§ 24 Abs. 1 StGB)

1. Diferenciação entre tentativa inacabada e tentativa acabada

82 A *desistência do autor solitário* se determina pelo § 24 Abs. 1 StGB. Dos pressupostos particulares dessa norma é possível extrair uma distinção para casos de tentativa acabada e inacabada: a mera desistência (Satz 1 Var. 1) só pode conduzir à exclusão da pena nos casos de tentativa inacabada, enquanto nos casos de tentativa acabada é necessário evitar a consumação

56. *Jäger* AT nm. 314; *Wessels/Beulke/Satzger* nm. 629.

57. *Kindhäuser* AT § 32 nm. 13; *Kudlich* PdW AT Fall 237; *Rengier* AT § 37 nm. 46 ss.; *Wessels/Beulke/Satzger* nm. 629; de forma modificadora, *Jäger* AT nm. 314.

58. A esse respeito, ver BGH NStZ 2009, 628 (628 s.).

do fato (Satz 2 Var. 2) ou, ao menos, se esforçar, voluntária e seriamente, para essa evitação (Satz 2).

Considera-se que a tentativa está *inacabada* quando o autor acredita ainda não ter feito tudo que, segundo sua representação, seria necessário para a consumação do fato. E *acabada*, por sua vez, quando o autor acredita ter feito tudo que, segundo sua representação, basta ou é possivelmente suficiente para consumar o fato. O mesmo raciocínio é válido caso o autor não possua qualquer representação a respeito das consequências de seu agir.[59] Portanto, em casos de dúvida ou de indiferença do autor a respeito da capacidade de sua ação em causar o resultado, deve-se tomar a tentativa por acabada.[60] **83**

O determinante para a delimitação entre tentativa acabada e tentativa inacabada, por sua vez, é a *perspectiva do autor*. Em algumas circunstâncias, para que se possa definir sob quais pressupostos o autor pode desistir e, com isso, eximir-se da pena, deve ser considerada a falha de representação do autor a respeito da capacidade de resultado de sua ação praticada até o momento da desistência. A possibilidade de desistência do autor solitário só é afastada caso a consumação do fato (juridicamente imputável ao autor) seja alcançada, ainda que ele esteja em erro a respeito de sua tentativa estar acabada, porque, nesse caso, a aplicação do § 24 StGB já é descartada logo de início.[61] **84**

> **Exemplo:** A dispara contra B com dolo de homicídio. B se lesiona com o tiro, mas não é atingido de forma imediatamente fatal. **85**
>
> - Caso A suponha que a lesão de B não lhe traz risco à vida, há uma tentativa inacabada. Por isso, simplesmente se abstendo de um outro tiro ou de outras ações de homicídio, A pode desistir se eximindo de pena segundo o § 24 Abs. 1 Satz 1 StGB. A situação é outra, caso B, de fato, seja lesionado de maneira que sua vida esteja em risco e, por consequência da inatividade de A, venha a morrer; aqui, a tentativa subjetivamente inacabada não possibilita mais a desistência do fato objetivamente consumado.
>
> - Caso A, ao contrário, acredite ou pelo menos não descarte ter lesionado B com risco à vida, trata-se de uma tentativa acabada. Para que A possa ser eximido de pena por desistência, as exigências do § 24 Abs. 1 Satz 1 Var. 2 ou Satz 2 StGB devem

59. BGH NStZ-RR 2012, 106; *Kudlich* PdW AT Fall 241.

60. *Jäger* AT nm. 316; *Kindhäuser* AT § 32 nm. 8; *Rengier* AT § 37 nm. 31 ss.; *Wessels/Beulke/Satzger* nm. 631; cf. Também BGH NStZ 2014, 143.

61. *Wessels/Beulke/Satzger* nm. 627.

ser preenchidas. Isso também vale para o caso em que B, de fato, não tenha sido lesionado com risco à vida, e a tentativa subjetivamente acabada seja, na realidade, uma tentativa inacabada, de modo que o resultado delitivo não ocorreria nem que A permanecesse inativo. Tendo em vista que, nesse caso, de início já não faz sentido evitar a consumação (Satz 1 Var. 2), A tem que se esforçar, voluntária e seriamente, (Satz 2) para desistir da tentativa acabada – para a qual o decisivo é a perspectiva de A.

86 Durante muito tempo, houve controvérsia a respeito de qual seria o *momento* decisivo em relação à representação do autor acerca do fato. Para a *teoria do plano delitivo*, defendida anteriormente, o relevante seria o plano delitivo do autor no começo do fato. Caso um tipo penal, por exemplo, devesse ser praticado com específicas ações executivas, a tentativa seria finalizada com a conclusão desse agir. E isso valeria independente do fato das ações, no momento em que são implementadas, se manifestarem, realmente, como idôneas a produzir o resultado ou do autor reconhecer a falta de idoneidade dessas ações para a realização do fato.[62]

87 Essa posição era criticada, com razão, por privilegiar aqueles autores que ponderavam várias possibilidades de ação e, dessa forma, em geral, empregavam uma maior energia criminosa.[63] Caso o autor, por exemplo, tivesse planejado apenas um tiro para matar a vítima, o disparo desse tiro já significaria uma tentativa acabada. Se, ao contrário, o autor mantivesse mais opções em aberto para a execução do tipo penal, sua tentativa só seria finalizada com a percepção de sua última opção de ação. Por isso, a opinião hoje majoritária baseia a delimitação entre tentativa acabada e inacabada pelo chamado *horizonte de desistência*. Segundo essa posição, o relevante é – entre outras coisas, por conta da proximidade com a possibilidade de alcance do resultado e da correspondente consciência de perigo – a representação do autor no momento da realização da última ação de execução. Caso o autor, imediatamente após esse momento, mas ainda no contexto de um acontecimento unitário, modifique sua representação, esse chamado *horizonte de desistência corrigido* passa a ser o relevante.[64] O fato de que o autor, primeiro, considera a tentativa por acabada e, em seguida, por inacabada, ou que ele, ao contrário, diante de uma tentativa inicialmente considerada acabada, reconhece que ela já é acabada, é insignificante.

62. Assim, ainda, BGHSt 22, 330 (331); a esse respeito, ver *Wessels/Beulke/Satzger* nm. 632.

63. *Kindhäuser* AT § 32 nm. 12; *Rengier* AT § 37 nm. 35.

64. BGHSt 31, 170 (176); BGH NStZ 2014, 569; *Kindhäuser* AT § 32 nm. 13; *Rengier* AT § 37 nm. 36; *Wessels/Beulke/Satzger* nm. 637.

2. Pressupostos da desistência no caso de tentativa inacabada

Para desistir de uma tentativa inacabada, o autor tem que abandonar voluntariamente a execução ulterior do fato segundo o § 24 Abs. 1 Satz 1 Var. 1 StGB. *Abandonar* o fato significa abster-se da restante implementação da decisão delitiva.[65] Assim, basta para a desistência que o autor não continue atuando. 88

A inatividade do autor tem que significar um *abandono definitivo do fato concreto*. Não é necessário abandonar a decisão criminosa completa e definitivamente.[66] 89

A questão a respeito de se o autor merece que lhe seja excluída a pena caso ele só se abstenha da execução do tipo penal por já ter alcançado um *objetivo extra-típico* é controversa. 90

> **Exemplo:** A está bravo com B, com quem sua namorada o traiu no final de semana anterior. Por isso, A faz uma visita a B e lhe dá uma facada, para lhe dar uma lição. Nesse episódio, A aceita os riscos de que B morra. No entanto, a ferida por conta da facada não se revela como um risco para a vida de B, o que A percebe. Embora A seja consciente da possibilidade de, com outras facadas, conseguir matar B, ele se abstém por entender que a ferida causada já basta para a lição que ele queria dar em B. B sobrevive. 91

Defende-se, parcialmente, que uma desistência por meio de uma simples inatividade não seria mais possível caso o autor tivesse atingido seu objetivo extra-típico (por exemplo, “dar uma lição”) e o fato, por isso, já estivesse consumado aos olhos do autor. Faltaria, aqui, uma renúncia que merecesse ser honrada, já que o autor não prova sua fidelidade ao direito por meio de seu comportamento e, por isso, *não abandona* o fato no sentido prescrito pelo § 24 Abs. 1 Satz 1 Var. 1 StGB.[67] 92

A jurisprudência e a literatura dominante defendem, ao contrário, que o texto do § 24 Abs. 1 Satz 1 Var. 1 StGB fala em *“fato”*, ou seja, em tipo penal legal. É irrelevante que o autor alcance ou “realize” propósitos extra-típicos, motivos ou intenções. Por isso, a princípio, continua sendo possível uma desistência do fato mesmo que o autor alcance objetivos extra- 93

65. *Kindhäuser* AT § 32 nm. 19; *Rengier* AT § 37 nm. 81; *Wessels/Beulke/Satzger* nm. 641.

66. *Kindhäuser* AT § 32 nm. 19; *Kühl* AT § 16 nm. 43; *Rengier* AT § 37 nm. 88; *Wessels/Beulke/Satzger* nm. 641; outra posição, BGHSt 7, 296 (297); 35, 184 (187); BGH NStZ 2010, 384 (384).

67. *Jäger* AT nm. 318.

típicos. Além disso, o interesse da vítima, que continua em perigo, se opõe à exclusão da desistência.[68]

94 No exemplo anterior (→ nm. 91), A pode, segundo a opinião dominante, desistir do delito de homicídio tentado contra B. É insignificante que ele tenha se abstido de matar B apenas por já ter dado a lição desejada. Da mesma forma, o motivo da desistência de A também não se opõe à voluntariedade de seu abandono delitivo, já que as motivações não devem ser eticamente avaliadas aqui (→ nm. 111).

No entanto, a responsabilidade penal de A por lesão corporal perigosa por meio da facada nos termos dos §§ 223 Abs. 1 e 224 Abs. 1 Nr. 2 Var. 2 StGB resta incólume.

> **Outro exemplo:** A assalta X em sua casa, para lhe subtrair dinheiro. A fim de afastar uma eventual resistência, A leva consigo um aparelho de choque e um spray de pimenta. Quando X percebe A, A lhe encosta o aparelho de choque várias vezes no braço e tenta – em vão, por ausência de um pino de segurança – aplicar-lhe uma descarga elétrica. No entanto, por receio de sofrer outros ataques corporais, X oferece a A o dinheiro em sua carteira. A pega o dinheiro sem ter que fazer uso do spray de pimenta. Segundo o BGH, A teria desistido da tentativa inacabada de lesão corporal perigosa. O fato de A já ter atingido seu objetivo (extra-típico em relação à lesão corporal) de subtrair o dinheiro não é empecilho para a desistência.[69]

3. Pressupostos da desistência no caso de tentativa acabada

a) Fundamentos

95 A desistência de tentativa acabada pode se dar de duas formas. Primeiro, é concebível segundo o § 24 Abs. 1 Satz 1 Var. 2 StGB, que o próprio autor, voluntariamente, *evite a consumação do fato*. No entanto, mesmo quando a consumação do fato não se realize por outras razões, que não o esforço do autor, a possibilidade de desistência não é excluída. Ao contrário, segundo o § 24 Abs. 1 Satz 2 StGB, o autor ainda pode obter a exclusão de pena caso *se esforce,* voluntária e *seriamente*, para evitar a consumação. Se, no entanto, nem o autor nem outras circunstâncias possam afastar a consumação do fato, a desistência está excluída (→ nm. 84).

68. BGHSt 39, 221 (230 ss.); *Kindhäuser* AT § 32 nm. 18; *Kudlich* PdW AT Fall 249; *Rengier* AT § 37 nm. 62; *Wessels/Beulke/Satzger* nm. 635; de forma crítica, *Kühl* AT § 16 nm. 41.

69. A esse respeito, ver BGH NStZ 2014, 450.

b) Desistência segundo o § 24 Abs. 1 Satz 1 Var. 2 StGB

Segundo o § 24 Abs. 1 Satz 1 Var. 2 StGB, desiste de uma tentativa acabada aquele que, voluntariamente, *evita a consumação do fato*. Para tanto, o autor tem que, consciente e intencionalmente, participar causalmente, pelo menos na forma de uma causação concomitante, da evitação da consumação do fato, ou seja, tem que desenvolver uma atividade contrária ao curso causal iniciado.[70] **96**

A necessária qualidade do esforço pela evitação do resultado é controversa. Exige-se, parcialmente, a melhor performance do autor, no sentido de um "*esforço ótimo*". A desistência "sem empenho" não justificaria uma exclusão de pena.[71] **97**

No entanto, segundo a visão dominante, basta *qualquer ação* do autor que, pelo menos na forma de uma causação concomitante, afaste a consumação do fato. O texto da norma também fala apenas em "evitar a consumação", sem estabelecer outros requisitos para as medidas tomadas com a finalidade de evitar a consumação. Segundo esse entendimento, o autor não tem que escolher a possibilidade ideal ou mais segura para a evitação do resultado. No entanto, caso a consumação do fato, por isso, não seja evitada ou seja evitada apenas por outras circunstâncias, isso prejudica o autor, que então não pode apelar ao § 24 Abs. 1 Satz 1 Var. 2 StGB.[72] **98**

> **Exemplo:** A dispara em B com dolo de homicídio e o lesiona com risco à vida, o que A reconhece no momento. Por compaixão, A liga de seu telefone celular, sem empenho, para um médico de emergência, sem lhe descrever exatamente o endereço da ocorrência. Mesmo assim, o médico chega a tempo e salva B. **99**
>
> A reconhece que B está ferido e que pode morrer se o quadro da lesão avançar ininterruptamente. Assumindo a perspectiva relevante (e também acertada nesse caso) de A, a tentativa é acabada. Por conta do contato com o médico de emergência, há uma desistência segundo o § 24 Abs. 1 Satz 1 Var. 2 StGB. Quem, para tanto, exige um esforço de salvação ideal ou melhor possível considerará problemático entender a imprecisa descrição do local da ocorrência para a evitação da morte de B como suficiente. Segundo a opinião majoritária, ao contrário, basta qualquer nova cadeia causal iniciada pelo autor que venha a ser uma concausa à não consumação do fato. Por consequência, A desistiu, segundo o § 24 Abs. 1 Satz 1 Var.

70. BGHSt 33, 295 (301); *Rengier* AT § 37 nm. 111; *Wessels/Beulke/Satzger* nm. 644.
71. *Baumann/Weber/Mitsch* § 27 nm. 28; *Puppe* NStZ 2003, 309 (309 s.).
72. BGH NStZ 2006, 503 (505); 2009, 508 (509); *Kudlich* PdW AT Fall 243; *Rengier* AT § 37 nm. 124; *Wessels/Beulke/Satzger* nm. 644 s.

2 StGB, da tentativa de homicídio de B de modo a merecer a exclusão de sua pena. A responsabilidade penal pelos delitos já consumados, em especial pelo delito de lesão corporal, por sua vez, permanece incólume.

c) Desistência segundo o § 24 Abs. 1 Satz 2 StGB

100 O § 24 Abs. 1 Satz 2 StGB regula as exigências para a desistência no caso em que o autor, precisamente, não tenha contribuído com *qualquer circunstância* que tenha sido, ao menos, *concausa* para a não ocorrência da consumação do delito. Nesse caso, a desistência eliminadora da pena exige um esforço voluntário e sério do autor para a evitação da consumação.

101 Diferente da hipótese do § 24 Abs. 1 Satz 1 Var. 2 StGB, o *esforço de evitação* do autor tem que ser *sério*. Não basta, precisamente, qualquer atividade contrária. Exige-se, antes, que o autor faça tudo que esteja ao seu alcance e, segundo seu convencimento, seja necessário para evitar a consumação do fato.[73]

102 De fato, essas maiores exigências não excluem que o autor se utilize da *ajuda de terceiros*. No entanto, caso vidas humanas estejam em jogo, o autor deve se esforçar pela melhor medida possível para a evitação do resultado, a fim de que possa fazer jus à regra da desistência. Além disso, dependendo do caso, o autor tem que se convencer de que os terceiros comunicados também tomarão as medidas de salvamento necessárias.[74]

103 **Exemplo:** A dispara em B com dolo de homicídio e lesiona-o criando risco à sua vida, o que A reconhece. A se arrepende do fato e corre, imediatamente, para a cabine telefônica mais próxima e chama a ambulância. Enquanto isso, por acaso, para um médico de emergência e salva B.

Da sua perspectiva, A já fez tudo para causar a morte de B, de modo que a tentativa já está acabada. Não há uma desistência segundo o § 24 Abs. 1 Satz 1 Var. 2 StGB, porque A não contribuiu com uma concausa para a salvação de B, que foi salvo, na verdade, por um médico de emergência que apareceu coincidentemente. Por isso, tendo em vista que a morte de B foi evitada independentemente da interferência de A, só se pode pensar na desistência do § 24 Abs. 1 Satz 2 StGB. Seus pressupostos estão preenchidos, já que A chamou uma ambulância para proporcionar o tratamento necessário de B.

73. *Rengier*AT § 37 nm. 141; *Wessels/Beulke/Satzger* nm. 647.

74. BGHSt 33, 295 (302); BGH NStZ 2008, 329 (329); 2008, 508 (509); *Jäger* AT nm. 320; *Wessels/Beulke/Satzger* nm. 647.

IV. Desistência no caso de concurso de vários agentes (§ 24 Abs. 2 StGB)

Caso haja vários concorrentes para o fato tentado, as regras da desistência são estabelecidas pelo § 24 Abs. 2 StGB. As *altas exigências* desse preceito para a exclusão de pena são devidas à circunstância de que fatos praticados por várias pessoas apresentam uma maior periculosidade. Especialmente, porque o indivíduo concorrente – diferente do que ocorre na autoria solitária – usualmente não pode excluir que os outros concorrentes deem causa ao resultado típico mesmo sem sua contribuição.[75] **104**

Uma exceção é feita para aquele que executa um fato para o qual houve a participação de instigadores ou de cúmplices, solitária e independentemente dos outros concorrentes. Tendo em vista que, nesse caso, essa pessoa domina o acontecer delitivo apesar da contribuição dos outros concorrentes e mantém esse acontecer delitivo, *como um autor solitário*, em suas mãos, sua desistência se orienta, segundo a opinião dominante, pelo § 24 Abs. 1 StGB.[76] Os outros concorrentes, ao contrário, só podem desistir de modo a terem suas penas excluídas caso preencham os pressupostos do § 24 Abs. 2 StGB. **105**

Desde que o fato *não* seja *consumado*, aplicam-se para a desistência, segundo o § 24 Abs. 2 StGB, em geral, as mesmas exigências que vigem para a tentativa inacabada, segundo a Absatz 1. Por tanto, desiste da tentativa de modo a ter sua pena excluída aquele que ou evita pessoalmente a consumação (§ 24 Abs. 2 Satz 1 StGB) ou, caso isso ocorra independentemente de sua interferência, se esforce seriamente para isso (§ 24 Abs. 2 Satz 2 Var. 1 StGB). **106**

O esforço sério para evitar a consumação do fato, segundo o § 24 Abs. 2 Satz 2 Var. 2 StGB, também pode ser suficiente no caso em que a *consumação* não pode ser impedida. No entanto, isso pressupõe que o fato seja praticado independentemente da contribuição anterior do agente desistente. **107**

V. Voluntariedade

A voluntariedade é um pressuposto comum a todas as variantes da desistência do § 24 StGB, seja em caso de tentativa acabada ou inacabada do autor solitário, nos termos da Absatz 1, ou em caso de fato não consumado ou consumado por vários concorrentes, nos termos da Absatz 2. Segundo a opinião majoritária, desiste voluntariamente da tentativa de um fato aquele **108**

75. *Rengier* AT § 38 nm. 5; *Wessels/Beulke/Satzger* nm. 648.
76. *Rengier* AT § 37 nm. 13; *Wessels/Beulke/Satzger* nm. 648.

que atua por *motivos autônomos*, ou seja, por razões que ele toma por convencimento próprio e não por determinação de terceiros. Um estímulo externo (p.ex., a súplica da vítima) não se opõe à voluntariedade. No entanto, o autor tem que permanecer "senhor de suas decisões", ou seja, não pode se encontrar em situação de coação externa ou interna.[77] Essa avaliação não se dá pela situação fática objetiva, mas pela representação do autor.[78] Exemplos de desistências autônomas são remorso, arrependimento, compaixão e medo (por exemplo, da pena).

109 *Motivos heterônomos,* ou seja, circunstâncias determinadas por terceiros, que sejam independentes da vontade do autor e se apresentem a ele como obstáculos que o compelem, excluem a voluntariedade necessária para a desistência. Inclui-se nessa categoria de motivos heterônomos, sobretudo, a descoberta do delito, desde que continuar com a execução do fato signifique um risco inaceitavelmente alto.[79]

No entanto, o receio da iminente descoberta do fato só se opõe à admissão da voluntariedade quando o autor realmente dependa de que o fato não seja descoberto ou entenda, em razão de mudanças externas, haver um risco essencialmente maior de que o fato seja descoberto, que ele passa a entender como inaceitável. Dessa forma, o BGH,[80] no caso de uma tentativa de homicídio simples em uma residência, rejeitou a desistência por abandono do fato, alegando ausência de voluntariedade (mas não apenas por isso), tendo em vista o aumento repentino dos ruídos na casa, provocados por um cachorro que latia na escada e, em seguida, por uma porta que bateu. Isso fez com que o autor quisesse garantir que a vítima não comunicaria à polícia sua presença na casa e, por isso, deixasse o local.

110 A chamada *fórmula de Frank* (uma regra heurística) pode servir de ajuda na delimitação necessária entre motivos autônomos e heterônomos para a desistência. Caso o autor pense "eu não quero, embora eu pudesse", ele atua, em regra, por motivos autônomos e, portanto, voluntariamente. Caso pense, ao contrário, "eu não posso, embora eu quisesse", deve-se supor, de modo geral, uma desistência por razões heterônomas e, por isso, involuntária.[81]

111 Para a opinião majoritária, a *qualidade ética* da razão autônoma de desistência é irrelevante. O fato de que o motivo pelo qual o autor se abstém

77. *Kindhäuser* AT § 32 nm. 22; *Krey/Esser* nm. 1302; *Kühl* AT § 16 nm. 55; *Rengier* AT § 37 nm. 91; *Wessels/Beulke/Satzger* nm. 651.

78. BGH NStZ-RR 2014, 9 (10).

79. BGH NStZ 2007, 265 (266); *Jäger* AT nm. 319; *Kindhäuser* AT § 32 nm. 22; *Krey/Esser* nm. 1303; *Rengier* AT § 37 nm. 103; *Wessels/Beulke/Satzger* nm. 652.

80. BGH NStZ 2011, 454 (455).

81. *Heinrich* AT nm. 810; *Wessels/Beulke/Satzger* nm. 651, todos com remissão a*Frank* § 46 Anotação II.

de continuar a execução do fato seja eticamente reprovável não se opõe à voluntariedade.[82]

Exemplo: A se abstém de estuprar B, o que era possível, porque ela lhe prometeu se entregar a ele voluntariamente à noite. 112

Tendo em vista que A, por motivos autônomos, desiste da tentativa de estupro, ele pode, dessa forma, segundo a opinião majoritária, não ser apenado.

F. Tentativa de concurso de agentes

§ 30 StGB – Tentativa de concurso de agentes 113

(1) [1]Quem tenta determinar um terceiro a praticar ou a instigar a prática de um crime em sentido estrito [*Verbrechen*] é apenado segundo as normas que regulam a tentativa de crime em sentido estrito [*Verbrechen*]. [2]No entanto, a pena deve ser atenuada segundo o § 49 Abs. 1. [3]O § 23 Abs. 3 se aplica no que couber.

(2) É apenado da mesma forma aquele que se põe à disposição, que aceita a oferta de outrem ou que se põe em acordo com um terceiro para a prática ou para a instigação da prática de um crime em sentido estrito [*Verbrechen*].

§ 31 StGB – Desistência de tentativa de concurso de agentes

(1) Não se aplica pena em razão do § 30 StGB àquele que, voluntariamente,

1. abandona a tentativa de determinar um terceiro a um crime em sentido estrito [*Verbrechen*] e afasta um perigo possivelmente existente de que o terceiro cometa o fato,

2. após ter-se posto à disposição para realizar um crime em sentido estrito [*Verbrechen*], abandona seu plano ou,

3. após ter-se colocado em acordo ou ter aceitado a oferta de um terceiro para a prática de um crime em sentido estrito [*Verbrechen*], evita o fato.

(2) Caso o fato não venha a ser consumado independentemente da interferência do desistente ou caso o fato seja praticado independentemente de sua anterior contribuição, o seu sério e voluntário esforço para a evitação da consumação é suficiente para isentá-lo de pena.

82. BGHSt 35, 184 (186); *Krey/Esser* nm. 1306; *Kühl* AT § 16 nm. 55; *Rengier* AT 37 nm. 94 e 99; *Wessels/Beulke/Satzger* nm. 651.

Decisões selecionadas: BGHSt 53, 174 (Conceito de delito no caso de tentativa de concurso); BGH NJW 2013, 1106 (Resolução para o fato no caso de instigação tentada).

Literatura para aprofundamento: *Dessecker* Im Vorfeld eines Verbrechens: die Handlungsmodalität des § 30 StGB, JA 2005, 549; *Geppert* Die versuchte Anstiftung (§ 30 Abs. 1 StGB), Jura 1997, 546; *Hinderer* Versuch der Beteiligung, § 30 StGB, JuS 2011, 1072.

I. Fundamentos

114 Segundo o § 23 Abs. 1 StGB, a tentativa do autor de praticar um tipo penal só é punível caso se trate de um crime em sentido estrito [*Verbrechen*] (§ 12 Abs. 1 StGB) ou quando, em caso de delito em sentido estrito [*Vergehen*], a lei assim dispuser expressamente (§ 12 Abs. 2 StGB).[+] A *tentativa de formas especiais de concurso*, ao contrário, é regulada pelos §§ 30 e 31 StGB. Assim como o § 22 StGB, o § 30 StGB *não é um tipo penal autônomo.* Portanto, a punibilidade nunca advém imediatamente do § 30 StGB, mas, em cada caso, apenas em conexão com o tipo penal respectivo.

115 O § 30 StGB determina, *conclusivamente*, quais tentativas de concurso são puníveis. Essas tentativas de concurso puníveis são, particularmente, segundo o Absatz 1 desse parágrafo, a instigação tentada – a ser distinguida da instigação (consumada) de tentativa (→ § 9 nm. 119) – assim como, segundo o Absatz 2 desse parágrafo, o acordo para a prática de um crime em sentido estrito [*Verbrechen*] e formas de comportamento semelhantes. Tendo em vista que a cumplicidade tentada não é mencionada no § 30 StGB, ela permanece impunível (→ § 9 nm. 119). Por fim, o § 31 StGB contém preceitos especiais para a desistência do concurso; o § 24 StGB não é aplicável para a tentativa de concurso do § 30 StGB. No entanto, caso o fato principal, de fato, houvesse sido tentado posteriormente e se tenha desistido dele, de modo a excluir a pena (nos termos do § 24 StGB), isso também exclui uma punição segundo o § 30 StGB em conexão com o respectivo fato principal.

116 Todas as ações descritas no § 30 StGB têm em comum o fato de que elas não repercutem no fato principal (consumado ou tentado), ou seja, ou um fato como esse não se realiza ou é praticado independentemente da tentativa de contribuição. No entanto, a punibilidade é estendida a essas ações de preparação, para que seja levado em conta a especial *periculosidade da influência de terceiras pessoas* ou da incorporação dessas pessoas à própria decisão delitiva. Com frequência, especialmente ao instigador ou àquele que

[+] *Nota de adaptação*: A respeito da distinção entre *Verbrechen* e *Vergehen*, ver § 1 nm. 63 ss.

se põe em acordo para a prática de um crime em sentido estrito [*Verbrechen*], não é mais possível controlar os próximos desdobramentos. Por isso, ações preparatórias dessa natureza devem ser abrangidas pelo direito penal o mais cedo possível.[83]

II. Instigação tentada (§ 30 Abs. 1 StGB)

1. Fundamentos

A estrutura da instigação tentada, nos termos do § 30 Abs. 1 StGB, é equivalente à estrutura da tentativa de realização delitiva de um fato principal segundo o § 22 StGB. Em vez de se basear sobre o fato principal não consumado, deve-se, correspondentemente, basear-se sobre a instigação não consumada ou na instigação não exitosa. A decisão delitiva, enquanto equivalente do tipo subjetivo no concurso consumado, consiste do duplo dolo de instigação, necessário para o concurso, no que se refere tanto à consumação do fato principal como à própria instigação (→ § 9 nm. 132 ss.). **117**

118

Esquema de verificação: instigação tentada

I. Pré-verificação
  1. Não consumação da instigação
  2. Punibilidade da instigação tentada

II. Decisão delitiva pela instigação (em cadeia)
  1. Dolo relativo à consumação do fato principal (praticado dolosa e antijuridicamente)
  2. Dolo relativo à própria ação de instigação

III. Começar imediatamente a instigação (nos termos do § 22 StGB)

IV. Antijuridicidade

V. Culpabilidade

VI. Não haver desistência segundo o § 31 Abs. 1 Nr. 1 ou § 31 Abs. 2 StGB

2. Pré-verificação

Na estrutura de análise do delito, deve-se primeiro (em regra, em apenas uma frase curta) estabelecer que a *instigação não foi consumada*, **119**

83. *Kindhäuser* AT § 43 nm. 1; *Wessels/Beulke/Satzger* nm. 536 s.

ou seja, não conduziu a um fato principal punível (eventualmente, apenas tentado).

120 Uma razão possível para uma instigação fracassada é o fato de que o destinatário da ação instigadora se volta contra as investidas do instigador (p.ex., caso B simplesmente não aceite o pedido de A para que mate C). Também é concebível que o instigado, primeiro, até se decida pelo fato, mas, posteriormente, abandone novamente a resolução para o fato antes de adentrar a punível fase de tentativa. Nesse caso, a instigação, em certo sentido, é até exitosa em um primeiro momento, mas acaba não se consumando *por ausência do fato principal punível.*

121 Por fim, uma instigação pode não chegar a ser consumada porque o seu destinatário já estava decidido pelo fato (*omnimodo factus*) e o instigador, por isso, não pode mais provocar a resolução para o fato principal (que eventualmente vem a ser realizado em momento posterior).

122 Na segunda etapa da pré-verificação, deve ser estabelecida a *punibilidade da tentativa* (de instigação). Isso pressupõe, nos termos do § 30 Abs. 1 StGB, que o fato principal, ao qual se deve instigar, seja um crime em sentido estrito [*Verbrechen*]. Aquele que tenta determinar um terceiro a praticar (ou a instigar a prática de) um delito em sentido estrito [*Vergehen*], ao contrário, não é censurado.

123 O § 30 Abs. 1 StGB deixa claro que a *instigação em cadeia* tentada, ou seja, a fracassada instigação à instigação a um crime em sentido estrito [*Verbrechen*], é punível. Certamente, isso já advém dos princípios gerais, tendo em vista que a instigação à instigação para um fato principal já é conceituada como instigação ao fato respectivo (→ § 9 nm. 109).

124 A questão a respeito de se o fato principal aspirado se trata de um *crime* pode ser, ocasionalmente, avaliada de maneira diferente se tomadas por base as perspectivas do instigador ou do receptor da manifestação. Qual é a ótica decisiva é uma questão importante, sobretudo, nos casos do § 28 StGB, quando nem todos os concorrentes satisfazem em si mesmos as elementares pessoais especiais.

125 Nesse sentido, só não se discute muito a respeito do fato de que, nos casos do § *28 Abs. 1 StGB*, deve-se tomar por base o *fato penal do autor principal*. A mudança dos limites máximo e mínimo de pena, ordenada pela norma, constitui apenas uma flexibilização, mas não uma ruptura da acessoriedade (→ § 9 nm. 164).[84]

126 No entanto, o tratamento a ser dado aos casos do § 28 Abs. 2 *StGB* é controverso. Uma grande parte da literatura considera, aqui, a *perspectiva do*

84. Schönke/Schröder/*Heine/Weißer* § 30 nm. 11; *Wessels/Beulke/Satzger* nm. 562.

instigador como relevante. Essa perspectiva é sustentada pela comparação com a instigação consumada, na qual a punibilidade do partícipe se determina de acordo com quais elementares pessoais especiais estejam satisfeitas na própria pessoa do instigador (e não na do autor principal). Portanto, para a tentativa de concurso, nos termos do § 30 Abs. 1 StGB, o determinante, *a fortiori*, teria que ser o caráter que o fato principal assume na pessoa do instigador (eventualmente, após a modificação de tipo, nos termos do § 28 Abs. 2 StGB*).[85]

A posição majoritária, ao contrário, se baseia, acertadamente, na **127**
perspectiva do instigado. Porque, a partir do texto e do fundamento punitivo do § 30 StGB, pode-se dizer que a norma não quer abranger o instigador perigoso, mas a preparação de fatos penais especialmente perigosos. Por isso, é a perspectiva do autor principal, a ser instigado, que deve ser decisiva, o que evita, além do mais, contradições com o tratamento dos casos do § 28 Abs. 1 StGB.[86]

> **Exemplo:** O, doente terminal, pede seriamente* à sua mulher F que o mate. Em seguida, F pede ao médico A que dê uma injeção fulminante em O, sem, no entanto, lhe dar conhecimento a respeito do sério pedido de O. A se recusa.
>
> A motivação derivada do sério pedido por parte daquele que quer morrer constitui uma elementar pessoal especial, atenuante de pena, no sentido do § 28 Abs. 2 StGB. Tendo em vista que o médico A não tem conhecimento a respeito da demanda de O, no caso de uma execução típica do fato pedido por F, ele teria praticado homicídio simples ou homicídio qualificado segundo os §§ 211 e 212 StGB e, por isso, um crime em sentido estrito [*Verbrechen*]. No entanto, a F, por seu concurso no fato, em razão de sua motivação derivada do pedido de O, seria concedido o benefício da modificação das balizas de pena segundo o § 28 Abs. 2 StGB, de modo que ela seria punida por instigação a homicídio a pedido da vítima, segundo os §§ 216 Abs. 1 e 26 StGB. O § 216 StGB é, por conta da pena mínima de restrição de liberdade de seis meses, um delito em sentido estrito [*Vergehen*].

* N.T.: O § 28 II StGB promove uma modificação do tipo (homicídio simples no fato principal e homicídio qualificado – ou assassinato – na instigação) para o partícipe que realize em sua pessoa as elementares pessoais (p.ex., motivo torpe). A questão aqui é saber se isso também se aplica à tentativa de instigação e qual seria a perspectiva determinante.

85. BeckOK StGB/*Beckemper* § 30 nm. 4; Schönke/Schröder/*Heine/Weißer* § 30 nm. 13; *Kühl* AT § 20 nm. 247; *Wessels/Beulke/Satzger* nm. 562.

86. BGHSt 53, 174 (178); *Rengier* AT § 47 nm. 15; diferenciando, *Roxin* AT II § 28 nm. 27 s.; *Stratenwerth/Kuhlen* § 12 nm. 173.

* N.T.: O *pedido sério* constitui elementar do § 216 StGB.

Segundo a opinião difundida na literatura, F ficaria impune, já que o fato principal, em relação a ela, seria um delito em sentido estrito [*Vergehen*]. Segundo a opinião dominante, F seria, ao contrário, punida por conta da instigação tentada para que A praticasse um delito de homicídio comum, porque, segundo essa posição, a perspectiva determinante é a do autor principal, a ser instigado.

3. Resolução para o fato

128 Para o dolo duplo do instigador (→ nm. 117), a ser analisado na forma de resolução para o fato, é suficiente um *dolus eventualis*. Por isso, em relação à realização do fato principal, basta que aquele que tenta instigar acredite ser possível e aceite que o requerido leve a sério a requisição e, por meio dela, possa ser determinado ao fato. Ele não tem, ao contrário, que supor que aquele a ser instigado esteja, incondicionalmente e sem hesitação, pronto para o fato.

Exemplo: A, que está em prisão preventiva, quer matar o comparsa D, que foi posto em liberdade, contratando o matador de aluguel K, para evitar que D testemunhe em um volumoso processo que apura um estelionato. Por isso, ele pede a seu advogado B, que contrate K por 10.000 € para assassinar D. No entanto, A não está certo de que K aceitará o encargo. Por fim, a ordem de execução não chega a se concretizar.

A é punível por instigação tentada para homicídio qualificado segundo os §§ 211 e 30 Abs. 1 StGB (para instigação em cadeia → nm. 123). A incerteza de A a respeito de K aceitar o encargo não é obstáculo para seu dolo eventual relativo à realização do fato principal, que é determinado suficientemente por conta da individualização da vítima.[87]

4. Começar imediatamente

129 Começa imediatamente uma instigação aquele que solicita a prática do delito. Dessa forma, defende-se parcialmente haver uma necessidade de que o destinatário *receba a declaração de instigação*, já que sem o seu conhecimento não haveria qualquer situação de perigo.[88]

130 Objeta-se a isso, com razão, que o § 30 Abs. 1 StGB se refere expressamente às normas sobre a tentativa de delito e, por isso, também ao § 22 StGB. E, em tais normas, é reconhecido que já começa imediatamente o fato aquele que perde o controle sobre o curso causal. Portanto, já há um

87. A esse respeito, ver BGH NJW 2013, 1106 (1106 s.).
88. *Jescheck/Weigend* § 65 II 1; *Stratenwerth/Kuhlen* § 12 nm. 175.

começo imediato na instigação tentada no momento da *emissão da declaração de instigação*, desde que ela já contenha as informações necessárias para a implementação do fato.[89]

5. Desistência conforme o § 31 Abs. 1 Nr. 1 e Abs. 2 StGB

O § 31 StGB contém uma regra própria para a desistência da tentativa de concurso. Para a desistência da instigação tentada, aplica-se o § 31 Abs. 1 Nr. 1 *StGB*, cuja estrutura de verificação se assemelha à do § 24 StGB. Em primeiro lugar, deve-se discutir se a *tentativa fracassou* e, sendo assim, se a desistência está afastada. Isso pressupõe que, pela perspectiva do autor, não seja (mais) possível provocar a resolução para o fato no agente a ser instigado.[90] Um tal fracasso se afirma, sobretudo, quando o destinatário da declaração rechaça expressamente a pretensão do instigador. **131**

Também é possível extrair do § 31 Abs. 1 Nr. 1 StGB uma diferenciação entre tentativa inacabada e acabada. A tentativa de instigação é *inacabada* quando o instigador, no momento decisivo de seu esforço de desistência, supõe ainda não ter provocado a resolução para o fato no destinatário da declaração.[91] Nesse caso, é suficiente que o instigador abandone voluntariamente a tentativa de determinar o instigado à prática de um delito. Para isso, basta uma simples inatividade. **132**

A instigação tentada é *acabada* quando, novamente pela perspectiva do instigador, a resolução para o fato já tenha sido provocada no destinatário da declaração e, dessa forma, já haja o perigo de que o fato seja praticado.[92] Nesse caso, o instigador tem que afastar voluntariamente o perigo; e as exigências a esse respeito correspondem ao "evitar" do § 24 Abs. 1 Satz 1 StGB. Portanto, são necessários esforços sérios como o de influenciar o instigado a se abster do fato, o de avisar a vítima ou o de comunicar a polícia. **133**

A respeito da *voluntariedade*, pressuposto comum a todas as possibilidades de desistência, aplicam-se de forma correspondente as explicações sobre o § 24 StGB (→ nm. 108 ss.).[93] **134**

Desde que o fato não se concretize independentemente da interferência do desistente (p.ex., em uma tentativa objetivamente fracassada) ou tenha sido praticado independentemente de seu comportamento anterior, a desistência é possível sob os pressupostos do § 31 Abs. 2 *StGB*. Segundo **135**

89. *Kindhäuser* AT § 43 nm. 7; *Krey/Esser* nm. 1334d; *Kühl* AT § 20 nm. 249; *Rengier* AT § 47 nm. 21.

90. *Rengier* AT § 47 nm. 35.

91. Schönke/Schröder/*Heine/Weißer* § 31 nm. 3; *Kühl* AT § 20 nm. 258; *Rengier* AT § 47 nm. 36.

92. Schönke/Schröder/*Heine/Weißer* § 31 nm. 3; *Kühl* AT § 20 nm. 258.

93. *Kühl* AT § 20 nm. 255.

a regulação contida no § 24 Abs. 1 Satz 2 e Abs. 2 Satz 2 StGB, já basta, nesses casos, um esforço voluntário e sério em evitar o fato. Isso pressupõe usar de toda a força para eliminar a resolução para o fato, supostamente provocada, e, com isso, o perigo da realização do fato.[94]

III. Ações preparatórias do § 30 Abs. 2 StGB

1. Fundamentos

136

Esquema de verificação: ações preparatórias do § 30 Abs. 2 StGB

I. Tipicidade

1. Tipo objetivo

a) delito como fato em questão

b) ações preparatórias nos termos do § 30 Abs. 2 StGB

2. Tipo subjetivo

a) dolo relativo ao fato em questão

b) dolo relativo às ações preparatórias

II. Antijuridicidade

III. Culpabilidade

IV. Ausência de desistência nos termos do § 31 Abs. 1 Nr. 2, Nr. 3 ou do § 31 Abs. 2 StGB

2. Declarar-se disposto (§ 30 Abs. 2 Var. 1 StGB)

137 Segundo o § 30 Abs. 2 Var. 1 StGB, é apenado aquele que se declara disposto para cometer um delito ou instigar à prática do mesmo. O ato de se declarar disposto pode ser manifestado espontaneamente ou também por meio da aceitação da solicitação de um terceiro; no entanto, tem que ser *manifestado seriamente*.[95] Assim, aquele que, da boca para fora, se declara disposto à execução de um crime, mas mantém em segredo o fato de que não o praticará, não é punível; na prática, um segredo como esse seria, certamente, difícil de ser provado.

94. BGHSt 50, 142 (146 s.); *Lackner/Kühl* § 31 nm. 3; *Rengier* AT § 47 nm. 40.
95. *Fischer* § 30 nm. 10; *Krey/Esser* nm. 1334e; *Wessels/Beulke/Satzger* nm. 564.

3. Aceitação da oferta (§ 30 Abs. 2 Var. 2 StGB)

Aquele que aceita a oferta de um terceiro, segundo o § 30 Abs. 2 Var. 2 StGB, comete, da mesma forma, uma ação preparatória punível. A aceitação da oferta também tem que ser *séria*; se a própria oferta aceita também era séria é irrelevante. A diferença em relação ao ato de se declarar disposto às solicitações reside no fato de que a prática do crime em questão é proposta, no caso de aceitação da oferta, pelo ofertante, ao passo que, no caso da declaração de disposição, ao contrário, pela própria pessoa que se dispõe. **138**

4. Pôr-se em acordo para o delito (§ 30 Abs. 2 Var. 3 StGB)

A variante mais importante do § 30 Abs. 2 StGB é a do acordo para o delito (Var. 3). Um acordo nesses moldes pressupõe um rígido compromisso, pelo menos, entre dois concorrentes, para a prática conjunta de um delito ou para a instigação a um delito.[96] **139**

O acordo para o delito se trata de um *pré-estágio para a prática do delito em forma de coautoria*. Por isso, não basta que duas pessoas acordem a prática de um delito com divisões de papéis próprios de autor e de partícipe, mas que prevejam contribuições delitivas de mesmo nível e fundamentadoras de autoria. Caso várias pessoas se ponham em acordo para o delito, só serão punidas, segundo o § 30 Abs. 2 Var. 3 StGB em conexão com o respectivo tipo penal, aquelas que tenham aceitado um papel próprio de autor no curso causal planejado. A aceitação de uma ação de cumplicidade não fundamenta uma punibilidade.[97] **140**

O *dolo* dos acordantes tem que se orientar pela consumação do delito acordado. Para tanto, é necessária uma representação subjetiva que concretize o fato planejado em suas configurações essenciais.[98] **141**

5. Desistência nos termos do § 31 Abs. 1 Nr. 2, Nr. 3 ou § 31 Abs. 2 StGB

Para as ações preparatórias do § 30 Abs. 2 StGB aplicam-se, primeiro, as regras da desistência do § 31 Abs. 1 Nr. 2 e 3 StGB: **142**

– aquele que *se declara pronto* para um delito, nos termos do § 30 Abs. 2 Var. 1 StGB, tem que abandonar seu plano nos termos do § 31 Abs. 1 Nr. 2 StGB.

– para a *aceitação da oferta* de um terceiro, no sentido do § 30 Abs. 2 Var. 2 StGB, e para o *acordo para o delito*, segundo o § 30 Abs. 2 Var.

96. *Krey/Esser* nm. 1334g; *Rengier* AT § 47 nm. 24; *Wessels/Beulke/Satzger* nm. 564.
97. *Kühl* AT § 20 nm. 252; *Rengier* AT § 47 nm. 24.
98. BGH NStZ 2007, 697; *Kindhäuser* AT § 43 nm. 20; *Rengier* AT § 47 nm. 25.

3 StGB, aplica-se o § 31 Abs. 1 Nr. 3 StGB, segundo o qual o fato tem que ser evitado.

143 Desde que não esteja em questão uma desistência nos termos do § 31 Abs. 1 Nr. 2 ou Nr. 3 StGB, também deve ser considerada a regulação da desistência do § 31 Abs. 2 *StGB* no caso de ações preparatórias do § 30 Abs. 2 StGB.

Aproximações ao direito brasileiro

Em relação ao tema "tentativa" não há grande divergência entre os sistemas jurídicos alemão e brasileiro. O art. 14, II, do CP, que trata da tentativa, exige como pressuposto, tão somente, que a execução do fato iniciada não se consume por circunstâncias alheias à vontade do agente. Dessa forma, as discussões dogmáticas tratadas nesse capítulo são, a princípio, com poucas exceções, perfeitamente compatíveis com a disciplina da tentativa em nosso ordenamento jurídico. O momento do início da fase de tentativa, por exemplo, não é definido pelo Código Penal brasileiro – como faz o alemão (§ 22 StGB) –, o que permite ainda maior liberdade à ciência e jurisprudência jurídico-penais brasileiras quanto à sua definição. Além disso, em nosso ordenamento jurídico, não há semelhante restrição de punibilidade da tentativa em razão do quantum de pena fixado para o delito. Dessa forma, o plano da pré-verificação da tentativa na estrutura de análise do delito deve se limitar ao exame da não-consumação do fato. **144**

Contudo, há uma grande divergência político-criminal em relação à tentativa inidônea (→ nm. 23 ss.). O legislador brasileiro estabeleceu expressamente a não-punibilidade da tentativa quando, por ineficácia absoluta do meio ou absoluta impropriedade do objeto, é impossível consumar o delito (art. 17 do CP). Enquanto o StGB, nesses casos, permite a não-punibilidade do autor apenas quando a tentativa, que era inidônea, tenha resultado de extrema ignorância do autor, o CP brasileiro afasta já o injusto de ação, caso o bem jurídico, de uma perspectiva objetiva, não seja colocado idoneamente em perigo pela ação do autor. Assim, aquele que atira em cadáver, acreditando ser um corpo vivo, será punido, na Alemanha, por tentativa de homicídio, mas estará impune no Brasil. **145**

À semelhança do direito penal alemão (→ nm. 62 ss.), o CP brasileiro (art. 15) também não pune a tentativa daquele que, voluntariamente, desiste da execução (desistência) ou impede a produção do resultado[99] (que a nossa tradição chama de arrependimento eficaz, um termo que não se usa em alemão no presente contexto). Além disso, é importante recordar que a desistência (assim como o arrependimento eficaz) só é possível em relação ao delito tentado, nunca em relação ao delito consumado (→ nm. 65), de modo que a ressalva contida na segunda parte do art. 15 do CP, a respeito dos atos já praticados, se refere aos atos que consumam outro delito. Por exemplo, o autor que desiste da consumação de um homicídio não fica isento de pena por um delito de lesão corporal que eventualmente **146**

99. Note-se que o arrependimento eficaz, por exigir esforço na evitação do resultado, é causa de exclusão de punibilidade, e compatível apenas com delitos de resultado (delitos de lesão ou de perigo concreto).

já tenha consumado. Embora a possibilidade de uma redução de pena por um arrependimento posterior à execução (→ nm. 65) também seja prevista como cláusula geral no CP brasileiro – enquanto, no direito alemão, a lei prevê tal possibilidade apenas para delitos específicos –, ela só é possível em relação a delitos praticados sem violência ou grave ameaça que permitam a reparação do dano ou restituição da coisa, e desde que seja voluntária e ocorra antes do início da ação penal (art. 16 do CP).

147 Por fim, é necessário apenas acrescentar que a ordem jurídica brasileira não pune tentativas de concurso (→ nm. 113 ss.), como instigações tentadas ou ações preparatórias, em razão do disposto no art. 31 do CP.

§ 11. Delitos omissivos

§ 13 StGB – Comissão por omissão 1

(1) Aquele que se omite em evitar um resultado proibido por uma norma penal só é punível, segundo essa norma, caso ele seja obrigado juridicamente a evitar o resultado e a omissão corresponda à realização comissiva do tipo legal.

(2) A pena pode ser atenuada na forma do § 49 Abs. 1.

A. Fundamentos

Decisões selecionadas: BGHSt 37, 106 (caso do spray de couro); 48, 301 (posição de garante entre cônjuges); 55, 191 (interrupção de tratamento); 57, 42 (posição de garante de donos de empresas e superiores); NStZ 2003, 657 (caso da hepatite); NJW 2010, 1087 (ginásio de esportes de inverno da cidade de Bad-Reichenhall).

Literatura para aprofundamento: *Engländer* Kausalitätsprobleme beim unechten Unterlassungsdelikt – BGH NStZ 2000, 414, JuS 2001, 958; *Exner* Versuch und Rücktritt vom Versuch eines Unterlassungsdelikts, Jura 2010, 276; *Kühl* Die strafrechtliche Garantenstellung – Eine Einführung mit Hinweisen zur Vertiefung, JuS 2007, 497; *Ransiek* Das unechte Unterlassungsdelikt, JuS 2010, 585; *Satzger* Die rechtfertigende Pflichtenkollision, Jura 2010, 753; *Sowada* Die Garantenstellung aus vorausgegangenem Tun (Ingerenz), Jura 2003, 236.

I. Delitos omissivos próprios e impróprios

2 Não é somente por meio de um agir ativo que se pode praticar um fato típico. Também é possível praticar um delito por meio de um comportamento passivo, ou seja, uma omissão. Agir e omitir constituem diferentes *modalidades de atuação*.

3 Os delitos omissivos são classificados como próprios e impróprios (→ § 1 nm. 51). *Delitos omissivos próprios* são normas penais da Parte Especial que, expressamente, preveem pena para a omissão de uma determinada atividade. Tem-se um *delito omissivo impróprio*, ao contrário, quando um tipo penal especial, sem qualquer modalidade de atuação predefinida, é praticado, no caso concreto, por meio de um não-agir.

4 Enquanto para a realização de um delito omissivo próprio basta não praticar a atividade legalmente exigida, o omitente, no caso de um delito omissivo impróprio, só é punível caso satisfaça ambas as *exigências adicionais do § 13 StGB*:

– Em primeiro lugar, só é punível por uma omissão aquele que "juridicamente seja obrigado a garantir a não ocorrência do resultado", o chamado *garante* para a evitação do fato (→ nm. 33 ss.).

– Em segundo lugar, o § 13 StGB pressupõe que "a omissão corresponda à realização do tipo penal por um agir" (chamada *cláusula de equiparação ou de correspondência*; → nm. 70 ss.).

II. Estrutura do delito omissivo impróprio

5 O tipo objetivo do delito omissivo se assemelha ao dos delitos praticados por ação, de modo que também é necessária (nos delitos de resultado) a existência tanto de um resultado típico como de uma atuação do autor causal para esse resultado. No entanto, há particularidades em relação ao fato de que a atuação do autor consiste em uma *omissão* em relação à qual não se pode aplicar a fórmula da *condicio sine qua non* em sua forma usual (subtração mental de uma ação → § 4 nm. 25). Em vez disso, deve-se verificar se a performance da ação de salvamento (juridicamente imperativa e fisicamente possível ao autor) teria evitado o resultado (chamada *causalidade hipotética ou causalidade virtual ou quase-causalidade*).

6 Além disso, na parte conclusiva do tipo objetivo – o que, no entanto, frequentemente se esquece nos exames de análise do delito – deve-se verificar ambos os *pressupostos do § 13 StGB*. Assim, o autor tem que estar em uma posição de garante e sua omissão deve corresponder a um atuar ativo.

Nenhuma particularidade na estrutura advém dos outros níveis de verificação. No entanto, eventualmente, deve-se considerar, na antijuridicidade, a causa especial de justificação da *colisão de deveres justificante.* Na culpabilidade, em certas circunstâncias, deve-se tratar, em favor do autor, da *inexigibilidade* da realização da ação salvadora enquanto comportamento adequado à norma. 7

8

Esquema de análise do delito: delito omissivo impróprio

I. Tipicidade

1. Tipo objetivo

a) ocorrência do resultado típico

b) omissão, ou seja, não-realização da ação salvadora juridicamente devida apesar de possibilidade físico-real

c) quase-causalidade do ato de omitir

d) posição de garante nos termos do o § 13 StGB

e) cláusula de correspondência segundo o § 13 Abs. 1, parte final, StGB

2. Tipo subjetivo

II. Antijuridicidade
eventualmente, colisão de deveres justificadora

III. Culpabilidade
eventualmente, inexigibilidade de comportamento adequado à norma

B. Tipo objetivo

I. Omissão da ação devida

1. Delimitação entre ação e omissão

A diferença entre atuar ativamente e omitir é de grande *significado* para o agente. Em especial, só é responsabilizado como omitente aquele que está na necessária posição de garante segundo o § 13 StGB. Sem essa posição de garante, só se pode considerar uma punibilidade em razão de um atuar ativo. No entanto, também é melhor para o garante que sua conduta seja valorada como omissão – e não como ação – porque assim a pena pode 9 ser diminuída segundo o § 13 Abs. 2 em conexão com o § 49 Abs. 1 StGB.[+] Nos exames de análise do delito, o primeiro aspecto é o mais importante.

10 Os critérios determinantes para a delimitação entre ação e omissão são controversos.[1] Parte da literatura se baseia no *emprego de energia*: caso o autor desenvolva uma atividade contrária ao bem jurídico em questão, que produza de forma causal um resultado típico, isso fundamentaria uma ação; se, por outro lado, nenhuma energia é empregada, haveria uma omissão.[2] Esse critério serve para a delimitação de casos simples. E se esse for o caso, então sequer é necessário, de qualquer forma, diferenciar ação e omissão detalhadamente, já sendo possível iniciar a resolução diretamente com a modalidade de conduta relevante.

11 No entanto, em outros casos (relevantes para os exames de verificação de delitos), o critério do emprego de energia não ajuda muito. Isso vale, principalmente, para as formas de comportamento ambivalentes, que não se externam apenas em um emprego ativo de energia, mas, ao mesmo tempo, contêm uma omissão. A delimitação entre ação e omissão é problemática, sobretudo, nos delitos culposos, em relação aos quais, frequentemente, é realizada uma ação sem atenção ao dever de cuidado devido e, consequentemente, se exibe, de forma característica, um fator omissivo. Já que, às vezes, uma omissão pode ser essencialmente mais significativa do que um elemento comportamental ativo igualmente presente, a opinião dominante não diferencia ação de omissão com base em critérios naturalistas como a energia empregada. Ao invés disso, o caso em questão é normativamente valorado, baseando-se, em consideração ao sentido social da ação, *no fato principal da reprovabilidade penal*.[3]

12 **Exemplo:**

> – A *distribuição de pelos de cabra não desinfetados*, que contenham bactérias que venham a matar trabalhadores, deve ser valorada como ação segundo os princípios precedentes. O fato principal da reprovabilidade penal, aqui, é a distribuição dos pelos, e não a anterior quebra de cuidado relativa à omissão da desinfecção.[4]

[+] *Nota de adaptação*: No Brasil, não há redução de pena para atuações omissivas. A esse respeito ver *infra* em *aproximações ao direito brasileiro* → § 11 nm. 106.

1. Resumidamente, *Jäger* AT nm. 333.
2. *Kindhäuser* AT § 35 nm. 4; *Roxin* AT II § 31 nm. 77 ss.
3. BGHSt 6, 46 (59); BGH NStZ 2003, 657 (657); *Rengier* AT § 48 nm. 10; *Wessels/Beulke/Satzger* nm. 700; criticamente, *Kindhäuser* AT § 35 nm. 4.
4. RGSt 63, 211; *Krey/Esser* nm. 1110; *Rengier* AT § 48 nm. 16; *Wessels/Beulke/Satzger* nm. 700.

– Da mesma forma, *andar de bicicleta sem luz*, o que conduz a uma colisão com outros usuários do trânsito, constitui uma ação e não uma simples omissão em acender a luz.[5]

– O cirurgião que não faz exames de *hepatite* e, por conta disso, não toma conhecimento de sua enfermidade comete uma lesão corporal culposa por meio de uma ação caso infeccione um paciente em uma operação.[6]

A delimitação entre ação e omissão também é importante em casos de *interrupção de ações salvadoras*. Quem interfere em ações salvadoras *alheias* (p.ex., derrubar alguém que está salvando uma pessoa ou impedi-la de alcançar a vítima) atua, normalmente, de foma ativa. Nessa situação, só se discute uma omissão caso seja necessária uma contribuição própria e ela não seja prestada (p.ex., caso alguém se recuse a fornecer objetos necessários ao salvamento, como um kit de primeiros socorros ou uma corda, à pessoa que deseja prestar o socorro).[7] A rigor, trata-se, no entanto, de uma contribuição própria para o salvamento, cuja valoração se orienta pelas considerações a seguir. 13

No caso em que o autor interrompe esforços de salvação *próprios*, que ele mesmo teria colocado em marcha anteriormente, deve ser levado em conta o fato de esses esforços já terem alcançado a vítima e, dessa forma, haver uma possibilidade realizável de salvação. Se essa for a situação, a interrupção da própria ação salvadora significa um atuar ativo, caso contrário, uma omissão.[8] 14

Exemplo: B caiu em um poço e estava se afogando. A lança uma corda para que B se segure. Nesse momento, A percebe que B é seu arqui-inimigo e lhe retira a corda de forma abrupta, de modo que essa escapa de B, que vem a se afogar no poço. 15

Tendo em vista que B já havia recebido a corda e, dessa forma, havia uma chance real de salvação, a retirada da corda por A deve ser valorada como uma ação. Portanto, ele seria punível por homicídio.

Haveria uma omissão, ao contrário, caso A tivesse retirado a corda antes que B pudesse ter se segurado nela. O mesmo valeria, naturalmente, caso A sequer tivesse lançado a corda a B. Em ambos os casos, a condenação por homicídio (omissivo)

5. RGSt 63, 392; *Krey/Esser* nm. 1110; *Rengier* AT § 48 nm. 16; *Wessels/Beulke/Satzger* nm. 700.
6. BGH NStZ 2003, 657 (657 s.); *Krey/Esser* nm. 1110; *Rengier* AT § 48 nm. 16; *Wessels/Beulke/Satzger* nm. 700.
7. *Kühl* AT § 18 nm. 20; *Wessels/Beulke/Satzger* nm. 701.
8. *Kindhäuser* AT § 35 nm. 12 s.; *Kühl* AT § 18 nm. 21; indo além, *Rengier* AT § 48 nm. 23; *Wessels/Beulke/Satzger* nm. 702.

pressupõe uma posição de garante, que não é sugerida por nenhum dos elementos do caso em questão. Por isso, A só seria punível por omissão à prestação de socorro nos termos do § 323c StGB.

16 Os referidos princípios são transferidos, na literatura, também para as medidas de salvação realizadas com o auxílio de equipamentos técnicos. Um exemplo paradigmático é a chamada *interrupção de tratamento técnico* de medidas de prolongamento de vida, realizada por meio do desligamento de uma máquina cardiopulmonar.

17 **Exemplo:** O está morrendo e a situação é irreversível, ele só é mantido vivo com o auxílio de uma máquina cardiopulmonar. Não há uma possibilidade de salvar O. A máquina cardiopulmonar é desligada a) pelo médico supervisor A ou b) pelo sobrinho N.

Caso a máquina seja desligada, na *variante a)*, pelo médico, isso constitui, na visão atual da literatura, a partir de uma consideração normativa e segundo o sentido social da ação, uma interrupção de um tratamento ulterior de O, que estava muito doente, e, por isso, uma omissão dos próximos esforços salvadores (próprios), mesmo que o desligamento se dê de maneira ativa e vinculado ao emprego de energia pelo agente.

Aquele que, ao contrário, interrompe um curso salvador alheio, colocado em marcha por um terceiro, intervém no acontecimento, segundo uma consideração normativa, de forma ativa. Por isso, caso o sobrinho, como na *variante b)*, desligue o equipamento, ele mata O comissivamente.[9]

18 No entanto, mais recentemente, O BGH se manifestou contrário a essa delimitação e a qualificou como um conceito artificial, dogmaticamente inadmissível. Uma "interrupção do tratamento" como essa, ao invés disso, abrangeria, em regra, inúmeras condutas passivas e ativas, cujas classificações como ações ou omissões seriam problemáticas e, em parte, dependeriam de meros acasos. Um tratamento poderia, por exemplo, ser finalizado por meio de uma simples omissão de outras medidas ou também por meio da remoção ativa de uma sonda alimentar. Isso não poderia ter influência sobre a valoração jurídico-penal, tendo em vista que, se um paciente tem o direito de pedir a interrupção de um tratamento, isso deve valer para a finalização tanto omissiva quanto ativa do

9. *Kühl* AT § 18 nm. 17 s.; a esse respeito, ver também *Krey/Esser* nm. 1114 ss.; *Wessels/Beulke/Satzger* nm. 703.

tratamento.[10] Por isso, o BGH poderia admitir, a partir de então, um atuar ativo também na *variante a)*, que, no entanto, poderia ser justificado por meio do consentimento (presumido) de O.

2. Omissão

Em um delito omissivo impróprio, o objeto da imputação de punibilidade não é a omissão de uma ação qualquer, mas apenas de uma ação que é *juridicamente devida* para evitar a realização típica.[11] **19**

Além disso, tem que ser *possível* ao garante praticar essa ação. Isso já advém do princípio jurídico geral *ultra posse nemo obligatur*, segundo o qual não se pode exigir a ninguém uma prestação impossível. **20**

Resumidamente, a omissão pode ser definida como a não-realização da ação juridicamente devida para a evitação do resultado apesar da possibilidade físico-real de agir.[12] **21**

> **Exemplo**: A se afoga em um lago; a rigor, toda a humanidade se omite em salvá-lo. Não se pode, naturalmente, punir todas as pessoas pela morte de A. Nesse caso, já se afasta uma omissão típica, tendo em vista ser impossível, por conta da distância física, aos que não estão presentes salvar A. Para as pessoas presentes, ao contrário, só é impossível salvar A caso elas, por exemplo, não saibam nadar e, por isso, não possam realizar a ação juridicamente devida. **22**
>
> No entanto, em cada caso, deve-se atentar para o fato de que a impossibilidade individual de uma determinada ação salvadora não exclui a possibilidade da realização de outras ações salvadoras.[13] Caso, por exemplo, B, que não sabe nadar, perceba que A está se afogando, ele pode até não salvar A nadando até ele. No entanto, é possível que B ligue para a emergência ou que informe outra pessoa presente, que eventualmente saiba nadar e possa salvar A. Por isso, nos exames de análise do delito, deve-se precisar com exatidão a respectiva omissão que servirá de ponto de partida para a responsabilidade penal do garante.

10. BGHSt 55, 191 (201 ss.); complementarmente, BGH NJW 2011, 161; a esse respeito, ver *Jäger* AT nm. 335a ss., *Krey/Esser* nm. 1117 ss.; *Wessels/Beulke/Satzger* nm. 705.

11. *Kindhäuser* AT § 36 nm. 9; *Kühl* AT § 18 nm. 27; *Wessels/Beulke/Satzger* nm. 708.

12. *Wessels/Beulke/Satzger* nm. 708; cf. também *Kühl* AT § 18 nm. 27 ss.

13. Ver, por exemplo, *Kindhäuser* AT § 36 nm. 9 s.

3. Omissão por meio de ação (*omissio libera in causa*)

23 Nas lições a respeito da culpabilidade do delito comissivo doloso e consumado, discutiu-se a possibilidade de um autocolocação dolosa em um estado de inimputabilidade, a fim de praticar um delito nesse estado (chamada *actio libera in causa*; → § 6 nm. 11 ss.). De forma parecida, o autor também pode causar sua incapacidade de ação, de modo a não ter como realizar uma ação em um momento futuro, no qual ela venha a ser devida (chamada *omissio libera in causa*: "omissão livre na sua causa"). Novamente, vem à tona a questão de se o autor, apesar de sua incapacidade de agir no momento decisivo, pode ser punido e se, em caso afirmativo, lhe deve ser imputado um atuar ativo ou omissivo.

24 **Exemplo:** No começo de seu expediente noturno em uma fábrica, A toma remédio para dormir. Quando, em um momento posterior, ocorrem problemas na linha de montagem, ele já está dormindo profundamente. Por isso, ele não consegue desligar a linha de montagem e, em razão desses problemas, um trabalhador se lesiona.

25 Tanto a inatividade no estado de incapacidade de ação como a causação desse estado – de forma semelhante ao que ocorre na *actio libera in causa* – podem servir como pontos de partida para a punibilidade. No entanto, não é possível partir do momento em que surge o *concreto dever de agir*, já que o autor, nesse instante, não é capaz de agir. Assim, não se pode falar nem em um agir ativo, nem em uma omissão.

26 No entanto, o fato decisivo para a punibilidade pode ser a própria *autocolocação em estado de incapacidade de ação*. Nesse sentido, há espaço, em regra, para uma imputação a título de culpa. No exemplo acima, A tomou remédio apesar de saber que deveria parar a linha de montagem caso houvesse algum problema.

27 Em seguida, é questionável se ao autor deve ser imputada uma ação ou uma omissão. Parece mais óbvio admitir uma ação por meio da autocolocação no estado de incapacidade de ação (no exemplo acima, por meio da ingestão do remédio). No entanto, essa solução desconsidera que até mesmo aquele que não cumpre seus deveres de agir apesar de ter a capacidade de cumpri-los só seria punido a título de omissão. Por isso, assim como a opinião majoritária, nos casos de *omissio libera in causa*, é preferível eleger como ponto central da imputação penal a *omissão da conservação do estado de capacidade de agir*.[14]

14. *Heinrich* AT nm. 874; *Jäger* AT nm. 336a; *Kindhäuser* AT § 35 nm. 14; *Kudlich* PdW AT Caso 189; *Kühl* AT § 18 nm. 22.

II. Causalidade hipotética

No caso de *delitos comissivos*, há uma ação do autor que pode ser *suprimida mentalmente* do curso causal. Então, caso o resultado típico deixe de existir em sua concreta configuração quando mentalmente suprimida a ação, considera-se essa ação causal para o resultado segundo a fórmula da *condicio sine qua non* (→ § 4 nm. 25). 28

No caso de *delitos omissivos*, ao contrário, falta essa ação que, como nos delitos comissivos, pode ser mentalmente suprimida. O autor, por meio de seu "permanecer inativo", não coloca em marcha qualquer curso causal que, ao final, promova o resultado. Por isso, para se afirmar a "causalidade" da omissão em relação à ocorrência do resultado típico, deve-se, ao contrário, verificar se o resultado típico teria ocorrido caso a ação juridicamente devida tivesse sido realizada. Portanto, a ação salvadora indicada não deve ser suprimida, mas *adicionada*. E caso o resultado típico desapareça, a omissão do autor é causal para ele. Tendo em vista que se deve valorar as consequências de uma ação salvadora não realizada e, portanto, os nexos causais de um curso causal puramente hipotético, fala-se, frequentemente, em uma causalidade hipotética ou quase-causalidade.[15] 29

No entanto, uma consideração hipotética como essa é sempre especulativa e, por isso, nunca pode ser afirmada com absoluta certeza. Por isso, para a quase-causalidade, basta que, por meio da adição mental da ação juridicamente esperada, seja possível assegurar, *com uma probabilidade próxima da certeza**, que o resultado não teria ocorrido.[16] 30

Portanto, para a determinação da causalidade hipotética nos delitos omissivos impróprios, a fórmula da *condicio sine qua non* deve ser *modificada* para a seguinte conformação: a omissão do autor é causal para o resultado típico caso a ação juridicamente devida não possa ser mentalmente adicionada sem que, com uma probabilidade próxima da certeza, desapareça o resultado em sua concreta configuração.[17] 31

15. *Kindhäuser* AT § 36 nm. 14; *Krey/Esser* nm. 1123; *Kühl* AT § 18 nm. 35; *Wessels/Beulke/Satzger* nm. 711.

* N.T.: No Brasil, encontra-se a expressão "mit an Sicherheit grenzender Wahrscheinlichkeit" traduzida tanto como "probabilidade nos limites da certeza" (p.ex., em *Tavares*, Juarez. Teoria dos Crimes Omissivos, Marcial Pons, 2012) quanto como "probabilidade próxima da certeza" (p.ex., em *Fragoso,* Heleno Cláudio. Crimes omissivos no direito brasileiro, in: Revista de Direito Penal e Criminologia, n. 33, Ed. Forense, Rio de Janeiro/RJ, jan-jun. 1982, p. 41-47). Essa última formulação parece expressar a ideia de forma mais clara no idioma português.

16. *Jäger* AT nm. 333; *Krey/Essern m.* 1123; *Rengier* AT § 49 nm. 14.

17. BGHSt 37, 106 (126 s.); *Rengier* AT § 49 nm. 13; *Wessels/Beulke/Satzger* nm. 711 s.

Exemplo: A, engenheiro diplomado, violando os deveres de cuidado, ao elaborar um parecer técnico sobre um ginásio de esportes de gelo, se omite em analisar extensa e detalhadamente a construção do teto, de modo que não percebe fendas abertas e outros danos. No entanto, caso ele tivesse informado tais defeitos ao município, que era seu cliente e operador do ginásio, o município não teria, de qualquer forma, fechado o ginásio. Quando o teto veio abaixo por conta do peso da neve, 15 visitantes morreram.

Sob tais pressupostos, falta a necessária causalidade (virtual), de modo que a responsabilidade de A por homicídio culposo por omissão (em razão da análise insuficiente) é excluída. No original, no entanto, o BGH confronta de forma cética as correspondentes constatações do tribunal estadual. Além disso, o BGH não descartou a existência de um parecer parcial que pudesse justificar a responsabilidade de A pelo delito culposo, por meio de sua ação de entrega do parecer.[18]

32 Segundo a opinião majoritária, caso o grau necessário de probabilidade para o nexo causal hipotético não possa ser provado, deve-se negar a quase-causalidade com a aplicação do princípio *in dubio pro reo*.[19] Vozes na literatura até entendem ser suficiente para a causalidade, nos delitos omissivos impróprios, que a ação juridicamente devida tivesse apenas reduzido o risco da ocorrência do resultado (chamada *teoria da diminuição do risco*).[20] No entanto, opõe-se a isso o fato de que, renunciando-se ao nexo causal hipotético com o resultado ocorrido, delitos de lesão seriam transformados, inadmissivelmente, em delitos de perigo.[21]

III. Posição de garante

1. Fundamentos

33 Segundo o § 13 Abs. 1 StGB, só é responsável por uma omissão quem é juridicamente obrigado a garantir a não ocorrência do resultado. O possuidor desse *dever jurídico* de evitação do resultado é chamado de "garante" e seu dever de atuar, de "dever de garante". É necessário que seja um dever especial. Não são suficientes os deveres jurídicos gerais fundamentados por delitos omissivos próprios, como acontece especialmente por meio do § 323c StGB.[22]

18. BGH NJW 2010, 1087 (1090 s.).
19. BGH NJW 2010, 1087 (1091); *Rengier* AT § 49 nm. 15.
20. *Roxin* AT II § 31 nm. 54 ss.; *Stratenwerth/Kuhlen* § 13 nm. 52.
21. *Rengier* AT § 49 nm. 16; *Wessels/Beulke/Satzger* nm. 713.
22. *Kindhäuser* AT § 36 nm. 49; *Rengier* AT § 50 nm. 10.

Segundo o entendimento clássico, uma posição de garante pode advir de lei, de contrato, de relações pessoais próximas e de um agir perigoso e antijurídico, praticado anteriormente (ingerência). Por conta dessa orientação por determinadas fontes jurídicas, fala-se em *teoria das fontes jurídicas*.[23] 34

Paralelamente a essa vinculação formal a tais fontes jurídicas, tenta-se, na teoria jurídica, diferenciar as posições de garante segundo critérios materiais, particularmente segundo a função da respectiva posição de garante (por isso, também *teoria das funções*). As posições de garante são diferenciadas entre as que fundamentam uma função de proteção para bens jurídicos determinados (chamados *deveres de guarda* [*Obhutspflichten*]) e as que objetivam a segurança e vigilância de determinadas fontes de perigo humanas ou materiais (chamados *deveres de segurança* [*Sicherungspflichten*]).[24] 35

Os deveres de guarda se baseiam no fato de que o autor deve proteger bens jurídicos alheios contra perigos, caso ele os tenha sob seu cuidado. Portanto, ele tem que se colocar como protetor do bem jurídico e, por isso, é chamado de "*garante de proteção*" [*Beschützergarant*].[25] 36

Nos deveres de segurança, ao contrário, a ideia central é a de que o autor ou criou ou domina uma fonte de perigo e, por isso, tem que evitar seus efeitos danosos. Diferente do que ocorre com o garante de proteção, ele não protege um determinado bem jurídico de perigos, mas supervisiona perigos advindos de uma determinada fonte, a fim de que eles não se realizem. Por isso, também se fala em um chamado *garante de vigilância* [*Überwachungsgarant*].[26] 37

2. Garantes de proteção

a) Relações pessoais próximas

Posições de garante de proteção advêm, sobretudo, de relações pessoais próximas. Incluem-se em tais relações, especialmente, os *laços familiares* entre cônjuges (completamente → nm. 42) ou de pais com seus filhos menores de idade.[27] 38

Normalmente, os deveres de guarda resultados de laços familiares são *legalmente regulados*. Os pais são obrigados aos cuidados paternos em 39

23. A esse respeito, ver *Kühl* AT § 18 nm. 43; *Rengier* AT § 50 nm. 2.

24. *Kindhäuser* AT § 36 nm. 52 ss.; *Rengier* AT § 50 nm. 3 ss.; *Wessels/Beulke/Satzger* nm. 716.

25. *Heinrich* AT nm. 926; *Jäger* AT nm. 337; *Kindhäuser* AT § 36 nm. 25 e 56; *Rengier* AT § 50 nm. 4.

26. *Heinrich* AT nm. 927; *Jäger* AT nm. 337; *Kindhäuser* AT § 36 nm. 24 e 56; *Rengier* AT § 50 nm. 6.

27. *Kühl* AT § 18 nm. 48 ss.; *Rengier* AT § 50 nm. 18 e 13.

relação aos filhos (§ 1626 BGB), o tutor é responsável por seu tutelado (§ 1793 BGB) e o curador tem que prover as necessidades para o bem-estar de seu curatelado (§ 1901 Abs. 2 BGB).[+] Cônjuges são obrigados, pelo § 1353 Abs. 1 BGB, aos cuidados de seu parceiro; companheiros em regime de união estável, pelo § 2 LPartG.[++]

> **Exemplo:** Uma mãe prestes a dar à luz tem o dever, enquanto garante, de, assim que iniciado o trabalho de parto, tomar as medidas necessárias para preservar a vida do filho. Por isso, no momento do parto, ela tem que pedir ajuda alheia (eventualmente, médica), caso ela possa prever, tendo em vista doenças pré-existentes ou outros riscos, a existência de perigos para a vida e integridade física do filho.[28]

40 No entanto, uma posição de garante de proteção derivada de laços familiares pressupõe, segundo uma perspectiva prevalecente, não apenas um vínculo formal do direito de família, mas também uma *relação fática de guarda*, que está baseada na prestação de assistência.[29]

41 Devem-se voltar as atenções para esse componente material, sobretudo, ao se tratar de outras relações de parentesco, não mencionadas até agora, p.ex., entre parentes em linha reta ou irmãos. No caso de parentes em linha reta, é necessário, pelo menos, uma relação intacta em uma comunidade familiar domiciliar.[30] No caso de irmãos, até mesmo a convivência em uma comunidade familiar domiciliar é considerada, em parte, como insuficiente.[31]

42 No caso de cônjuges, a necessidade de uma relação material de guarda tem como consequência o fato de que a posição de garante de proteção, apesar do matrimônio perdurar, decai quando um dos cônjuges se separa do outro com o sério propósito de não restabelecer a união matrimonial. Para as considerações relevantes aqui, não há uma dependência em relação à exigência geral de um ano de separação, que o divórcio civil exige por conta do § 1565 Abs. 2 BGB[+].[32]

[+] *Nota de adaptação*: No direito brasileiro, as correspondentes fontes normativas dos mencionados deveres de guarda dos pais, do tutor e do curador são, respectivamente, os arts. 1.634, 1.740 e 1.781 CC. Cf. também art. 22 da Lei 8.069/1990 (Estatuto da Criança e do Adolescente).

[++] *Nota de adaptação*: No direito brasileiro, os cônjuges estão obrigados aos cuidados de seus parceiros em razão do art. 1566 do CC; e os companheiros em regime de união estável em razão do art. 1.724 do CC.

28. BGH NStZ 2010, 214 (214 s.).

29. *Rengier* AT § 50 nm. 11.

30. *Rengier* AT § 50 nm. 14.

31. LG Kiel NStZ 2004, 157 (159); criticamente, *Rengier* AT § 50 nm. 16.

[+] *Nota de adaptação*: No direito brasileiro, desde a Emenda Constitucional n. 66 de 2010, o divórcio não pressupõe prévia separação (art. 226, § 6º, CF).

32. BGHSt 48, 301 (305); *Kühl* AT § 18 nm. 58; *Rengier* AT § 50 nm. 21; *Wessels/Beulke/Satzger* nm. 718.

Além dos laços naturais ou familiares, posições de garante também podem derivar de *relações* semelhantes de proximidade pessoal.[33] 43

Isso é reconhecido, por exemplo, entre parceiros de uma união estável não-matrimonial. Da mesma forma, uma amizade próxima e baseada na confiança ou ainda uma comunidade domiciliar de muitos anos também fundamentam deveres de guarda. No entanto, o decisivo aqui, principalmente, não é a vida em comum (por exemplo, em uma comunidade domiciliar), mas uma perceptível vontade de constituir um grupo de proteção mútua como elemento de confiança.[34] O mero fato de ser conhecido de alguém, de dividir um domicílio ou gastos com alguém não preenche esses pressupostos. 44

Uma relação estreita, no sentido mencionado acima, também é admitida em *comunidades de perigos*, mesmo quando se limitem ao auxílio em relação a perigos que se relacionam regularmente com o empreendimento comum.[35] 45

Amigos alpinistas se obrigam, durante uma expedição às montanhas, tacitamente, a um zelo recíproco durante a viagem e ao salvamento em caso de emergência. Por outro lado, não surgem deveres de guarda em grupos que experienciam conjuntamente uma desgraça ou uma fatalidade, p.ex., após um naufrágio ou uma catástrofe natural.[36] 46

Já no que se refere a relações pessoais próximas, questiona-se a respeito de se o garante de proteção está obrigado a evitar o suicídio de um terceiro que esteja sob sua guarda. A participação ativa em um suicídio é impunível por ausência de um fato principal doloso e antijurídico. Portanto, a mera possibilidade de evitar a morte do suicida também não fundamenta uma autoria. No entanto, o BGH admite, em parte, uma punibilidade quando o garante de proteção tem o domínio da autoria sobre o acontecimento.[37] 47

b) Assunção voluntária

Deveres de guarda também podem ser assumidos voluntariamente. A assunção voluntária não depende da existência de contrato (com efeitos jurídicos) entre os participantes. O decisivo é a *assunção fática*.[38] 48

Um dever de guarda, por exemplo, surge por meio do exercício das funções de salva-vidas em uma piscina e de babá ou por meio de relações 49

33. *Rengier* AT § 50 nm. 25; *Wessels/Beulke/Satzger* nm. 719.

34. *Heinrich* AT nm. 935; *Kühl* AT § 18 nm. 61 s.

35. *Heinrich* AT nm. 937; *Jäger* AT nm. 341; *Kühl* AT § 18 nm. 67; *Rengier* AT § 50 nm. 26 s.; *Wessels/Beulke/Satzger* nm. 719.

36. *Heinrich* AT nm. 938; *Kühl* AT § 18 nm. 67.

37. BGHSt 13, 162 (166); 32, 367 (373 ss.); outra posição, *Jäger* AT nm. 350; *Kühl* AT § 18 nm. 60; *Rengier* AT § 50 nm. 40.

38. *Jäger* AT nm. 342; *Rengier* AT § 50 nm. 28; *Wessels/Beulke/Satzger* nm. 720.

de tratamento assumidas por um médico relativamente a seus pacientes.[39] Segundo o BGH, também existe uma posição de garante de proteção dos médicos formados, já que estariam obrigados em relação à população a intervir em situações médicas urgentes.[40]

50 No entanto, questiona-se o *instante* no qual surge a posição de garante por força da assunção voluntária. Não é possível basear-se no início da assunção da tarefa. Porque, nesse caso, aquele que é o primeiro a prestar ajuda a alguém, mas que acaba interrompendo essa prestação, estaria em uma situação pior do que aquele que se mantém completamente inerte. Por isso, uma posição de garante, em geral, é fundamentada apenas quando a prestação de socorro modifica essencialmente a situação do socorrido e a isso se une a *expectativa objetivamente fundamentada*, em relação ao prestador do socorro, de que pratique um determinado comportamento subsequente.[41]

51 Por outro lado, excepcionalmente, a *mera aceitação* a prestar socorro já pode dar início a um dever de guarda, quando, por meio dessa aceitação, seja criada uma confiança justificada em relação a uma assunção fática de uma posição de proteção e outras possibilidades de salvação não sejam utilizadas (p.ex., a afirmação de um médico, contatado por telefone, de que se encaminhará imediatamente para uma emergência e prestará ajuda).[42]

c) Funcionários públicos

52 Funcionários públicos também podem, da mesma forma, ser portadores de deveres de guarda. Esses deveres advêm, em regra, da competência do funcionário e se estendem, segundo a opinião majoritária, ao conjunto de bens jurídicos que é abrangido pelo *propósito de proteção* da *tarefa que lhe fora transmitida*.[43]

53 Os funcionários de presídios, em razão de suas funções, têm que proteger os presidiários sob suas custódias de delitos praticados por terceiros. Policiais são responsáveis, como parte de seus deveres funcionais, por repelir perigos que ameacem tanto a segurança e a ordem públicas como o indivíduo. Funcionários do serviço de proteção de menores são obrigados a proteger de danos os menores e adolescentes sob suas guardas.[44]

39. *Jäger* AT nm. 342; *Rengier* AT § 50 nm. 29 ss.

40. BGHSt 7, 2011 (212).

41. BGH NJW 1993, 2628 (2628); *Jäger* AT nm. 346; *Kühl* AT § 18 nm. 70.

42. *Heinrich* AT nm. 940; *Kühl* AT § 18 nm. 70; *Rengier* AT § 50 nm. 28; *Wessels/Beulke/Satzger* nm. 720.

43. *Heinrich* AT nm. 948; extensivamente, *Kühl* AT § 18 nm. 78 ss.

44. *Rengier* AT § 50 nm. 35 ss.; *Wessels/Beulke/Satzger* nm. 721.

3. Garantes de vigilância

a) Responsabilidade por determinadas fontes de perigo

Deveres de segurança podem advir, dentre outras coisas, da responsabilidade por determinadas *fontes de perigo materiais*, que estejam sob o próprio âmbito de domínio. No direito civil, fala-se em deveres de precaução nas relações, segundo os quais todos devem controlar os perigos que advenham de coisas que estão sob seu âmbito de domínio e evitar suas realizações.[45] **54**

Por exemplo, todo proprietário de animal perigoso, como um cão de briga treinado, tem que mantê-lo sob controle. Em uma fábrica, seus proprietários possuem deveres de precaução na relação a respeito da proteção de seus funcionários, por exemplo, no manejo de máquinas perigosas; o funcionário, por sua vez, é responsável por aqueles perigos que estejam em seu âmbito de competência. Atualmente, discute-se, cada vez mais, se os provedores de acesso à internet (o chamado *Access-Provider*) também são responsáveis por evitar que, em seu âmbito de controle, sejam transferidos dados antijurídicos. **55**

b) Responsabilidade pelo comportamento de terceiros

Segundo o princípio da responsabilidade própria, cada um é responsável apenas pelo seu próprio comportamento, de modo que ninguém é juridicamente obrigado a impedir um terceiro de cometer um delito. No entanto, excepcionalmente, alguém pode ter deveres de segurança em relação ao comportamento de um terceiro enquanto "*fonte de perigo humana*". Por conta do princípio da responsabilidade própria, uma posição de garante de vigilância como essa surge, sobretudo, nas relações de supervisão que envolvem *pessoas que atuam sem responsabilidade plena*, por exemplo, entre professores e alunos ou entre pais e filhos.[46] **56**

No entanto, em uma relação de supervisão semelhante, nem sempre a *responsabilidade plena do supervisionado* se opõe à fundamentação de um dever de vigilância. Um carcereiro, por exemplo, tem que cuidar para que os prisioneiros sob sua supervisão não pratiquem crimes.[47] **57**

Os exemplos mostram que, às vezes, os *deveres de segurança e de proteção* podem se estender sobre uma mesma pessoa. Assim, pais não têm apenas que vigiar para que seus filhos menores de idade não criem perigos, mas também têm que proteger seus filhos de perigos (→ nm. 38 **58**

45. *Jäger* AT nm. 367; *Kindhäuser* AT § 36 nm. 59; *Rengier* AT § 50 nm. 45.
46. *Kühl* AT § 18 nm. 116; *Rengier* AT § 50 nm. 62 s.
47. Cf. apenas *Rengier* AT § 50 nm. 66.

s.). Um carcereiro não tem apenas que evitar a prática de delitos por parte dos presidiários sob sua supervisão, mas ao mesmo tempo proteger outros presidiários de tais delitos.

59 É controverso se um *empregador* tem que evitar delitos de seus empregados. Segundo a opinião majoritária, o empregador tem um dever de vigilância já que da posição de direção advém um poder de dar ordens. Portanto, um superior, por meio de instruções vinculantes e controles, tem que, pelo menos, evitar delitos relacionados à empresa.[48] No entanto, o dever de garante não se estende a fatos que os funcionários simplesmente pratiquem durante o exercício de suas atividades na empresa (p.ex., *bullying*).[49] Os chamados *Compliance Officer* também devem ser responsáveis por prevenir delitos relacionados à empresa que prejudiquem terceiros.[50]

c) Ingerência

60 Por fim, uma posição de garante de vigilância pode advir de um *comportamento criador de riscos* (a chamada ingerência). Aquele que, por meio de seu comportamento, causa ou incrementa o perigo de um dano a bens jurídicos alheios tem que cuidar para que esse dano não ocorra, ou seja, para que *a fonte de perigo criada por ele próprio* não cause danos. Mesmo que a posição de garante pela ingerência, em geral, possa ser reconhecida, muitas questões particulares continuam controversas.

61 Em primeiro lugar, existem diferentes posições a respeito de se o comportamento prévio criador de riscos tem que ser violador do dever ou se um comportamento prévio conforme o dever de cuidado também pode provocar uma posição de garante. Segundo a opinião dominante, apenas um *comportamento prévio violador do dever* pode fundamentar uma posição de garante por ingerência.[51]

62 Por isso, segundo a posição dominante, não há, por exemplo, uma posição de garante de um motorista em relação à vítima de um acidente de trânsito quando a vítima, sozinha, é a responsável pelo acidente com o motorista.[52] Aquele que, nessa situação, abandona o atropelado gravemente ferido não responde, por ausência de uma posição de garante, por delitos de

48. *Kindhäuser* AT § 36 nm. 63; *Krey/Esser* nm. 1166; *Roxin* AT II § 32 nm. 137; ver também BGHSt 57, 42 (45); *Rengier* AT § 50 nm. 68; criticamente, *Jäger* AT nm. 373; *Wessels/Beulke/Satzger* nm. 724a.

49. BGHSt 57, 42 (45).

50. BGHSt 54, 44 (49 s.).

51. *Heinrich* AT nm. 954; *Wessels/Beulke/Satzger* nm. 725; com outra posição, *Kindhäuser* AT § 36 nm. 68; criticamente, também *Rengier* AT § 50 nm. 71 s.

52. BGHSt 25, 218 (221 s.); *Jäger* AT nm. 356; *Rengier* AT § 50 nm, 82; *Wessels/Beulke/Satzger* nm. 726.

homicídio ou de lesão corporal por omissão (imprópria), mas, em todo caso, por lesão de seu dever de solidariedade segundo o delito omissivo (próprio) da omissão de socorro (§ 323c StGB).

No entanto, em algumas decisões, o BGH, em última instância, renunciou à exigência da violação de dever, por exemplo, no âmbito da *responsabilidade do produtor*. No "caso do spray de couro",[53] o BGH admitiu uma posição de garante por ingerência apesar do resultado ocorrido não ter sido previsível ao autor. No caso concreto, os diretores de uma empresa, que foram denunciados, colocaram em circulação um spray para couros que, apenas depois de um tempo, se mostrou danoso para a saúde. Por ausência de previsibilidade dessas consequências, a colocação do spray em circulação não foi um comportamento prévio violador de deveres e, dessa forma, não era possível formular uma acusação jurídico-penal (por culpa). No entanto, afirmou-se uma posição de garante por ingerência e, consequentemente, um dever jurídico-penal de recolhimento do produto.[54] Esse dever, contudo, não teria que ser derivado, necessariamente, da ingerência, mas poderia advir do dever de segurança pelas fontes de perigo.[55] **63**

Segundo a opinião majoritária, por ausência de um comportamento prévio violador de deveres, um *comportamento prévio justificado* por uma situação de legítima defesa não fundamenta uma posição de garante por ingerência, caso o agressor, por exemplo, tenha sido lesionado pela manobra defensiva. Caso contrário, o agressor, que pessoalmente deu causa à manobra defensiva que veio colocá-lo em perigo, receberia mais proteção do que alguém que, sem culpa, foi colocado nessa situação.[56] **64**

É controverso se é necessário um *nexo de violação do dever* entre o comportamento prévio violador do dever e o perigo existente. A jurisprudência abre mão de tal nexo e entende que, para uma posição de garante por ingerência, basta que um comportamento violador de deveres esteja em uma relação imediata com o perigo a ser evitado. No entanto, *não seria necessário* que a específica quebra de dever do comportamento prévio fosse a causa do resultado típico.[57] **65**

Na literatura, essa posição é muito criticada. Um dever jurídico de evitação do resultado só poderia existir se a potencial ocorrência do resultado adviesse exatamente da *específica violação de dever* do comportamento prévio criador do risco. Caso contrário, ocorreria o curioso resultado de se **66**

53. BGHSt 37, 106.
54. BGHSt 37, 106 (115); *Krey/Esser* nm. 1168; *Wessels/Beulke/Satzger* nm. 728.
55. *Heinrich* AT nm. 968; *Kühl* AT § 18 nm. 110; *Rengier* AT § 50 nm. 60.
56. BGHSt 23, 327 (327 s.); *Jäger* AT nm. 360; *Kindhäuser* AT § 36 nm. 68; *Kühl* AT § 18 nm. 84 s.; *Rengier* AT § 50 nm. 77; *Wessels/Beulke/Satzger* nm. 726.
57. BGHSt 34, 82 (84).

negar uma quebra de dever de cuidado relevante para uma punibilidade por delito culposo, mas, ao mesmo tempo, se utilizar do mesmo comportamento para derivar uma posição de garante – em última instância, fundamentadora da punibilidade – para uma subsequente omissão.[58]

67 **Exemplo:** Em uma área residencial, A dirige seu carro à velocidade de 40 km/h, em vez de dirigir à velocidade máxima permitida de 30 km/h e colide com o ciclista B. B é lesionado com risco de vida. Embora A perceba que B precisa urgentemente de cuidados médicos, ele vai embora sem prestar ajuda ou ligar para a emergência. Por isso, B morre pouco tempo depois por suas lesões. Comprova-se que o acidente teria ocorrido mesmo que A tivesse mantido a velocidade máxima permitida.

Não se discute que a responsabilidade penal de A por homicídio culposo, segundo o § 222 StGB, em razão da colisão com B, é excluída, tendo em vista que a colisão fatal não poderia ter sido evitada pelo comportamento alternativo conforme o direito (dirigir com velocidade máxima permitida) (→ § 12 nm. 32 ss.).

No entanto, segundo o BGH, A é punível por homicídio omissivo em razão do subsequente abandono de B. A posição de garante necessária para essa resposta advém da ingerência, tendo em vista que, entre o comportamento prévio violador do direito, de ultrapassar a velocidade máxima permitida, e o perigo para a vida de B, há uma relação imediata.

Segundo a teoria dominante, a responsabilidade penal de A por omissão, ao contrário, não poderia ser afirmada por ausência da posição de garante por ingerência. Portanto, A só seria punido por omissão de socorro segundo o § 323c StGB.

68 Por fim, é controverso se há uma posição de garante por ingerência quando o autor queria, por meio de seu comportamento prévio criador do risco, *causar dolosamente o resultado típico*, que agora é um risco potencial (p.ex., com dolo de matar, o autor lesiona gravemente alguém por meio de inúmeros pontapés e socos e, por fim, abandona a vítima). A favor da aceitação da posição de garante, argumenta-se que se até um comportamento culposo fundamenta uma posição de garante, haveria ainda mais razão em se fundamentá-la com um comportamento doloso. Além do mais, apenas dessa forma se poderia garantir que um terceiro, que só participa na ulterior omissão (p.ex., reforçando a decisão do autor em abandonar a vítima gravemente ferida), também fosse responsabilizado penalmente.[59]

58. *Jäger* AT nm. 358; *Kindhäuser* AT § 36 nm. 72; *Kühl* AT § 18 nm. 102; *Rengier* AT § 50 nm. 89.

59. *Kühl* AT § 18 nm. 105a; *Rengier* AT § 50 nm. 75 s.; *Wessels/Beulke/Satzger* nm. 725.

A jurisprudência se opõe a isso com o argumento de que um autor, que dolosamente quer causar um resultado típico, não pode ser posteriormente obrigado a impedir o curso causal posto em marcha. Para a punibilidade do autor, uma obrigação como essa não seria necessária, já que ela poderia se fundamentar no comportamento prévio doloso e causal para o resultado imputável. Além disso, tratar-se-ia de um agir ativo, razão pela qual não seria necessária *qualquer posição de garante* para responsabilizá-lo penalmente. Nem uma participação estaria excluída nesse caso, porque seria possível punir por cumplicidade sucessiva ao fato originário doloso.[60] 69

IV. Cláusula de correspondência (cláusula de equiparação)

Segundo o § 13 Abs. 1, parte final, StGB, a omissão da realização do tipo penal tem que corresponder a um atuar ativo.[+] Essa *cláusula de equiparação*, segundo a opinião majoritária, é relevante exclusivamente nos delitos vinculados a uma conduta.[61] 70

Portanto, apenas nesses casos é necessário apresentar explicações mais detalhadas a respeito da cláusula de correspondência na *estrutura de análise do delito*. Caso contrário, basta afirmar, em uma frase curta, a sua dispensabilidade. 71

Delitos vinculados a uma conduta concretizam a ação delitiva ao prescrever um determinado desvalor de ação do comportamento do autor. Por exemplo, o assassinato de alguém à traição como homicídio qualificado segundo o § 211 StGB, a violência e a ameaça de infligir um mal sensível na coação segundo o § 240 StGB, e a simulação de fatos falsos no estelionato segundo o § 263 StGB. Caso esses delitos sejam praticados por meio de uma omissão, o ato de se manter inerte tem que corresponder, valorativamente, à descrita ação delitiva respectiva, ou seja, o conteúdo de injusto tipificado para esses casos tem que ser representado na omissão (chamada *equivalência de modalidade*).[62] 72

C. Tipo subjetivo

O tipo subjetivo pressupõe, segundo os princípios gerais (→ § 4 nm. 63), dolo em relação a todos os elementos típicos objetivos. Nos delitos omissivos impróprios, a *posição de garante*, especialmente, também se inclui nessa análise. Portanto, o dolo também tem que se estender a todas aquelas circunstâncias delitivas das quais se derivam as posições de garante 73

60. BGH NStZ-RR 1996, 131.

[+] *Nota de adaptação*: O Código Penal brasileiro não exige equiparação entre a conduta omissiva e um atuar ativo.

61. *Heinrich* AT nm. 907; *Jäger* AT nm. 333; *Wessels/Beulke/Satzger* nm. 730.

62. *Heinrich* AT nm. 908; *Kühl* AT § 18 nm. 123; *Wessels/Beulke/Satzger* nm. 730.

de proteção ou de vigilância. Caso o autor não conheça essas circunstâncias, ele se encontra em *erro de tipo*, *que exclui o dolo,* segundo o § 16 Abs. 1 Satz 1 StGB.[63]

74 **Exemplo:** A vê uma criança se afogando no lago. Ele acredita que se trata do filho do vizinho N, que ele nunca tolerou. Por isso, A deixa a criança se afogar. Na realidade, a criança era o seu próprio filho.

Nesse caso, A erra sobre a sua relação de parentesco com a criança que está afogando e, portanto, sobre dados fáticos que fundamentariam, então, sua posição de garante. Por isso, ele se encontra em erro de tipo (§ 16 Abs. 1 Satz 1 StGB), que exclui o seu dolo em relação ao homicídio por omissão.

No entanto, deve-se discutir um homicídio culposo por omissão segundo os §§ 222 e 13 Abs. 1 StGB (cf. § 16 Abs, 1 Satz 2 StGB). Em todo caso, há uma responsabilidade penal por omissão de socorro segundo o § 323c StGB.

75 Se, ao contrário, o autor representa, *erroneamente*, circunstâncias que, se de fato existissem, fundamentariam uma *posição de garante*, ele estaria em erro de tipo ao contrário, que é punido como *tentativa inidônea* (→ § 10 nm. 24).[64]

76 **Exemplo:** A vê uma criança se afogando no lago. Embora ele suponha, erroneamente, tratar-se de seu próprio filho, permanece imóvel e deixa a criança se afogar. Na realidade, trata-se do filho de seu vizinho N.

A punibilidade de A por homicídio consumado por omissão é até excluída por ausência objetiva de uma posição de garante em relação à criança de seu vizinho N. No entanto, A é punível por homicídio tentado, segundo o §§ 212 Abs. 1, 13 e 22 StGB, em razão de sua falha de representação a respeito de tratar-se de seu próprio filho.

77 A falha de representação sobre a posição de garante deve ser diferenciada de um erro sobre o *dever de garante*. Nesse caso, o autor concebe corretamente as circunstâncias fáticas que fundamentam sua posição de garante, no entanto, desconhece, por consequência de uma valoração jurídica errônea, seu dever como garante em relação ao salvamento do bem jurídico atingido. Tendo em vista que, em razão disso, o autor não conhece o conteúdo de injusto de sua inércia, ele se encontra em erro de proibição nos termos do § 17 StGB, que, por conta do desconhecimento a respeito do

63. *Kindhäuser* AT § 36 nm. 32; *Kühl* AT § 18 nm. 128; *Rengier* AT § 49 nm. 37; *Wessels/Beulke/Satzger* nm. 732.

64. *Kindhäuser* AT § 36 nm. 33.

caráter prescrito da ação salvadora, também é descrito como *erro sobre o mandato/comando*.[65] A falha de representação do autor, segundo o § 17 Satz 1 StGB, só conduz à exclusão da culpabilidade se inevitável. Caso contrário, ou seja, sendo evitável, só se discute uma atenuação de pena nos termos do o § 17 Satz em conexão com o § 49 Abs. 1 StGB (→ § 8 nm. 34).

Exemplo: A vê uma criança se afogando no lago. Ele percebe que se trata de seu próprio filho, mas acredita não ter obrigação de intervir. 78

A reconhece o conjunto de circunstâncias do tipo objetivo do homicídio consumado por omissão, especialmente, a relação de parentesco fundamentadora da posição de garante, de modo que se afasta um erro de tipo segundo o § 16 Abs. 1 Satz 1 StGB. No entanto, ele pensa não ter obrigação de intervir, e erra, portanto, a respeito da existência de seu dever de garante. Por isso, ele se encontra em erro sobre o mandato/comando, que deve ser tratado como um erro de proibição segundo o § 17 StGB. Por conta da evitabilidade dessa falha de representação, não se exclui a punibilidade de A por homicídio omissivo, mas a pena pode, em todo caso, ser atenuada nos termos do § 17 Satz 2 em conexão com o § 49 Abs. 1 StGB. O § 323c StGB retrocede em razão de sua subsidiariedade.

Caso o autor, *ao contrário*, apesar do conhecimento correto a respeito do conjunto das circunstâncias fáticas, parta erroneamente do pressuposto de ter um dever de garante que, na realidade, não o obriga a nada, está-se diante de um (impunível) *delito imaginário* (→ § 10 nm. 27).[66] 79

Exemplo: A vê uma criança se afogando no lago. Ele reconhece que se trata do filho do vizinho N, e permanece inerte, embora acredite que também teria obrigação de proteger os parentes de seu vizinho. 80

A simples suposição de um dever de garante não fundamenta qualquer punibilidade por um delito omissivo impróprio. Nesse caso, discute-se apenas uma punibilidade pela omissão de socorro do § 323c StGB.

D. Antijuridicidade

Nos delitos omissivos, são consideradas, basicamente, todas as causas de justificação aplicáveis aos casos de delitos comissivos praticados por ação. Além disso, ainda há a especial causa de justificação da *colisão de deveres justificante*. Fala-se em uma colisão de deveres quando o autor tem 81

65. BGHSt 16, 155 (158); *Heinrich* AT nm. 913; *Kindhäuser* AT § 36 nm. 34; *Kühl* AT § 18 nm. 129; *Wessels/Beulke/Satzger* nm. 738.
66. *Kindhäuser* AT § 36 nm. 35.

vários deveres de atuação, mas não pode adimplir todos ou, pelo menos, um deles. Como o autor não satisfaz pelo menos um desses deveres, ele pratica o tipo penal.[67]

82 **Exemplo:** A, B e C estão em uma expedição à montanha. B e C, após uma queda, ficam pendurados em um precipício e ambos, em igual medida, estão na iminência de perder a força com a qual se agarram e cair. A decide salvar B. Enquanto isso, C cai e morre.

A se omitiu em salvar C. Em relação a A – como demonstra o esforço salvador de B – o salvamento também teria, com uma probabilidade próxima da certeza, sido bem-sucedido. A estava obrigado a essa ação (objetivamente necessária e juridicamente imperativa) também em relação a C, enquanto garante de proteção em razão da comunidade de perigo formada com B e C. A estava consciente dessas circunstâncias do tipo objetivo, de modo que ele praticou o tipo penal de homicídio por omissão nos termos do os §§ 212 Abs. 1 e 13 Abs. 1 StGB.

83 Fica claro que àquele ao qual se endereçam vários deveres de ação não se pode reprovar o fato de só adimplir um deles quando o adimplemento de todos os deveres é impossível. Afinal, o Estado não pode exigir o impossível (*ultra posse nemo obligatur*, → nm. 20).[68]

84 No entanto, o direito pode exigir que, no caso de uma tal colisão de deveres, *seja adimplido o dever de maior importância*. Por isso, o autor de uma omissão está justificado quando, diante de deveres de diferentes graus, adimple o dever de maior importância em detrimento do dever de menor importância e, diante de deveres de mesmo grau, adimple um deles segundo a sua escolha.[69]

85 Para a valoração dos graus dos deveres, faz-se uso de *critérios* como o valor dos interesses em risco, a proximidade do perigo, a probabilidade de sua realização e a posição jurídica do endereçado pela norma.[70]

86 No exemplo acima (→ nm. 82), A não pode se beneficiar da causa de justificação do *estado de necessidade* do § 34 StGB, porque os bens jurídicos de B e C são do mesmo grau e uma ponderação entre "vida e vida" não é permitida (→ § 5 nm. 83).

No entanto, em benefício de A, aplica-se a causa de justificação, específica da omissão, da *colisão de deveres justificante*. Os dois deveres

67. *Kindhäuser* AT § 18 nm. 1; *Krey/Esser* nm. 631; *Kühl* AT § 18 nm. 134; *Wessels/Beulke/Satzger* nm. 735.

68. *Kindhäuser* AT § 18 nm. 3; *Kühl* AT § 18 nm. 137.

69. *Kindhäuser* AT § 18 nm. 5 s.; *Krey/Esser* nm. 631; *Kühl* AT § 18 nm. 136 s.; *Rengier* AT § 49 nm. 41 s.; *Wessels/Beulke/Satzger* nm. 736.

70. *Krey/Esser* nm. 631; *Wessels/Beulke/Satzger* nm. 736.

de salvação em relação a B e a C devem ser considerados de mesmo grau. Por isso, A está justificado caso ele salve – como fez – B ou caso salve C da queda no precipício e, em consequência disso, omita a salvação do outro.

Caso o autor, diante de deveres de diversos graus, se decida pelo adimplemento do *dever de menor grau* (p.ex., caso A decida salvar, de uma casa incendiada, a mulher G, por quem é apaixonado, ao invés de F, sua esposa, em relação a quem ele é especialmente obrigado enquanto garante de proteção), não há justificação por uma colisão de deveres justificante. Nesse caso, deve-se discutir, no âmbito da culpabilidade, o estado de necessidade exculpante do § 35 StGB, a exigibilidade de comportamento conforme a norma e, eventualmente, no caso de haver correspondentes pontos de apoio na descrição do fato, um erro sobre o mandato/comando segundo o § 17 StGB. **87**

A colisão de deveres justificante pressupõe a colisão de vários deveres de ação. A causa de justificação não é aplicável quando um *dever de ação colide com um dever de omissão*, ou seja, o autor, por exemplo, tem que intervir ativamente em um bem jurídico (e, portanto, viola um dever de omissão), para proteger um outro bem jurídico de perigos (e, dessa forma, adimple seu dever de ação). Nesses casos, a solução deve ser buscada nas regras do estado de necessidade justificante do § 34 StGB.[71] **88**

E. Culpabilidade

Na culpabilidade, vigoram os princípios gerais dos delitos comissivos. Nos delitos omissivos impróprios, pode ser necessário discutir, sobretudo, um eventual erro jurídico sobre a existência de um dever de garante, como o chamado *erro sobre o mandato/comando*, nos termos do § 17 StGB (→ nm. 77). **89**

Além disso, segundo a opinião majoritária, está ausente uma omissão culpável caso não seja *exigível* do autor que realize a ação salvadora. Esse é o caso do garante que, por meio do adimplemento de seu dever, coloque em risco, de uma forma significante, interesses próprios dignos de consideração, cujos significados de importância correspondem aos bens jurídicos a serem salvos.[72] **90**

71. *Kindhäuser* AT § 18 nm. 2; *Krey/Esser* nm. 630; *Wessels/Beulke/Satzger* nm. 735.
72. *Rengier* AT § 49 nm. 47; *Wessels/Beulke/Satzger* nm. 739; com outra posição, *Fischer* § 13 nm. 81; *Krey/Esser* nm. 1172 s.: exclusão já da tipicidade objetiva; negando a inexigibilidade como princípio geral, *Jescheck/Weigend* § 59 VIII 3.

F. Tentativa

91 Os delitos omissivos também passam por um estágio de tentativa, de modo que, eventualmente, também é preciso verificar a tentativa do delito omissivo. Nesse caso, há *particularidades* no que diz respeito ao critério "começar imediatamente" e à desistência da tentativa.

92 **Exemplo:** A, que está separado de sua esposa, vê o filho B, que também é filho de sua esposa, se afogando no meio do lago. Ele fica contente com a oportunidade de se livrar da obrigação de pagar alimentos a B e vai embora do lago sem prestar-lhe auxílio. No entanto, algum momento depois, sua consciência pesa. Por isso, A volta imediatamente e ainda consegue salvar B.

93 É controverso em que exato momento o autor *começa imediatamente o fato* nos delitos omissivos. Quando se pensa nisso, é difícil identificar um começo imediato em um não-agir. Em parte, toma-se como critério, sem exceção, o "*deixar passar a primeira possibilidade de salvação*", o que, no entanto, amplia demasiadamente o estágio de tentativa e, com isso, o eventual âmbito de punição. Por outro lado, ao se analisar os perigos para a vítima, também parece muito estreito querer enxergar o começo imediato, como regra geral, apenas como "*deixar passar a última possibilidade de salvação*".[73]

94 Por isso, a opinião majoritária, com razão, determina o começo da tentativa aplicando os princípios gerais do começo imediato (→ § 10 nm. 29 ss.), de forma consequente, também para os delitos omissivos impróprios. Segundo essa visão, há uma tentativa tão logo o respectivo *bem jurídico se torne iminentemente ameaçado* segundo a representação do autor sobre o fato. Isso ocorre então, especialmente, quando o garante deixa o local do perigo e, ao proceder dessa maneira, abre mão do domínio do acontecimento causal.[74]

95 No exemplo acima (→ nm. 92), segundo a opinião dominante, A começa imediatamente o homicídio por omissão quando ele permanece inerte ao ver B se afogando no lago. Porque, em um afogamento, a vítima pode morrer em curto tempo. A vida de B, por isso, já estava em perigo nesse momento. Afastando-se do lago, A abre mão do domínio dos próximos acontecimento causais.

73. A esse respeito, ver também *Kindhäuser* AT § 36 nm. 43 s.; *Krey/Esser* nm. 1244; *Kühl* AT § 18 nm. 146 s.; *Rengier* AT § 36 nm. 34 s.

74. BGHSt 40, 257 (271); *Jäger* AT nm. 303; *Krey/Esser* nm. 1245; *Kühl* AT § 18 nm. 148; *Rengier* AT § 36 nm. 36; a esse respeito, ver também *Wessels/Beulke/Satzger* nm. 741 s.

Uma *desistência* da tentativa também é possível nos delitos omissivos impróprios. No entanto, tendo em vista que o autor é reprovado por praticar um tipo penal por meio de um não-agir, ele não pode desistir do fato, no sentido do § 24 Abs. 1 Satz 1 Var. 1 StGB, por meio de uma (outra) inatividade. Por isso, sobram ao autor solitário apenas as possibilidades de desistência da tentativa acabada do § 24 Abs. 1 Satz 1 Var. 2 e Satz 2 StGB.[75] 96

No entanto, tendo em vista o risco de evitação do resultado a ser suportado, diferencia-se, na literatura, entre tentativa inacabada e acabada. Segundo essa diferenciação, há uma *tentativa inacabada* quando a ocorrência do resultado, segundo a representação do autor, ainda deve ser evitada por meio da retomada da ação que, originariamente, era objetivamente necessária e juridicamente imperativa (p.ex., voltando a dar comida ao seu filho que estava sendo deixado com fome). A tentativa é *acabada*, ao contrário, quando o autor, segundo sua representação, só pode evitar a ocorrência do resultado por meio de outras medidas (p.ex., quando apenas medidas médicas podem salvar o filho pequeno que, por longo tempo, não foi alimentado).[76] 97

G. Autoria e participação

Pode-se conceber, de duas formas, uma omissão vinculada com um concurso para um delito. Em primeiro lugar, é possível concorrer (por meio de um atuar ativo) *para* um delito omissivo. Além disso, também é possível concorrer *por meio* de uma omissão para um delito comissivo. 98

I. Concurso para um delito omissivo por meio de um atuar ativo

O concurso de agentes em um delito omissivo segue as regras gerais e *não apresenta particularidades*. Enquanto a literatura, predominantemente, utiliza critérios de domínio do fato para a delimitação entre autoria e participação, para a jurisprudência, o decisivo é a vontade do autor, mas são utilizados critérios objetivos, em todo o caso, para a constatação dessa vontade (→ § 9 nm. 13). 99

Nesse contexto, é controverso se a *posição de garante* consiste em uma *elementar pessoal especial* no sentido do § 28 StGB. Isso é negado, em parte, porque a posição de garante seria relativa ao fato e deveria apenas igualar o agir positivo e a omissão no âmbito da imputação ao resultado típico.[77] A opinião dominante, ao contrário, defende que deveres de garante 100

75. BGHSt 148, 147 (149); *Kühl* AT § 18 nm. 152; *Rengier* AT § 49 nm. 60.

76. *Kühl* § 18 nm. 154; *Wessels/Beulke/Satzger* nm. 743; outra posição, *Rengier* AT § 49 nm. 63.

77. Schönke/Schröder/*Heine/Weißer* § 28 nm. 19; *Lackner/Kühl* § 28 nm. 6; LK-StGB/*Schünemann* § 28 nm. 58.

fundamentam uma obrigação pessoal especial do autor (omissivo), cuja violação significaria um injusto especial.[78]

101 **Exemplo:** A convida M, mãe solteira de um bebê ainda lactente, para uma semana romântica em Paris. Aconselhada por A, M deixa seu filho para trás, sozinho, em seu apartamento. Ambos entendem e aceitam que a criança pode morrer durante a ausência de M. Após seu retorno, M encontra seu filho morto.

M é punível por homicídio por omissão segundo os §§ 212 Abs. 1 e 13 StGB. Como mãe, ela era garante de proteção em relação ao seu lactente (§§ 1626 e 1629 BGB).

A causou a resolução para o fato de M e, por conta disso, é punível por instigação a um homicídio por omissão segundo os §§ 212 Abs. 1, 13 e 26 StGB. Por conta da acessoriedade da participação, é suficiente para sua punibilidade, a princípio, que ele saiba da posição de garante da autora principal. Só se pode considerar que nenhuma posição de garante o obrigava pessoalmente em relação ao lactente morto caso a posição de garante seja vista, como a opinião majoritária, como uma elementar pessoal especial. Então, a pena de A deveria ser atenuada segundo o § 28 Abs. 1 em conexão com o § 49 Abs. 1 StGB, porque faltaria a ele uma elementar pessoal especial, que é o que fundamenta a punibilidade (por omissão) de M.

II. Concurso para um delito comissivo por meio de uma omissão

102 A delimitação entre autoria e participação no caso de um concurso omissivo para um delito comissivo é extremamente controversa. Porque, nesses casos, parece muito difícil que se possa extrair resultados da teoria do domínio do fato e da teoria subjetiva. Basear-se no *domínio do fato* em casos de inatividade, pode resultar em que o garante omissor seja sempre cúmplice, porque o autor comissivo, em razão de seu atuar ativo, teria o acontecimento em suas mãos.[79] Para as *teorias subjetivas*, crescem as já existentes dificuldades probatórias, tendo em vista que uma inatividade não oferece qualquer ponto de partida para a investigação das vontades do autor e do partícipe.[80]

103 Por isso, buscam-se outros critérios relevantes. Segundo uma opinião, o omissor deve sempre ser visto como autor, desde que ele satisfaça os critérios

78. LK-StGB/*Weigend* § 13 nm. 87; *Rengier* AT § 51 nm. 9; *Roxin* AT II § 27 nm. 68; *Wessels/Beulke/Satzger* nm. 733; diferenciando, *Kindhäuser* AT § 38 nm. 64.

79. Assim, *Kudlich* PdW AT Caso 195a; *Kühl* AT § 20 nm. 230; *Wessels/Beulke/Satzger* nm. 734; criticamente, *Kindhäuser* AT § 38 nm. 68.

80. BGHSt 43, 381 (396); 48, 77 (96 s.).

de equivalência da posição, nos termos do § 13 StGB, e os pressupostos típicos especiais. Além de tudo, os delitos omissivos seriam *delitos de dever*, de modo que a lesão ao dever de evitação do resultado, fundamentador da tipicidade, já realizaria o tipo penal e fundamentaria a autoria.[81] No entanto, por consequência, dar-se-ia um tratamento pior a quem se omite do que a quem auxilia ativamente o fato principal (e, no entanto, segundo os critérios distintivos gerais, eventualmente, só seria punível como cúmplice).[82]

Segundo outra posição, a natureza do *dever de garante* conteria o ponto de partida relevante. Caso o autor fosse garante de proteção, ele teria que salvaguardar o bem jurídico a ser protegido de perigos; caso ele omitisse a salvaguarda, aproximar-se-ia, de um ponto de vista valorativo, de um autor. O garante de vigilância ou de segurança teria, ao contrário, que assegurar apenas uma fonte de perigo determinada, de modo que sua omissão deveria ser qualificada como participação.[83] No entanto, essa diferenciação parece arbitrária, pois todas as posições de garante deveriam ser consideradas, a princípio, como equivalentes.[84] **104**

Por isso, o problema da delimitação entre autoria e participação no caso de concurso por omissão continua sem uma solução satisfatória. Tenta-se, cada vez mais, recorrer aos *princípios gerais*. Tendo em vista que o domínio do fato, nessa medida, não serve como critério de delimitação (→ nm. 102), coloca-se, em primeiro plano, a questão a respeito de se o omitente, segundo as circunstâncias do fato, seria uma figura central ou marginal do acontecimento. Sendo assim, deve-se atentar, dentre outras coisas, para a contribuição para o plano delitivo, para a proximidade ao bem jurídico que deve ser protegido ou, de forma relacionada, para a fonte de perigo que deve ser vigiada e para o grau da possibilidade de se evitar o fato.[85] **105**

81. *Roxin* AT II § 31 nm. 140 ss.; *Stratenwerth/Kuhlen* § 14 nm. 13.
82. *Kindhäuser* AT § 38 nm. 69; *Krey/Esser* nm. 1177.
83. *Kindhäuser* AT § 38 nm. 71 ss.; *Krey/Esser* nm. 1182; ver também *Otto* AT § 21 nm. 50.
84. *Jäger* AT nm. 373b; *Rengier* AT § 51 nm. 17.
85. *Rengier* AT § 51 nm. 18 ss.

Aproximações ao direito brasileiro

106 Ao contrário da legislação penal alemã (→ nm. 9), a brasileira não prevê redução de pena para a prática de delitos por omissão imprópria. Esse fato, no entanto, não reduz a importância da distinção entre comissão e omissão, já que omissões têm pressupostos de punibilidade mais estreitos. Além disso, o Código Penal brasileiro (art. 13), ao tratar da relevância da omissão, exige a possibilidade e o dever de agir (→ nm. 9 ss.), mas não exige, como no direito penal alemão, a equiparação entre a revelada omissão e a ação proibida pela norma (→ nm. 70).

107 Como visto neste capítulo (→ nm. 34), uma posição de garante pode advir de lei, de contrato, de relações pessoais próximas e de um agir perigoso e antijurídico, praticado anteriormente (ingerência). Essas fontes de dever de garante também estão previstas, de maneira geral e ampla, no Código Penal brasileiro (art. 13, § 2º, *a*, *b* e *c*).

108 Por fim, em relação à omissão imprópria, cujo tratamento dogmático permite grande compatibilidade entre as legislações penais de ambos os países, é necessário apenas apontar para a necessidade de investigações, no Brasil, a respeito de eventual obstaculização, por conta do art. 30 do CP, à afirmação de participação nos delitos omissivos por parte daquele que não satisfaz as circunstâncias e condições de caráter pessoal que fundamentam a posição de garante. A considerar a opinião majoritária na Alemanha (→ nm. 99 ss.), que defende ser a posição de garante verdadeira elementar pessoal do injusto omissivo, o art. 30 do CP autorizaria a comunicação desta circunstância pessoal (elementar do crime) do autor ao partícipe, permitindo a punição deste nos termos do art. 29 do CP; caso contrário, apenas o concorrente incumbido do dever de agir poderia ser punido.

§ 12. Delitos culposos

A. Fundamentos

Decisões selecionadas: BGHSt 11, 1; 33, 61 (respectiva relação de quebra de dever nos casos de trânsito); 43, 306 (princípio da confiança no âmbito profissional médico); 55, 121 (culpa por assunção nos casos de emprego de substâncias provocadoras de vômito); StV 2014, 601 (Autorresponsabilidade no caso de consumo de substâncias entorpecentes).

Literatura para aprofundamento: *Beck* Achtung: Fahrlässiger Umgang mit der Fahrlässigkeit, JA 2009, 111, 268; *Kretschmer* Das Fahrlässigkeitsdelikt, Jura 2000, 267.

I. Fundamento da responsabilidade penal

Segundo o § 15 StGB, apenas a ação dolosa é punível, a menos que a lei preveja pena, expressamente, para o comportamento culposo. São puníveis, por exemplo, o homicídio culposo (§ 222 StGB) e a lesão corporal culposa (§ 229 StGB). Por outro lado, tendo em vista a ausência de *previsão legal*, o furto culposo, o dano culposo e a ofensa culposa, por exemplo, não são puníveis. 1

O injusto da culpa reside no comportamento violador dos deveres de cuidado por parte do autor, em razão do qual o tipo penal acaba sendo realizado. A *quebra do dever de cuidado* consiste, assim, no ponto de conexão determinante para o delito culposo e contém o injusto de ação, que, nos delitos dolosos, consiste na realização consciente e volitiva do tipo penal.[1] 2

1. *Kindhäuseri* AT § 33 nm. 22 ss.; *Rengier* AT § 52 nm. 5; *Wessels/Beulke/Satzger* nm. 656.

II. Modalidades de culpa

3 Tomando em consideração a previsibilidade da realização típica contrária aos deveres de cuidado, é possível distinguir entre culpa consciente e inconsciente. Fala-se em *culpa inconsciente* quando o autor, devido à ausência de cuidado, realiza um tipo penal sem, de fato, reconhecer essa possibilidade. Por outro lado, o autor atua com *culpa consciente* quando ele reconhece a possibilidade da realização típica, mas confia, de forma contrária ao dever, que ela não ocorrerá.[2] Para a delimitação entre culpa consciente e dolo eventual → § 4 nm. 85 ss.

4 Desde que a lei não determine o contrário, qualquer grau de culpa é punível. Alguns tipos penais (p.ex., § 251 StGB) exigem, de modo mais restritivo, uma *leviandade* [*Leichtfertigkeit*]. Trata-se de uma medida inusualmente alta de culpa – comparável com a culpa grave do direito civil. Isso pressupõe um comportamento especialmente violador do dever de cuidado, p.ex., quando o autor omite reflexões completamente evidentes e não se atenta para aquilo que todos deveriam perceber.[3]

5 A leviandade aparece frequentemente, mas não apenas, com a culpa consciente. Tendo em vista que a leviandade se orienta pelo grau de culpa, e não de previsibilidade, da realização típica, a leviandade, de um lado, e a culpa consciente ou inconsciente, de outro, não se excluem mutuamente.

III. Sugestões para esta etapa de análise do delito

6 Segundo a opinião hoje dominante, a culpa não é uma forma específica de culpabilidade, mas uma categoria autônoma de comportamento punível, que contém elementos especiais no âmbito do injusto e da culpabilidade. Em relação a isso, fala-se em uma *natureza dupla da culpa*.[4]

7 A essa natureza dupla corresponde uma *verificação de dois níveis*. No âmbito da tipicidade, verifica-se se o autor deixou de tomar os cuidados objetivamente necessários. No âmbito da culpabilidade, verifica-se, ao contrário, se o autor estava, individualmente, em condições de satisfazer as exigências objetivas de cuidado.[5]

8 Eventualmente, a estrutura do delito culposo causa certas dificuldades. Isso ocorre, dentre outras coisas, pelo fato de que os manuais de direito

2. *Henrich* AT nm. 972; *Kindhäuser* AT § 33 nm. 68 s.; *Kühl* AT § 17 nm. 42; *Rengier* AT § 52 nm. 7; *Wessels/Beulke/Satzger* nm. 661.

3. *Henrich* AT nm. 1005; *Kindhäuser* AT § 33 nm. 71; *Kühl* AT § 17 nm. 44; *Wessels/Beulke/Satzger* nm. 662.

4. *Wessels/Beulke/Satzger* nm. 657.

5. *Wessels/Beulke/Satzger* nm. 658; de forma crítica, *Kindhäuser* AT § 33 nm. 49 s.

apresentam, a esse respeito, distintas propostas. Por conta da *compreensão do delito em três categorias,* o que é completamente dominante, a análise do delito se divide, assim como nas outras formas de delito, em todo caso, em tipicidade, antijuridicidade e culpabilidade.

No âmbito da *tipicidade* de um delito de resultado, há consenso a respeito de que o resultado típico tem que ocorrer; por exemplo, uma lesão corporal (§ 229 StGB) ou a morte de alguém (§ 222 StGB). Além disso, deve haver uma ação delitiva que tenha sido causal para o respectivo resultado. Esses primeiros pontos de verificação correspondem ao tipo objetivo do delito doloso consumado. **9**

Caso não haja resultado, sobraria apenas a possibilidade de uma responsabilidade a título de tentativa. No entanto, a *tentativa* de um delito culposo *não é possível*, já que a tentativa pressupõe uma decisão para o fato, ou seja, dolo a respeito de todas as elementares objetivas do tipo.[6] **10**

No delito culposo, não se diferencia tipo objetivo e subjetivo, porque o autor, nos delitos culposos, não atua dolosa, senão culposamente, e a culpa só pressupõe, como se reconhece de modo geral, que o autor tenha violado um dever objetivo de cuidado e que a ocorrência do resultado, objetivamente, fora-lhe previsível. Ao invés disso, constrói-se uma *tipicidade unitária*, no âmbito da qual devem ser discutidos os aspectos mencionados (violação objetiva do dever de cuidado no caso de haver previsibilidade objetiva). A *culpa subjetiva*, ao contrário, só deve ser verificada no âmbito da *culpabilidade* (→ nm. 7). **11**

Além disso, no âmbito da tipicidade, deve-se verificar eventualmente – junto a outros problemas de *imputação* – se o resultado ocorrido é abrangido pelo propósito de proteção da norma de cuidado violada (nexo do fim de proteção da norma) e se o resultado também teria ocorrido, caso o autor tivesse se comportado conforme o cuidado exigido (nexo de violação do dever). **12**

Em relação ao local exato de verificação desses pressupostos, na estrutura do delito, não há consenso. Frequentemente, propõe-se abrir um próprio ponto de verificação como "imputação objetiva", no âmbito do qual (entre outras coisas) deve-se debater os nexos de quebra de dever e de fim de proteção da norma. Uma parcela também localiza ambos esses pressupostos externamente à imputação objetiva ou até a abandona completamente como um ponto de subdivisão na estrutura do parecer. **13**

No fim, todas essas propostas de estrutura são defensáveis. No entanto, a verificação dos nexos de quebra de dever e de fim de proteção da norma parece se adequar, preferencialmente, à imputação objetiva, já que elas são **14**

6. Ver apenas *Heinrich* AT nm. 990; *Wessels/Beulke/Satzger* nm. 659.

vistas, usualmente, como parte desse grupo.[7] Nesse ponto de verificação, todos os outros grupos de casos da teoria da imputação, que já foram expostos no âmbito do delito doloso consumado (→ § 4 nm. 52 ss.), podem ser relevantes.

15 Os planos de verificação da antijuridicidade e da culpabilidade se conectam à verificação do tipo objetivo. Na culpabilidade deve-se investigar – pelo menos em uma curta frase – se a quebra de dever de cuidado pode ser atribuída *individualmente* ao autor e se a ocorrência do resultado era *individualmente* previsível a ele. Além disso, desde que haja pontos de contato, deve-se discutir, aqui, a *inexigibilidade* da conduta conforme a norma.

16

Esquema de verificação: delito culposo

I. Tipicidade

1. Ação

2. Realização de todas as elementares objetivas do tipo, inclusive do resultado típico

3. Causalidade entre ação e resultado

4. Quebra do dever objetivo de cuidado havendo previsibilidade objetiva

5. Caso necessário, imputação objetiva (especialmente, nexo de violação do dever de cuidado e nexo do fim de proteção da norma)

II. Antijuridicidade

III. Culpabilidade

1. especialmente, quebra subjetiva do dever de cuidado havendo previsibilidade subjetiva

2. caso necessário, inexigibilidade do comportamento conforme a norma

7. *Rengier* AT § 52 nm. 12.

B. Tipicidade

I. Violação objetiva do dever de cuidado

A tipicidade de um delito culposo exige uma quebra do dever objetivo de cuidado havendo previsibilidade objetiva da realização do tipo penal. A questão central da verificação é, em regra, a *quebra do dever de cuidado*. Aqui, deve-se, em primeiro lugar, constatar qual comportamento a ordem jurídica teria exigido do autor no caso concreto. Caso o autor não tenha satisfeito essas exigências, ele não cumpriu seu dever de cuidado.[8] 17

Atua contrário ao dever de cuidado aquele que não se atenta ao cuidado necessário nas interações humanas [*Verkehr*]. Para determinar essas exigências, deve-se recorrer, em primeiro lugar, aos *deveres de cuidado expressamente regulados por lei*.[9] As respectivas normas, que podem advir das mais variadas leis e regulamentos, devem ser citadas na estrutura de análise do delito. 18

Deveres de cuidado podem ser deduzidos das regras do código de trânsito (na Alemanha, StVO)[+] – por exemplo, da prescrição de dirigir do lado direito no § 2 Abs. 1 Satz 1 do StVO – deveres profissionais podem ser deduzidos das normas regulamentares das profissões – por exemplo, dos médicos e dos advogados – dos protocolos técnicos estabelecidos nas diretrizes ou do conhecimento médico, das regras esportivas assim como das regras de utilização das instalações públicas. 19

Caso não haja regras legais que fundamentem deveres de cuidado, deve-se investigar a existência de *normas de cuidado costumeiras*, o que, às vezes, causa dificuldades. Elas podem derivar de determinadas proposições empíricas, mas também, de forma bem geral, da previsibilidade da ocorrência de um dano. Quanto mais grave é o dano iminente e mais provável a sua ocorrência, maiores são as exigências de cuidado que se impõem. 20

No entanto, ainda se deve considerar, no caso concreto, o chamado *risco permitido*. Determinadas ações, apesar de perigosas, são aceitas socialmente (p.ex., a utilização do trânsito viário), especialmente quando é impossível evitar todo e qualquer risco na interação humana. Apenas aquele que ultrapassa o risco que, por ser socialmente adequado, é tido como permitido, atua com quebra do dever de cuidado.[10] 21

8. Exemplos característicos de quebra de dever de cuidado em *Kindhäuser* AT § 33 nm. 19.

9. *Kühl* AT § 17 nm. 23; *Rengier* AT § 52 nm. 15 s.; *Wessels/Beulke/Satzger* nm. 672.

[+] *Nota de adaptação*: No Brasil, normas similares estão dispostas nos arts. 26 e ss. do Código de Trânsito Brasileiro (CTB).

10. *Kindhäuser* AT § 33 nm. 26 ss.; *Rengier* AT § 52 nm. 14.

22 A *medida do cuidado a ser tomado* advém de uma consideração *ex-ante* da situação de perigo, levando-se em consideração o conjunto de circunstâncias do caso concreto. "Ex-ante" significa que o juiz penal, ao avaliar o caso, coloca-se na situação do autor antes de sua ação. Então, deve-se perguntar como um homem prudente e consciente, do círculo de relações do autor, teria se comportado na situação concreta.[11]

23 O parâmetro de cuidado, orientado pela perspectiva de um homem prudente e consciente, é corrigido caso o autor disponha de conhecimento e possibilidade adicionais. Segundo a opinião majoritária, não se pode aliviar o autor, caso ele tenha satisfeito os cuidados médios, mas não tenha levado em conta seus conhecimentos e suas capacidades especiais. Sendo assim, ao se determinar o grau do cuidado devido, deve-se considerar tanto os *conhecimentos especiais* (p.ex., o conhecimento de que um cruzamento é especialmente perigoso) como as *faculdades especiais* (p.ex., de um piloto de competição ao dirigir um carro de passeio).[12]

24 O *princípio da confiança* constitui um limite importante ao dever de cuidado. Aquele que se comporta, nas suas relações, de acordo com o ordenamento, tem o direito, caso não haja indícios concretos contrários a isso, de confiar que os outros participantes dessa relação também se comportem de acordo com os deveres.[13]

25 O princípio da confiança é relevante, sobretudo, no caso do *trânsito viário*. Assim, o motorista que se comporta conforme os deveres não tem que contar com o fato de que alguém negará a sua preferência em um cruzamento, e, por isso, não tem, a princípio, que cruzá-lo de forma especialmente lenta. No caso de *atuações com divisão de tarefas*, o princípio da confiança também tem um papel importante. Um cirurgião, por exemplo, pode, a princípio, confiar que o médico responsável pela anestesia cumprirá, por sua parte, com a execução das ações médicas conforme o ordenamento.[14]

26 No entanto, aquele que poderia perceber que, em uma situação concreta, sua confiança nos outros participantes da relação era inadequada não pode apelar ao princípio da confiança, apesar de seu próprio comportamento ter sido conforme o ordenamento. Isso vale, por exemplo, caso um outro, perceptivelmente, não se comporte de forma adequada ao ordenamento ou não esteja, evidentemente, em condições de fazê-lo.[15]

11. *Heinrich* AT nm. 1028; *Rengier* AT § 52 nm. 15; *Wessels/Beulke/Satzger* nm. 669.

12. *Heinrich* AT nm. 1038; *Jäger* AT nm. 374; *Kudlich* PdW At Fall 169; *Kühl* AT § 17 nm. 31; *Rengier* AT § 52 nm. 20 s.

13. *Heinrich* AT nm. 1034; *Kindhäuser* AT § 33 nm. 30; *Rengier* AT § 52 nm. 22; *Wessels/Beulke/Satzger* nm. 671.

14. BGHSt 43, 306 (310); *Heinrich* AT nm. 1034; *Jäger* AT nm. 374; *Kindhäuser* AT § 33 nm. 32; *Kühl* AT § 17 nm. 36 ss.

15. BGHSt 43, 306 (310); *Kindhäuser* AT § 33 nm. 33; *Kühl* AT § 17 nm. 39.

II. Previsibilidade objetiva

A previsibilidade objetiva do acontecimento pode ter influência já na própria fundamentação de uma quebra de dever de cuidado e não pode ser considerada de forma totalmente separada disso (→ nm. 20). No entanto, especialmente a jurisprudência vê esse aspecto também como um *ponto de verificação autônomo*. Apenas se a ocorrência do resultado e o curso causal em suas configurações essenciais forem objetivamente previsíveis da perspectiva do autor, é que se pode reprovar ao autor o comportamento culposo. **27**

Objetivamente previsível é aquilo que um homem do círculo de relações do autor, que atue de modo cuidadoso, levaria em conta diante das mesmas circunstâncias tendo em vista as experiências gerais da vida.[16] Em regra, há previsibilidade, ao menos, no comportamento culposo consciente, porque o autor, aqui, reconhece o perigo existente e confia, tão somente, que ele não se realizará. **28**

A rigor, a previsibilidade objetiva constitui um grupo de casos da imputação objetiva (curso causal atípico; → § 4 nm. 57 s.). **29**

III. Imputação objetiva

1. Nexo do fim de proteção da norma

O resultado de um delito culposo só pode ser vinculado de modo imputável a um comportamento violador do dever de cuidado quando a norma de comportamento inobservada servir exatamente à *proteção do bem jurídico violado ou posto em perigo*. Na ausência de um nexo entre o fim de proteção da norma de cuidado violada e o resultado ocorrido (chamado nexo de fim de proteção), a tipicidade do delito culposo não é satisfeita.[17] **30**

> **Exemplo:** A dirige, em uma zona de velocidade limite de 30 km/h de um povoado X, a 50 km/h. Dez quilômetros à frente, no povoado Y, ele mantém a velocidade máxima permitida e se comporta, de resto, com cuidado; no entanto, atropela B, que atravessa a rua de forma repentina, e o lesiona. Caso A não tivesse dirigido muito rápido ao cruzar a zona anterior, de velocidade máxima de 30 km/h, ele só teria alcançado o local do acidente após B já ter atravessado a rua. Assim, uma colisão teria sido evitada. **31**
>
> O comportamento de A contrário ao dever de cuidado consiste, aqui, no desrespeito à velocidade máxima permitida na zona de

16. *Wessels/Beulke/Satzger* nm. 667a.
17. *Heinrich* AT nm. 1046; *Rengier* AT § 52 nm. 37; *Wessels/Beulke/Satzger* nm. 674.

velocidade 30 km/h do povoado X. No entanto, a velocidade máxima reduzida só pretende evitar que o motorista, em razão da alta velocidade na respectiva posição, não possa parar o automóvel suficientemente rápido em uma situação imprevisível e assim evitar danos a outros participantes do tráfego. Por meio disso, não se objetiva, ao contrário, impedir que um motorista se encontre em um determinado local em um determinado momento (aqui, no povoado Y) e, precisamente por conta disso, evite perigos possíveis no outro local. Por isso, no caso em questão, falta um nexo entre a violação do dever de cuidado de A (no povoado X) e a ocorrência do resultado (no povoado Y). O tipo penal do § 229 StGB [lesão corporal culposa] não é realizado.[18]

2. Nexo de violação do dever

32 Um resultado típico é imputável ao autor apenas quando ele ocorre por conta do comportamento violador do dever de cuidado. Em relação a isso, deve-se verificar se fora exatamente aquele perigo juridicamente desaprovado, que o autor causou por meio de sua falta de cuidado, que provocara o resultado. Esse nexo de violação do dever, ou seja, o nexo entre a contrariedade ao dever e o resultado, é ausente quando este, com uma probabilidade próxima da certeza, viesse a ocorrer mesmo que o comportamento conforme ao direito e juridicamente autorizado (*comportamento alternativo conforme ao direito*) tivesse sido praticado.[19]

33 Segundo a opinião majoritária, caso o nexo de violação do dever não possa ser constatado, deve-se supor a sua ausência em razão do princípio *in dubio pro reo*.[20] Segundo a chamada *teoria do incremento do risco*, já deve ser suficiente, ao contrário, que o autor, por meio de seu comportamento violador do dever de cuidado, tenha claramente incrementado o perigo da ocorrência do resultado em comparação ao comportamento alternativo (cf. → § 9 nm. 150).[21] Opõe-se a isso, por sua vez, que dessa forma delitos de lesão são transformados em delitos de perigo.

34 **Exemplo**:[22] O motorista de caminhão L ultrapassa o ciclista R, que estava embriagado, com uma distância de apenas 75 cm. R, nesse instante, começa a balançar, entra embaixo da

18. *Wessels/Beulke/Satzger* nm. 674; cf. também *Rengier* AT § 52 nm. 39.

19. BGHSt 11, 1 (3 s.); 33, 61 (63); *Rengier* AT § 52 nm. 26; *Wessels/Beulke/Satzger* nm. 675 s.

20. BGHSt 11, 1 (4 s.); 33, 61 (63); *Heinrich* AT nm. 1045; *Kindhäuser* AT § 33 nm. 38; *Krey/Esser* nm. 1358; *Rengier* AT § 52 nm. 33; *Wessels/Beulke/Satzger* nm. 681.

21. *Roxin* AT I § 11 nm. 88 ss.: a esse respeito, ver também *Kudlich* PdW AT Fall 175; *Kühl* AT § 17 nm. 52 ss.

22. Baseado em BGHSt 11, 1.

roda traseira do caminhão e vem a ser fatalmente lesionado. Posteriormente, não é possível esclarecer se a morte de R também teria ocorrido caso L tivesse mantido a distância legalmente prescrita de R.

Mesmo que L tivesse observado a distância conforme a ordem (cf. § 5 ABs. 4 Satz 2 do StVO), possivelmente teria ocorrido a colisão fatal com R. Por isso, por conta do princípio do *in dubio pro reo* deve-se negar, segundo a opinião dominante, o nexo de violação do dever entre a lesão ao dever de cuidado de L e a morte de R. Segundo a teoria do incremento do risco, ao contrário, a morte de R continua sendo imputável a L, já que este, por meio da inobservância do limite mínimo de distância necessária, em todo caso, aumentou claramente o perigo da colisão com aquele.

3. Outros grupos de casos

Todos os outros grupos de casos de exclusão da imputação objetiva para delitos comissivos dolosos e consumados (§ 4 nm. 52 ss.) também são considerados em relação ao delito culposo. No entanto, segundo a estrutura de verificação sugerida aqui, o grupo de casos do curso causal atípico já conduz à exclusão da previsibilidade objetiva da ocorrência do resultado (→ nm. 29). **35**

O critério da *autorresponsabilidade* da vítima é de especial relevância (→ § 4 nm. 59 s.). Mas sobretudo a elevada expertise daquele que ocasiona, possibilita ou facilita a autolesão ou autocolocação em perigo da vítima pode ser um obstáculo ao reconhecimento da autorresponsabilidade (p.ex., no caso do médico que prescreve substância entorpecente ao seu paciente). Contudo, ainda se deve considerar o conhecimento do próprio lesionado (p.ex., não há qualquer princípio da experiência geral que aponte para o fato de pacientes viciados em ópio não serem capazes de uma decisão autorresponsável).[23]

IV. Antijuridicidade

Um fato culposo também pode ser justificado por meio de um tipo permissivo como a legítima defesa, o estado de necessidade exculpante ou o consentimento. No entanto, quando se fala em justificação de delitos culposos, a necessidade do elemento subjetivo da justificação é controversa (→ § 5nm. 53 ss.). Porque quem realiza o tipo penal sem dolo dificilmente atua com o requerido intuito defensivo. No entanto, a opinião dominante **36**

23. BGH StV 2014, 601 (602 s.); ver também BGH NStZ 2011, 341 (342).

24. *Rengier* AT § 52 nm. 78; *Wessels/Beulke/Satzger* nm. 691; com outra opinião, *Jescheck/Weigend* § 56 I 3; *Kindhäuser* AT § 33 nm. 60.

também exige o *elemento subjetivo de justificação* nos delitos culposos.[24] Apesar disso, uma parte renuncia à vontade de defesa; apenas o mero conhecimento da situação de justificação já basta.[25]

37 Em todo caso, não há unanimidade a respeito das *consequências jurídicas* da ausência do elemento subjetivo de justificação. Segundo a visão cada vez mais defendida, a situação de justificação objetivamente existente compensa o injusto de resultado praticado por meio da realização do tipo penal, de modo que só permanece o injusto de ação. Por isso, caso ausente o elemento subjetivo de justificação, seria apropriado punir apenas por tentativa (→ § 5 nm. 56). A tentativa de um delito culposo, no entanto, nunca é punível, por conta da ausência de resolução para o fato. Portanto, segundo essa posição, pelo menos da perspectiva do resultado jurídico, o autor de delito culposo que satisfaça os pressupostos objetivos de uma causa de justificação não é punível.[26]

V. Culpabilidade

38 O juízo afirmativo de culpabilidade nos delitos culposos pressupõe que o autor, por conta de seu conhecimento e sua capacidade pessoais, esteja *individualmente* na condição de reconhecer e satisfazer o respectivo *dever de cuidado* no momento da realização típica. *Além disso*, a realização típica tem que ter sido *subjetivamente previsível* para o autor.[27]

39 Enquanto na tipicidade é utilizado um parâmetro objetivo de valoração, no âmbito da culpabilidade, a atenção se volta ao autor concreto e às circunstâncias específicas do fato. Deve-se considerar, principalmente, seus conhecimentos, suas experiências e suas *capacidades* pessoais.[28]

40 Se o caso em questão menciona defeitos físicos, mas também intelectuais ou outros de índole psíquica do autor, recomenda-se uma discussão intensa a respeito do agir culposo individual. Se o caso em questão, no entanto, é silente a esse respeito, pode-se, em regra, supor que o autor tenha atuado de modo contrário ao dever de cuidado também de uma perspectiva individual e que a ocorrência do resultado tenha sido subjetivamente previsível para ele.

41 Mesmo quando, excepcionalmente, se deva negar a culpabilidade subjetiva, ainda se pode vincular a imputação culposa ao fato de que o autor, anteriormente, pudera reconhecer, ou teria tido a possibilidade de reconhecer, que não estava preparado para as exigências que as tarefas, posteriormente realizadas por ele, lhe imporiam. Nesses casos, há o que se chama de *culpa*

25. *Rengier* AT § 52 nm. 78; *Roxin* AT I § 24 nm. 102.

26. *Kindhäuser* AT § 33 nm. 62; *Krey/Esser* nm. 1364; *Rengier* AT § 52 nm. 79; *Roxin* AT I § 24 nm. 103; *Wessels/Beulke/Satzger* nm. 691.

27. *Kühl* AT § 17 nm. 89 ss.; *Rengier* AT § 52 nm. 83; *Wessels/Beulke/Satzger* nm. 692.

28. *Kühl* AT § 17 nm. 90.

por assunção. Assim, a quebra do dever de cuidado já é a própria assunção da tarefa para a qual o autor – como era de seu conhecimento (culpa consciente) ou poderia reconhecer (culpa inconsciente) – não era dotado das capacidades e dos conhecimentos necessários.[29]

Exemplo: Um dermatologista realiza uma complicada cirurgia cerebral e, durante a cirurgia, o paciente morre. 42

A *inexigibilidade de comportamento conforme a norma* configura uma causa especial de exculpação nos delitos culposos. Assim como nos delitos omissivos impróprios (→ § 11 nm. 90), ela afasta a culpabilidade.[30] 43

C. Autoria e participação

Uma *participação* em delito culposo *não é possível*, porque a participação, segundo os §§ 26 e 27 StGB, exige sempre um fato principal praticado dolosamente. Nos delitos culposos, vige o que se chama de *princípio do autor unitário*. Segundo esse princípio, deve-se considerar autor todo aquele a quem, por conta de um comportamento violador do dever de cuidado, se possa imputar a realização de um tipo penal culposo (→ § 9 nm. 5).[31] Uma intervenção como essa é considerada, especialmente, como *autoria colateral* (→ § 9 nm. 3) ou – no caso de uma simples exploração dolosa do comportamento não doloso (apenas culposo) do homem da frente – como *autoria mediata*.[32] 44

Nos delitos culposos, exclui-se, *a priori*, a possibilidade de coautoria, tendo em vista que a coautoria pressupõe um plano comum com o objetivo da causação de um resultado típico. No entanto, segundo uma posição que atualmente vem ganhando destaque, seria possível uma *coautoria culposa*, desde que o aporte consciente e intencional do autor se referisse à prática de uma ação violadora dos deveres de cuidado (→ § 9 nm. 74). 45

D. O delito omissivo impróprio culposo

Um delito culposo também pode ser praticado por meio de uma omissão. O § 315c Abs. 1 Nr. 2 lit. g em conexão com Abs. 3 StGB contém um exemplo para um delito omissivo próprio culposo.* Isso também vale para uma omissão imprópria, desde que haja previsão de pena para o comportamento culposo. 46

29. BGHSt 10, 133 (134 s.); 43, 306 (311); 55, 121 (133 ss.); *Kindhäuser* AT § 33 nm. 48; *Krey/Esser* nm. 1366; *Kudlich* PdW AT Fall 168; *Kühl* AT § 17 nm. 91; *Rengier* AT § 52 nm. 24 e 85.

30. BGHSt 2m 194 (204); *Rengier* AT § 52 nm. 87; *Wessels/Beulke/Satzger* nm. 692; *Zieschang* nm. 439.

31. *Kindhäuser* AT § 38 nm. 56; *Wessels/Beulke/Satzger* nm. 507.

32. *Kindhäuser* AT § 38 nm. 56; *Wessels/Beulke/Satzger* nm. 659.

* N.T.: Trata-se, a grosso modo, do delito de criação de perigo no trânsito rodoviário ao deixar de sinalizar com distância apropriada o veículo estacionado.

47 A *delimitação entre ação e omissão* deve ser verificada, como usual, na conduta delitiva. No entanto, não se classifica um comportamento como omissão pelo mero fato de que o autor não cumpre as exigências da norma de cuidado. Essa situação caracteriza, pelo contrário, uma violação comissiva do dever de cuidado. Por isso, uma conduta só constitui uma omissão quando o ponto central da reprovabilidade residir precisamente na não-realização da conduta imposta pela norma de cuidado (→ § 11 nm. 11).

48 **Exemplo**:

- O professor, obrigado a vigiar seus alunos, por distração, não percebe um aluno apoiado na janela, que pouco depois cai do prédio.

- A distraída babá não percebe que o bebê confiado a seus cuidados engole um objeto, com o qual vem a se engasgar e morrer asfixiado.

49 Na estrutura do delito omissivo impróprio culposo, o esquema de análise do delito omissivo impróprio doloso (→ § 11 nm. 9) deve ser combinado com o do delito comissivo culposo (→ nm. 16).

50

Esquema de verificação: delito omissivo impróprio culposo

I. Tipicidade

1. ocorrência do resultado típico
2. omissão, ou seja, não-realização da conduta salvadora juridicamente devida apesar da possibilidade físico-real
3. quase-causalidade da omissão
4. posição de garante
5. cláusula de correspondência
6. quebra do dever objetivo de cuidado havendo previsibilidade objetiva
7. caso necessário, imputação objetiva (especialmente, nexo de violação do dever e nexo de fim de proteção da norma)

II. Antijuridicidade

eventualmente, colisão de deveres justificante

III. Culpabilidade

1. especialmente, quebra do dever subjetivo de cuidado havendo previsibilidade subjetiva
2. caso necessário, inexigibilidade do comportamento conforme à norma

E. Combinações dolo-culpa

§ 11 StGB – Conceito de pessoas e de coisas 51

...

Um fato é doloso, no sentido dessa lei, também quando ele realiza um tipo penal que, em relação à ação, pressupõe dolo, mas, em relação a uma especial consequência decorrente dessa ação, simplesmente culpa.

§ 18 StGB – Pena agravada por consequência fática especial

Caso a lei preveja uma pena mais grave para uma consequência especial do fato, ela só se aplica ao autor ou ao partícipe caso ele aja ao menos com culpa em relação a essa consequência.

Decisões selecionadas: BGHSt 14, 110 (relação de perigo específica do tipo na lesão corporal com resultado morte); 42, 158 (Desistência da tentativa de roubo no caso de ocorrência da morte da vítima).

Literatura para aprofundamento: *B.Heinrich/ Reinbacher* Objektive Zurechnung und "spezifischer Gefahrzusammenhang" bei den erfolgsqualifizierten Delikten, Jura 2005, 743; *Kudlich* Die Teilnahme am erfolgsqualifizierten Delikt, JA 2000, p. 511; *o mesmo* Das erfolgsqualifizierte Delikt in der Fallbearbeitung, JA 2009, 246.

I. Fundamentos

Algumas disposições do StGB preveem uma pena agravada se, por meio da realização típica de um delito, seja causada, adicionalmente, uma consequência especial. Tendo em vista que esse resultado especial, legalmente descrito, qualifica o respectivo delito base, fala-se em *qualificação pelo resultado*. 52

- À lesão corporal (simples), segundo o § 223 Abs. 1 StGB, é atribuída pena restritiva de liberdade de até cinco anos ou pena de multa. Caso a lesão corporal tenha por consequência a morte de uma pessoa, o delito se qualifica em lesão corporal com resultado morte nos termos do § 227 StGB, cuja pena mínima é de três anos de restrição de liberdade. 53

- O roubo com resultado morte do § 251 StGB é apenado com pena restritiva de liberdade perpétua ou pena restritiva de liberdade de no mínimo dez anos, enquanto o roubo (simples), ao contrário, é apenado "tão somente" com pena restritiva de liberdade mínima de um ano.

- Outras consequências além da morte de uma pessoa também podem aumentar os parâmetros da pena – por exemplo, a perda da capacidade visual de um olho ou de ambos os olhos, a perda da audição, da fala ou da capacidade procriativa, de um membro importante do corpo etc. – na lesão corporal grave nos termos do § 226 Abs. 1 StGB.

54 A respeito dos delitos qualificados pelo resultado, deve-se atentar, especialmente, para as normas dos §§ 11 Abs. 2 e 18 StGB. De acordo com o § 18 StGB, o autor só é punido segundo os parâmetros qualificados da pena caso ele aja *ao menos com culpa em relação ao resultado grave*.[+] Por isso, fala-se também em combinação dolo-culpa: o delito base tem que ser praticado dolosamente, a consequência especial, pelo menos, culposamente.

55 Segundo o § 11 Abs. 2 StGB, uma combinação dolo-culpa, como essa, *vale, no conjunto, como um fato doloso*.[++] Isso gera implicações, sobretudo, para a participação em um tal delito (→ nm. 69 ss.) assim como para uma eventual punibilidade por tentativa (→ nm. 72 ss.).[33]

56 O § 18 StGB deixa mais clara a distinção entre qualificação pelo resultado e qualificações típicas "normais": as elementares qualificadoras de um *tipo penal qualificado* (p.ex., § 224 StGB enquanto qualificação do § 223 StGB [lesão corporal qualificada e simples, respectivamente]), devem ser satisfeitas, segundo o § 15 StGB, não apenas culposa, mas dolosamente.

57 Além disso, existem as chamadas *condições objetivas de punibilidade* (→ § 4 nm. 114 s.). Elas devem existir apenas objetivamente, ou seja, em relação a elas, o autor não tem que atuar dolosa (como no caso de tipos qualificados) nem culposamente (como no caso de qualificações pelo resultado). Exemplos de tais condições objetivas de punibilidade são a não-demonstrabilidade do fato afirmado ou difundido no § 186 StGB [difamação] e a morte de alguém ou uma lesão corporal grave do § 231 Abs. 1 StGB [participação em rixa].

[+] *Nota de adaptação*: O art. 19 do CP dispõe de forma similar ao § 18 StGB.

[++] *Nota de adaptação*: No ordenamento jurídico brasileiro, não há norma semelhante à do § 11 Abs. 2 StGB, o que, a princípio, geraria distinto tratamento dogmático às participações e à tentativa em relação aos delitos preterdolosos (ações dolosas e resultados culposos). No entanto, não há qualquer óbice legal, no ordenamento brasileiro, à participação em delitos culposos, tendo em vista que até mesmo a diferenciação entre autor e partícipe não é, de certo modo, precisamente afirmada pelo ordenamento jurídico (a esse respeito, cf. § 9 nm. 174 ss.). No entanto, quanto às implicações para a dogmática da tentativa, a punibilidade por uma tentativa de realização de resultado culposo agravador do delito base doloso, em tese, restaria afastada em razão do princípio da legalidade.

33. *Kindhäuser* AT § 34 nm. 1; *Wessels/Beulke/Satzger* nm. 693.

II. Estrutura do delito qualificado pelo resultado

Na verificação da qualificação pelo resultado, deve-se, em primeiro lugar, constatar que o *delito base* foi praticado (p.ex., a lesão corporal "simples" e o roubo). Tendo em vista que uma solução de caso, de qualquer modo, começa tipicamente com o delito base discutido separadamente, na verificação da qualificação pelo resultado, basta uma referência à verificação já realizada do delito base. Em seguida, deve-se mencionar se o *resultado grave*, que o respectivo delito qualificado pelo resultado exige, ocorreu. **58**

Após isso, deve-se investigar a existência de uma *relação específica* entre o delito base e o resultado grave. Uma vez que as qualificações pelo resultado preveem um parâmetro de pena claramente maior, não basta que a realização do delito base tenha sido simplesmente causal para o resultado grave. É necessário, pelo contrário, que o perigo específico, aderido ao delito base, tenha repercutido na consequência específica.[34] **59**

Por fim, deve-se verificar, segundo o § 18 StGB, se é possível atribuir a consequência grave ao autor, *ao menos a título de culpa*. Algumas qualificações pelo resultado (p.ex., § 251 e § 306c StGB) exigem, de forma restritiva, até mesmo uma leviandade, ou seja, um grau maior de culpa (→ nm. 4). **60**

Há discussão a respeito de quais pontos particularmente devem ser mencionados na culpa. Segundo o BGH, deve-se verificar apenas se a ocorrência do resultado especial era previsível, objetiva e subjetivamente, para o autor. Já em relação à quebra de dever de cuidado, ao contrário, não haveria mais necessidade de constatá-la particularmente, já que ela já adviria da realização do delito base.[35] Segundo uma outra posição, a realização do delito base não significaria necessariamente também uma quebra de dever de cuidado em relação ao resultado grave, de modo que esse pressuposto ainda deveria ser discutido de forma autônoma nas qualificações pelo resultado.[36] No entanto, esse debate, como regra geral, não gera qualquer efeito para o resultado da verificação. **61**

34. *Kindhäuser* AT § 43 nm. 6 ss.; *Kühl* AT § 17a nm. 15.
35. BGHSt 24, 213 (215); 51, 18 (21).
36. *Wessels/Beulke/Satzger* nm. 693.

62

Esquema de verificação: qualificação pelo resultado

I. Delito base

II. Qualificação pelo resultado

1. realização do delito base

2. ocorrência de resultado grave

3. causalidade e relação específica de perigo entre o delito base e o resultado grave

4. ao menos, culpa (objetiva e subjetiva) em relação ao resultado grave

III. Relação de perigo específica do tipo

63 O elemento definidor da qualificação pelo resultado é a relação de perigo específica do tipo penal entre o delito base e o resultado grave. Essa relação específica pode existir entre a *ação* do delito base e as consequências especiais ou entre o *resultado* do delito base e as consequências graves. O tipo de relação necessário tem que ser determinado pelo próprio delito em questão.[37]

64 O resultado grave do § 251 [*roubo com resultado morte*] se baseia no perigo específico do meio de coação, ou seja, na violência contra uma pessoa ou na ameaça com perigo atual para o corpo ou para a vida. Caso, ao contrário, a morte da vítima resulte da subtração (p.ex., de uma coisa necessária para a sobrevivência, como um medicamento), a relação de perigo específica do tipo não é atendida.[38]

65 Na *lesão corporal com resultado morte*, segundo o § 227 StGB, o fator da qualificação é controverso.[39] Enquanto alguns exigem uma relação de perigo com o resultado do delito base, ou seja, com a lesão corporal inflingida, a posição aparentemente dominante entende ser suficiente uma relação com a ação do delito base, ou seja, com o ato da lesão corporal. A discussão é relevante quando, por exemplo, o autor agride a cabeça da vítima com uma arma carregada, mas a vítima não morre por conta da lesão na cabeça, mas por conta do tiro que é disparado no momento da agressão.

37. *Kindhäuser* AT § 34 nm. 8; *Kühl* AT § 17a nm. 17.
38. *Rengier* BT I § 9 nm. 4.
39. A esse respeito, ver BGHSt 14, 110 (112 s.); *Kühl* AT § 17a nm. 22 s.; *Rengier* BT II § 16 nm. 9 ss.

Na prática e nos exames de análise do delito, em relação às qualificações pelo resultado, há três grupos de casos de maior relevância, que, em regra, conduzem a resultados diferentes. Nos *casos do perseguidor*, nos quais alguém persegue o autor do delito base e, nessa ocasião, morre (p.ex., ao atravessar uma rua) ou vem a sofrer uma outra consequência grave, a relação de perigo específica do tipo penal é, usualmente, rechaçada. Os riscos materializados nesse caso são de natureza geral e não manifestam qualquer relação especial com o respectivo delito base. Porque, nesses casos, não há qualquer diferença se aquele a ser perseguido é, por exemplo, autor de um furto ou de um roubo.[40] **66**

> **Exemplo:** K, dono de um quiosque, observa o cliente A, quando este esconde uma barra de chocolate no bolso de sua jaqueta. Quando K aborda A, este o empurra, foge do quiosque e atravessa ao outro lado da rua. K persegue A e é atropelado fatalmente por um carro.
>
> A não é punível pela qualificação pelo resultado morte do furto com componente de roubo [*räuberischer Diebstahl*][*], nos termos dos §§ 252, 251 StGB.

Por outro lado, nos *casos de fuga*, nos quais a consequência especial ocorre enquanto a vítima foge do autor do delito base, a relação de perigo específica do tipo penal é frequentemente afirmada. Essa relação pressupõe que o comportamento da vítima represente uma reação natural e característica do delito, p.ex., em caso de fuga por pânico ou medo de morrer por ulteriores lesões corporais (§ 227 StGB) ou após sequestro continuado (§ 239 Abs. 4 StGB).[41] **67**

> **Exemplo:** Após uma acalorada discussão com ameaças de morte, A dá uma profunda apunhalada nas costas de sua esposa F com uma longa faca de cozinha. F foge para o quarto e sobe no parapeito da janela. Nesse momento, ela escorrega e cai de uma altura de 25m em um matagal, lesionando-se fatalmente.
>
> A é punível por lesão corporal com resultado morte, tendo em vista que a arriscada tentativa de fuga de F representa uma reação (espontânea) imediata e comum a uma lesão corporal por meio de uma facada, que coloca a vida em risco.[42]

40. *Rengier* BT I § 9 nm. 4; cf. também BGHSt 22, 362 (363).

[*] N.T.: O delito de furto com componente de roubo [*räuberischer Diebstahl*], do § 252 StGB, equipara o furto que é seguido de violência ou grave ameaça para asseguramento da coisa ao delito de roubo.

41. *Kindhäuser* AT § 34 nm. 8; *Kühl* AT § 17a nm. 26 s.

42. A esse respeito, ver BGH NStZ 2008, 278.

68 A constatação da relação de perigo específica do tipo requer uma fundamentação mais profunda, sobretudo, quando o resultado grave ocorre àquele que, em vista dos perigos causados por meio do delito base do autor, atua para salvar a vítima. Nesses chamados *casos do salvador*, a relação de perigo deve ser negada caso o salvamento se baseie em uma colocação em perigo consciente que foi desejada e realizada de forma autorresponsável. O autor, ao contrário, é responsável pela ocorrência da consequência especial quando causa um perigo significativo para um bem jurídico do salvador ou de uma pessoa próxima a ele e, com isso, haja um motivo compreensível para que este assuma perigosas medidas de salvamento. O mesmo vale caso o salvador possua um dever de salvar (p.ex., bombeiros). Nesse caso, falta a relação de perigo específica do tipo penal apenas quando a tentativa concreta de salvamento, de antemão, careça de sentido ou, por conta dos perigos desproporcionais, seja evidentemente irracional.[43]

> **Exemplo:** A coloca fogo na casa de B, que pode morrer asfixiado enquanto dorme. O vizinho N invade a casa para salvar B, e é atingido por uma viga que cai do teto. B acorda com o barulho e se salva deixando a casa.
>
> A não é punível por incêndio com resultado morte do § 306c StGB. O caso seria valorado distintamente, caso um bombeiro tivesse tentado salvar B. Em relação à morte de N, deve-se considerar, no entanto, uma punibilidade de A por homicídio culposo segundo o § 222 StGB.[44]

IV. Participação

69 Tendo em vista que, segundo o § 11 Abs. 2 StGB, as combinações dolo-culpa, como por exemplo as qualificações pelo resultado, valem como *delito doloso*, é possível haver participação nesses casos, pois se trata aqui de "fatos antijurídicos praticados dolosamente", no sentido dos §§ 26 e 27 StGB. No entanto, o dolo do partícipe também tem que abranger especificamente aquela ação do delito base que causa o resultado grave.

70 Em relação à consequência especial, o § 18 StGB determina que ela só se aplica ao (autor ou) *partícipe* caso ele *próprio* atue pelo menos *culposamente*. Sendo assim, é insignificante para o partícipe a possibilidade de se atribuir culpa ao autor em relação à consequência grave. Portanto, a participação em uma qualificação pelo resultado consiste, construtivamente,

43. OLG Stuttgart NJW 2008, 1971 (1971 s.); *Rengier* AT § 52 nm. 49; cf. também BGHSt 39, 322 (325).
44. A esse respeito, ver BGHSt 39, 322 (323 ss.).

em uma combinação de participação no delito base e autoria colateral culposa em relação ao resultado grave.[45]

71

Esquema de verificação: participação na qualificação pelo resultado

I. Tipicidade

1. Tipo objetivo

a) fato principal antijurídico e dolosamente praticado (com referência ao § 11 Abs. 2 StGB)

b) aporte do partícipe

2. Tipo subjetivo (dolo duplo do partícipe)

a) dolo em relação à consumação do fato principal

b) dolo em relação ao próprio aporte do partícipe

3. Qualificação pelo resultado

a) ocorrência do resultado grave

b) causalidade e relação de perigo específica entre o delito base e o resultado grave

c) pelo menos, culpa (objetiva e subjetiva) em relação ao resultado grave

II. Antijuridicidade

III. Culpabilidade

45. *Jäger* AT nm. 381c; *Kindhäuser* AT § 38 nm. 21; *Krey/Esser* nm. 1378.

V. Casos de tentativa

1. Tentativa qualificada pelo resultado

a) Fundamentos

72 A ocorrência da consequência especial de uma qualificação pelo resultado não pressupõe que o delito base seja consumado. É concebível que o *delito base* seja apenas *tentado*, mas o resultado grave da *qualificação pelo resultado* já tenha sido produzido. A tentativa do delito base, nesse caso, é qualificada pelo resultado, de modo que se fala em uma tentativa qualificada pelo resultado.[46]

73 **Exemplo:** A gostaria de surrupiar a bolsa da aposentada R. No entanto, R segura firme a bolsa, de modo que se trava uma batalha. Nesse instante, R se desequilibra e cai na rua e vem a ser atropelada por um carro. A foge sem a bolsa de R.

74 Tendo em vista que o delito base não é consumado, falta o injusto de resultado. Há apenas o injusto de ação. Por isso, uma tentativa qualificada pelo resultado só é punível quando o resultado grave se vincula à *periculosidade específica da ação delitiva*. Como já mencionado (→ nm. 63), isso deve ser especificamente determinado para cada delito.[47]

75 A periculosidade específica do roubo advém do meio de coação da violência contra uma pessoa ou da ameaça com perigo atual para o corpo ou para a vida (→ nm. 64). A qualificação pelo resultado do § 251 StGB [roubo com resultado morte] se baseia, com isso, na ação delitiva da coação qualificada, de modo que é possível uma tentativa qualificada pelo resultado do § 251 StGB. Por isso, no exemplo acima, A seria – desde que os outros pressupostos da punibilidade também se afirmem – punível por roubo tentado com resultado morte segundo os §§ 251 e 22 StGB.

76 A tentativa qualificada pelo resultado deve ser *verificada* como em uma tentativa comum. Em relação à punibilidade da tentativa, deve-se mencionar se a tentativa qualificada pelo resultado é possível, ou seja, se há a relação de perigo específica entre a ação do delito base e o resultado grave. Os próprios pressupostos da qualificação pelo resultado são discutidos após o tópico "começo imediato".

46. *Kindhäuser* AT § 30 nm. 19; *Wessels/Beulke/Satzger* nm. 617.
47. *Jäger* AT nm. 381; *Wessels/Beulke/Satzger* nm. 617.

77

Esquema de verificação: tentativa qualificada pelo resultado

I. Pré-verificação

II. Resolução para o fato

III. Começo imediato (§ 22 StGB)

IV. Qualificação pelo resultado

1. realização do delito base

2. ocorrência do resultado grave

3. causalidade e relação de perigo específica entre o delito base e o resultado grave

4. pelo menos, culpa (objetiva e subjetiva) em relação ao resultado grave

V. Antijuridicidade

VI. Culpabilidade

VII. Ausência de desistência nos termos do § 24 StGB

b) Punibilidade da tentativa do delito base

Os delitos qualificados pelo resultado se baseiam, em regra, no *delito base*, cuja *tentativa* é *punível* (p.ex., roubo tentado e lesão corporal tentada). No entanto, há alguns tipos penais, cuja tentativa não é punível, mas que também podem ser qualificados por uma consequência especial (p.ex., abandono de pessoa com severas consequências, nos termos do § 221 Abs. 2 Nr. 2 e Abs. 3 StGB, sequestro de menor com resultado morte, nos termos do § 235 Abs. 5 StGB nos casos da Abs. 1 Nr. 1 e Abs. 2 Nr. 2). 78

Se, por exemplo, uma tentativa de abandono resulta em morte ou em um dano grave à saúde da vítima, falta um fato base penalmente proibido como ponto de conexão para a tentativa qualificada pelo resultado. As qualificações pelo resultado do § 221 Abs. 2 Nr. 2 e Abs. 3 StGB até constituem crimes autônomos, cujas tentativas, portanto, seriam puníveis em si segundo os § 23 Abs. 1 Var. 1 e § 12 Abs. 1 StGB. Mas isso conduziria a que a consequência especial fundamentasse sozinha a pena do autor. No entanto, o § 18 StGB descreve *consequências especiais*, nas qualificações pelo resultado, como elementares que fundamentam "uma pena mais grave", 79 ou seja, não fundamentam a pena em si, mas *apenas a sua agravação*.[48] Por isso, parece plausível recusar uma punibilidade da tentativa qualificada pelo resultado quando a tentativa do delito base não é punível. Não surgem, por consequência disso, lacunas de punibilidade excessivas, porque um resultado grave ocorrido ainda é abrangido por fatos culposos como, em especial, os §§ 222 e 229 StGB [homicídio e lesão corporal culposos].

c) Desistência

80 A desistência de uma tentativa qualificada pelo resultado parece questionável, já que o resultado grave (p.ex., a morte de alguém) já ocorreu. No entanto, a posição majoritária afirma a possibilidade de uma desistência como essa, tendo em vista que o autor, de fato, poderia desistir do delito base (apenas tentado). No entanto, dessa forma, não haveria ponto de contato para a qualificação pelo resultado, que só seria punível em conexão com um determinado tipo penal base.[49]

81 **Exemplo:** A deseja golpear a cabeça de B com uma arma carregada. Durante o movimento do golpe, ele é tomado de remorso e não o executa. No entanto, em razão do intenso movimento com o braço, a arma dispara e o tiro acerta B fatalmente.

> A tentativa de lesão corporal com resultado morte segundo os §§ 227 e 22 StGB até seria punível segundo a opinião majoritária, já que a relação de perigo também pode existir entre a ação de lesão corporal e o resultado grave (→ nm. 65). No entanto, segundo o BGH, a desistência do delito base da lesão corporal conduz também à desistência da tentativa qualificada pelo resultado. Por isso, A só é punível por homicídio culposo segundo o § 222 StGB.

2. Tentativa da qualificação pelo resultado

82 O grupo de casos da tentativa qualificada pelo resultado não pode ser confundido com o da tentativa da qualificação pelo resultado. Enquanto no primeiro caso, o resultado grave já ocorreu, no segundo, *não se produz o resultado grave* que o autor, no entanto, aspirava. O delito base, por sua vez, pode ter cessado no estágio de tentativa, mas também já ter sido consumado.[50] Resumidamente, resultam das possíveis combinações entre

48. *Roxin* AT II § 29 nm. 323; a esse respeito, ver ainda *Kühl* AT § 17 nm. 45 ss.
49. BGHSt 42, 158 (160 s.); *Kindhäuser* AT § 32 nm. 35; *Kühl* AT § 17a nm. 57; *Wessels/Beulke/Satzger* nm. 653a; com outra opinião, *Roxin* AT II § 30 nm. 289 ss.
50. *Kindhäuser* AT § 30 nm. 18; *Wessels/Beulke/Satzger* nm. 617.

delito base (tentado ou consumado) e resultado grave (ausente ou existente) as seguintes possibilidades:

<table>
<tr><th></th><th></th><th colspan="2">Delito base</th></tr>
<tr><th></th><th></th><th>consumado</th><th>tentado</th></tr>
<tr><td rowspan="2">Consequência especial</td><td>existente</td><td>Qualificação pelo resultado (consumada)</td><td>Tentativa qualificada pelo resultado</td></tr>
<tr><td>não existente</td><td>Tentativa da qualificação pelo resultado</td><td>Tentativa da qualificação pelo resultado</td></tr>
</table>

Panorama: tentativa qualificada pelo resultado e tentativa da qualificação pelo resultado

Tendo em vista que o § 18 StGB exige, a respeito do resultado grave, **83** "pelo menos", culpa, o fato é punível com ainda mais razão caso o autor atue com dolo em relação a essa consequência. Por isso, uma *tentativa* da qualificação pelo resultado é *fundamentalmente possível*. No entanto, caso o delito base só atinja o estágio de tentativa, a tentativa do delito base, segundo a opinião aparentemente dominante, também tem que ser punível.[51] Isso deve ser discutido, em cada caso, no ponto de verificação "punibilidade da tentativa".

Em todo caso, se o resultado grave consistir na morte da vítima, **84** a tentativa da qualificação pelo resultado não precisa ser discutida em detalhes. Porque, nesse caso, o autor pratica também um *homicídio tentado*, em relação ao qual a tentativa de delito qualificado pelo resultado (p.ex., do § 227 StGB), em geral, cede. Há uma exceção para o roubo tentado com resultado morte, nos termos dos §§ 251 e 22 StGB, que, segundo a opinião dominante, configura uma unidade fática com o homicídio tentado.[52]

A *desistência* da tentativa da qualificação pelo resultado é admissível **85** sem discussão, quando o delito base também se encontra ainda em estágio de tentativa. Nesse sentido, caso o delito base já esteja consumado, afasta-se uma desistência. No entanto, em relação ao resultado grave, é concebível uma desistência parcial caso estejam presentes os pressupostos do § 24 StGB. Para tanto, o comportamento de desistência tem que estar relacionado precisamente à evitação do resultado grave.[53]

51. *Krey/Esser* nm. 1373; *Wessels/Beulke/Satzger* nm. 617; com outra opinião, *Kühl* AT § 17a nm. 37.

52. BGHSt 39, 100 (108 s.); *Fischer* § 251 nm. 12; *Lackner/Kühl* § 251 nm. 4; *Rengier* BT I § 9 nm. 12.

53. *Kühl* AT § 17a nm. 55.

86 Tendo em vista que o autor tem que atuar dolosamente em relação ao resultado grave, a tentativa da qualificação pelo resultado deve ser *verificada* como a tentativa de um outro delito qualquer. Caso o delito base seja consumado, isso deve ser mencionado preliminarmente. Se, ao contrário, o delito base também tiver, da mesma forma, permanecido no estágio de tentativa, é possível proceder a uma verificação comum com a tentativa da qualificação pelo resultado.

87

Esquema de verificação: tentativa da qualificação pelo resultado

I. Pré-verificação

II. Resolução para o fato

1. caso o delito base tenha sido apenas tentado: decisão pela sua realização

2. decisão pela ocorrência do resultado grave

III. Começo imediato (§ 22 StGB)

IV. Antijuridicidade

V. Culpabilidade

VI. Ausência de desistência nos termos do § 24 StGB

Aproximações ao direito brasileiro

Assim como no direito alemão, a lei penal brasileira também estabelece a punição a título de culpa como excepcional (art. 18, parágrafo único, do CP), o que significa que a punibilidade por um determinado delito culposo precisa estar prevista expressamente na lei. **88**

O Código Penal brasileiro ainda define o crime culposo como a causação do resultado por imprudência, imperícia e negligência (art. 18, II, do CP). A imprudência, a imperícia e a negligência, na realidade, são hipóteses de comportamentos culposos, ou seja, de quebra de dever de cuidado.[54] A enumeração destas hipóteses como definição legal do agir culposo é criticada, sobretudo, por apresentar parâmetros de avaliação precários e de difícil determinação.[55] A literatura brasileira define, de forma superficial, a imprudência como um ato positivo indevido, a negligência como uma omissão do ato devido e a imperícia como a violação de regras técnicas.[56] Esses termos, contudo, parecem ter amplitude suficiente para abarcar toda quebra de dever de cuidado, que, a princípio, sempre se dará na forma geral de uma falta de cautela ordinária (imprudência ou negligência) ou técnica (imperícia). **89**

Por fim, é necessário atentar apenas para o fato de que não há, no direito brasileiro, norma semelhante à do § 11 Abs. 2 StGB, o que, a princípio, geraria distinto tratamento dogmático à participação em delitos preterdolosos (ações dolosas e resultados culposos). No entanto, também não há, entre nós, norma que limite a participação em delitos dolosos, haja vista que a própria diferenciação entre autor e partícipe não é, de certo modo, precisamente afirmada pelo ordenamento jurídico (a esse respeito, ver § 9 nm. 174 ss.), de forma que a ausência de tal norma constitutiva parece, a princípio, não criar embaraços ao tratamento dogmático da participação em delitos preterdolosos. **90**

54. Cirino, p. 164; Martinelli e de Bem, p. 459.
55. D'Ávila, 2001 p. 83. Outras críticas em Tavares, 2009, p. 268.
56. Tavares, 2009, p. 273; Martinelli e de Bem, p. 460; Gueiros e Japiassú, p. 239.

§ 13. Concurso de delitos

§ 52 StGB – Unidade fática 1

Caso a mesma ação viole várias normas penais ou a mesma norma penal várias vezes, aplica-se somente uma pena.

[1]Caso várias normas penais sejam violadas, a pena será determinada pela norma penal que preveja a maior pena. [2]A pena não pode ser inferior ao que autorizam as demais normas penais aplicáveis.

e (4) ...

§ 53 StGB – Pluralidade fática

Caso alguém tenha praticado vários delitos que devam ser julgados ao mesmo tempo, e por isso incorra em várias penas restritivas de liberdade ou várias penas de multa, será imposta uma pena conjunta.

[1]Caso penas restritivas de liberdade concorram com penas de multa, será imposta uma pena conjunta. [2]No entanto, o juiz também pode aplicar a pena de multa separadamente; sendo devido, nesses casos, impor penas de multa em razão de vários delitos será imposta uma pena conjunta de multa.

e (4) ...

Decisões selecionadas: BGHSt 22, 67 (Caso da fuga em perseguição policial); 44, 196 (Unidade fática entre homicídio tentado e lesão corporal consumada); BGH NJW 2002, 150 (concurso entre furto em um caso especialmente grave e dano); NStZ 2014, 272 (Princípio da atração no caso de roubo a banco).

Literatura para aprofundamento: *Geppert* Grundzüge der Konkurrenzlehre, Jura 2000, 598, 651; *Seher* Zur strafrechtlichen Konkurrenzlehre – Dogmatische Strukturen und Grundfälle, JuS 2004, 392, 482; *Steinberg/Bergmann* Über den Umgang mit den "Konkurrenzen" in der Strafrechtsklausur, Jura 2009, 905; *Walter* Zur Lehre der Konkurrenzen: Die Bedeutung der Konkurrenzen und wie man sie prüft, JA 2004, 133.

A. Fundamentos

2 Na maior parte das vezes, o autor realiza vários tipos penais diferentes ou também o mesmo tipo penal várias vezes. Alguns desses delitos praticados podem aparecer como algo secundário ou apenas como uma imperativa manifestação concomitante. Nesses casos, é necessário verificar como esses delitos praticados pelo autor se comportam entre si, ou seja, qual é a relação de concurso entre eles. Essa tarefa é realizada pela *teoria do concurso de delitos*. Ela determina por qual dos delitos praticados (e com isso, em última instância, segundo qual escala de pena) o autor será julgado e como deverá ser aferida sua pena.

3 **Exemplo:** A dispara, com dolo de homicídio, várias vezes em direção a um grupo de cinco pessoas. B, C e D morrem, E e F ficam feridos. Nesse exemplo, A realizou vários delitos, a saber, homicídios consumados e tentados, segundo os §§ 211 s. StGB, assim como os tipos penais de lesão corporal dos §§ 223 e 224 StGB. Possivelmente, ele também é punível por dano (§ 303 StGB), caso ele tenha furado pedaços de roupas das vítimas com suas munições. Além disso, A ainda realizou esses delitos em prejuízo de distintas pessoas, ou seja, ainda preencheu os tipos penais em questão várias vezes.

4 O concurso de delitos é regulado pelos §§ 52 ss. StGB.[+] É possível inferir dessas normas uma sequência de verificação: em primeiro lugar, deve-se debater se o autor praticou *uma ou mais ações*. Enquanto o § 52 StGB abrange o caso em que a mesma ação viola várias normas penais ou a mesma norma penal várias vezes, o § 53 StGB regula o caso de alguém que pratica vários fatos penais. Sendo assim, deve-se investigar, em um primeiro passo, se o comportamento do autor se esgota em uma única ação (no sentido naturalístico ou no sentido jurídico). Sendo esse o caso, há uma *unidade de ação* (e o § 52 é aplicável). Caso contrário, há uma *pluralidade de ações* (e é necessário recorrer aos §§ 53 ss. StGB).[1]

[+] *Nota de adaptação*: No Código Penal brasileiro, a matéria se encontra regulada nos arts. 69 ss.

1. *Krey/Esser* nm. 1387; *Wessels/Beulke/Satzger* nm. 753.

Se, segundo a delimitação entre unidade e pluralidade de ações, está claro que os fatos penais praticados foram realizados por meio de uma ou várias ações, deve-se investigar, então, como os tipos penais realizados se comportam entre si. Nesse momento, se um tipo penal abrange totalmente o conteúdo de injusto de um outro, que por isso pareça supérfluo para o julgamento a respeito da culpabilidade do autor, o mais abrangente suplanta o menos. Assim, fala-se em um concurso impróprio ou *concurso de normas*, seja nas formas de especialidade, subsidiariedade ou consunção (no caso de unidade de ação) ou de antefatos ou pós-fatos copuníves (no caso de múltiplas ações). A relação de concurso é descrita como imprópria porque, nesse caso, as normas não concorrem no sentido comum de incidência concomitante. Pelo contrário, alguns tipos penais cedem lugar a outros. Portanto, julga-se e penaliza-se apenas com base nas normas prioritárias.[2] 5

O terceiro e último passo se esgota na afirmação de que todos os tipos penais que não são suplantados por via de um concurso impróprio estão em *concurso próprio*. Delitos realizados em unidade de ação configuram uma unidade fática (ou também concurso ideal) segundo o § 52 StGB, os delitos praticados por meio de várias ações, uma pluralidade fática (ou também concurso real) segundo o § 53 StGB.[3] 6

7

Esquema de verificação: concurso de delitos

I. Unidade de ação ou pluralidade de ações?

II. Concurso de normas

- no caso de unidade de ação: especialidade, subsidiariedade, consunção

- no caso de pluralidade de ações: antefato ou pós-fato copunível

III. Os tipos penais restantes configuram

- no caso de unidade de ação, uma unidade fática ou também concurso ideal (§ 52 StGB)

- no caso de pluralidade ações, uma pluralidade fática ou também concurso real (§ 53 StGB)

2. *Heinrich* AT nm. 1387; *Kühl* AT § 21 nm. 5; *Wessels/Beulke/Satzger* nm. 787.
3. *Heinrich* AT nm. 1395.

8 São as circunstâncias do caso concreto que orientam a decisão a respeito de onde se deve localizar a discussão sobre o concurso na *estrutura de análise do delito*. Tendo em vista que o acontecer típico se divide em complexos fáticos (→ § 3 nm. 47 s.), é apropriado, em regra, tratar do concurso *ao final de cada complexo fático* (p.ex., sob o título comum "concursos e resultado"). Além disso, os concursos devem, em todo caso, ser apresentados ao final do exame no *resultado global*.

9 Da mesma forma, em casos não problemáticos, é possível, em apenas uma frase, mencionar, *ao fim* da verificação *de um tipo penal*, como ele se comporta em relação aos demais. Por exemplo, delitos de lesão corporal consumados recuam, por via da subsidiariedade, ante um delito de homicídio consumado por meio da mesma ação em prejuízo da mesma vítima. Essa relação de concurso pode ser afirmada já imediatamente após a verificação dos delitos de lesão corporal ou mesmo no contexto dessa verificação.

B. Unidade de ação ou pluralidade de ações

10 A unidade de ação pode advir tanto de uma *consideração natural* ou fática da situação quanto em razão de uma *valoração jurídica*. Caso nenhuma dessas abordagens conduza à admissão de uma unidade de ação, deve-se partir obrigatoriamente de uma pluralidade de ações.

I. Ação em sentido natural e unidade natural de ação

11 Segundo uma abordagem natural, existe uma unidade de ação, em primeiro lugar, caso haja apenas um exercício de vontade do autor, ou seja, uma tomada de decisão realizada em uma única ação. Um único soco em uma pessoa ou o disparo de um único tiro são exemplos disso. No entanto, uma *ação em sentido natural* como essa sempre pode acabar realizando vários tipos penais concomitantemente, como o arremesso de uma granada em um agrupamento de pessoas.[4]

12 Mas até mesmo várias ações podem construir uma unidade de ação no sentido natural. Isso vale, especialmente, para os casos nos quais uma tomada de decisão unitária se realiza em várias ações equivalentes que, no entanto, se encontram em uma estreita relação espacial e temporal (chamada *unidade natural de ação*). Nesse caso, o comportamento global do autor, de uma perspectiva "natural" tem que se manifestar como um agir unitário e coeso.[5]

4. *Kühl* AT § 21 nm. 7; *Wessels/Beulke/Satzger* nm. 758.
5. BGHSt 4, 219 (220); 43, 312 (315); 43, 381 (386 s.); *Kindhäuser* AT § 45 nm. 6; *Kühl* AT § 21 nm. 14; *Wessels/Beulke/Satzger* nm. 764.

Algumas vezes, a jurisprudência aceita uma unidade natural de ação de forma bem generosa. Nos chamados *casos de evasão em perseguição policial*, nos quais o autor, tentando escapar da apreensão policial, comete vários delitos em prejuízo de diferentes titulares de bens jurídicos (p.ex., pela ruptura de bloqueios na rodovia ou pela forma arriscada de conduzir), apenas a vontade de fuga unitária do autor já basta para considerar o acontecimento global como uma unidade natural de ação.[6] 13

A literatura, por sua vez, se mostra comedida na afirmação de uma unidade natural de ação. Em regra, essa unidade é negada, sobretudo, nos casos em que haja lesão de *bens jurídicos personalíssimos* (em especial, corpo, vida ou liberdade) de diversas pessoas.[7] Apesar da violação de bens jurídicos personalíssimos de diversas pessoas (p.ex., no disparo de tiros em direção a várias pessoas dentro de poucos segundos sem qualquer ruptura temporal), a jurisprudência, de forma excepcional, também recorre, complacentemente, a uma unidade natural de ação quando uma divisão em autônomos fatos individuais parece arbitrária e artificial por conta da estreita relação temporal e situacional.[8] 14

Em determinados grupos de casos, algumas formas de comportamento de igual natureza já são verificadas conjuntamente no plano da tipicidade e não simplesmente condensadas como unidade de ação fática apenas no plano do concurso. Isso acontece, em primeiro lugar, no caso de *comissão iterativa*, ou seja, reiterada, de um fato, em uma estreita relação espacial e temporal, por meio de ações de igual natureza e tipicamente equivalentes. Caso, por exemplo, a mesma vítima tome vários tapas sucessivos ou seja injuriada por várias ofensas seguidas, há, do ponto de vista típico, apenas uma lesão corporal ou apenas uma injúria.[9] 15

O mesmo vale caso o autor realize o resultado típico, passo a passo, por meio de várias ações. Em todo caso, diante de uma *comissão sucessiva*, analisa-se, de antemão, apenas um único fato. Aquele que, por exemplo, primeiro, tenta golpear a vítima, em seguida, esfaqueá-la, para, só então, matá-la a tiros, realiza apenas um único delito de homicídio.[10] 16

II. Unidade jurídica de ação

Várias ações em sentido natural também podem ser condensadas em uma unidade de ação caso o tipo penal conecte várias ações a uma única 17

6. BGHSt 22, 67 (76 s.); 48, 233 (239); de forma crítica, *Kühl* AT § 21 nm. 17; *Wessels/Beulke/Satzger* nm. 765.
7. *Kindhäuser* AT § 45 nm. 11; *Kühl* AT § 21 nm. 19 s.; *Wessels/Beulke/Satzger* nm. 766.
8. BGH NStZ-RR 2001, 82; NStZ 2012, 562 (562).
9. *Rengier* AT § 56 nm. 16 ss.; *Wessels/Beulke/Satzger* nm. 763.
10. *Kindhäuser* AT § 45 nm. 13; *Wessels/Beulke/Satzger* nm. 763.

unidade de valoração jurídico-social. Essa chamada *unidade de ação típica* aparece, sobretudo, nos tipos penais compostos. O roubo, por exemplo, reúne as ações de coação e subtração. O mesmo vale para delitos de múltiplas ações, que agrupam ações consecutivas entre si em um mesmo tipo penal (p.ex., colocar em circulação dinheiro previamente falsificado, adulterado ou adquirido, segundo o § 146 Abs. 1 Nr. 3 StGB [delito de falsificação de moeda]).[11]

18 Além disso, no passado, a jurisprudência entendia que vários atos individuais contrários ao mesmo bem jurídico poderiam ser valorados na forma do que se chama de *ação continuada*, caso eles fossem de mesma natureza na forma de comissão e levados a cabo por um dolo (global) unitário.[+] Desse modo, realizações autônomas de um mesmo tipo penal eram agrupadas em uma unidade jurídica de ação. Uma ação continuada era aceita, especialmente, em casos de delitos em série, como maus-tratos reiterados e fraudes. No entanto, tendo em vista que isso resultava em vantagens ao autor por conta da proibição de duplo julgamento a respeito do período de tempo total pelo qual ele era denunciado, independentemente de quantos fatos praticados nesse período haviam sido descobertos, o BGH abandonou a figura da ação continuada.[12]

C. Concurso de normas

I. Concurso de normas no caso de unidade de ação

1. Especialidade

19 No caso de especialidade, uma norma contém, por necessidade conceitual, todas as elementares de um tipo penal assim como, *pelo menos, uma elementar adicional*. Por isso, com a realização de um tipo penal mais especial, sempre se realiza também o tipo penal mais geral, de modo que o conteúdo de injusto do fato já encontra expressão suficiente com o julgamento apenas do delito mais especial. Esses tipos penais especiais são, principalmente, os delitos qualificados em relação aos tipos penais bases e os delitos compostos.[13]

11. *Kühl* AT § 21 nm. 23; *Wessels/Beulke/Satzger* nm. 759 s.

[+] *Nota de adaptação*: O Código Penal brasileiro dispõe expressamente sobre o crime continuado (art. 71 do CP). A esse respeito, ver *infra* em *aproximações ao direito brasileiro* → § 13 nm. 47.

12. BGHSt 40, 138 (148 ss.); a esse respeito, ver *Heinrich* AT nm. 1424 ss.; *Jäger* AT nm. 391; *Kühl* AT § 21 nm. 26 ss.; *Wessels/Beulke/Satzger* nm. 769 ss.

13. *Heinrich* AT nm. 1437; *Kühl* AT § 21 nm. 52; *Wessels/Beulke/Satzger* nm. 788.

A lesão corporal perigosa, segundo o § 224 StGB, enquanto qualificação, suplanta o tipo penal base da lesão corporal "simples" do § 223 StGB. O roubo (§ 249 StGB), enquanto delito composto, suplanta os tipos penais do furto (§ 242 StGB) e do constrangimento ilegal (§ 240 StGB). 20

2. Subsidiariedade

Subsidiariedade significa que um tipo penal só é aplicável caso nenhuma outra norma o seja. Em parte, essa relação concursal é prevista expressamente na lei, ou seja, é disposta formalmente (por isso, chamada *subsidiariedade formal*). Cláusulas de subsidiariedade dessa natureza (p.ex., "se o fato não constitui crime mais grave") são encontradas, dentre outros dispositivos, nos §§ 145 Abs. 2, 145d Abs. 1, 246 Abs. 1, 248b Abs. 1, 265a Abs. 1 e 316 Abs. 1 StGB[+]. Os tipos penais em questão cedem lugar, por via da subsidiariedade, à norma penal prioritária.[14] 21

Além disso, uma relação de subsidiariedade pode derivar de uma interpretação, sem que haja uma expressa disposição legal. Essa *subsidiariedade material* é aceita, caso a realização de um tipo penal, em princípio, intervenha de forma menos intensa nos respectivos bens jurídicos do que a realização de um outro tipo penal.[15] 22

Isso vale, dentre outros, para os delitos de perigo abstrato em contraposição aos de perigo concreto e para esses, por sua vez, em contraposição aos delitos de lesão, que protejam o mesmo bem jurídico. Além disso, a tentativa é materialmente subsidiária em relação à consumação de um mesmo tipo penal, assim como a cumplicidade em relação à instigação e essa, por sua vez, em relação à autoria. Os "delitos-meio" também recuam como subsidiários; o exemplo paradigmático para isso é a lesão corporal consumada como meio necessário para um homicídio consumado. 23

No entanto, deve-se sempre atentar para o fato de que o juízo a respeito do delito mais grave deve expressar, realmente, o injusto total do fato. Por isso, se bens jurídicos distintos forem afetados, com frequência, é o caso de, a fim de deixar claro, negar um concurso de normas e admitir uma unidade fática (chamada *função de esclarecimento* do concurso ideal). O mesmo se aplica caso o delito mais grave só alcance o estágio de tentativa e, em contrapartida, o delito propriamente subsidiário esteja consumado.[16] 24

[+] *Nota de adaptação*: No ordenamento jurídico brasileiro, relações expressas de subsidiariedade podem ser encontradas, p.ex., nos arts. 132, 177, 238, 239 e 337 do CP.

14. *Heinrich* AT nm. 1439; *Kindhäuser* AT § 46 nm. 9; *Kühl* AT § 21 nm. 53.

15. *Heinrich* AT nm. 1440; *Jäger* AT nm. 386; *Kindhäuser* AT § 46 nm. 10; *Kühl* AT § 21 nm. 54.

16. *Heinrich* AT nm. 1434; *Wessels/Beulke/Satzger* nm. 787.

25 Segundo a opinião atualmente dominante, a lesão corporal consumada e o homicídio tentado estão, por razões de clareza, em unidade fática. Caso a lesão corporal consumada recuasse subsidiariamente, não ficaria claro, a partir da sentença condenatória, se a tentativa de homicídio já teria provocado uma lesão à integridade corporal (p.ex., A dispara em B com dolo de matar, mas apenas o lesiona) ou não (p.ex., A dispara em B como dolo de matar, mas erra totalmente o alvo).[17]

3. Consunção

26 Por fim, a relação de concurso da consunção abrange casos nos quais, não por necessidade conceitual (senão, haveria especialidade), mas de *forma usual*, um delito é cometido com um outro, sem, no entanto, conter o mesmo conteúdo de injusto (senão, haveria subsidiariedade). Se, nesse caso, o conteúdo de injusto e de culpabilidade do delito mais brando é co-abarcado, em princípio, pelo mais grave, o delito concomitante é consumido.[18]

27 No caso de um furto com invasão de domicílio (§ 244 Abs. 1 Nr. 3 StGB), a invasão de domicílio por conta da entrada na casa (§ 123 Abs. 1 StGB) assim como o delito de dano por conta do arrombamento, por exemplo, da porta da casa (§ 303 Abs. 1 StGB), são realizados conjuntamente e, por isso, suplantados por via da consunção.

28 No entanto, o delito concomitante mantém seu *caráter autônomo*, quando, no caso concreto, ele se afasta do curso regular do fato principal. Isso se aplica, por exemplo, para o delito de dano no furto com invasão de domicílio, caso o dano causado exceda o dano ao patrimônio causado pelo furto.[19] Da mesma forma, um furto grave em bando, segundo os pressupostos do § 243 Abs. 1 Satz 2 Nr. 1 e 2 StGB, e um delito de dano, por razões de clareza, resultam em unidade fática, uma vez que o conteúdo de injusto do dano não é integralmente abrangido, nesses casos, pelo furto em bando.[20]

II. Concurso de normas no caso de pluralidade de ações

29 Delitos praticados por meio de várias ações também podem ser suplantados por via do concurso de normas. Trata-se, aqui, de *antefatos ou pós-fatos copunidos*, ou seja, de tipos penais que, usualmente, são praticados prévia ou posteriormente a um outro delito e, por isso, são abrangidos exaustivamente pelo conteúdo de injusto e de culpabilidade deste. Entre os

17. Ver apenas BGHSt 44, 196 (198 s.); *Kudlich* PdW AT Fall 332; *Wessels/Beulke/Satzger* nm. 787.

18. *Kindhäuser* AT § 46 nm. 11; *Rengier* AT § 56 nm. 30; *Wessels/Beulke/Satzger* nm. 791.

19. BGH NJW 2002, 150 (152); *Kühl* AT § 21 nm. 60; *Rengier* AT § 56 nm. 33.

20. BGH NStZ 2014, 40.

antefatos copunidos, incluem-se casos de subsidiariedade ou consunção, entre os pós-fatos copunidos, apenas de consunção.[21]

O pacto para cometimento de um delito (§ 30 Abs. 2 StGB) recua (subsidiariamente) em relação ao posterior cometimento do delito combinado enquanto *antefato copunido*. **30**

O estelionato cometido para assegurar o delito patrimonial consumado anteriormente representa um *pós-fato copunido* por via de consunção. Isso vale, por exemplo, caso o autor, faltando com a verdade, negue a um segurança de um centro comercial ter escondido um produto sem pagar, e o segurança, por isso, o deixe ir. Nesse caso, o fato prévio do furto consumado suplanta o fato posterior da fraude (para asseguramento). **31**

D. Unidade fática e pluralidade fática

I. Unidade fática

Todos os delitos que, no caso de unidade de ação, não podem ser suplantados por via da especialidade, subsidiariedade ou consunção, configuram uma unidade fática ou um *concurso ideal* nos termos do § 52 StGB. Caso a mesma ação viole a mesma norma penal várias vezes, tem-se uma unidade fática de mesma natureza (Abs. 1 Var. 2). Se, ao contrário, diferentes tipos penais são praticados pela mesma ação – como ocorre em regra – eles formam uma unidade fática de natureza distinta (Abs. 1 Var. 1).[22] **32**

A princípio, também haverá uma unidade fática ainda que coincidam *delitos permanentes e delitos de estado* (→ § 1 nm. 61). Em primeiro lugar, delitos permanentes formam um concurso ideal com delitos de estado que *fundamentem ou mantenham* o delito permanente. Como exemplo, pode-se mencionar o arrombamento de uma porta para a invasão do domicílio.[23] **33**

Em segundo lugar, também se deve afirmar uma unidade fática quando o delito permanente é cometido *com o fim de praticar um delito de estado*, de modo que esse estado é fundamentado e antijuridicamente mantido por esse delito permanente. Se, ao contrário, o delito de estado é realizado apenas por ocasião do delito permanente, o delito de estado e o delito permanente formam uma pluralidade fática.[24] **34**

21. *Wessels/Beulke/Satzger* nm. 794 s.

22. *Kindhäuser* AT § 47 nm. 1; *Rengier* AT § 56 nm. 46; *Wessels/Beulke/Satzger* nm. 776.

23. *Kindhäuser* AT § 47 nm. 12; *Rengier* AT § 56 nm. 58; *Wessels/Beulke/Satzger* nm. 779.

24. *Jäger* AT nm. 390; *Kindhäuser* AT § 47 nm. 13 s.; *Rengier* AT § 56 nm. 59 ss.; *Wessels/Beulke/Satzger* nm. 779.

35 **Exemplo:**

- Caso A adentre a garagem aberta de B, para arranhar a pintura do carro novo deste, a invasão de domicílio, enquanto delito permanente, e o delito de dano, enquanto delito de estado praticado durante a violação permanente do direito ao domicílio, formam uma unidade fática. A é punível segundo os §§ 303 Abs. 1, 123 Abs. 1 e 52 StGB.

- Caso A, ao contrário, adentre a garagem de B, inicialmente, apenas para olhar mais de perto o carro novo deste, e então quando já está na garagem tome a decisão de, aproveitando a oportunidade, deixar alguns rabiscos na pintura do carro zero, o delito de dano e a invasão de domicílio formam uma pluralidade fática. A é punível segundo os §§ 303 Abs. 1, 123 Abs. 1 e 53 StGB.

36 Segundo o § 52 StGB, aplica-se somente uma pena unitária (Abs. 1). Segundo o chamado *princípio da absorção*, a pena será retirada daquele tipo penal que comine a maior pena (Abs. 2 Satz 1).[25]

II. Pluralidade fática

37 No caso de pluralidade de ações, todos os delitos praticados que não sejam antefatos ou pós-fatos copunidos suplantados por outro tipo penal formam uma pluralidade fática ou *concurso real,* nos termos do § 53 StGB.

38 Excepcionalmente, delitos praticados por diferentes ações que não estejam em concurso impróprio também podem formar uma unidade fática. Isso pressupõe, segundo o *princípio da atração* [*Prinzip der Verklamerung*],[*] um terceiro delito que esteja em unidade fática com os delitos a serem reunidos. Além disso, os tipos penais a serem reunidos, considerados por si mesmos, não podem ser mais graves do que o delito que os reúne.[26]

39 **Exemplo:**

- Aquele que, aproveitando uma oportunidade, pega o veículo de um terceiro, sem autorização, para dar uma volta (uso desautorizado de veículo, nos termos do § 248b Abs. 1 StGB: pena restritiva de liberdade de até três anos ou multa), atropela culposamente uma outra pessoa (lesão corporal culposa, nos termos do § 229 StGB: pena restritiva de liberdade de até três

25. *Kindhäuser* AT § 47 nm. 4; *Rengier* AT § 56 nm. 48.; *Wessels/Beulke/Satzger* nm. 783.

[*] N.T.: O termo *Verklammerung* significa colocar objetos entre parênteses, ou simplesmente agrupar. Como os delitos são agrupados por atração de um delito central, optou-se pelo termo *atração*.

26. *Rengier* AT § 56 nm. 63.; *Wessels/Beulke/Satzger* nm. 780.

anos ou multa) e, em seguida, sem parar, "foge do local do acidente" (afastamento não autorizado do local do acidente, nos termos do § 142 Abs. 1 Nr. 1 StGB: pena restritiva de liberdade de até três anos ou multa) é punível segundo os §§ 248b Abs. 1, 229, 142 Abs. 1 Nr. 1 e 52 StGB. Uma vez que os delitos a serem agrupados não têm penas restritivas de liberdade cominadas maiores do que a pena do delito que os conecta (§ 248b Abs. 1 StGB), o conjunto dos delitos forma uma unidade fática.

- O BGH, nos últimos tempos, tem recorrido com frequência ao princípio da atração. Segundo o tribunal, o sequestro atrai uma ameaça, praticada durante a permanência, e uma lesão corporal perigosa,[27] assim como uma falsificação de documentos atrai o grave constrangimento com componentes de roubo e a criação dolosa de perigo ao trânsito viário, caso o autor de um roubo a banco empreenda fuga com um automóvel que tem uma placa falsa.[28]

No caso de pluralidade fática, fixa-se, em primeiro lugar, uma pena própria para cada ação. Em seguida, essas penas individuais se consolidam, segundo o chamado *princípio da exasperação*, por meio do aumento da pena individual mais grave (§ 54 Abs. 1 Satz StGB), em uma *pena global*. Por isso, a admissão de uma unidade fática é consideravelmente mais benéfica para o autor.[29] **40**

27. BGH NStZ 2013, 158.
28. BGH NStZ 2014, 272.
29. *Heinrich* AT nm. 1401; *Kindhäuser* AT § 47 nm. 36; *Rengier* AT § 56 nm. 78.

Aproximações ao direito brasileiro

41 Em que pese a disciplina do concurso de delitos gerar sensíveis consequências à aplicação da pena concreta e ainda outras de natureza processual, a relação concursal deve ser investigada também no plano de verificação dos delitos e não apenas no momento de fixação da pena, porque o resultado final do parecer de resolução do caso – ou seja, aquilo que seria a sentença – deve refletir, com clareza, a culpabilidade do autor (apenas) pelos delitos que representam os injustos praticados. Afinal, as regras do concurso impróprio (→ nm. 5 e 19 ss.) não servem simplesmente para a mensuração do *quantum* de pena, mas antes para a correta afirmação do próprio delito realizado pelo autor.[30] Se um homicídio simples gerar uma condenação por homicídio e lesão corporal – apesar de uma relação de subsidiariedade entre eles –, a medida será injusta não apenas em razão da aplicação de uma pena mais grave conforme as regras do concurso formal (art. 70 do CP), senão já pela própria afirmação de um injusto inexistente.

42 A partir disso, o importante é frisar que a estrutura de resolução do concurso de delitos apresentada neste capítulo é, com poucas diferenças, compatível com a legislação brasileira. Porque as regras de resolução do concurso impróprio – entre nós comumente chamado de concurso *aparente* de normas – na realidade, se fundamentam simplesmente em princípios racionais (como os da subsidiariedade, especialidade e consunção), e apenas o concurso próprio (→ nm. 6 e 32 ss.) é regulado legalmente: na Alemanha, pelos §§ 52, 53, 54 e 55 StGB; no Brasil, pelos arts. 69, 70, 71 e 72 do CP. Ou seja, apenas os delitos que revelam um conteúdo de injusto autônomo após a verificação do concurso de normas serão submetidos às regras do concurso próprio (arts. 69 ss. do CP). Essas regras servirão, nesse momento, para a aferição da pena aplicada ao indivíduo em razão daqueles fatos típicos julgados no mesmo processo,[31] uma vez que o somatório de penas oriundas de processos distintos é realizado apenas em sede de execução (art. 111 da Lei 7.210/1984).[32]

43 Quanto a esses delitos remanescentes, pode-se separá-los em quatro grupos: os praticados mediante mais de uma ação ou omissão, idênticos ou não (art. 69 do CP – concurso material); os de mesma espécie, praticados mediante mais de uma ação ou omissão, que estejam em contexto de continuidade (art. 71 do CP – crime continuado, como exceção ao concurso

30. Defendendo o mesmo, embora com outros fundamentos, Glioche, p. 44; localizando a disciplina no âmbito da teoria da pena, Martinelli e De Bem, p. 789.

31. Nesse sentido, Cirino, p. 401, 404 s.; Martinelli e de Bem, p. 790.

32. Assim, Carvalho Salo de, *Penas e medidas de segurança no direito penal brasileiro*, 2013, p. 452.

material); os praticados mediante uma só ação ou omissão, idênticos ou não (art. 70 do CP – concurso formal); e os advindos de desígnios autônomos,[33] apesar de praticados mediante uma só ação ou omissão dolosa (art. 70, *in fine*, do CP – concurso formal imperfeito, como exceção ao concurso formal).

Se A assalta uma loja e, ao fugir, mata um policial que o persegue, tendo em vista que os delitos deverão ser julgados no mesmo processo (art. 76, II, do CP), o roubo e o homicídio estarão em relação de concurso material (art. 69 do CP), e por isso as penas aplicadas a cada um desses delitos serão aritmeticamente somadas.[34] Se, contudo, A furta duas bicicletas na mesma rua, ambos os delitos estão em continuidade delitiva (art. 71 do CP), o que resulta na aplicação de uma pena, aumentada de um sexto a dois terços. O concurso formal (art. 70 do CP), por sua vez, pode ser exemplificado com a situação em que A dispara uma vez sobre uma multidão e mata duas pessoas; nesse caso, aplicar-se-ia a A a pena do homicídio aumentada de um sexto até metade; a menos que os dois homicídios, produzidos por um único disparo, fossem resultado de desígnios autônomos – como a intenção de acertar as duas pessoas, que ele sabia estarem sobreposicionadas uma em relação à outra – o que, enquanto concurso formal impróprio, seria resolvido pelas regras do concurso material (art. 70, *in fine*, do CP). **44**

Em relação ao concurso material, vige entre nós o princípio da acumulação, de legitimidade bem duvidosa, na medida em que estabelece a soma das penas de todos os delitos praticados com desígnios autônomos, alcançando a imposição de valores muitas vezes exorbitantes, o que a lei alemã evita por meio do princípio da exasperação que, no concurso material, é aplicado pelas regras do cálculo da pena global (§ 54 StGB → nm. 40). Na lei brasileira, o art. 71 do CP tem a, talvez disfarçada, intenção de corrigir esses excessos do acúmulo de pena, por meio do princípio da exasperação nos crimes tidos como continuados. A propósito, o próprio critério da unidade/pluralidade de condutas para a distinção entre concurso material e formal já é de duvidosa legitimidade, uma vez que, arbitrariamente, trata de forma distinta, por exemplo, aquele que engana três pessoas ao mesmo tempo, para que lhe entreguem vantagem ilícita, daquele que as engana uma a uma (art. 171 do CP). **45**

Em relação ao concurso formal, há ainda duas observações necessárias. Em primeiro lugar, a norma brasileira estabelece a aplicação da pena mais **46**

33. A respeito do conceito de desígnio no concurso formal imperfeito, ver Martinelli e de Bem, p. 794 s., com outras referências; Gueiros e Japiassú, p. 538 s.

34. A propósito, a distinção entre penas restritivas de liberdade de reclusão e de detenção, mencionadas no art. 69 do CP, é levada a cabo pelo art. 33 do CP, sendo aquela mais severa do que esta em razão da possibilidade de início do cumprimento em regime fechado.

grave entre as cabíveis. O critério para a escolha da pena mais grave, no entanto, não é definido pela lei: o juízo sobre essa gravidade poderia se orientar pelas penas cominadas em abstrato ou pelas penas concretamente aplicadas aos delitos em questão, e a opinião majoritária aponta para a utilização das penas concretas.[35] Além disso, a regra do concurso formal tem a intenção explícita de conferir tratamento mais benéfico do que a do concurso material, ao deixar claro que a aplicação da regra de cálculo (exasperação) do concurso formal não pode conduzir a uma pena maior do que aquela obtida com a regra de cálculo (acumulação) do concurso material (art. 70, parágrafo único, do CP).[36]

47 Por fim, é apenas necessário pontuar que a continuidade delitiva, como visto acima (→ nm. 18), deve ser verificada no momento da análise da unidade/pluralidade de ações e, se afirmada, tem suas consequências disciplinadas em regra própria, a saber, na do art. 71 do CP. E, ainda, que se deve sempre aplicar a regra da acumulação em relação às penas de multa (art. 72 do CP).

35. A esse respeito, ver Martinelli e de Bem, p. 798; Galvão, p. 904.

36. A esse respeito, ver Cirino, p. 408; Martinelli e de Bem, p. 799; Galvão, p. 905; Gueiros e Japiassú, p. 538.

§ 14. Dúvidas sobre a situação fática e verificação alternativa

Decisões selecionadas: BGHSt 35, 86 (pós-pendência na receptação); NStZ 2014, 392 (constitucionalidade da determinação alternativa própria); NStZ 2014, 634 (suposição, em favor do acusado, de que a arma estava carregada).

A. Fundamentos

Frequentemente, na prática judicial, não é possível esclarecer por completo o acontecimento delitivo, por mais que sejam esgotados todos os meios de prova e de conhecimento durante o processo penal. Por certo, meras estimativas ou suposições não são um meio apto a eliminar ou resolver uma *dúvida sobre a situação fática*. No entanto, existem princípios jurídicos com cujos pressupostos se torna possível condenar nesses casos. 1

Apesar de seu significado para a prática jurídica, dúvidas sobre a situação fática são raras nos *exames de análise do delito*. Por isso, se, excepcionalmente, for o caso de examinar, no parecer a ser elaborado durante a análise do delito, um acontecimento que não seja inequívoco, a descrição do caso, em regra, conterá uma advertência expressa nesse sentido (p.ex., por meio de afirmações como "não é possível constatar se..."). Meras obscuridades na descrição do fato, ao contrário, não podem ser entendidas como motivo para recorrer aos princípios do tratamento da dúvida sobre a circunstância fática, que serão expostos a seguir. Ainda mais errado é interpretar ou ampliar a descrição dos fatos discricionariamente. Aquele que dribla a colocação do problema "comprimindo os fatos descritos" ou tenta criar problemas não mencionados fugirá do tema do exame. 2

B. Incerteza unilateral sobre a situação fática

I. Princípio da dúvida (*in dubio pro reo*)

3 Só se pode condenar o acusado caso, após o término da fase de instrução processual, se esteja convencido de sua culpa. Do contrário, "a dúvida favorece o acusado" (*in dubio pro reo*), ou seja, ele deve ser absolvido do fato sobre o qual existe dúvida (→ § 1 nm. 38 s.).

A aplicação do princípio da dúvida pode conduzir, às vezes, a suposições a favor do acusado que pareçam curiosas. Caso, por exemplo, esteja em discussão ter havido uma desistência ou um fracasso da tentativa de extorsão com componentes de roubo e não é possível saber se a arma usada pelo acusado como meio de coação estava ou não carregada, deve-se assumir, em favor do acusado, que a arma estava carregada, pois assim é possível assumir que ainda haveria outros meios de coação mais intensos à sua disposição dos quais ele abriu mão.[1]

4 O princípio da dúvida, deduzido do art. 6 Abs. 2 da Convenção Europeia de Direitos Humanos e do princípio da culpabilidade,[+] vale para todos os casos que se refiram à *questão da culpa e da pena*. Portanto, ele se aplica, especialmente, a todos os pressupostos jurídico-materiais da punibilidade. No entanto, no momento de aplicá-lo é necessário atentar para o fato de que, em primeiro lugar, dúvidas meramente teóricas não são suficientes e, em segundo lugar, de que ele abrange *dúvidas sobre a situação fática*, e não dúvidas sobre a situação jurídica.[2]

5 Nos *exames de análise do delito*, o princípio *in dubio pro reo* deve ser discutido junto ao elemento típico cuja existência está em dúvida e, por isso, deve ser negada em favor do acusado.[3]

II. Relação de níveis

6 O princípio do *in dubio pro reo* não se aplica apenas à questão central a respeito da culpa ou (completa) inocência do acusado. Muito pelo contrário, o princípio da dúvida também pode ser utilizado caso o autor tenha realizado sem dúvida o delito e apenas determinadas partes da situação fática não estejam claras. Nesses casos, o autor deve ser condenado pelo delito mais leve (comprovado), caso esse esteja em *relação de níveis* com o delito apenas possivelmente realizado, sendo aquele apenas um "menos" em relação a este.[4]

1. BGH NStZ 2014, 634 (635).

[+] *Nota de adaptação*: O princípio do "in dubio pro reo" também está disposto no art. 386, II, V, VI, VII, do Código de Processo Penal.

2. Ver apenas *Wessels/Beulke/Satzger* nm. 804.

3. *Rengier* AT § 57 nm. 5.

4. *Kindhäuser* AT § 48 nm. 2 s.; *Wessels/Beulke/Satzger* nm. 806.

Normalmente, diferencia-se entre relação de níveis lógica e normativa. Uma *relação de níveis lógica* ocorre quando um delito abrange obrigatoriamente o outro. Isso vale, por exemplo, na relação entre qualificações e delito base assim como entre consumação e tentativa.[5] 7

Exemplo: O médico de emergência N recebe um chamado para socorrer o ciclista R, gravemente ferido em uma queda. Quando N reconhece R como seu detestável vizinho, aproveita-se de um momento de desatenção deste e golpeia com força sua cabeça contra o asfalto, a fim de matá-lo. R morre alguns minutos depois. Não é possível determinar se ele morreu em consequência da queda ou do golpe. 8

Segundo o princípio *in dubio pro reo*, deve-se supor, em favor de N, que R não morreu por conta do golpe contra o asfalto, mas por conta das lesões provocadas com a queda. Por isso, N não pode ser punido por homicídio doloso consumado, nos termos dos §§ 212 Abs. 1 e 211 StGB. No entanto, contata-se, em desfavor de N, que ele queria matar R e já começou imediatamente esse fato quando o golpeou. A tentativa de um fato forma uma relação de níveis lógica com a consumação, de modo que, diante de dúvida sobre a (imputação da) consumação, continua sendo possível penalizá-lo pelo delito tentado. Por isso, N deve ser punido por homicídio tentado, nos termos dos §§ 212 Abs. 1, 211 e 22 StGB, em unidade fática com a lesão corporal perigosa (consumada), nos termos do § 224 Abs. 1 StGB.

Uma *relação de níveis normativa* ocorre quando, a partir de uma comparação valorativa do respectivo injusto realizado, advém uma relação *plus-minus* entre os delitos correspondentes. Isso é aceito na relação entre autoria e participação e entre instigação e cumplicidade, entre atuar ativo e omissão assim como, segundo a opinião dominante, entre dolo e culpa.[6] 9

III. Pós- e pré-pendência

Também existe uma classe de relação de níveis naquilo que se chama de *pós-pendência*. Esse conceito descreve a situação na qual, em relação a dois fatos, aquele temporalmente anterior, não está esclarecido de uma perspectiva fática, enquanto o posterior está indubitavelmente constatado. Nesses casos, o fato posterior já estaria tipicamente excluído caso o autor tivesse praticado o fato anterior. Portanto, trata-se de uma incerteza apenas 10

5. *Kindhäuser* AT § 48 nm. 4; *Rengier* AT § 57 nm. 8; *Wessels/Beulke/Satzger* nm. 806.

6. *Kindhäuser* AT § 48 nm. 5; *Rengier* AT § 57 nm. 10; *Wessels/Beulke/Satzger* nm. 806.

unilateral (e não bilateral, como na dúvida sobre a determinação alternativa) sobre a situação de fato.[7]

11 Contemplando-se separadamente as duas situações fáticas, seria possível considerar uma *aplicação recíproca do princípio da dúvida* com a consequência de uma absolvição: em relação à punibilidade por conta do fato pretérito na primeira situação fática, dever-se-ia supor, a favor do acusado, que o mesmo não praticara o fato. Em relação à punibilidade por conta do fato posterior na segunda situação fática, seria necessário assumir, ao contrário, também a favor do acusado, seu aporte para o fato pretérito.

12 No entanto, segundo a opinião majoritária, supor que o acusado tenha, possivelmente, praticado um outro injusto (junto ao fato posterior) não pode ser considerado favorável a ele. Por isso, ocorre uma *condenação inequívoca por conta do acontecimento posterior*.[8]

13 **Exemplo:** A recebe de B o produto de um furto, com o fim de obtê-lo para si. Não é claro se A colaborou para o furto de B.

Trata-se de um caso de pós-pendência, no qual a receptação como fato posterior está comprovada e o furto, como fato prévio, não pode ser afirmado sem dúvida. Por isso, A deve ser punido, segundo a opinião majoritária, por receptação nos termos do § 259 StGB.

14 De forma inversa, no caso de *pré-pendência*, é a situação fática temporalmente posterior que não pode ser afirmada com certeza, enquanto o curso causal anterior pode ser comprovado. Portanto, para a pré-pendência é possível uma *condenação por conta do acontecimento anterior*.[9]

15 **Exemplo:** A combinou com B e C a realização de um roubo. No entanto, não é possível afirmar se A colaborou para o roubo realizado posteriormente por B e C.

Tendo em vista que o fato posterior do roubo não pode ser comprovado em relação a A, ele só pode ser punido por conta do fato pretérito, qual seja, o acordo para o crime de roubo, nos termos do §§ 249 Abs. 1 e 30 Abs. 2 Var. 3 StGB.

7. *Rengier* AT § 57 nm. 32; *Wessels/Beulke/Satzger* nm. 809.

8. BGHSt 35, 86 (88 s.); *Kindhäuser* AT § 48 nm. 19; *Rengier* AT § 57 nm. 33; *Wessels/Beulke/Satzger* nm. 809.

9. *Kindhäuser* AT § 48 nm. 21; *Rengier* AT § 57 nm. 34.

C. Incerteza alternativa sobre a situação fática (verificação alternativa)

I. Fundamentos

No caso da chamada verificação alternativa, há dúvida sobre a situação fática pois, após o esgotamento de todas as possibilidades na instrução processual, há mais de uma opção de configuração fática possível (e em todas elas o acusado é punível). No entanto, diferente do que ocorre nos grupos de casos apresentados anteriormente, aqui nenhuma das várias situações possíveis está comprovada. Muito pelo contrário, só é possível estabelecer que uma das possíveis configurações fáticas certamente ocorreu; no entanto, não resta claro qual delas ocorreu de fato. Portanto, há uma *incerteza bilateral sobre a situação fática*, e não apenas unilateral. Nesses casos, só se pode alcançar uma condenação do autor por via da condenação alternativa própria ou imprópria.[10] 16

No caso de verificação alternativa, deve-se deixar claro, no início da *estrutura de análise do delito*, que os decursos de ação concebíveis não foram comprovados com segurança. Na sequência, deve-se tomar como verdadeiras cada uma das alternativas fáticas individuais e investigá-las separadamente de uma perspectiva jurídico-penal. Por fim, deve-se discutir se, apesar da dúvida a respeito da situação fática, é possível alcançar uma condenação livre de dúvidas ou de significado alternativo.[11] 17

II. Verificação alternativa imprópria

Uma verificação alternativa imprópria (também chamada de homogênea) é admissível caso o autor, em todos os decursos de ação concebíveis, tenha praticado o mesmo delito. Portanto, é certo que o autor realizou um determinado delito e está excluída a possibilidade de que tenha havido um fato não punível. Só não está claro por meio de qual das muitas configurações fáticas possíveis o autor praticou o delito segundo a norma incidente (chamada *alternatividade da situação fática*).[12] 18

> **Exemplo:** A é ouvido, em maio, como testemunha em um processo penal. Em outubro, em um processo cível, ele fala o contrário do que havia dito a respeito do mesmo objeto da oitiva anterior no processo penal. 19

10. *Kindhäuser* AT § 48 nm. 7; *Wessels/Beulke/Satzger* nm. 805 ss.

11. *Kindhäuser* AT § 48 nm. 9 e 18.

12. *Kindhäuser* AT § 48 nm. 8; *Rengier* AT § 57 nm. 17; *Wessels/Beulke/Satzger* nm. 808.

20 Tendo em vista que, na alternatividade pura, não há obscuridade a respeito do delito praticado, as dúvidas sobre a situação de fato não excluem uma condenação do autor. Na condenação alternativa imprópria, chega-se a uma *condenação inequívoca* do autor *sobre base fática de significado alternativo*.[13]

III. Verificação alternativa própria

21 No grupo de casos da verificação alternativa própria (também chamada de heterogênea), o autor não pratica, em todos os decursos de ação possíveis, o mesmo tipo penal, mas tipos penais distintos. Portanto, a *alternatividade da situação fática* vem acompanhada, ao mesmo tempo, de uma chamada *alternatividade típica* [em relação ao tipo penal].[14]

22 Uma aplicação recíproca do princípio do *in dubio pro reo* conduziria, nesse caso, a uma absolvição (cf. → nm. 11). No entanto, isso não parece adequado, tendo em vista que, na combinação entre alternatividade fática e alternatividade típica, fica claro que o autor praticou um delito. Por isso, a condenação alternativa própria autoriza, nesses casos, *condenar alternativamente* segundo um ou outro tipo penal.

23 No entanto, ainda é necessário atentar para o fato de que a condenação por um delito pressupõe prova sobre ele, como questão de princípio, e, nesse caso – diferente do que ocorre na incerteza pura sobre a situação fática (→ nm. 18 ss.) –, não é possível comprovar indubitavelmente nenhum dos delitos de forma individual. Por isso, só se pode considerar uma condenação alternativa própria caso os tipos penais, a serem considerados, sejam equivalentes em essência. Segundo a jurisprudência, essa equivalência é julgada a partir da *comparabilidade ético-jurídica e psicológica* dos delitos entre si.[15] Essa comparabilidade é afirmada, dentre outros, no caso de furto e receptação, estelionato e receptação, estelionato e estelionato virtual, assim como nas diferentes formas de realização do homicídio qualificado.[16] Não são comparáveis, ao contrário, o furto e a extorsão assim como o entorpecimento completo (cf. § 323a StGB) e o fato cometido em estado de entorpecimento.

24 **Exemplo:** Durante uma busca e apreensão na mansão do milionário A, descobre-se uma famosa pintura. Não é possível concluir se A furtou pessoalmente o quadro ou se o comprou

13. *Kühl* AT § 21 nm. 68a; *Rengier* AT § 57 nm. 17; *Wessels/Beulke/Satzger* nm. 808.

14. *Rengier* AT § 57 nm. 21.

15. BGHSt 9, 390 (394); 21, 152 (153); a esse respeito, ver também *Kindhäuser* AT § 48 nm. 13 ss.; *Rengier* AT § 57 nm. 25 s.; *Wessels/Beulke/Satzger* nm. 806.

16. BGH NStZ 2012, 441 (442).

sabendo ser produto de furto. No entanto, é possível excluir, com segurança, todas as outras possibilidades fáticas.

Os delitos de furto e receptação, considerados no caso, são, segundo a opinião dominante, equivalentes. Em primeiro lugar, os bens jurídicos protegidos são comparáveis e o caráter dos delitos, enquanto delitos em sentido estrito [*Vergehen*], e as escalas penais são idênticos. Em segundo lugar, ambos os delitos possuem uma tendência interna transcendente. Por isso, A pode ser considerado culpado, por via da imputação alternativa própria, "ou por furto ou por receptação".

Caso os delitos alternativamente praticados não sejam equivalentes, ainda é concebível que eles contenham outros delitos para os quais estão presentes os pressupostos da imputação alternativa própria. Por exemplo, roubo e receptação até podem não ser comparáveis, mas o furto contido no roubo é comparável com a receptação.[17] No entanto, caso essa redução típica também não conduza a um delito equivalente, o autor deve ser absolvido por *aplicação reversa do princípio do "in dubio pro reo"*. **25**

Contudo, a figura da condenação alternativa própria não é incontroversa. Recentemente, o segundo senado criminal do BGH colocou em dúvida a validade da condenação alternativa própria em uma decisão de consulta sobre sua constitucionalidade. Segundo a posição do tribunal, tratar-se-ia, nesses casos, não de uma regra de decisão processual como exceção ao princípio da dúvida, mas de uma figura jurídica de direito material, fundamentadora da pena, cuja aplicação, por ausência de regulação legal, violaria o art. 103 Abs. 2 GG. Pois o autor, praticamente, seria condenado por uma terceira norma não escrita que existiria a partir do núcleo de injusto comum dos tipos penais em questão. Isso também seria confirmado pelo critério da comparabilidade ético-jurídica e psicológica.[18] Os outros senados criminais do BGH, no entanto, não adotaram essa visão,[19] de modo que ainda se aguarda uma decisão do Grande Senado, nos termos do § 132 Abs. 3 Satz 1 GVG.

17. *Rengier* AT § 57 nm. 31.
18. BGH NStZ 2014, 392.
19. Ver, por exemplo, as resoluções dos quinto e primeiro senados criminais do BGH, em BGH NStZ-RR 2014, 307 s.

§ 15. Definições essenciais

A. Causalidade e imputação

Segundo a *fórmula da condicio-sine-qua-non*, uma ação é causal para um resultado quando ela não pode ser subtraída mentalmente sem excluir o resultado em sua configuração concreta (→ § 4 nm. 25).

Fórmula modificada da condicio-sine-qua-non para a causalidade alternativa: quando todas as condições até possam ser alternativa, mas não cumulativamente subtraídas de forma hipotética sem que o resultado, em sua configuração concreta, seja excluído, todas elas são causais para o resultado (→ § 4 nm. 40).

Um resultado típico é *objetivamente imputável* ao autor quando no resultado se realizar um risco juridicamente desaprovado criado por aquele (→ § 4 nm. 46).

B. Dolo e culpa

Dolo é a vontade de realização de um tipo penal com pleno conhecimento de todas as suas circunstâncias fáticas objetivas (→ § 4 nm. 67).

Há um *erro sobre o curso causal*, eliminador do dolo, caso o curso causal típico desvie essencialmente do curso causal representado pelo autor. Isso não se verifica caso o curso causal típico ainda se encontre na fronteira da previsibilidade, segundo uma experiência de vida geral, e não fundamente qualquer outra valoração do fato. (→ § 4 nm. 45).

Segundo a teoria dominante do consentimento ou da aceitação, o autor atua *com dolo eventual* quando ele reconhece a possibilidade da realização do tipo penal como possível, e não como totalmente improvável, e a aceite. Há simplesmente *culpa consciente*, ao contrário, quando o autor leva a sério, e não acredita apenas vagamente, que a realização do tipo penal não ocorrerá (→ § 4 nm. 89).

Atua *levianamente* aquele que exibe um comportamento especialmente contrário ao dever de cuidado, ao omitir reflexões completamente evidentes e inobservar aquilo que seria óbvio a qualquer um (→ § 12 nm. 4).

Atua *contrariamente ao dever de cuidado* aquele que inobserva o cuidado que um homem prudente e consciente, do âmbito de relações do autor, deve respeitar na situação concreta (→ § 12 nm. 18 e 22).

É *objetivamente previsível* aquilo que um homem, do círculo de relações do autor, que atue de modo cuidadoso, levaria em conta diante das mesmas circunstâncias tendo em vista as experiências gerais de vida (→ § 12 nm. 28).

C. Antijuridicidade

I. Legítima defesa

Uma *agressão* pressupõe um comportamento humano que ameace um bem ou interesse juridicamente protegido (→ § 5 nm. 23).

Uma agressão é *atual* quando é iminente, está sendo realizada ou ainda persiste (→ § 5 nm. 26).

Uma agressão é *antijurídica* quando ela está em desacordo com a ordem jurídica (→ § 5 nm. 33).

Uma ação de legítima defesa é *necessária* quando ela é idônea para repelir a agressão e representa o meio relativamente menos grave para esse propósito (→ § 5 nm. 37).

Uma defesa é *idônea* quando ela permite uma resistência imediata e segura à agressão ou, pelo menos, a dificulta ou atenua (→ § 5 nm. 37).

Recorre ao *meio relativamente menos grave* aquele que, dentre vários meios idôneos, utiliza o que atinge de forma menos lesiva o agressor (→ § 5 nm. 37).

II. Estado de necessidade

Um *perigo atual* é uma situação, cujo livre desenvolvimento pode seriamente ocasionar ou intensificar um dano caso alguma medida de repulsão não seja tomada rapidamente (→ § 5 nm. 74).

III. Consentimento

Capaz de consentir é aquele que, em razão de sua maturidade mental e moral, está em condições de reconhecer o significado e o alcance da renúncia ao seu direito e de julgar a situação de forma apropriada (→ § 5 nm. 120).

Um fato viola os *bons costumes* quando está em desacordo com o sentimento de decência de todas as pessoas que pensam de forma justa e equitativa (→ § 5 nm. 128).

D. Culpabilidade

A *consciência do injusto* pressupõe a compreensão do autor, no momento da execução do fato, de estar violando a ordem de valores estabelecida pelo direito que o vincula (→ § 8 nm. 32).

Um erro de proibição é *evitável* caso o autor, em razão de sua posição social, e segundo suas capacidades individuais, pudesse ter compreendido o injusto se tivesse empregado, na medida do exigível, todas a sua capacidade mental de reconhecimento e suas representações éticas de valor (→ § 8 nm. 35).

E. Autoria e participação

O *domínio do fato* pressupõe a condução final do acontecimento conforme o tipo penal ou, em outras palavras, a "ter-em-mãos" do curso causal típico abrangida pelo dolo (→ § 9 nm. 10).

- Assim, deve ser considerado como *autor* aquele que, segundo a sua vontade, pode, conscientemente, evitar ou permitir a realização do tipo penal e, portanto, aparece como *figura central* do acontecimento delitivo.

- Deve ser considerado como *partícipe* aquele concorrente que só aparece como *figura marginal*, ou seja, que não conduz o acontecimento, diante da ausência de contribuições fáticas especiais para o fato, senão apenas induz ou favorece o fato de um terceiro (respectivamente → § 9 nm. 11).

Segundo a *teoria subjetiva*, a forma de concurso é decidida pela direção de vontade daquele que atua. Nesse caso, deve-se considerar, sobretudo, o grau do próprio interesse pelo resultado delitivo, a extensão da contribuição delitiva e o domínio do fato ou, pelo menos, a vontade de dominar o fato (→ § 9 nm. 13).

- Assim, *autor* é aquele que produz sua contribuição com vontade de autor (*animus auctoris*), ou seja, deseja produzir o fato como próprio.

- *Partícipe*, ao contrário, é aquele que concorre para o fato apenas com vontade de partícipe (*animus socii*), ou seja, deseja o fato como alheio (motivando-o ou favorecendo-o) (→ § 9 nm. 14).

Coautoria é a realização conjunta de um tipo penal por meio do concurso consciente e intencional, e pressupõe, por isso, um *plano delitivo comum* e uma *execução delitiva comum* (→ § 9 nm. 70).

Determinar significa provocar (pelo menos, com uma concausa) a resolução para o fato (→ § 9 nm. 121).

Auxiliar é possibilitar, facilitar ou fomentar o fato principal (→ § 9 nm. 147).

F. Tentativa

Há uma *tentativa inidônea* quando o autor supõe relações causais que, segundo uma concepção geral, são completamente inexistentes (§ 10 nm. 25).

Começa imediatamente o fato aquele que, subjetivamente, ultrapassa a barreira do "aqui vou eu" e, objetivamente, pratica ações que, no caso de um avanço ininterrupto, resultariam imediatamente na realização do tipo penal ou estariam em uma relação espacial e temporal imediata com a realização do tipo penal (§ 10 nm. 34).

Uma tentativa é *fracassada* quando o autor, segundo sua representação do fato, não pode consumar o fato com os meios à sua disposição ou, pelo menos, não mais sem uma ruptura temporal relevante (§ 10 nm. 72).

Uma tentativa é *inacabada* quando o autor acredita ainda não ter feito tudo que, segundo sua representação, seria necessário para a consumação do fato. E *acabada*, por sua vez, quando o autor acredita ter feito tudo que, segundo sua representação, basta ou é possivelmente suficiente para consumar o fato. (→ § 10 nm. 83).

Abandonar o fato significa tomar distância da implementação restante da decisão delitiva (→ § 10 nm. 88).

Evita a consumação do fato aquele que, consciente e intencionalmente, participa causalmente (pelo menos, com uma concausa) da evitação da consumação do fato, ou seja, desenvolve uma atividade contrária ao curso causal iniciado (→ § 10 nm. 96).

Um *esforço de evitação* é *sério* caso o autor faça tudo que lhe seja possível e, segundo seu convencimento, necessário para evitar a consumação do fato (→ § 10 nm. 101).

Desiste *voluntariamente* aquele que atua por motivos autônomos, ou seja, por razões que ele toma por convencimento próprio e não por determinação de terceiros (→ § 10 nm. 108).

G. Delitos omissivos

Omitir é não realizar a ação juridicamente devida para impedir o resultado apesar da possibilidade físico-real de realizá-la (→ § 11 nm. 21).

A omissão do autor é *causal* para o resultado típico caso a ação juridicamente imperativa não possa ser mentalmente adicionada sem que, com uma probabilidade nos limites da certeza, o resultado desapareça em sua configuração concreta (→ § 11 nm. 31).

Índice remissivo

(Os números em **destaque** indicam o capítulo, enquanto os outros representam a numeração marginal)

Índice de esquemas de análise do delito e panoramas

(Os números em **destaque** indicam o capítulo, enquanto os outros representam a numeração marginal)

Bibliografia

Bibliografia alemã

(citação de acordo com as regras bibliográficas alemãs)

AMBOS, Kai, Internationales Strafrecht, 4. Auflage 2014.

ARTZ, Gunther/WEBER, Ulrich/HEINRICH, Bernd/HILGENDORF, Eric, Strafrecht Besonder Teil. Lehrbuch, 3. Auflage 2015.

BAUMANN, Jürgen/WEBER, Ulrich/MITSCH, Wolfgang, Strafrecht Allgemeiner Teil, 11. Auflage 2003.

BECK'SCHER Online-Kommentar zum Strafgesetzbuch, v. Heintschel-Heinegg, Bernd (Hrsg.), 2. Auflage 2015, online unter http://beck-online.beck.de, 26. Edition (Stand: 8.2.2015).

BEULKE, Werner, Klausurenkurs im Strafrecht I, 6. Auflage 2013.

ESSER, Robert, Europäisches und Internationales Strafrecht, 1. Auflage 2014.

FISCHER, Thomas, Strafgesetzbuch und Nebengesetze, 62. Auflage 2015.

FRANK, Reinhard, Das Strafgesetzbuch für das Deutsche Reich, 18. Auflage 1931.

FRISTER, Helmut, Strafrecht Allgemeiner Teil, 6. Auflage, 6. Auflage 2013.

GROPP, Walter, Strafrecht Allgemeiner Teil, 4. Auflage 2015.

HAFT, Fritjof, Strafrecht Besonderer Teil II, 8. Auflage 2005.

HAFT, Fritjof/Hilgendorf, Eric, Strafrecht Besonderer Teil I, 9. Auflage 2009.

HEINRICH, Bernd, Strafrecht Allgemeiner Teil, 4. Auflage 2014.

HILGENDORF, Eric, Fälle zum Strafrecht für Anfänger. Klausurenkurs I, 2. Auflage 2013.

JÄGER, Christian, Examens-Repetitorium Strafrecht Allgemeiner Teil, 7. Auflage 2015.

JESCHECK, Hans-Heinrich/WEIGEND, Thomas, Lehrbuch des Strafrechts, Allgemeiner Teil, 5. Auflage 1996.

JOERDEN, Jan C., logik im Recht, 2. Auflage 2010.

KINDHÄUSER, Urs, Strafrecht Allgemeiner Teil, 7. Auflage 2015.

KREY, Volker/ESSER, Robert, Deutsches Strafrecht, Allgemeiner Teil, 5. Auflage 2012.

KUDLICH, Hans, Strafrecht Allgemeiner Teil, 4. Auflage 2013.

KÜHL, Kristian, Strafrecht Allgemeiner Teil, 7. Auflage 2012.

LACKNER, Karl/KÜHL, Kristian, Strafgesetzbuch. Kommentar, 28. Auflage 2014.

LEIPZIGER Kommenatr zum Strafgesetzbuch, Laufhütte, Heinrich Wilhelm/Rissing-van Saan, Ruth/Tiedemann, Klaus (Hrsg.), 12. Auflage 2006 ff.

MÜNCHENER Kommentar zum Strafgesetzbuch, Joecks, Wolfgang/Miebach, Klaus (Hrsg.), 2. Auflage 2012 ff.

NOMOS Kommentar zum Strafgesetzbuch, Kindhäuser, Urs/Neumann, Ulfrid/ Paeffgen, Hans-Ulrich (Hrsg.), 4. Auflage 2013.

OTTO, Harro, Grundkurs Strafrecht, Allgemeine Strafrechtslehre, 7. Auflage 2004.

OTTO, Harro/Bosch, Nikolaus, Übungen im Strafrecht, 7. Auflage 2010.

RENGIER, Rudolf, Strafrecht Allgemeiner Teil, 6. Auflage 2014.

idem, Strafrecht Besonderer Teil I, 17. Auflage 2015.

idem, Strafrecht Besonderer Teil II, 16. Auflage 2015.

ROXIN, Claus, Strafrecht Allgemeiner Teil, Band I, 4. Auflage 2006.

Idem, Strafrecht Allgemeiner Teil, Band II, 2003.

SATZGER, Helmut, Internationales und Europäisches Strafrecht, 6. Auflage 2013.

SCHÖNKE, Adolf/SCHRÖDER, Horst, Strafgesetzbuch. Kommentar, 29. Auflage 2014.

STRATENWERTH, Günther/KUHLEN, Lothar, Strafrecht Allgemeiner Teil, 6. Auflage 2011.

VALERIUS, Brian, Einführung in den Gutachtenstil, 3. Auflage 2009.

WESSELS, Johannes/BEULKE, Werner, Strafrecht Allgemeiner Teil, 44. Auflage 2014.

WITTIG, Petra, Wirtschaftsstrafrecht, 3. Auflage 2014.

ZIESCHANG, Frank, Strafrecht Allgemeiner Teil, 4. Auflage 2014.

Bibliografia brasileira

(citação de acordo com regras da ABNT):

ASSIS, Augusto. *O delito de peculato na AP 470 do STF – "caso Mensalão*, in: *Revista Brasileira de Ciências Criminais*, n. 106 (2014), São Paulo, pp. 91-101.

BOSCHI, José Antonio Paganella. *Das penas e seus critérios de aplicação*, 6ª ed. Porto Alegre: Livraria do Advogado, 2013.

CARVALHO, Salo de. *Penas e Medidas de Segurança no Direito Penal Brasileiro*, São Paulo: Saraiva, 2015.

SANTOS, Juarez Cirino dos. *Direito penal: parte geral*, 6ª ed., Curitiba: ICPC, 2014.

D'AVILA, Fabio Roberto. *Crime Culposo e a Teoria da Imputação Objetiva*. São Paulo: Revista dos Tribunais, 2001.

FRAGOSO, Heleno. *Comentários ao Código Penal*, volume I, tomo II, Hungria/Fragoso, Rio de Janeiro: Forense, 1978.

GALVÃO, Fernando. *Direito penal: parte geral*, 6ª ed., Belo Horizonte: Editora D'Plácido, 2015.

GLEIZER, Orlandino. Culpabilidade e pessoa jurídica, in: LOBATO/MARTINELLI/SANTOS, *Comentários ao Direito Penal Econômico Brasileiro* [Orgs.], Belo Horizonte: Editora D'Plácido, 2017, pp. 379-405.

BEZÉ, Patricia Mothé Glioche. *Novas tendências do concurso formal e crime continuado*, Rio de Janeiro: Renovar, 2015.

GRECO, Luís. *A teoria diferenciadora do estado de necessidade: por que só de lege ferenda?* (in: http://www.buscalegis.ufsc.br/revistas/files/anexos /10265-10265-1-PB.htm).

GRECO, Luís. *Cumplicidade através de ações neutras*. Rio de Janeiro: Renovar, 2004.

GRECO Luís. *Algumas observações introdutórias*, p. XVII, in: Puppe, Ingenborg. *A distinção entre dolo e culpa*, tradução, introdução e notas por Luís Greco, Barueri-SP: Manole, 2004.

GRECO, Luís. *Revista Liberdades Especial* – Reforma do Código Penal, 09/2012.

GRECO, Luís. *Um panorama da teoria da imputação objetiva*, 4ª ed., São Paulo: Revista dos Tribunais, 2014.

GRECO, Luís; TEIXEIRA, Adriano. Autoria como realização do tipo: uma introdução à ideia de domínio do fato como fundamento central da autoria no direito penal brasileiro, in: Greco ... [et alii], *Autoria como domínio do fato* (...), 1ª ed., São Paulo: Marcial Pons, 2014.

CARLOS, Arthur de Brito Gueiros Souza/Japiassú, Eduardo Adriano. *Curso de direito penal: parte geral*, 2ª ed., Rio de Janeiro: Forense, 2015.

HUNGRIA, Nelson. *Comentários ao Código Penal*, volume I, tomo II, Hungria/Fragoso, Rio de Janeiro: Forense, 1978.

LOBATO, José Danilo Tavares. *Teoria geral da participação criminal e ações neutras*, Curitiba: Juruá, 2009.

MARTINELLI, João Paulo Orsini/Bem, Leonardo Schmitt de. *Lições fundamentais de direito penal: parte geral,* 2ª ed., São Paulo: Saraiva, 2017.

BATISTA, Nilo. *Concurso de agentes*, 2ª ed., Rio de Janeiro: Lumen Juris, 2004.

ORTIZ, Mariana Tranchesi. *Concurso de agentes nos delitos especiais*, São Paulo: IBCCrim, 2011.

TAVARES, Juarez. *Teoria do crime culposo,* 3ª ed., Rio de Janeiro: Lumen Juris, 2009.

TEIXEIRA, Adriano. *Teoria da aplicação da pena*, São Paulo: Marcial Pons, 2015.

VIANA, Eduardo. *Dolo como compromisso cognitivo*, São Paulo: Marcial Pons, 2017.